自然的魅的祛诗性统的一

早期德国浪漫主义
哲学研究

罗久 —— 著

**The Disenchantment
and Poetic Unity of Nature:**
A Study of Early German
Romantic Philosophy

江苏人民出版社

图书在版编目(CIP)数据

自然的祛魅与诗性的统一：早期德国浪漫主义哲学
研究 / 罗久著. —南京：江苏人民出版社，2024.1
ISBN 978 - 7 - 214 - 28412 - 9

Ⅰ.①自… Ⅱ.①罗… Ⅲ.①浪漫主义－德国古典哲
学－研究 Ⅳ.①B516.3

中国国家版本馆 CIP 数据核字(2023)第 183553 号

书　　　　名	自然的祛魅与诗性的统一——早期德国浪漫主义哲学研究
著　　　　者	罗　久
责 任 编 辑	陈俊阳
装 帧 设 计	刘葶葶
责 任 监 制	王　娟
出 版 发 行	江苏人民出版社
地　　　　址	南京市湖南路 1 号 A 楼,邮编:210009
照　　　　排	江苏凤凰制版有限公司
印　　　　刷	南京新洲印刷有限公司
开　　　　本	652 毫米×960 毫米　1/16
印　　　　张	27.25　插页 3
字　　　　数	340 千字
版　　　　次	2024 年 1 月第 1 版
印　　　　次	2024 年 1 月第 1 次印刷
标 准 书 号	ISBN 978 - 7 - 214 - 28412 - 9
定　　　　价	88.00 元

(江苏人民出版社图书凡印装错误可向承印厂调换)

国家社会科学基金青年项目
"德国早期浪漫派政治哲学研究(1797—1802)"
(项目批准号:17CZX038)结项成果

中央高校基本科研业务费资助项目
"早期德国浪漫主义哲学研究"(项目编号:XJS220805)资助

情不知所起，一往而深。 生者可以死，死可以生。 生而不可与死，死而不可复生者，皆非情之至也。 梦中之情，何必非真？ 天下岂少梦中之人耶！ 必因荐枕而成亲，待挂冠而为密者，皆形骸之论也。 ……嗟夫！ 人世之事，非人世所可尽。 自非通人，恒以理相格耳。 第云理之所必无，安知情之所必有邪！

汤显祖：《牡丹亭记题词》

目　录

德国早期浪漫派（Frühromantik）是一个活跃于 18 世纪 90
年代至 19 世纪初的文化团体。 包括奥古斯特·施莱格尔
（August Wilhelm von Schlegel）和弗里德里希·施莱格尔
（Friedrich von Schlegel）兄弟、诺瓦利斯（Novalis）、荷尔德林
（Friedrich Hölderlin）、瓦肯罗德（Wilhelm Heinrich
Wackenroder）、蒂克(Ludwig Tieck)、谢林（Friedrich Wilhelm
Joseph Schelling）、施莱尔马赫（Friedrich Schleiermacher）等人
在内的诸多德国文化史上的重要人物都曾是早期浪漫派的成员，
或者与早期浪漫派过从甚密。 德国浪漫主义自问世之初就不是
单纯的文学或美学现象，它犹如一股浩瀚的思想洪流，将文学、
艺术、哲学、科学、史学、法学以及宗教和政治领域的问题，全
都席卷了进去。 早期浪漫派对现代思想和文化的重要贡献直到
今天依然具有其现实性，依然值得我们认真对待。 可惜由于多方
面的原因，德国浪漫主义哲学在我国学界一直未能得到其应有的
重视和与其重要性相匹配的系统研究。

　　德国浪漫主义思想有着较长的接受史和影响史，关于浪漫主
义思想的解读可谓众说纷纭，莫衷一是；加之它在历史上与政治
现实的密切关系，也为我们理解早期浪漫派的哲学思想蒙上了一
层迷雾。 19 世纪上半叶，深受黑格尔影响的海涅将浪漫派描绘

002 为德国自由主义最大的敌人和政治上的反动势力。 在他看来，浪漫派在美学上与古典主义的对立，与其政治上的保守反动是相辅相成的。 卢格对浪漫派的攻击，更加强化了海涅为浪漫派所描绘的反动形象，将他们与"基督教—日耳曼的复辟原则"等同起来。 海涅和卢格将浪漫主义与古典主义对立起来的做法，深刻影响了后世对浪漫派的理解。 从 19 世纪下半叶至 20 世纪初，海姆、胡赫、瓦尔策尔等学者试图将人们对浪漫派的各种先入之见搁置起来，依据当时所能得到的史料，着力研究浪漫主义哲学、美学和政治观念的起源，特别是对其早期形成阶段的细节问题进行了深入细致的研究，肯定了浪漫派在 18 世纪末至 19 世纪初的思想运动和德国古典哲学发展中的积极意义，突出了早期浪漫派的自由主义色彩。 然而，从 20 世纪 20 年代末到第二次世界大战爆发这段时间，欧洲的思想氛围发生了重大变化，德国的法西斯化使得对浪漫派的研究再次受到意识形态的左右。 卡尔·施密特认为德国浪漫主义主要是一场美学运动，浪漫主义者赋予艺术以绝对的价值，使道德、宗教、历史或政治都从属于审美的目的，仅仅将它们视为触发并表达主观感受的机缘而已，因此德国浪漫主义被施密特视为非政治性的"主观化的机缘论"。 而一些纳粹主义者则试图利用浪漫主义来塑造和宣传自己的意识形态，他们将浪漫派描绘为德意志民族精神的塑造者和国家社会主义的理论先驱，为德国浪漫主义涂上了更加浓重的反理性主义和反启蒙的色彩。 从第二次世界大战结束之后至今，学者们越来越重视浪漫派的现代性批判所具有的积极意义，并且以极大的兴趣投入对相关文本的整理和研究。 随着施莱格尔、诺瓦利斯和施莱尔马赫等浪漫主义者的历史考证版全集逐步问世，当代学者得以有条件对德国浪漫主义的思想起源、德国浪漫主义与启蒙运动和德国观念论之间的关系，以及德国浪漫主义的形而上学、美学、自然哲学、宗教哲学和政治哲学等各个领域进行更加客观和深入的研

究。 尤其是迪特·亨利希和他的学生曼弗雷德·弗兰克等人推动的"星群"研究范式，将早期浪漫主义的发展纳入到整个德国古典哲学的思想语境和历史脉络中，更加充分地展现了早期浪漫主义的哲学意义及其在后康德时代哲学发展中的重要位置。

在泛政治化和寻求民族认同的大背景下，浪漫主义在很长的一段时间里都被当成了时代精神的玩偶，要么被刻意贬抑，要么被无限美化。 在现代性大行其道的今天，德国浪漫主义哲学仍然容易被人们指责为一种反现代、反理性的复古守旧的思想，与自由、理性、科学、民主的主流不合。 本书将在德国古典哲学的整体语境中，以早期浪漫主义的"总问题"为引导，通过对弗里德里希·施莱格尔、诺瓦利斯和施莱尔马赫这三位早期浪漫主义代表人物在 1797—1802 年这段时间的主要哲学文本进行系统性的阐释，分别就早期浪漫主义哲学的形成和基本特征、早期浪漫派的唯美主义与现代性批判、早期浪漫主义的宗教观念及其伦理意义、早期浪漫主义的市民社会批判和有机论国家观等四个方面，对早期浪漫主义哲学思想的起源、发展及意义进行深入和系统的研究，进而澄清对德国浪漫主义的种种误解，使其焕发出新的生机与活力。

在导论部分，我们对诠释德国浪漫主义的诸进路进行一个批判性的考察，澄清了关于德国浪漫主义思想的各种误解，从而超越意识形态之争，回到早期浪漫主义哲学的源初语境，从早期浪漫派所面对的"理性的异化"与"虚无主义的危机"这个"总问题"出发，在后康德时代的哲学发展的整体脉络中，揭示了德国早期浪漫主义的形而上学、美学、宗教哲学和政治哲学的起源及其内在统一性。

拘泥于对德国古典哲学的教条化理解，许多哲学史家常常倾向于切断德国浪漫主义与德国古典哲学之间的联系，将其视为与德国古典哲学相对立的非理性主义思潮，甚至不承认德国浪漫主义的哲学价值。 然而，像诺瓦利斯这样的早期浪漫主义者和其他大多数德国古典哲学家一样共享了康德批判哲学的问题意识。我们在第一章中从理性化所导致的虚无主义问题入手，阐明康德如何通过对理性自身的批判性考察来澄清理性所具有的不同能力、要素、规则及其使用的范围，从而为理性的各种能力的使用确立方法论的原则并划定各自的界限，避免由于理性的误用（而不是理性本身）所导致的虚无主义后果。 并且进一步表明，康德的理性批判和通过理性的实践应用为自然重新"赋魅"的方案本身就具有浓厚的浪漫主义色彩，早期浪漫派提出的使世界浪漫化的主张是对康德的实践理性的统一的批判性的继承和发展。 在此基础上，通过考察诺瓦利斯如何借助对康德哲学的重新解读来批判和超越费希特的极端的主体性形而上学，进一步阐发康德哲学的浪漫主义意涵和早期浪漫派中的康德主义因素。

　　除了康德批判哲学的影响之外，德国浪漫主义的兴起也与 18世纪末的"泛神论之争"有着紧密的关联。 这场由雅可比挑起的重要争论意在通过对斯宾诺莎主义的批判，揭示理性主义的物质主义、宿命论和无神论后果，及其所隐含的虚无主义本质。 但它又同时将斯宾诺莎再次带回到主流的哲学论争当中，使得早期浪漫派有机会借助对斯宾诺莎思想的重新阐释，在后康德哲学的语境中发展出独特的浪漫主义哲学观念。 在第二章中，我们从梳理泛神论之争的缘起出发，揭示这场重要的思想争论对于反思启蒙的理性主义世界观、超越正统基督教的上帝观念所具有的重要意义，并进一步考察由泛神论之争所推动的新斯宾诺莎主义的兴起对浪漫主义哲学核心观念的形成产生了怎样的影响，而早期浪漫派又是如何通过创造性地阐发斯宾诺莎的思想，在后康德哲学的语境中发展出独特的浪漫主义哲学观念。 与理性主义坚持有限与无限之间不可调和的二元对立不同，早期浪漫派试图通过保持有限与无限之间或者有限与有限之间的张力来表达无限，并发展出一种以对立面的动态结合为原则的内在性哲学。

　　第三章通过聚焦于施莱格尔的"浪漫诗"观念来考察早期浪漫主义与启蒙运动和现代性原则之间的复杂关系。施莱格尔和早期浪漫派的现代性批判是对"古今之争"的一次迟来的回应，他突破了古代与现代的二元对立，既批判现代世界的分裂和异化，高扬古希腊艺术作品中所表现出来的人与自然和谐统一的理想；同时又意识到，人类必须通过与这种原始的和谐状态的分离，才能最终在人的理性和所有其他自然禀赋得到充分发展的情况下达到一种更高的和谐统一的状态。施莱格尔早期哲学—文学理论的发展过程充分体现了早期浪漫主义现代性批判的深刻性与复杂性。首先，他批评现代文化坚持分析性和反思性的理性原则，导致自然的祛魅和人与自然的疏离。其后，他又对现代的理性形式进行了重新评估，通过将理性反思转化为浪漫诗的反讽，既保持了理性的反思性和批判性，又将这种否定的力量转化为一种让本真的自然得以不断显现的积极的力量。因此，在以反讽为原则的浪漫诗中，自然不再是一个由量化的、分析性的理性建构出来的僵死的物质集合，而是恢复为一个活生生的、创造性的实在。

　　第四章以诺瓦利斯的"诗化自然"思想作为考察的中心，揭示早期浪漫派的唯美主义所具有的深刻的本体论意义。作为早期德国浪漫派的重要一员，诺瓦利斯揭示了由启蒙哲学与科学背书的理性主义世界观的内在问题，即当人们接受那个完全按照量化和机械论的模式来解释其现象的自然，必将会导致异化和虚无主义的产生。诺瓦利斯将彼时正在逐渐形成的浪漫诗视为区别于启蒙理性的另一种理性活动，它能够建立一种全新的、对自然内在的生命和活力有更多肯定的自然观念，而事实上，这样一种自然观念已经由他那个时代的科学发展提供了支撑。在作为一个整体的自然的审美经验中，人们能够通过一种非推论、非反思的方式客观地意识到作为有机体的、以自身为目的和动力的自然。诺瓦利斯和早期浪漫派试图超越根植于主体性原则的近代世界观，在自然的不可还原的感性的审美之维中看到无条件者和绝对自身依其内在合理性与规范性的自由显现。对早期浪漫派来说，这种使已经祛魅了的自然重新返魅的浪漫化或者诗化的活动，绝不是向非理性的蒙昧状态的倒退，而是传达出了近代自然科学的理性解释所无法传达的更高的、更加本源的真理。

道德与宗教之间的关系在德国启蒙运动中扮演着非常重要的角色。康德基于理性批判对宗教信仰所进行的道德论证，在驳斥正统的启示宗教和自然神学的同时，也为宗教信仰的合理性提供了一种全新的辩护。而在德国早期浪漫派看来，康德的道德论证倾向于将宗教还原为道德，甚至是出于道德的理由而将宗教工具化，而这种以主体性为基础的世界观是虚无主义的典型表现。在第五章中，我们在康德的"道德神学"和"泛神论之争"的大背景之下，对施莱尔马赫所阐发的早期浪漫主义的独特的宗教观念进行考察，并在此基础上进一步探讨早期浪漫派关于道德与宗教之关系的思考，揭示了浪漫主义宗教观念之所以形成的内在的哲学理由及其重要的伦理意义。施莱尔马赫和诺瓦利斯等早期浪漫派思想家将宗教视为一种更高的实在论，它是对宇宙自身之行动和表现的直观。对诺瓦利斯来说，实定性的宗教不是道德的根据，而宗教也不能还原为以理性主体的意志自律为基础的道德，道德与宗教之间具有一种内在的统一性，良知是直接在世界上起作用的神性，是实现于有限中的无限。我们能够在早期浪漫派的宗教观念那里看到一种与理性宗教的现代性方案和实定宗教的前现代方案都不同的第三条道路，它既是对神性和无限的直观，同时又证明了自由和道德的现实性。

在很长一段时间里，德国浪漫派因为它的唯美主义而被认为在政治上是危险的，或者本质上是非政治性的。以启蒙理性原则

为基础的现代国家观念和法权观念在政治实践中造成了极端的非
理性和非人性的后果，这促使早期浪漫主义者反对启蒙理性主义
的人为的、破坏性的认识方式，以及基于这种认识方式所建构起
来的生硬的政治原则。 我们在第六章中聚焦于弗里德里希·施
莱格尔和诺瓦利斯的主要政治哲学文本，基于早期浪漫派对现代
主体性形而上学和理性主义的知识观念、人性观念、国家观念和
法权观念的整体性批判，来理解早期浪漫派带有浓厚唯美主义和
宗教色彩的政治构想的合理性与现实性，澄清对浪漫主义政治思
想的误解和歪曲。 施莱格尔和诺瓦利斯表明，审美经验和作为一
种更高的实在论的宗教是感官教育的重要途径，通过审美和宗教
经验对感官的塑造有助于实现人性教化的目标，使一个人的理性
和意志能力能够在与人的现实的感性经验的和谐统一中发展起
来，从而形成一种具有主体间性和共通感的自我意识。 通过揭示
审美经验和宗教在塑造人的感官和共同体意识方面所发挥的教化
功能及其政治意义，施莱格尔和诺瓦利斯发展了以"信仰和爱"
为基础的共和主义和世界主义观念，以取代启蒙理性主义以"知
识和占有"为基础的政治构想。

导　论

英国哲学家以赛亚·伯林（Isaiah Berlin）曾经断言，"浪漫　　003
主义运动是一场如此巨大而彻底的转型，在它之后，一切都不同
了"①。 在伯林看来，这种发端于德意志的浪漫主义是西方意识
中最伟大的一次转折，而发生在 19 和 20 世纪进程中的所有其他
转折都不及浪漫主义重要，而且无论如何都深受其影响。② 这场
重要的思想转型开始于 18 世纪的最后十年，以 1796 年德国浪漫
派圈子的形成为标志。 从这一年开始，奥古斯特·威廉·施莱格
尔（August Wilhelm Schlegel）和弗里德里希·施莱格尔
（Friedrich Schlegel）兄弟、格奥尔格·弗里德里希·冯·哈登贝
格（Georg Friedrich von Hardenberg）（笔名 Novalis, 诺瓦利斯）、
谢 林 （ Friedrich Schelling ）、 施 莱 尔 马 赫 （ Friedrich
Schleiermacher）、蒂克（Ludwig Tieck）、瓦肯罗德（Wilhelm
Heinrich Wackenroder）等人齐聚德国文化重镇耶拿（Jena），他们
创办杂志、举办沙龙、在大学授课，研究哲学、神学和自然科学，
进行小说、诗歌、断片以及文艺评论的创作，直至 1801 年诺瓦利
斯逝世，1802 年施莱格尔兄弟离开耶拿，这个圈子逐渐云散。③

---

① Isaiah Berlin, *The Roots of Romanticism*, Princeton: Princeton University Press, 2001. p.5.
② Isaiah Berlin, *The Roots of Romanticism*, pp.1 - 2.
③ 早期浪漫派团体的解散并不意味着德国浪漫主义本身的终结。 相反，在其后的三四十年时间中，
　浪漫主义逐渐发展成为现代思想文化史上最重要、最有影响的运动之一。 人们通常将德国浪漫主
　义的发展分为三个不同的甚至在某些方面相互冲突的阶段：早期浪漫派（Frühromantik）的活动时
　间主要是从 1796 年到 1802 年；盛期浪漫派（Hochromantik）主要活跃于 1803 年到 1815 年，其
　代表性人物包括阿希姆·冯·阿尔尼姆（Achim von Arnim）、约瑟夫·冯·戈雷斯（Joseph von
　Görres）、亚当·缪勒（Adam Heinrich Müller）、卡斯帕·大卫·弗里德里希（Caspar David
　Friedrich）、克莱门斯·布伦塔诺斯（Clemens Brentano）、戈特希尔夫·海因里希·舒伯特
　（Gotthilf Heinrich von Schubert）等人；而晚期浪漫派（Spätromantik）则从 1816 年持续到 1830
　年，其代表性人物包括弗朗茨·冯·巴德尔（Franz von Baader）、霍夫曼（E. T. A. Hoffmann）、
　艾兴多夫（Joseph von Eichendorff）以及后期的谢林和小施莱格尔。 关于德国浪漫主义的分期，
　可参见 Paul Kluckhohn, *Das Ideengut der deutschen Romantik*, Tübingen: Max Niemeyer
　Verlag, 1961, S. 8 - 9. 尽管德国浪漫主义的发展存在着连续性和相似性，但是将这几个不同阶
　段区分开来仍然是十分有必要的，因为这是避免因时代错置而导致误读的基本前提。 参见
　Frederick C. Beiser, *The Romantic Imperative: The Concept of Early German Romanticism.*
　Cambridge: Harvard University Press, 2003. pp.43 - 44。

004   在这段极其短暂的时间里，这群被称为"耶拿浪漫派"（Jenaer Romantik）或者"早期浪漫派"（Frühromantik）的人，在科学、艺术、音乐、文学、哲学、宗教和政治等各个领域发展出独具特色的理论，而他们在这些领域的思考与创作，对近代的理性主义和启蒙世界观提出了一次影响极为深远的根本性的挑战。

德国浪漫主义是作为一场文学运动而兴起的，它延续了"古今之争"当中关于审美和文学鉴赏标准的讨论，并且将艺术本身推到了一个至高无上的地位。 不过，线性时间上的开端并不能从根本上规定某一事物的本质，浪漫派对文学和美学的关切本身并不仅仅是出于文学和美学的兴趣。 虽然直到今天为止，仍然有学者主张，我们应该将德国浪漫主义作为一场没有多少哲学兴趣的、独立的文学和美学运动来进行研究。[①] 但是，一方面，从事实的角度来说，早期浪漫派既不是对当时的德国哲学毫无兴趣，也绝不是哲学的门外汉。 小施莱格尔将他提出的"浪漫诗"理解为一种具有哲学的本体论意义的观念，并且套用康德的"先验哲学"概念将其命名为"先验诗"（Transzendentalpoesie），他甚至还在耶拿大学主讲了一学期的"先验哲学"课程，系统地阐发了浪漫主义的哲学观念；而诺瓦利斯不仅对康德和费希特哲学进行了非常深入的研究，而且延续了德国观念论哲学的内在理路，将自己关于世界的浪漫化的构想称为"魔幻观念论"（magischen Idealismus）。 另一方面，德国浪漫主义的文学和美学价值也不是单单从文学和艺术批评的角度就能够得到充分理解的。 如果脱离了康德对理性自身的批判，以及康德在理性批判中对情感与想象力的重新阐释，脱离了"泛神论之争"所推动的斯宾诺莎主义在德国哲学中的复兴及其影响下形成的谢林的"自然哲学"和

[①] Ernst Behler, *German Romantic Literary Theory*, Cambridge: Cambridge University Press, 1993, p.5.实际上，贝勒尔本人对德国浪漫主义的研究也并非如其所主张的那样完全脱离德国古典哲学的语境和问题意识。

施莱尔马赫的宗教观念对有限与无限之关系的重构，德国浪漫主义的文学创作和艺术批评非但无法被恰当地理解，甚至是完全不可能出现的。

小施莱格尔曾经说过："法国大革命、费希特的《知识学》和歌德的《迈斯特》，是这个时代最伟大的趋势。 谁对这个并列持有异议，谁认为只要不是疾风暴雨般的和物质的革命就不是重要的，谁就还没有站在整个人类历史的广阔视角上。"①尽管 18 世纪末 19 世纪初的德意志民族仍然处在一个邦国林立、四分五裂的状态，民族工商业的发展举步维艰，那些保守的宗教和政治势力、那些特权阶层所维护的旧制度使得德意志的政治、经济和社会发展大大落后于同时代的英国和法国。② 但是，就像后来马克思在评价黑格尔法哲学的时候所说的那样，德国的哲学和文化是唯一与当代的现实保持在同等水平上的德国历史。③ 当施莱格尔将德意志哲学和文学的代表与那场具有世界历史意义的政治革命相提并论时，这不仅表明他意识到了他们是英国和法国在思想上的同时代人，而且也表明他对德国的哲学和文学所具备的深刻的社会和政治意义有着明确的自觉。

因此，我们有理由说，始于美学和文艺评论的德国浪漫主义从其诞生之初就不是一场单纯的文学运动，早期浪漫派的思考和创作将文学、艺术、哲学、宗教、自然科学、史学、法学以及关于伦理和政治的思考全部席卷进去。 在艺术方面，他们反对新古典主义美学的成规，将诗和一切艺术视为人类至高无上的创造。

---

① Friedrich Schlegel, SKA, Band II, S.198, Nr.216.
② 关于德国浪漫主义兴起的社会背景，即 18 世纪德国的社会政治经济的基本状况的研究，可参见 W. H. Bruford, Germany in the Eighteenth-Century: The Social Background of the Literary Revival, Cambridge: Cambridge University Press, 1935.
③ "德国的法哲学和国家哲学是惟一与正式的当代现实保持在同等水平上（al pari）的德国历史。"参见马克思《〈黑格尔法哲学批判〉导言》，《马克思恩格斯全集》（第三卷），人民出版社 2002 年版，第 205 页。

在他们看来，艺术的直观能够比推理的、反思性的科学更好地理解和把握现实，对于真正的现实的把握不能采用逻辑分析和推理的方法，不能完全依赖抽象的概念化思维对现实本身进行外在的分解和重构，而必须诉诸情感和想象力，通过浪漫诗和小说中的象征、隐喻、反讽等方式来再现那活生生的、具体而丰满的、流动而多样的现实。 在这个意义上，早期浪漫派对艺术的高扬和他们赋予艺术的重要使命本身就是他们对那些关乎存在与真理、关乎自然与精神、有限与无限、自由与必然之间的关系等基本哲学问题所做的思考，及给出的不同凡响的回答。 他们在这些根本性的哲学问题上反对传统的理性主义，对当时德国流行的康德和费希特的观念论哲学进行了深刻而系统的批判；他们不认同这种理性主义的本体论和世界观，也不认同他们理解和把握现实的方法，这促使他们必须以一种非传统哲学的方式来进行哲学的论说，进而从根本上突破理性主义的本体论和方法论的束缚。 对早期浪漫派来说，想象力作为一种能力比理性更为高级且更加具有本源性和包容性，但一个通过艺术的直观和想象力而呈现出来的世界在习惯了逻辑分析和推理的眼光看来，势必被认为是非理性的、神秘的、虚构的，甚至是蒙昧的。 除此之外，早期浪漫派对自然的复魅，关于神与自然同一的泛神论主张，更进一步加深了他们的神秘主义色彩。 他们否定了宗教的超自然性，认为上帝内在于自然和灵魂之中，主张在自然世界中寻求无限，建立有限与无限之间的和谐的关系，用隐喻和情感取代了神学教义，用对无限的渴望和对绝对的追求取代了建基于主体的理智与意志的理性神学和道德宗教，但关于宗教方面的这一系列思考，同样是基于早期浪漫派对哲学基本问题的思考与关切。

不仅如此，在任何关于 18 世纪末到 19 世纪初西方伦理政治思想的历史叙述中，浪漫主义同样具有不容忽视的重要性：早期浪漫派反对旧制度中特权阶层的社会及政治规范，同时引领了对现代市民社会的非人性和市侩主义的批判，对社会契约理论和作为自由主义政治之基础的个人主义预设提出了质疑，发展了一种新的有机的国家观念，他们也反对康德伦理学的形式主义，强调内心的情感，重视历史和传统，尤其是爱和共同体的价值。在他们看来，现代市民社会的伦理政治生活与现代科学的机械论自然观之间具有本体论上的同构性，它们都奠基于现代理性主义的数学本体论和主体性的形而上学。因此，本真的、非异化的、自我实现的伦理政治生活必须作为富有诗意的、充满生机的"诗性国家"（poëtische Staat）出现，它必须超越那种导致异化和分裂的哲学基础，使伦理政治的共同体扬弃市民社会的原子论和机械论，超越个人与个人、个人与国家之间的外在对立。就像小施莱格尔模仿康德的口吻所宣称的那样："浪漫的命令（der romantische Imperativ）要求一切诗性创造方式（Dichtarten）的融合。一切自然和一切科学都应该成为艺术——艺术应该成为自然和科学。……命令：诗应当成为伦理的（sittlich），伦理应当成为诗性的。"①早期浪漫派自身的问题意识决定了他们不可能是单纯地"为艺术而艺术"（l'art pour l'art）。② 强调审美和艺术的自主性、强调情感与想象力对理智和思维的优先性，是早期浪漫派介入时代的现实问题和思想交锋的一种方式，也是他们的哲学和伦理政治关切的产物。而且，包含在他们的文学创作、艺术评论和哲学思考中的现代性批判表明，德意志不仅仅是英国和法国在思想上的同时代人，更是与欧洲思想的现代历史拉开了一段距离。

---

① Friedrich Schlegel, SKA, Band XVI, S.134, Nr. 586.
② Oskar Walzer, German Romanticism, New York: Frederick Ungar Publishing, 1965, p.34.

第一节 诠释镜像中的德国浪漫主义

德国浪漫派所表现出来的那种忧郁的乡愁、深刻的情感内省、对"无限"和"绝对"的渴望、对审美经验的推崇、对中世纪的美化，以及带有奇幻和神秘色彩的自然观念等等，这些与启蒙运动的理性主义和普遍主义针锋相对的特征，使得德国浪漫派在很长的一段时间里作为时代潮流的反动而被贴上了非理性主义、保守主义和蒙昧主义的标签。尤其是从 19 世纪中后期到二次世界大战期间，在泛政治化和民族认同的大背景下，作为在德国历史和文化中孕育出来的第一个本土化的、最具德意志特色的思想文化运动，对浪漫主义的理解不可避免地与时代精神和政治局势紧密联系在一起。在很长一段时间里，强烈的意识形态化倾向使得深入德国浪漫主义内在学理的研究难以展开，他们要么被刻意贬低，要么被无限美化；要么被认为是完全非政治的，要么被认为是政治上极为反动的。即便是经历了马克思、尼采、弗洛伊德、后现代主义对启蒙的意识形态和现代性话语所进行的激烈批判以及后民族国家时代的形成，想要深入德国浪漫主义独特的问题意识和思想语境中来理解早期浪漫派的思想也绝不是一件容易的事情。

歌德就曾将浪漫主义与古典主义直接对立起来："我把'古典的'叫作'健康的'，把'浪漫的'叫作'病态的'。……最近一些作品之所以是浪漫的，并不是因为新，而是因为病态、软弱；古代作品之所以是古典的，也并不是因为古老，而是因为强壮、新鲜、愉快、健康。如果我们按照这些品质来区分古典的和浪漫的，就会知所适从了。"[1]对歌德来说，"古典"（das Klassische）

---

① ［德］爱克曼：《歌德谈话录》，朱光潜译，人民文学出版社 1997 年版，第 188 页。

意味着均衡、和谐、完整，感性与理性、实践与理论并重；而"浪漫"（das Romantische）则是过多地注重情感而忽视了理性的培养，或者过分偏重理论与玄想而忽视了生活。"病态的浪漫主义"与"健康的古典主义"的对立几乎成为了人们理解德国浪漫主义的一个基调。

除了来自古典文学阵营的批评以外，黑格尔在哲学上对浪漫派所展开的批判进一步强化了这一有失偏颇并且过于简单化的评价。① 在黑格尔看来，浪漫主义乃是对费希特的"知识学"进行了片面的、消极的发挥和引申之后的产物，而小施莱格尔"反讽"（Ironie）学说的深层根据正是费希特的自我意识理论。费希特"把'自我'——当然是抽象的形式的'自我'——看作一切知识、一切理性和一切认识的绝对原则"②。在他那里，无条件地设定自身的"自我"具有一种抽象的绝对性，通过自我设定非我和自我设定非我与自我的统一的本原行动，"一切积极的内容都淹没到这种抽象的自由和统一里而被消灭了"。③ 既然"一切东西都只能看作由'自我'的主观性的产品"，"'自我'就成为一切事物的主宰"，"这就无异于把一切自在自为的东西都看成只是一种显现"，看成"只是一种由'自我'而来的形影，完全听'自我'的权力任意自由摆布"，于是"这种'自我'本身就已经是一种绝对自我了"。④ "自我"的抽象性使得"费希特的主观性观点带着以非哲学的方式发挥出来的倾向，所以这个观点的完成依靠着一些属于感觉的形式"。⑤ 浪漫主义的"反讽"说正是利用这一点无限地抬高"自我"，使得费希特那里的"绝对自我"进一

---

① 关于黑格尔对浪漫派的批判的系统研究，可参见 Otto Pöggeler, *Hegels Kritik der Romantik*, Bonn: Bouvier Verlag, 1956。
② [德]黑格尔：《美学》（第一卷），朱光潜译，商务印书馆 1979 年版，第 80 页。
③ [德]黑格尔：《美学》（第一卷），第 80 页。
④ [德]黑格尔：《美学》（第一卷），第 81 页。
⑤ [德]黑格尔：《哲学史讲演录》（第四卷），贺麟、王太庆译，商务印书馆 1983 年版，第 335 页。

步被任意的感觉形式所支配,否定一切客观的、真实的、自在自为的东西,把一切在法律、道德、宗教等领域有价值、有意义的东西都看成是虚幻无聊的,而认为真实的、有价值的仅仅是"自我"本身的主体性,但"这主体性其实也就因此变成空洞无聊的"。可是,这种抽象的、空洞的"自我"无法在"自我欣赏"中得到满足,它"毫无能力自拔于这种空虚","无法离开这种孤独自闭的情况,摆脱这种未得满足的抽象的内心生活,因此他就患一种精神上的饥渴病"和"病态的心灵美"。① 而且,"这种病也是从费希特哲学产生出来的"②。因为在费希特的"知识学"中,"从实践的范围看来,终极的东西在于自我的活动是一种仰望,努力"③,这种终极的东西,即通过理性无条件立法的道德实践来达到自我与非我的绝对同一,只是一种渴望达到却又无法达到的"应当"。所以,即使诺瓦利斯已经意识到"主观性是有缺陷的,它急迫地要求一个稳定的东西","在诺瓦利斯的著作里表达了一个美的灵魂的这种想望仰慕之忱",可是问题在于,诺瓦利斯"这种主观性只是停留在想望仰慕的阶段,没有达到实体性的东西,这种主观性的火焰在自身内就熄灭了"。④

虽然黑格尔在他的成熟时期的著作和讲课中不遗余力地贬低浪漫主义,但是如果我们对黑格尔早期思想的发展稍有了解的话就不难发现,黑格尔成熟时期的诸多核心观念其实都直接来自早期浪漫派。当黑格尔还是一个康德主义者的时候,早期浪漫派就已经通过他们对康德和费希特的主观观念论的批判提出了诸如真理是全体、哲学应该是一个回到自身的圆圈而不是一条笔直的直线、颠倒的世界、在世界中在家、理性的象形文字等后来因黑格

---

① [德]黑格尔:《美学》(第一卷),第83页。
② [德]黑格尔:《美学》(第一卷),第83页。
③ [德]黑格尔:《哲学史讲演录》(第四卷),第328页。
④ [德]黑格尔:《哲学史讲演录》(第四卷),第338页。

尔的阐发而广为人知的重要观念，另外还有黑格尔对辩证法的重视、对市民社会的批判、对爱和家庭作为伦理要素的强调等等，都无一不是已经由早期浪漫派发展出来的哲学洞见。实际上，这也是我们在阅读康德和黑格尔的哲学著作时，发现两人的哲学气质迥异的一个很重要的原因，其中一个关键因素正是早期浪漫派以及与之联系密切的荷尔德林等人对黑格尔所产生的影响。在某种程度上，的确就像克朗纳（Richard Kroner）所说的那样，"黑格尔在自己的体系中也吸收了这些诗化哲学家的思想成果，因此可以把他像谢林那样确定为浪漫主义哲学家。同时也不要忘记，他并不单纯地如他所表达的那样。就像歌德将古典精神与浪漫精神集于一身一样，黑格尔也身兼古典主义者和浪漫主义者的双重身份（考虑到这两个概念可以运用在同一个哲学家身上）"①。

　　歌德和黑格尔对浪漫主义的消极评价对浪漫主义的接受史产生了非常深远的影响。尤其是在 19 世纪三四十年代，反对拿破仑战败后卷土重来的封建势力的革命一触即发，对于当时的德国思想界而言，浪漫主义并不仅仅是一个历史问题，而且具有强烈的现实意义。根据歌德和黑格尔所定下的基调，沉溺于主观情感的、消极病态的、神秘的、非理性的浪漫主义成了阻碍德意志民族谋求自由和现代化的主要障碍之一，是反动的梅特涅政府和欧洲封建势力的走狗。海涅（Heinrich Heine）在他那部家喻户晓的《浪漫派》（*Die romantische Schule*，1833）一书中第一次为德国浪漫派描绘了这样一幅肖像。对海涅来说，浪漫主义首先是一场美学运动，他极力贬低浪漫派作家的作品，并且直接将德国浪漫主义定义为"中世纪诗情的复活"。②他认为，中世纪艺术的

---

① Richard Kroner, *Von Kant bis Hegel*, Band 2, Tübingen: J.C.B. Mohr（Paul Siebeck），1924, S.14.

② [德] 亨利希·海涅：《浪漫派》，薛华译，上海人民出版社 2003 年版，第 11 页。

全部任务在于表现用精神制服物质的过程，而浪漫主义艺术则通过一整套传统的隐喻和象征手法，来表现或者暗示无限的事物，使得有限的事物被蒙上了一层神秘的、玄奥的、超自然的色彩，从而使有限事物成为无限的、精神性事物的象征。就此而言，浪漫诗乃是对中世纪基督教唯灵论的再现。与此同时，浪漫主义也是一场政治运动，它在美学上对古典主义的反动与它在政治上对法国大革命和整个现代世界的反动是相辅相成的。海涅将大施莱格尔视为法国古典主义剧作家拉辛（Jean Racine）的对立面，就如同普鲁士大臣施泰因（Heinrich Friedrich Karl vom und zum Stein）是拿破仑的对立面。①

在海涅之后，"青年德意志"和黑格尔左派对浪漫主义不遗余力地抨击进一步强化了德国浪漫派的保守主义和蒙昧主义形象。卢格（Arnold Ruge）与艾希特迈尔（Ernst Theodor Echtermeyer）合写的《新教与浪漫主义》（Der Protestantismus und die Romantik，1839—1840）中提出了对德国浪漫派的标志性的批判，而在 1844 年出版的《德法年鉴》（Deutsch-französische Jahrbücher）上，卢格又发起了对浪漫派的新一轮攻势，更加强化了海涅为浪漫派所描绘的反动形象，将他们与"基督教—日耳曼的复辟原则"（das christlich-germanische Restaurationsprincip）等同起来。② 海涅和卢格延续了古典主义与浪漫主义的对立，在他们看来，古典主义是一种将理性奉为权威的人道主义，其政治理想是尘世的自由与个人的自我实现；而浪漫主义则与之相反，他们诉诸对上帝和来世的基督教信仰，认为理想的政治是通过依附于教会、回到中世纪的等级制度来实现的。

---

① ［德］海涅：《浪漫派》，第 15、21 页。
② Arnold Ruge, "Plan der Deutsch-französische Jahrbücher", Deutsch-französische Jahrbücher, hrsg. Arnold Ruge und Karl Marx, Paris, 1844, S.9.

　　然而，这种对浪漫派的诠释尽管有其历史意义，但却是极为偏颇的。不可否认，晚期浪漫主义确实发展出了一些非常保守的观念，小施莱格尔甚至为梅特涅政府服务过。一些浪漫主义者，尤其以小施莱格尔和蒂克为代表，后来从新教改宗为天主教信仰；亚当·缪勒和弗朗茨·巴德尔在他们的作品中明确捍卫德意志民族主义、旧的社会等级和政教合一。但是，晚期浪漫派的保守主义立场不能被简单地视为德国浪漫主义的普遍特征。因为德国浪漫主义本身经历了几个非常不同的阶段，这些不同阶段有其各自不同的侧重和不同的立场。海涅和卢格的问题在于他们都犯了时代错乱的错误，从晚期浪漫派的观点出发来理解整个浪漫主义运动的源初目标和理想。在浪漫主义发展的早期阶段，早期浪漫派不仅不是复古守旧的，而且是大革命理想的坚定支持者，早期浪漫派的理想恰恰是海涅和卢格意义上的古典主义，即强调自由、平等的价值，强调人性的教化与人的全面发展。而且更为重要的是，德国浪漫主义（不管是哪个时期的浪漫主义者）对启蒙运动和现代主流的理性主义政治观念，诸如自由主义、个人主义和契约论国家观的批判并不仅仅是出于维护旧制度的需要，其内在的哲学理由并没有被浪漫主义的批评者们所注意和理解。

　　到 19 世纪下半叶至 20 世纪初，随着普法战争的结束和统一的德意志帝国的建立，知识界对浪漫主义的理解和接受发生了一定的转变。鲁道夫·海姆（Rudolf Haym）的《浪漫派》（Die Romantische Schule，1870）一书沿用了海涅的书名，可是内容却大相径庭。在这部巨著中，海姆虽然也认为，浪漫主义作为一种反现代的思潮在当代意识中已经不再具有吸引力，但他却比海涅更加清楚地意识到，18 世纪末的哲学、宗教、科学、文学和伦理生活的发展是理解德国浪漫主义的重要前提，他甚至说，"如果不了解从歌德到蒂克的诗歌运动，不清楚从费希特到谢林的哲学的发展，以及从兄弟会的虔敬主义通往施莱尔马赫的宗教讲话的过程，浪漫派的历史就根本不可能写得清楚"[①]。 可以说，海姆有意识地超越了古典主义与浪漫主义的简单对立，提出了把浪漫主义作为德国思想史上的一个重要现象来进行客观的、整体性的和多学科多维度的解读，开了浪漫主义研究范式转换的先河。 在这之后，莉卡达·胡赫（Ricarda Huch）的《浪漫派的鼎盛时期》（Die Blütezeit der Romantik，1899）和《浪漫派的兴盛与衰落》（Ausbreitung und Verfall der Romantik，1902）、瓦尔策尔（Oskar Walzel）的《德国浪漫派》（Deutsche Romantik，1908）等著作都试图将人们对浪漫派的各种先入之见搁置起来，依据当时所能得到的史料，着力研究浪漫主义思想的起源，特别是对浪漫派早期形成阶段（1797—1802）的细节问题进行了深入细致的客观研究，肯定了浪漫派在 18 世纪末至 19 世纪初的思想运动和德国古典哲学发展中的积极意义，突出了早期浪漫派的自由主义色彩。 在思想上和哲学上为浪漫主义精神恢复名誉的同时，也让我们看到浪漫主义的后期发展是如何重新诠释或者背离了他们最初的那些理想。

可是从 20 世纪 20 年代末一直到第二次世界大战爆发，在这一时期，欧洲的思想氛围又发生了剧烈的变化，德国的法西斯化使得对浪漫派的研究再次受到意识形态的左右。 过去的自由主义者认为浪漫主义在政治上是危险的，而像卡尔·施密特（Carl Schmitt）这样的保守主义者却认为它在政治上是无关紧要的。在其颇具影响的著作《政治的浪漫派》（Politische Romantik，1921）一书中，施密特提出，浪漫派的本质是非政治性的，因为它主要是一场美学运动。 更为重要的是，浪漫派一方面否定了过

---

① Rudolf Haym，*Die romantische Schule. Ein Beitrag zur geschichte des deutschen Geiste*，Berlin：Verlag von Rudolph Gaertner，1870，S.3，8.

去的美学原则，从而使艺术完全成为自主的，另一方面，它又将
艺术绝对化，并将文化的每个领域都审美化。在施密特看来，艺
术被绝对化造成了一个巨大的问题，因为浪漫主义不像新古典主
义那样有义务去实现一种宏大或严格的形式，所以这种客观审美
标准的崩溃不可避免地导致审美经验的主观化和私人化。当浪
漫主义者赋予艺术以绝对的价值时，他们就使道德、宗教、历史
或政治都从属于审美的目的，仅仅将它们视为触发并表达主观感
受的机缘（偶因）而已。所以，施密特将德国浪漫主义概括为
"主观化的机缘论（偶因论）"（subjektivierter
Occasionalismus）。在马勒伯朗士的古典形而上学偶因论中，上
帝被假定为精神和物理事件相互作用的场合。然而，在浪漫主义
那里，上帝或任何类似的客观形而上学权威被抛弃，人类主体占
据了舞台的中心，这意味着在浪漫主义主体眼中的任何事情都可
以成为一个使审美情感活跃起来的场合。对施密特来说，浪漫主
义是一种形而上学的自恋，在这种自恋中，除了主观想象之外，
没有任何权威或合法性的来源。因此，在施密特看来，浪漫派所
构想的世界，实际上"永远是一个只有机缘的世界，一个没有实
质和功能性约束、没有固定方向、没有持续性和规定性、没有决
断、没有终审法庭的世界，它不停地遁入无限，只受机遇这只魔
手摆布。在这个世界上，浪漫派能把一切变成表达自己的浪漫情
趣的手段，能够生出一种可能无害或不真实的幻觉：世界不过是
一个机缘"。① 这样的机缘论只具有一种"摒弃全部一贯性上的
彻底一贯性"。② 正因为如此，浪漫主义者才会被理性主义和神
秘主义、个人主义和国家主义、世界主义和民族主义、共和主
义和专制主义、新教和天主教等不同的甚至是相互矛盾的立场

---

① [德] 卡尔·施密特：《政治的浪漫派》，冯克利、刘锋译，上海人民出版社 2004 年版，第 17 页。
② [德] 卡尔·施密特：《政治的浪漫派》，第 16 页。

016 所吸引，这取决于它们是否能够成为刺激浪漫主义想象的机缘。所以，施密特认为，浪漫派既不是自由主义者也不是保守主义者，他们在政治和道德主张上令人困惑的立场或无立场，恰恰是由他们的审美态度决定的。然而，施密特的观点存在着明显的问题。一方面，唯美主义只存在于浪漫派思想的初始阶段，1799 年后他们就放弃了这种唯美主义立场而转向了对宗教的关心；另一方面，浪漫派的唯美主义本身既是由他们对社会、政治问题的关切所引发的，也是他们回应这些问题的一种方式，因此，说浪漫派是非政治性的，实乃肤浅之见。

　　当施密特和自由主义者纷纷拒斥浪漫主义时，一些纳粹主义者则试图利用浪漫主义来为德国的国家社会主义在意识形态上的正当性寻求辩护，他们将浪漫派描绘为德意志民族精神的塑造者和国家社会主义的理论先驱。沃尔特·林登（Walther Linden）发表在亲纳粹刊物《德国文化杂志》（*Zeitschrift für Deutschkunde*）上的文章《重估德国浪漫派》（Umwertung der deutschen Romantik, 1933），不再把浪漫主义与古典主义对立起来，而是把浪漫主义与启蒙运动对立起来。他为浪漫派的共同体观念赋予了古老的日耳曼民族的含义，使这种共同体的理想与启蒙运动的个人主义分道扬镳，并且将浪漫主义视为对西欧精神中的理性主义和无限制的世俗化的反动，认为其目标是保存宗教的有机的非理性世界观，反对启蒙的理性主义，这样就使得浪漫派成为世人眼中的反理性主义者和反启蒙主义者。不仅如此，为了对抗海姆和瓦尔策尔等人对浪漫派所做的带有自由主义色彩的解释，林登着重将致力于美学和个人教化的早期的"主观的"浪漫主义与后来更加关心宗教和共同体理想的"客观的"浪漫主义区分开来，从而不再把认同启蒙理想的青年时代的小施莱格尔作为浪漫主义的旗手，而是把中后期的浪漫主义者亚当·缪勒和约瑟夫·戈雷斯等人塑造成浪漫主义的真正的代表。①

可是，这种对浪漫派的理解最多只能适用于一些晚期浪漫主义者，而无法真正反映浪漫派思想的实质。因为浪漫主义、尤其是早期浪漫派是启蒙理想的继承者，他们坚持批判的重要性，他们反对抽象的理性主义，为的是克服因理性的独大而导致的人自身的分裂与异化，恢复包括理性与感性在内的人的全部能力的和谐统一；他们的共同体观念，绝不是为了对抗个体主义，而是为了更好地实现个体的自律和全面的发展，这从早期浪漫派哲学与康德、费希特和其他启蒙思想家的关系就可见一斑。其实纯粹从历史考证的依据来看，林登对浪漫主义的解释就已经显得过于简单化，并且充满误导性。但是，纳粹主义者的成功宣传使浪漫主义的最初理想及其政治思想的复杂性被人们所忽视，而它与国家社会主义之间的密切联系却依然深入人心。以至于二战后的一些研究仍倾向于接受这种由纳粹主义的宣传所塑造的德国浪漫主义的形象，并以此作为对浪漫主义进行污名化的基础。②

德国浪漫主义运动对保存和发展民族文学的关注，加上对艺术天才的强调以及后来其许多成员皈依罗马天主教，导致其在很长一段时间都被贴上了反动复辟的标签，并被认为引发了非理性的民族主义，最终导致了国家社会主义的诞生这一灾难性的后果。不过，从第二次世界大战结束之后，尤其是 20 世纪 60 年代至今，西方学界对德国浪漫主义思想的研究可以说进入了一个全新的阶段。虽然这一时期的研究起初仍然受到意识形态因素的影响，但相较过去而言，学者们越来越重视浪漫主义的现代性批判的内在学理及其具有的积极意义，并且以极大的兴趣投入对相

---

① Walther Linden, "Umwertung der deutschen Romantik", *Zeitschrift für Deutschkunde*, 47 Jahrgang, hrsg. W. Hofstaetter und H.A. Korff, Leipzig und Berlin: Teubner Verlag, 1933, S.243-275.

② György Lukács, *Fortschritt und Reaktion in der deutschen Literatur*, Berlin: Aufbau Verlag, 1947, S.51-73.

关文本的整理和研究。 德国学者克鲁克洪（Paul Kluckhohn）、萨穆尔（Richard Samuel）和梅尔（Hans-Joachim Mähl）等人对诺瓦利斯的手稿进行了非常严谨的编辑和注释，重新编订出版了六卷本历史考证版《诺瓦利斯著作集》(*Novalis. Schriften*)。 而《施莱格尔著作考证版》(*Friedrich Schlegel. Kritische Ausgabe seiner Werke*) 也基本上是在同一时期由贝勒尔（Ernst Behler）、安斯泰特（Jean-Jacques Anstett）、艾希纳（Hans Eichner）和阿亨特（Andreas Arndt）等人陆续编辑出版。 随着这些早期浪漫主义者的全集的不断问世，尤其是许多之前未被发现或未被发表的重要手稿的出版，使人们有机会结合最新的一手文献，对早期浪漫主义哲学的形成、发展与意义进行更为详尽和客观的研究，更加深入地认识作为一场文学和美学运动而兴起的德国浪漫主义与德国观念论哲学之间的密切联系，重新审视浪漫主义与古典主义和启蒙运动之间的复杂关系，从根本上超越古典与浪漫、进步与保守、理性与非理性、启蒙与反启蒙之间的二元对立，并且结合早期浪漫派所处的语境和他们自身的问题意识来处理德国浪漫主义所留下这笔丰富而复杂的思想遗产。

其中，在浪漫主义哲学研究方面影响最大的莫过于由迪特·亨利希（Dieter Henrich）和他的学生曼弗雷德·弗兰克（Manfred Frank）等人所推动的"星群"研究（Konstellationsforschung）。[①] 亨利希开创了一种新的研究方法和研究范式，旨在通过摆脱对个别思想家、固定文本和主要人物的专著的阐释，重建特定时期的思想空间，理解其问题、问题展开和回答的方式，以及开发了和尚未开发哪些潜力。 为此，他提

---

① Manfred Frank, "Philosophie als > unendliche Annäherung< . Überlegungen im Ausgang von der frühromantischen> Konstellation< ", *Auswege aus dem Deutschen Idealismus*, Frankfurt am Main: Suhrkamp Verlag, 2007, S.67 - 87; Manfred Frank, "Was heißt, frühromantische Philosophie'?", *Die Aktualität der Romantik*, hrsg. Michael Forster und Klaus Vieweg, Münster: LIT Verlag, 2012, S.23 - 46.

出了一个"星群"的概念，即一群主要或次要的思想家，他们在一段时间内就一系列问题进行互动，影响彼此的发展。这一研究范式不仅重建了哲学家之间的理论关系，而且重建了他们的个人关系和自我理解，以便掌握他们工作背后的原因和动机。在亨利希看来，德国古典哲学并不是沿着"从康德到黑格尔"这样一条单一的线性发展轨迹展开的。相反，康德之后的德国古典哲学形成了一个众星闪耀的"星群"（Konstellation），不同的哲学家试图以各自不同的方式继承、批判、超越或者完成康德的哲学革命。早期浪漫派被恰当地置于后康德哲学的整体语境之中，从而使德国浪漫主义哲学的性质、缘起、目标和影响在这个思想脉络中等到了更为清晰和准确的定位。亨利希广泛地梳理和研究了从 1789 年到 1796 年图宾根和耶拿哲学圈子的文献资料，在此基础上表明，莱因霍尔德（Karl Reinhold）将康德哲学改造为一个一元论体系的"基础哲学"构想和因雅可比（Friedrich Jacobi）掀起"泛神论之争"而导致的斯宾诺莎主义的复兴，为康德第一批判问世之后整个德国古典哲学发展打开了巨大的思想空间。不仅如此，亨利希和弗兰克等人还率先意识到浪漫主义哲学家们在 1795—1796 年期间创作的、在他们生前不为人知的众多手稿的哲学意义，比如荷尔德（Friedrich Hölderlin）的《判断与存在》（*Urtheil und Seyn*，1795）、诺瓦利斯的《费希特研究》（*Fichte-Studien*，1795—1796）以及施莱格尔的《哲学的学习年代》（*Philosophische Lehrjahre*，1796—1806）等。这些在 20 世纪 60 年代之后才得以完整出版的作品不仅表明德国浪漫主义的兴起有着深刻的哲学根源，而且无论就哲学本身，还是就哲学史而言，早期浪漫派对于反思和超越现代主体性形而上学以及现代生活中的种种异化和分裂，都具有不容忽视的重要意义。

曼弗雷德·弗兰克同样对那个时期进行了重建性的历史考察。像亨利希一样，他的工作是在德国古典哲学的整体语境和复杂脉络中区分和提炼作为一群思想家的浪漫主义者的基本洞见，这些思想家对康德哲学的挑战给出了自己独特的回应，并与先验观念论的进一步发展相区别。弗兰克通过他的《早期浪漫主义美学导论》(*Einführung in die frühromatische Ästhetik*，1989）和《"无限的接近"：哲学的早期浪漫派的开端》("*Unendliche Annäherung*"：*Die Anfänge der philosophischen Frühromantik*，1997）等一系列著作彻底推翻了黑格尔及其后众多德国哲学史家对早期浪漫派的各种成见以及基于这些成见所形成的一些固有印象，反对将早期浪漫主义视为一种诗意夸张的费希特主义和费希特"知识学"的一种想象的或神秘化的形式。[①] 在弗兰克看来，将早期德国浪漫主义归入所谓"主体性哲学"的范畴之中是极不准确的。尽管主体性或自我意识理论仍然是早期浪漫派的重要话题，但这种讨论更多是批判性的，他们明确否认主体性的绝对地位。相反，他们意识到主体性理论自身的内在困难并且深受斯宾诺莎"实体"观念的影响，对他们来说，主体性或自我意识不足以成为形而上学的第一原理，它其实是一种衍生现象，它的根据不在其自身之内，而只是以一种反思性的立场面对完全以自身为根据的、源初统一的"绝对"或"存在"时才会产生。因此，根据弗兰克的说法，存在的本体论优先性是早期德国浪漫主义的基本主张。

　　早期浪漫派在哲学上拒斥通过反思的方式寻找第一原理并从主体性这个第一原理出发建构体系的主观观念论，他们所坚持的是对绝对或存在本身进行直观的实在论主张。对早期浪漫派来说，真实的存在根本不可能也不应当通过主体根据自身的概念和推理所建构的体系来加以把握。相对于有限的主体性而言，绝对和存在本身是无限，是动态的、差异的甚至是非理性的，存在本

---

① Rudolf Haym，*Die romantische Schule*，S.332，354 - 365.

身先于反思性的自我意识，反思不能真正把握存在，也就是说，我们无法通过理智对存在本身获得确定的认识。德国浪漫主义也正是通过对主观观念论的拒斥和对主体性形而上学的批判发展出他们独特的表现、接近和认识"无限"的方式。所以，按照弗兰克的说法，德国浪漫主义的本体论是一种实在论，而不是观念论，在认识论上则坚持一种反基础主义的立场。

弗兰克对早期浪漫主义哲学的解读推动了当代浪漫主义哲学研究的再出发，同时也在西方学界引起了非常广泛的争论，其中最重要的争论发生在弗兰克和贝瑟尔（Frederick Beiser）之间。贝瑟尔延续了以赛亚·伯林想要将浪漫主义从二战后与非理性主义、法西斯主义和纳粹主义的普遍联系中解脱出来的勇敢尝试，而且自觉地继承了海姆的整体论研究进路，他关于德国浪漫主义的一系列研究不仅描绘出了这场运动的历史背景，细致地展示了早期德国浪漫主义者的哲学争论和为他们自己的哲学发展开辟道路的过程，而且还深入探讨了早期德国浪漫主义与启蒙运动的关系，挑战了长期以来认为浪漫主义代表着与启蒙运动理想相决裂的传统观点，令人信服地向人们展示了早期德国浪漫主义在哲学地图上的位置。贝瑟尔跟弗兰克一样，反对将浪漫主义视为费希特观念论的附庸和一种诗化的表现形式。在他看来，早期浪漫派不仅不是费希特的门徒，而且是费希特"知识学"重要的批评者，他们的主要目标之一就是克服他们所认识到的费希特观念论的不足之处。早期浪漫派不仅拒绝了费希特的方法论和自然观，也拒绝了他的观念论，这种观念论陷入了自我意识的循环，消解了真正的存在和无限。对他们来说，费希特的观念论及其所发展的整个现代主体性形而上学传统并不是他们所拥护的哲学方案，而是一个需要被超越和克服的难题。

尽管贝瑟尔也赞同，关于早期浪漫主义的旧的费希特式解释已经过时了，但是他并不像弗兰克那样将浪漫主义与观念论完全对立起来，而是将浪漫主义仍然置于德国观念论，严格地说，是绝对观念论（Absoluter Idealismus）或者客观观念论（Objektiver Idealismus）的传统当中来加以考察。这种后来由谢林和黑格尔发展完善的绝对观念论或者客观观念论是德国观念论的另一种类型，他们并不像康德、费希特的主观观念论那样把观念（Idee）或理想（Ideal）完全局限于理性主体的自我意识领域，而是将其理解为一种客观的原型或本原，归于纯粹存在的领域。[1] 通过理解和把握客体、自然或者实体出于自身内在动力的自我实现的过程，这种绝对观念论既是对现代主体主义传统的批判和超越，又是对以把握绝对、克服怀疑主义和虚无主义为目标的观念论哲学的真正完成。在这个意义上，作为实在论（Realismus）的浪漫主义并不是与德国观念论格格不入的，它虽然是主观观念论的批评者，但却与绝对观念论或客观观念论完全相容，而绝对观念论的意义恰恰在于容纳了这种实在论主张。因此，早期浪漫派才会经常用"观念—实在论"（Ideal-Realismus）或者"实在—观念论"（Real-Idealismus）来指称自己的本体论主张。根据贝瑟尔的说法，弗兰克和亨利希关注的范围太过窄，特别是未能给予柏拉图主义的重要影响以应有的重视，导致他们过分强调早期浪漫派的怀疑主义和反基础主义。[2] 此外，由于未能考虑浪漫主义美学的柏拉图方面，贝瑟尔认为弗兰克的解读使德国浪漫主义显得更加蒙昧，并容易受到反理性主义的指控。

在德国浪漫主义的大部分接受史中，它遭受了早期诠释者对它的误解。然而，过去 30 年的学术研究为我们对德国浪漫主义

---

[1] Frederick C. Beiser, "Romantik und Idealismus", *Die Aktualität der Romantik*, hrsg. Michael Forster und Klaus Vieweg, Münster: LIT Verlag, 2012, S. 47 - 64; Frederick C. Beiser, *German Idealism: The Struggle against Subjectivism*, 1781 - 1801, Cambridge: Harvard University Press, 2002, p.11.

[2] Frederick C. Beiser, *German Idealism: The Struggle against Subjectivism*, 1781 - 1801, pp. 354 - 355, 364 - 365.

重新评价提供了新的可能性。 尤其是亨利希与弗兰克的"星群"
范式和贝瑟尔的整体论范式开辟了德国浪漫主义研究的全新局
面，他们明确表明浪漫主义不是德国观念论哲学的文学附属物，
更确切地说，浪漫主义者在哲学上是稳健的思想家，他们不仅参
与了当时主要的哲学争论，还提供了主观观念论的替代方案。 这
些新的研究通过对许多在历史上被忽视的重要文本的梳理和阐
释，全景式地展现了德国古典哲学错综复杂的发展轨迹，摈弃了
对德国浪漫主义的传统偏见和意识形态的影响，尽可能像早期浪
漫主义者理解自身那样来理解早期浪漫主义者。 他们将早期浪
漫派重新置于德国古典哲学的历史和思想语境中来加以考察，尤
其强调了早期浪漫派在反对主体主义的斗争中所具有的重要意
义，这些都对当代的浪漫主义哲学研究产生了极大的影响。 而
且，弗兰克与贝瑟尔二人围绕着浪漫主义与观念论之间关系所进
行的多回合交锋将浪漫主义哲学的复杂性更加直接地展现出来，
这对于我们立足于早期浪漫主义的哲学基础来更好地理解浪漫主
义的艺术、宗教、科学、伦理和政治观念的内在统一性是不可或
缺的。

第二节　早期浪漫主义的"总问题"

著名的思想史家洛夫乔伊（Arthur O. Lovejoy）曾经将人们
在使用"浪漫主义"（Romanticism）这个词时所表现出来的术语
系统和思想上的混乱视为文学史和批评史上的一件丑闻。 在他
的《论诸种浪漫主义的区别》（On the Discrimination of
Romanticisms，1924）这一经典之作中，洛夫乔伊声称"浪漫
的"一词可以指称如此之多的事情，以至于它已经不再能够发挥
其作为言语符号的基本功能，变得空无所指。 他强烈建议我们放
弃使用"浪漫主义"（romanticism）这一词语，或者至少像他的文

024　章标题那样，使用这个词语的复数形式。他发现，在英国、德国和法国的文学流派或者文学运动中，他们用"浪漫主义"这个词所指的东西没有任何共同特征，甚至完全相反：对有的人来说，"浪漫"一词意味着"回忆"，意味着"对早已逝去的事物的热情"，而有的人则告诉我们，浪漫倾向于无视过去、与时俱进；有的人将浪漫主义界定为对自然的礼赞，它在自然之流本身中而不是撇开自然之流观察无限，而有的人则认为浪漫主义将一切存在视为隐喻；有的人告诉我们浪漫主义会招致无政府状态，而有人又在浪漫主义者的学说中发现了对家庭和国家中已然存在的社会权威所进行的辩护；有的人表明浪漫主义的心灵容易受到一种自卑情绪的影响，带有精神上的孤独感，甚至是一种焦虑感，而我们也能从有的人的文字中了解到，浪漫主义在个人和民族方面都具有一种追求权力意志的"帝国主义的"情绪。①

　　洛夫乔伊的抱怨是有意义的，至少他让人们意识到，浪漫主义是一场无法用某种单一的立场或者价值观来概括的、极为复杂的思想运动。但是，这种复杂性并不意味着浪漫主义完全缺乏内在的统一性、完全无法定义。阿尔都塞（Louis Althusser）曾经使用"总问题"（problématique）作为研究思想剧烈变化中的青年马克思的一个重要的哲学史方法论原则。他指出："如果用总问题的概念去思考某个特定思想整体……我们就能够说出联结思想各成分的典型的系统结构，并进一步发现该思想整体具有的特定内容，我们就能够通过这特定内容去领会该思想各'成分'的含义，并把该思想同当时历史环境留给思想家或向思想家提出的问题联系起来。"②对于理解德国浪漫主义来说，这个"总问题"同样是非常关键的。或许我们本就不应该去追求关于浪漫主义

---

① Arthur O. Lovejoy, "On the Discriminations of Romanticisms", *Essays in the History of Ideas*, New York: Capricorn Books, 1960, pp.228-235.

② [法]路易·阿尔都塞：《保卫马克思》，顾良译，商务印书馆2006年版，第53—54页。

的一个单一的定义，或者将它的内容和意义局限在某个孤立的领域。 因为一个清楚明白的、确定无疑的定义并不一定表达的是真理，而一个无法用简单而确定的方式来把握的对象也不一定就是虚假的和肤浅的。 要想对难以定义的浪漫主义获得一种融贯的理解，最好的办法可能就是找到并且试图像浪漫主义者那样来回答那个促使他们的思想触角不得不向各个领域延伸并且难以按照一种人们习惯的清楚明了的方式来回答的"总问题"。

一、理性的异化与虚无主义危机

正如贝瑟尔所言，"浪漫主义文学只是一场更为广泛的思想和文化运动的一部分，只有根据浪漫主义哲学，尤其是它的知识论、形而上学、伦理学和政治学，才能理解浪漫主义文学。 如果说浪漫派曾赋予美学以首要地位，使其凌驾于哲学之上而作为通向真理的指引，那也只是由于一些太知识论的和太形而上学的理由"[1]。 一个不容忽视的基本事实是，早期的德国浪漫主义者实际上是康德的第一代读者，他们都分享了康德批判哲学的基本问题意识，并在其革命性的影响下开始自己的哲学生涯。 与此同时，作为后康德哲学"星群"的重要组成部分，由"泛神论之争"所推动的斯宾诺莎在德国哲学中的复兴也构成了早期浪漫派最基础性的视域。 因此，如果说存在着一个使德国浪漫主义凝结为一个思想整体的"总问题"的话，那么，这个"总问题"就是随着康德的理性批判和斯宾诺莎思想在德国的复兴而进入哲学核心论域的"理性的异化"与"虚无主义的危机"问题。

在德国浪漫主义形成的早期阶段，大多数浪漫主义者都深受

---

[1] Frederick C. Beiser, *The Romantic Imperative: The Concept of Early German Romanticism*, Cambridge: Harvard University Press, 2003, p.x.

026 康德批判哲学的影响，他们信奉启蒙运动对理性的批判性探究的强调。然而，正是因为他们重视理性，所以坚持用理性来质疑理性主义本身。为此，学者们发明了各种各样的术语来描述早期浪漫主义的这一特征："启蒙的启蒙"（Aufklärung der Aufklärung）、"关于启蒙自身的启蒙"（Aufklärung der Aufklärung über sich selbst）、"现代启蒙的自我批判"（Selbstkritik der neuzeitlichen Aufklärung）。[①] 实际上，跟康德对理性自身进行批判的意图一样，早期浪漫主义者拒绝的不是理性，而是对理性自身未经批判地使用或滥用。早期的浪漫主义者并不排斥理性的认识和反思，恰恰相反，他们延续了启蒙运动对人类的可完善性所抱有的信念，坚持认为理性思维不能静止不动，而是必须在事物本身的活生生的运动和永恒的变化状态中质疑自己的假设，并且辩证地建立在这些假设之上。

　　康德的《纯粹理性批判》（1781）之所以能够成为整个德国古典哲学的起点，绝不仅仅是因为康德通过先验论证成功回应了休谟的怀疑主义对科学知识的动摇，在理性中为科学知识的普遍必然性重新奠定了基础。相反，在卢梭的影响下，康德觉察到科学所遵循的理性原则恰恰会把人自身最终带向一个非理性的结果。如果只有科学理性对世界的认识和解释具有真理性，或者说，如果只有能够被科学理性确定地加以认识的世界才是真实存在的，那么，在这个合乎科学理性的、由有条件者所组成的因果链条当中，不可能有自由、灵魂和上帝的位置，而所有以这些无条件者为根据的不朽价值，甚至于作为理性和自由的存在者的人本身，

---

① Cf. Wolfgang Mederer, *Romantik als Auf k lärung der Aufklärung?* Frankfurt am Main: Peter Lang Verlag, 1987; Frank Wilkening, "Progression und Regression: Die Geschichtsauffassung Friedrich von Hardenbergs", *Romantische Utopie-Utopische Romantik*, hrsg. Gisela Dischner und Richard Faber, Hildesheim: Gerstenberg Verlag, 1979, S. 251 - 269; Silvio Vietta, "Fr ü hromantik und Aufklärung", *Die literarische Fr ü hromantik*, hrsg. Silvio Vietta, Göttingen: Vandenhoeck & Ruprecht, 1983, S. 7 - 84.

都将被这种把一切存在都有条件化的理性证明是非理性的和不自由的。理性从来只是对一切未经反思的、现存的事物进行批判，但却从未对理性自身的能力、范围和限度进行过反思。一个科学的、合乎理性的世界对于人的理性和自由的本质来说却是异化的和疏离的。正是理性化所导致的非理性后果促使康德对自己提出了一个以往的理性主义者们从未提出过的任务，即对那个用来批判的理性自身进行批判。

通过对理性自身的批判，尤其是所谓知识论领域的"哥白尼式的革命"，康德证明科学知识并不是对事物本身的认识，知识所具有的普遍必然性并非来自于事物本身，而是依赖于认识者的理性能力中所包含的先天的感性直观形式和知性概念的共同作用。换言之，科学实际上是对依照认识者的理性的先天形式构造出来的、作为显象（Erscheinung）的对象的认识，而不是对作为物自身（Ding an sich）的对象的认识。康德对知识的本质及其根据的考察表明了理性在科学认识中的能力与限度，而这个限度意味着科学的合理性模式并不能垄断对世界的解释权，相反，作为物自身的世界是如何存在的，这完全不是理性所能够认识的领域。正是通过理性批判为科学知识的重新奠基，康德划分了"显象"与"物自体"两个世界，并将科学认识限定在显象世界的范围之内，从而在作为物自体的世界中，为关涉人的自由、权利和尊严的无条件者留出来了地盘，避免了无节制的、反思的科学的理性解释对一切无条件者和不朽价值的虚无化。

不过，"两个世界"的划分并不是康德理性批判的最终目标，他真正期望的其实是把这两个世界最终统一起来，但不是统一于科学的世界观，而是使这个被理性化和科学化祛魅了的世界重新获得一种能够让自由自觉的道德行动者的本质得到确证的存在，使这个合乎科学理性但却异化的世界与人类对于意义和价值的渴望重新统一起来。为此，康德才会进一步提出和论证一种严格主义的、动机论的道德观念，将出于选言命令的有条件的行为与出于定言命令的无条件的道德行动从根本上区分开来，从而将实践理性确立为一种与理论理性完全不同的合理性模式。在康德看来，善的无条件性使它区别于一切类型的有用性，而这种无条件性是无法用以理论理性的诸范畴为根据的自然的因果性来加以解释的，因此，善的根据超越了经验世界，超越了机械因果必然性，也超越了理论理性的合理性模式，而存在于实践理性当中。更为重要的是，在康德那里，实践理性的无条件立法不仅构成了道德的规定根据，而且道德行动的合理性与现实性使得道德行动者有理由从自身的第一人称视角出发，在自己的道德行动中将一个按照道德因果性运作的自然、一个德福一致的道德世界视作真实存在的。康德在《实践理性批判》（1788）中提出的这个所谓"实践理性公设"（Postulate der praktischen Vernunft）学说在两年后出版的《判断力批判》（1790）中得到了更加完善的论证。康德证明，是我们的理性的判断能力中一种有别于"规定性判断力"的"反思性判断力"（reflektierende Urteilskraft）使得理性主体能够根据实践理性的无条件立法所确立的终极目的，在理性主体自身的反思性认识中，将自然规定为一个具有无目的的合目的性的有机整体，使得理论理性所构造的机械论的自然与实践理性所设定的道德世界能够在以反思性判断力为根据的自然的合目的地自我实现过程中统一起来。

实际上，康德的批判哲学比后来的浪漫主义者更早地提出了一个带有浓重浪漫主义色彩的目标，即在这个启蒙的和科学的时代为祛了魅的自然重新赋魅。"复魅"（Wiederverzauberung）本身并不只有非理性主义和神秘主义的意味，相反，我们看到，作为德国启蒙运动殿军的康德一方面承认自然的理性化和现代科学对自然的认识是人类理性在求知上的伟大成就，但另一方面，他也敏锐地察觉到自然的理性化和祛魅使世界产生的异化和疏离，

并试图通过对理性自身的批判性考察，根据理性自身的原则，重
新恢复自由、灵魂、上帝和与之相关的不朽价值在世界中的位
置，使自然能够确证人的道德存在，而不是成为与人对善和意义
的渴望相对立的非理性的机械宇宙。 包括早期浪漫主义在内的
整个后康德时代的德国古典哲学都继承了康德批判哲学的这一目
标，并且纷纷根据康德所提供的指引，或者通过对康德的批判性
和创造性转化来促进这一目标的实现。

不过，早期浪漫派对康德的"总问题"的理解和接受离不开
"泛神论之争"和斯宾诺莎哲学在德国复兴的影响。 雅可比想要
通过对斯宾诺莎主义的批判来证明，一切形式的理性主义哲学都
必然导致物质主义、无神论和宿命论的后果，进而在根本上动摇
宗教、道德和政治的基础。 雅可比对理性主义的批判跟康德提出
的"纯粹理性批判"的任务一样，都深刻揭示了无节制的理性反
思所带来的消极后果，而且正是在"泛神论之争"所营造的整体
语境中，德国思想界才真正意识到，在康德的《纯粹理性批判》
这部冗长的知识论研究和形而上学批判中所包含的重要的伦理意
义。 但是，不同于雅可比完全拒斥反思性的论理方式，希望凭借
非反思性的自然信念或信仰、直接而共通的感觉或情感来把握源
初统一的、真实的存在，康德坚持通过对理性自身的批判来区分
理性的不同能力及其使用的范围和界限，从而把理论理性限制在
显象世界，并根据实践理性的目的论原则来恢复事实与价值、实
然与应然的统一性，恢复人在这个世界中的归属感。 然而，在雅
可比看来，康德的先验观念论（尤其是根据康德实践哲学的原则
发展出来的、以绝对自我的"本原行动"为第一原理的费希特的
"知识学"）作为传统理性主义的一种"修正主义"形式并不能真
正达到他们给自己设定的目标。 尽管表现为现代科学的传统理
性主义通过外在因果性的解释模式把一切存在都有条件化，但是
（正如康德所表明的那样）它最终不得不承认在依赖理性所构造

030 和认识的作为显象的对象之外，那作为事物本身的对象无法被我们的理性所知晓，理性主义的这种解释模式是有界限的。 可是，康德的实践哲学和费希特的"知识学"却通过理性纯粹自发的（即否定和排斥一切经验性要素的自我立法的）实践原理，将理论理性所不能触及的事物本身（即康德所谓"超感性基底"）完全纳入到理性的统治之下。 这种主体性的统一把人的理性放大到了极致，认为人类能够全然凭借自己的理性来解决因为理性化和自然的祛魅而产生的种种问题，但实际上，这种做法不仅无助于克服理性的异化和对世界的虚无化，恢复事物自身的活力和内在意义，反而在对这种知性的、对立的思维方式中加深和巩固了理性异化所导致的虚无主义危机、加深了人与自然、人与他人、以及作为理性存在者的人与其自身的感性的、具体的现实存在之间的分裂。

雅可比对包括康德和费希特的观念论在内的整个理性主义的批判对后康德哲学的形成和发展发挥了决定性的影响。 一方面，雅可比的批判证明了理性主义的主体性形而上学传统已经走到了尽头，即便它试图在康德和费希特的"修正主义"形式中完成一次自我救赎，但也正是这一努力穷尽了理性主义的主体性哲学的所有可能性，并在对世界和人自身最深的撕裂中为自己唱响了挽歌。 另一方面，雅可比掀起的"泛神论之争"同时又把一度被当成"死狗"的斯宾诺莎重新带回到后康德哲学的视野之中，但此时的斯宾诺莎的形象随着争论的深入和主体性哲学危机的日益暴露而发生了巨大的变化：他的"神即自然"（deus sive natura）、"一即万有"（hen kai pan）的泛神论不再被简单地视为一种无神论和物质主义的主张，而是从这些观念得以形成的语境出发，即从斯宾诺莎本人对抗笛卡尔的主体性形而上学和二元论的意图出发得到了重新的阐释。 在 18 世纪 80 年代末到 90 年代初成长起来的年轻的浪漫主义者们很快就成为了斯宾诺莎的崇拜者。 在莱辛、赫尔德、荷尔德林、谢林和其他早期浪漫派成员看来，斯宾诺莎的实体一元论和动力学的自然观念从根本上超越了现代的理性主义和主体主义传统，为克服因主体性反思哲学而导致的理性异化和虚无主义危机提供了一条全新的思路。与此同时，18至19世纪的电学、磁学、化学和生物学的蓬勃发展作为西方科学史上的又一次革命，挑战了17世纪以来占据主导的机械论自然观，为这种反主体主义的实体一元论形而上学提供了重要的科学参照，而这种形而上学所表达的有机的、能动的自然观念也大大激发了科学家们的想象力，在当时的自然科学研究中产生了重要的影响。

因此，德国古典哲学的递进式发展使得早期浪漫主义的"总问题"具有多个层次。首先，早期浪漫派继承了康德和雅可比对"理性的异化"和"虚无主义的危机"的基本洞见，这实际上也构成了整个德国古典哲学的"总问题"。但是，早期浪漫派为回应和克服这一危机而寻求的解决方案使他们获得了区别于其他德国古典哲学家的"种差"（differentia）。雅可比在"泛神论之争"中对康德和费希特观念论的批判表明，观念论的主体主义的路向不仅无法使人与这个祛魅和异化的世界取得和解，反而进一步加剧了这场危机：康德的理性的统一性仍然坚持着实践理性的单一的合理性模式，否定任何差异性和多样性的存在；而费希特"知识学"中绝对地设定自身和设定"非我"的"自我"只是在形式上承认差异性的存在，但因为"自我"完全不受"非我"的制约，这种设定自身和对立面以及二者之统一的"行动"只体现为一种单向度的外在的因果关系，而不是"非我"与"自我"相互制约的实体性的内在的交互关系，这种主体性的统一只能进一步加深和巩固主体与客体的分裂，而无法真正恢复世界本身的可理解性。不过，虽然雅可比敏锐地揭示了观念论的虚无主义本质，但是，早期浪漫派也并不认同像雅可比那样通过诉诸直接的自然信念或信仰来把握那终极性的实在。 在雅可比看来，存在本身的无条件性和直接性必然反对一切形式的理性反思，这无异于完全否定了启蒙的意义，最后很有可能会沉溺于另一种形式的主观性中。

早期浪漫主义的"总问题"的独特性恰恰在于他们为克服理性异化所导致的虚无主义危机而寻求的"第三条道路"：早期浪漫派接受了康德和雅可比对理性主义的批判，也深受他们思想的启发，但拒绝重走理性主义主体性哲学的老路，同时也不愿意否定启蒙运动的意义及其必要性，倒退回一种完全诉诸直接性而拒斥一切理性反思的非理性主义立场。 而且，这样一个道路的选择也不仅仅是一个哲学或者形而上学层面的问题。 早期浪漫派批判以主体性原则和数学本体论为基础的科学主义的还原论和机械论自然观，但也拒绝毫无保留地拥抱常识和经验；他们批判根据主观理性（不管是理论理性还是实践理性）的原理建立起来的理性神学和道德宗教，强调上帝的绝对性和无限性，但也像其他启蒙思想家那样批判正统神学的宗教世界观；他们拥护法国大革命的共和主义理想，但对大革命所表现出来的非人化倾向保持警惕，他们不认为新兴资产阶级市民社会的市侩主义和个人主义是人的自由的真正实现，可他们也绝不是一群单纯以尊重历史和传统为名来维护旧制度和特权阶层利益的保守主义者和反动的复辟意识形态的拥护者。 卡尔·施密特在早期浪漫派对"第三条道路"的艰难探寻中只看到了随处触发审美情感的偶然的机缘，他要求的是"决断"，但是，让早期浪漫派的心灵为之触动的"总问题"和他们对此所进行的严肃的哲学思考却无法承诺这一点。

二、 启蒙运动与早期浪漫派的唯美主义

德国浪漫主义常常被它的诠释者贴上反启蒙、反理性的标

签，似乎浪漫派对启蒙运动和法国大革命的批判、对中世纪教会
和君主制的赞美就是其复古守旧的证据。然而，启蒙的批评者并
不等于启蒙的反对者，通过对浪漫主义"总问题"的形成过程的
研究，我们就会发现，早期浪漫派哲学家并不是真正反启蒙的蒙
昧主义者，他们批判启蒙运动所导致的物质主义和虚无主义，揭
示现代世界的异化本质，其目的是为了真正捍卫启蒙运动所倡导
的理性与自由的精神，实现启蒙运动的自我救赎。

　　早期浪漫派对启蒙运动的态度既不是毫无保留地热情拥护，
也不是给予简单直接的否定和拒绝，而是出于他们对启蒙理性自
身的意义和困难所具有的深刻洞见，表现为一种更为复杂、甚至
矛盾的心态。给浪漫主义者贴上"非理性主义者"的标签是极具
误导性的，好像他们完全反对理性的批判与反思。事实上，早期
浪漫派非常重视理性批判的力量，他们认为这对于所有关于哲
学、艺术、科学、宗教和政治问题的探讨来说都是不可或缺的。
他们甚至经常批判有些哲学家或者启蒙主义者背叛了自己的事
业，没有将理性批判的原则贯彻到底，而是妥协于现状或者止步
于某些未经反思的前提。① 有必要对现代生活的所有形式进行彻
底的批判，这确实是作为早期浪漫派理论阵地的《雅典娜神殿》
（Athenäum，1798—1800）的主旨之一。正如小施莱格尔在为这
一刊物所撰写的一条断片中所说的那样，"让人们永远不会满足
的东西，大概就是批判"。②

　　早期浪漫主义者对理性批判所持的态度在他们面对"泛神论
之争"（Pantheismusstreit）时表现得最为明显，这场争论是德国
启蒙运动中的一场重要的插曲，也是对 18 世纪后期德国人对理性

---

① "康德主义者的哲学或许正与'批判'（kritisch）一词相反；或者说，'批判'是一个修饰性的词
　语。""最伟大的哲学家之于我，就像斯巴达人之于柏拉图一样。柏拉图无限热爱和崇敬斯巴达
　人，但他一再抱怨他们无时不是半途而废。"Friedrich Schlegel, SKA, Band II, S.172, Nr.
　47, 48.

② Friedrich Schlegel, SKA, Band II, S.213, Nr.281.

的忠诚度的一次严峻考验。 不论是施莱格尔、诺瓦利斯、还是施莱尔马赫都十分钦佩莱辛毫不妥协的理性主义精神，并且拒绝像雅可比所建议的那样，进行一次朝向信仰的"致命的空翻"（salto mortale）。 他们认为这是对理性的背叛，而雅可比最大的问题就在于，当他看到理性威胁到他所珍视的信仰和确定的日常信念时，他就完全放弃了理性的反思和批判。① 尽管浪漫主义者自己经常坚持认为存在着某些超越理性领域的直觉和洞见，但他们决不会赞同雅可比所主张的朝向信仰的"致命空翻"或者坚持与理性的思考完全背离的偏见或成见。 在他们看来，理性批判具有不可估量的价值，因为它通过诉诸具有普遍必然性的法则，质疑各种形式的权威，帮助人类走出狭隘的、主观的偏见，成为塑造普遍而自由的人性的重要途径。

不过，尽管浪漫主义者坚信理性批判的重要性，但他们也意识到了理性主义本身存在的危险。 现代人为获得自由和自我意识的独立性而付出了巨大的，或者可以说是过于巨大的代价。 一方面，理性批判使现代人失去了与自然的统一感。 现在，理性使人有足够的理由和能力将自然置于理性的控制之下，自然因此失去了它庄严的神圣性和令人惊叹的魅力。 理性的反思告诉我们，自然不应成为崇拜、赞美或者沉思的客体，它应该通过理性的分解和重构，成为与作为主体的我们相对立的、被我们认识、控制和利用的客体；它不再是神秘莫测的崇高的艺术作品，而是通往实践理性主宰的道德进步道路上令人烦恼的障碍。 另一方面，理性的批判和反思似乎具有一种纯粹的消极力量，好像它只会否定和破坏一切信仰，使人因为过度的理性而不是过度的感觉而再次陷入怀疑主义的深渊。 所有传统的、已与我们的生活融为一体的道德、宗教和政治信念都受到了理性的质疑，并表明它们只不过

---

① Novalis, NS, Band III, S.572, Nr.121.

是一系列错误的、经不起理性批判的"偏见"而已。 然而，经过
理性的无情批判所留下的这个世界，一个异己的、了无生趣的自
然，如何还能让人有家园之感，一个与自身的传统和历史、与他
人和共同体完全割裂开来个人又如何能在这样一个世界中安身立
命呢？

对早期浪漫主义者来说，启蒙运动最大的问题是使现代人失
去了与自然和共同体共属一体的归属感。 当所有形式的宗教、社
会和政治生活被放到理性的法庭上加以审判，人们往往会认为一
切规范性的共同生活的形式都是对权威的非理性服从，简而言
之，就是一种他律的生活。 尽管理性要求我们在遵循任何准则行
动之前先要按照理性的严格标准对它的合法性进行审查，但是理
性的本性决定了它不会承认任何东西具有无需理性审判的权威
性，也不会对任何回答感到满意，理性对理由和正当性的要求是
无止尽的。 因此，激进的理性批判不仅会导致怀疑主义，还会导
致无政府主义，因为它对所有的社会义务和共同的感情造成了毁
灭性的破坏。

所以，18 世纪 90 年代后期德国浪漫主义者面临的普遍问题
就是，如何在不背叛理性的情况下填补因启蒙理性无节制的批判
而留下的真空，或者说，如何在不放弃理性自律的情况下，恢复
我们与自然和共同体的统一？ 早期浪漫派清楚地意识到，在经过
了启蒙运动的洗礼之后，现代人不可能回到一种前反思和谐状
态，回到古希腊式的人与自然、人与城邦的和谐统一。 他们也不
认为像埃德蒙·柏克（Edmund Burke）和德·迈斯特（Joseph de
Maistre）那样，仅仅通过简单地肯定历史和传统的成见就能够解
决这一问题。 对早期浪漫派来说，传统的哲学，尤其是理性主义
哲学和以之为基础的自然科学无助于问题的解决，因为正是理性
化所导致的自然的祛魅造成了这一破坏性的后果；同时，对理性
批判的必要性的坚持也使得退回到一种前反思的宗教立场为早期

036   浪漫派所不取。 而他们所选择的道路是通过艺术和审美经验对自然和真理进行重新的阐释。 如果说哲学和科学的理性在本质上是一种消极的、否定性的力量，那么，通过某种特殊的情感和想象力所表现出来的艺术的感性力量则在本质上是一种积极的、具有创造性的力量。 正如康德在《判断力批判》、柏拉图在《斐德罗》和《会饮》中已经提示过的那样，审美的情感和艺术的想象力虽然表现为一种非推理性的直觉，但却并不是一种与理性完全相悖的、非理性的经验；关于美的情感自身有一定之规则和普遍有效性，却又不能简单地归结于纯粹理性的作用。 在艺术作品和审美经验中，存在本身的真理是以一种非反思性、非概念性的方式，或者说以一种看似不合理性、不合逻辑的方式呈现出来的合乎理性的东西；理性与感性、普遍与特殊、自由与必然能够在其中得到统一的表达，因理性而被分裂的和失去的东西可以通过艺术重新创造和统一起来。 艺术家的任务就在于恢复自然和社会世界的内在意义和魅力，使个人能够再次感受到与自然、与他人融为一体，从而在世界中重新获得家园之感（in der Welt zu Hause）。 就此而言，早期浪漫派的唯美主义以及他们关于世界必须诗化和浪漫化的宣言，实际上是为了克服理性主义和启蒙世界观的危机而在斯宾诺莎的实体一元论和"创造的自然"基础之上发展出来的一种美的本体论。 这种美的本体论并不是理性主义的对立面，而是致力于在世界的诗化和浪漫化的过程中将直观与反思统一于作为实体的自然或者事物本身的自发的、创造性的自我实现当中。 在这个意义上，不管是直观还是反思，都不再只是作为认识者的主体的一种能力，而是被理解和把握为事物本身的存在方式。

当我们审视诺瓦利斯对浪漫艺术的定义时，我们就会发现浪漫派的唯美主义背后的一个基本关切就在于重新创造人与自然的源初统一。 诺瓦利斯的《塞斯的弟子》（*Die Lehrlinge zu Sais*,

1798—1799）这部浪漫小说的主旨之一是现代人已经失去了与自然的统一感，而恢复自然的关键在于对存在本身的诗意的叙述。现代科学在努力解释和控制自然的过程中剖析自然，但随后又剥夺了它们的灵魂和内在的生命力。自然变成僵死的、陌生的物体，不再与人类的心灵息息相关。而浪漫主义诗人的任务则是让自然重新焕发生机，让人不再凭借自身的理性站在自然的对立面，而是敢于重新直面自然本身那超出理性界限的、摇摆不定的、神秘的、却又充满生命力的永恒真理。就此而言，诺瓦利斯比其他任何人都更体现出早期德国浪漫主义永无止境的哲学渴望："哲学是真正的乡愁——那种希望到处都在家的渴求。"[1]

与此同时，早期浪漫派唯美主义的另一个目标是恢复现代人对于共同体的归属感，更准确地说，是在伦理生活中超越人与人之间的对立和分离状态，使人的自由自觉的本质真正实现出来。小施莱格尔在他的《关于诗的谈话》（*Gespräch über die Poesie*，1800）中指出，浪漫主义的艺术就是"触动我们心灵的东西，就是情感成为主宰，而且不是一种感性的，而是精神性的情感。所有这些冲动的源泉和灵魂就是爱（Liebe），并且在浪漫诗里，爱的精神四处飘荡，虽无形无相却又处处可见（unsichtbar sichtbar）"。[2] 他坚持认为，浪漫派所理解的"多情"（Sentimentale）不是多愁善感，也不是感动到泪流满面，而是人类灵魂最强烈的激情，是爱的情感。正是这种强烈的情感，而不是单纯的对生存的欲望和对死亡的恐惧，才是把人与自然、人与人重新团结起来的真正纽带；能够培养这种情感的不是哲学和科学，而是艺术和诗。

---

① Novalis, NS, Band III, S.434, Nr.857.
② Friedrich Schlegel, SKA, Band II, S.333-334.

三、早期浪漫主义的宗教观念及其伦理意义

从 1799 年的开始，宗教逐渐取代了艺术，成为早期浪漫派探讨的一个核心问题。 施莱尔马赫、施莱格尔和诺瓦利斯都提出了创立一种新宗教的必要性，或者至少要回到一切宗教的根源，重新理解宗教的意义；他们要求一本不会引起过去那样的偶像崇拜、偏见和迷信的新《圣经》；他们呼吁建立一个新的教会，其唯一的基础是精神上的兄弟情谊，而不是国家的外在强制。 这就是小施莱格尔的《理念断片集》(Ideen, 1799—1800)、施莱尔马赫的《独白》(Monologen, 1800)以及诺瓦利斯的《基督教世界或欧洲》(Die Christenheit oder Europa, 1799)等一系列著作背后的指导理想。 小施莱格尔就曾在《理念断片集》中这样写道："在你们称之为美学的东西里面，你们找寻不到人性的和谐丰满，找不到教化的开端和终结。"[1] "宗教不只是教化的一部分，不只是人性的一个方面，而是一切事物的中心，无论什么地方它都是首要的和最高的，是最本源性的。"[2] 不过，与其说宗教取代了艺术在浪漫主义者那里的位置，不如说在早期浪漫派看来，宗教与艺术是紧密相连和相互支撑的。 "《论宗教》这篇演讲的作者说，理智只能认识宇宙；让想象成为主宰，你们就有了上帝。 完全正确，想象乃是人理解神性的器官。"[3] 宗教和艺术都将宇宙视为一个具有内在动力的有机整体，是主体与客体、心灵与世界相统一的最高表达。 真正的、渴望无限的宗教意识都是诗意的，而在情感和想象中揭示无限的诗同样来源于宗教对宇宙大全的依赖感和洞察力。 归根结底，早期浪漫派从对文学和艺术的关注转向

---

① Friedrich Schlegel, SKA, Band II, S.263, Nr.72.
② Friedrich Schlegel, SKA, Band II, S.257, Nr.14.
③ Friedrich Schlegel, SKA, Band II, S.257, Nr.8.

对宗教的关注，只是改变了理解绝对和无限的视角，进一步强调了浪漫诗本身所具有的超越主体性反思哲学，使事物本身得以展现出来的内在目标。因此，就像诺瓦利斯指出的那样，当人们愈加思考艺术与宗教之间的联系时，就愈加发现两者在本质上是相同的活动。[1] 小施莱格尔同样把宗教和艺术家的工作联系起来：我们通过想象的运作来构想上帝，而有创造力的艺术家拥有"一个他们自己的宗教，一个对无限的源初洞见"。[2]

在浪漫派的那些自由主义者批评者看来，早期浪漫派对宗教的复兴是与法国大革命的理想和启蒙运动的进步趋势背道而驰的，这就是其保守主义和反动政治主张的标志。这些批评者将一些晚期浪漫主义者对罗马天主教的同情甚至是皈依与其早年对宗教的理解结合在一起。这种批评当然有一定的道理，因为小施莱格尔、弗朗茨·巴德尔和亚当·缪勒等人在晚年确实诉诸宗教来捍卫君主制、维护贵族和教会的统治。但是，我们不能无视德国浪漫主义本身错综复杂的发展历程，完全根据施莱格尔、巴德尔和缪勒晚期的信仰状况来对早期浪漫主义宗教观念的意义和目标进行评判。其实从它的起源和背景就可以看出，至少就早期浪漫主义自身的问题意识而言，这种浪漫主义的宗教观念并不是反动的。

浪漫主义宗教观念的兴起始于施莱尔马赫的《论宗教：对蔑视宗教的有教养者讲话》（*Über die Religion. Reden an die Gebildeten unter ihren Verächtern*）这部在 1799 年秋天匿名出版的著作。在这部影响深远的著作中，施莱尔马赫提出了宗教的本质在于"对宇宙的直观"（Anschauung des Universums），在于那种依赖和渴望无限的情感。[3] 他认为，启蒙主义者对宗教的批判

---

① Novalis, *NS*, Band III, S.685, Nr.671.
② Friedrich Schlegel, *SKA*, Band II, S.257, Nr.13.
③ Friedrich Schleiermacher, *SKG* I.2, S.213-214.

并未真正把握住宗教的本质，因为他们只是出于理性的根据和要求，将宗教还原为一种道德理论或者宇宙论和形而上学的组成部分。可是，宗教有其独特的本质，不应将其与道德或者形而上学相混淆。它的目的不是指导我们的道德行动，更不是解释自然的运行。相反，它的主要目的是培养我们对无限的体验，培养我们对作为大全的宇宙的依赖感。施莱尔马赫毫不掩饰地承认他对斯宾诺莎的同情，他承认某种形式的泛神论，即相信上帝的内在性和上帝与自然的同一性。他坚持认为，上帝不是一个超自然的人格神，而是一个创造性的自然和无限的大全。早期浪漫主义者之所以被斯宾诺莎所吸引，是因为"泛神论之争"以及由它所带来的斯宾诺莎主义在德国的复兴，让他们看到一种非主体主义的一元论世界观的可能性，"神即自然""一即万有"表达了一种内在无限性的理念，这种从绝对无条件者出发，而非从反思性的主体出发的泛神论主张，是超越主观观念论所导致的二元对立、克服理性异化和虚无主义的重要途径。所以，早期浪漫派提出的新的宗教观念绝不是为了替正统的有神论进行辩护，而是为了弥补启蒙的宗教批判给人类造成的缺失。

另一方面，早期浪漫派深受卢梭和法国大革命的"公民宗教"思想的影响，十分重视宗教对于公民教育和培育共同体的理念所具有的积极意义，而他们对中世纪教会的赞美并不是真的为了恢复中世纪的制度，而是为了通过这种赞美，提出一种更高的精神价值，这种理想所强调的恰恰是启蒙运动和宗教改革之后逐渐衰落的爱与共同体的理念。早期浪漫主义的宗教倾向与对法国大革命不断变化的有着密切的联系。1793 年后，法国大革命陷入自相残杀的暴力和恐怖统治，这让早期浪漫主义者开始质疑社会政治革命是否足以创造一个公正和人道的社会。和同时期的席勒一样，他们得出结论，政治的第一要务应该是人类的教化和人格的再生。不同于自由主义的契约论传统，早期浪漫派不认为自私自利的原子化个人是国家的基石，而个人之间的契约并不能够形成国家与公民之间的内在的统一性和真正的普遍意志。相反，共同体的形成依赖于一个比社会契约更为本源的统一性，而宗教所具有的对宇宙大全的依赖感、对无限的渴望，是塑造这种统一性，培养公民之间共属一体的团结精神的重要途径。 在早期浪漫派看来，只有生活在有机的伦理共同体中，在自身中包含他者、包含全体，人才能使自身潜在的人性得到充分的发展和实现。 这种共同生活的可能性不是源于单纯的自利，而是源于我们本性中最深刻和最强大的冲动：对爱的需要以及给予和接受爱的渴望。 他们认为，爱是一种比自利更加强大的动力，因为强烈的爱，人会为了所爱之人而欣然放弃自身的所有利益乃至生命，也正是因为爱才能使人真正团结起来成为那个与之休戚与共的国家的公民。

这种爱的观念在浪漫主义的政治思想中起着举足轻重的作用。 把爱作为联结共同体的纽带使浪漫主义的政治观念与把自利作为国家之基础的自由主义传统从根本上区别开来。 浪漫主义者认为，所有真正的共同体的基础是爱的伦理，爱应该取代自利成为社会生活的主要纽带。 自由主义传统的一个根本错误就在于，他们只将法律和理性的计算视为社会和政治生活的基础。 这只是从他们错误的人性假设中得出的结论：如果人们天生自利，那么只有根据理性的计算和协商制定出来的法律的力量才能使他们成为社会性的存在者。 而这种错误的人性假设又是早期浪漫派所批判的理性主义和主体性反思哲学的产物。

早期浪漫派所主张的这种带有基督教内涵的爱的伦理，以及跟中世纪行会的兄弟精神、庄园生活密切相关的有机的国家观念，都强烈地唤起了人们对中世纪的记忆，并且在这种回忆中呈现出一幅美化了的中世纪的生活图景。 出于这个原因，以及他们对宗教的复兴，浪漫主义者被他们的自由主义的反对者们斥为反动派、旧制度和复辟势力的维护者。但事实上，早期浪漫主义者对中世纪表现出来的某种倾慕，并不是与启蒙运动和大革命的理想背道而驰的，相反，浪漫主义者对中世纪的理想化恰恰是为了与资产阶级市民社会的利己主义和市侩主义形成对照，给"自由、平等、博爱"的理想提供一个例证。中世纪的共同生活被认为代表了一种更高的精神价值，它教导并且在一定程度上实践了一种爱的伦理。早期浪漫主义者对天主教会的同情主要是对中世纪理想的热爱，而不是对实际的历史上存在的中世纪的各种制度的认可，更谈不上对天主教的皈依了。他们特别向往的是一个统一的普世教会的理想，一个超越所有宗派差异并将所有人团结在兄弟情谊中的世界性教会，它应该是一个"无形的教会"，是根据共同善的原则和爱的伦理在尘世实现的上帝之国。

不仅如此，我们还应该注意到，这种对中世纪的重新评估并不是浪漫主义独有的特征，而是从启蒙运动时期开始的历史学研究的一个趋势和它长期发展的一个结果。自18世纪70年代以来，德国学者对中世纪的历史、文化和思想进行了认真而严肃的重新评估，包括默泽尔（Justus Möser）的《奥斯纳布吕克史》（Osnabrückische Geschichte，1768）、赫尔德的《关于人类教化的另一种历史哲学》（Auch eine Philosophie der Geschichte zur Bildung der Menschheit，1774）、约翰内斯·冯·缪勒（Johannes von Müller）的《瑞士联邦史》（Der Geschichten Schweizerischer Eidgenossenschaft，1780）、路德维希·施皮特勒（Ludwig Spittler）的《基督教会史纲》（Grundriß der Geschichte der christlichen Kirche，1782）等都是这一时期的代表性著作。到18世纪90年代和19世纪初，德国知识分子将中世纪视为抵御现代政治中所有专制主义倾向的避难所实际上已经成为一件司空见惯的事情。① 也就是说，中世纪主义其实并不是浪漫主义的发明，而是启蒙运动本身的一个普遍现象，它表达的不是对复辟旧制度的憧憬，而是对专制主义的反抗。早期浪漫派的中世纪主义表达了更深层次的政治理想，这些理想不是复古的，而是现代的。不论是反对利己主义的原子化个人这一人性假设、对资产阶级社会的商品化和市场导向所进行的批判，还是对共同体和归属感的需要，早期浪漫派借助中世纪的形象所要表达的东西，与我们今天在反思现代性和资本主义时所想表达的东西是一致的。就此而已，我们不仅应当对早期浪漫派的中世纪主义有更多的了解之同情，而且很有可能从他们那里获得更多的启发。

四、早期浪漫主义的市民社会批判与有机论的国家观念

如果我们将早期浪漫派的政治思想放到当时德国的政治传统当中加以考察就会发现，早期浪漫派绝对不是为君主专制和日耳曼民族国家摇旗呐喊的复辟主义者和民族主义者。在早期浪漫派哲学家看来，法国大革命和市民社会的成长是不可抗拒的历史潮流，在这一背景下，开明专制主义尽管意识到了国家在政治生活中的重要作用，但却无视民众参与政治的普遍要求、没有为个人自由提供有力的保障，并且不可避免地带有旧制度的残余；而自由主义传统虽然强调了公民权利和个人的理性自律的意义，但却没有看到新兴市民社会所导致的贫困、失业、以及生产劳动的异化等问题，他们只将追求个人幸福和自我实现作为人生的目标，而无视为了作为一个整体的共同体而生活的价值。正是早期

---

① Cf. Frederick C. Beiser, "Introduction", *The Early Political Writings of the German Romantics*, ed. Frederick C. Beiser, Cambridge: Cambridge University Press, 1996, p. XXIX.

浪漫派哲学家最早意识到这些问题并引领了对市民社会的批判，而他们提出的有机的国家观和社会观则体现了浪漫主义在调和个人自由与共同体价值方面所做出的重要努力。

尽管离马克思通过政治经济学批判对资产阶级市民社会展开的剖析还有很长一段距离，但是早期浪漫派对现代资本主义的生产和交换形式所产生的文化与社会后果已经具有了非常深刻的批判意识。早期浪漫主义者绝不是一群无视现实经济生活而耽于玄想的理论家，相反，他们都充分认识到了经济因素在文化形成中的重要作用，而文化的衰落和虚无主义的危机也与现代市民社会的兴起有着内在的关联。小施莱格尔将"利润和暴利"（Gewinn und Wucher）视为现代生活的主导原则以及所有道德和精神堕落的根源。[1] 施莱尔马赫则指责现代的生产方式是导致宗教衰落的重要原因。因为在这种生产方式中，人们被迫去执行枯燥而机械的任务，他们没有时间或精力去思考他们的内在自我或者他们与宇宙大全之间的关系。"我们已经成为奴隶了，而奴隶就是那个必须去做通过某些无生命的力量就可以去执行的事情的人。对于宗教来说，没有比这更大的障碍了。"[2] 同样，诺瓦利斯也将欧洲文化的败坏归咎于资产阶级市民社会。现代的生产形式需要人们付出如此多的时间和精力，以至于他们无法静下心来专注地思考内的世界。[3] 不过，他同时意识到商品经济的发展对现代世界的形成所具有的积极意义，甚至隐约感觉到这种发展本身可能具有某种不可阻挡的内在必然性："商贸精神（Handelsgeist）就是世界的精神。这是它们之中最灿烂的精神。它使一切都运转起来，并将一切联系在一起。它唤起了国

---

① Friedrich Schlegel, SKA, Band VII, S.71-72.
② Friedrich Schleiermacher, SKG I.2, S.290.
③ Novalis, NS, Band III, S.509.

家和城市、民族和艺术作品。它是文化的精神，是人类的
完成。"①

正因为早期浪漫派认为市民社会是现代文化衰落和伦理社会
生活异化的罪魁祸首，是理性异化和虚无主义危机在现代生活中
最直接、最生动的体现，所以他们投入了大量的时间和精力对其
进行批判。早期浪漫派的市民社会批判的一个重点涉及现代生
产技术、劳动分工和机器的使用。分工要求每个人都专注于单一
的任务，这通常是枯燥乏味的。在小施莱格尔看来，"没有什么
比把生活当作一般的贸易活动来对待更加荒谬的了，因为生命的
真正本质在于我们所有力量的整全性、完整性和自由活动……谁
若只坚持一点，谁就只是一只牡蛎"②。现代的生产方式不仅是
非人性的，它还造成了对人的奴役。它不仅不能带给人以更大的
自由和更高的精神目标，而且还迫使人仅仅为了维持生计而不停
工作。启蒙运动的宏伟梦想是通过科学和技术的进步让人类能
够控制自然，掌握自身的命运，从而获得更大的自由。可是，当
科技在征服自然的同时，也把人类自身变成了奴役的对象。对
此，小施莱格尔给出了一个简洁而直白的表述："资产阶级的人为
了摆脱辛劳和困苦首先被塑造和转变成机器。即使他只是政治
总和（politischen Summe）当中的一个数字，他也感到快乐；如
果他把自己从一个有血有肉的人（menschlichen Person）变成了
一个棋子（Figur），那么，他在各个方面都可以称得上是完美的
了。个人如此，大众亦然。他们吃喝、结婚、生育、老去，如
此这般，以致无穷。纯粹为活着而生活是卑劣（Gemeinheit）的
根源，没有关于哲学和诗的世界精神，一切就都是卑劣的。"③

早期浪漫派感叹现代文化的物质主义和功利主义，它倾向于

---

① Novalis, NS, Band III, S.464.
② Friedrich Schlegel, SKA, Band VIII, S.50.
③ Friedrich Schlegel, SKA, Band VIII, S.49 - 50.

046 将事物仅作为满足物质幸福的一种手段，而这恰恰是整个自然和伦理世界被祛魅之后，一切事物都失去了其自身作为目的的存在所必然导致的结果。 换言之，作为资产阶级市民的人不能消费的东西对他们来说就不存在。 这种物质主义和功利主义不仅没有为生命、尊严、哲学和真正的艺术与宗教留下任何空间，而且更糟糕的是，它使一切社会关系失去了其固有的价值，仅仅被看作实现个人之间互惠互利的手段。 浪漫主义者使用"市侩"（Philister）这个词来表达现代市民社会中物质主义个人的本质。出于一种被虚构和塑造出来的单纯的利己主义的人性，市侩的行动的最终目的只是为了满足对舒适和安全的渴望，他会将他的所有生活变成无趣的、重复的例行公事，并符合现存的法律、道德和宗教。 在早期浪漫派看来，市侩主义其实是现代商品经济自身不可避免的后果。① 分工的日益加深、对利润的不断追求、技术的不断发展不但没有使基本的需要得到满足，而且创造出了更多新的"基本的"需要。 因此，单调的经济生活的模式不断地自我复制。 结果是，人类只能发展其自身天性的一个方面，即被商品经济和市民社会塑造和强化了的、单纯动物性的感性欲望，对物质幸福和感官快乐的需求，而我们所有的道德倾向、我们作为人与生俱来的同情心和怜悯心都在对舒适和奢华的追求过程中，在遵循所谓的客观的经济规律的理性计算中丧失殆尽了。

早期浪漫派严重怀疑个人主义和利己主义能否真正成为政治秩序的基础。 在他们看来，社会和国家可以通过自利的行动者之间的理性计算和契约来形成，这个理性主义的政治构想本身就存在着内在的矛盾。 如果自利本身就是目的，那么它实际上是没有限度，就理论上而言，这个人性假设必然导致的结果将不是创造和维系，而是破坏和消解所有的社会纽带。 因为利己的原子化个

---

① Novalis, NS, Band II, S.494-495, Nr.36.

人进入社会只是为了更多地利用他人来达到自利的目的，所以，如果国家或者社会的要求有损于个人的利益，那么人们就有理由退出这个契约。换言之，在这个人性假设中已然包含着通过契约而结成的社会随时解体的可能性，而且这也将在理论上被证明是正当的。当然，早期浪漫派已经意识到，契约论的国家观念所依赖的利己的原子化个人这个理论前提本身就存在巨大的问题。他们认为，这种人性假设是对现实的、复杂而多样的人类行为进行理性重构的产物，是对现存的市民社会中人们的行为模式的抽象和概括。这是这种理性的抽象反思将人从他的家庭、历史、传统、文化和共同体当中抽离出来、分裂开来，由此造成了公与私、个人与国家之间的外在对立。在他们看来，利己主义不是天生的或自然的，而是后天的和人为的，那些被现代市民社会及其利己主义伦理所奴役的人的无目的的、无家可归的生存状态是他们的真实的自我和真实的人性的一种疏离和异化了的表现。

早期浪漫派认识到了经济生活的重要性，认识到了物质生产和交换的方式与社会、政治和文化之间具有内在的联系，所以当他们赋予中世纪的庄园制度和行会制度以一种理想化的色彩时，他们并不是单纯地想要回到历史上实际存在过的中世纪的经济生活和与之相应的政治制度中去，而是想以此为例，寻找一种与现代市民社会的经济生活不同的、更加具有人性、更加有助于实现人的自由、平等和博爱的经济生活的形式。[①] 当然，他们未能给取代现代市民社会的这种积极愿景提供更加详细的解释和论证，但他们的这一洞见无疑成为了黑格尔和马克思社会政治理论的先声。

不仅如此，早期浪漫派还意识到，这种以保障抽象的个人权

---

① "没有比曾经存在于中世纪的自由、平等和博爱更加真实的了——它们再次以最好的状态存在于德国。" Friedrich Schlegel, SKA, Band XVIII, S.299, Nr.1255.

048 利为基础和目的的契约论的国家观念是随着自然的理性化和祛魅
一道发生的伦理政治世界的祛魅并对其加以理性重构的产物。
资产阶级法制国家实际上是现代市民社会经济生活向政治领域的
延伸。小施莱格尔就曾把立宪国家视为各种敌对的势力通过契
约把彼此的猜忌和算计机构化了的结果，因此他反对将形式化的
三权分立视为理想的政治制度。这样一种国家制度和机构所保
障的权利是使人能够自由地受自己的感性欲望的支配，并且自由
地受这种欲望的驱使去行动，从而真正实现的不是人作为人的自
由，而是被成功地改造成合乎计算理性和机械因果性的自然的一
个部件。与这种机械论的国家观不同，早期浪漫派倾向于将国家
理解为一个有机统一的整体，这与他们的自然观是一致的。这种
浪漫主义的有机论的国家观念不是机械论国家观的对立面，而是
试图通过揭示国家本身乃是自然和人类存在的不可还原的内在目
的，将由自利驱动的原子化个体之间的机械作用转化为受目的因
引导的具有内在合目的性的人类的全部自然禀赋自我实现的运
动。这个作为有机体的国家在保障个人权利和利益的同时，也让
人意识到个人生命的保存和欲望的满足不是绝对的和终极的目
的，而是服务于他作为人的、超越了原子化状态的更高本性的实
现。由此，政治世界的复魅与自然的复魅一道，成为了早期浪漫
派为克服理性异化和虚无主义危机而做出的重要努力。

第三节　研究思路

在泛政治化和寻求民族认同的大背景下，浪漫主义在很长的
一段时间里都被当成了时代精神的玩偶，要么被刻意贬抑，要么
被无限美化。在现代性大行其道的今天，德国浪漫主义哲学仍然
容易被人们指责为一种反现代、反理性的复古守旧的思想，与自
由、理性、科学、民主的主流不合。然而，对浪漫主义哲学的这

一评价是否正确呢？ 是不是浪漫主义哲学在宗教、政治等问题上只具有负面的价值呢？ 它对现代人关于合理性与政治正当性的思考真的没有产生什么积极的影响吗？ 本书旨在德国古典哲学的整体语境中，以早期浪漫主义的"总问题"为引导，通过对弗里德里希·施莱格尔、诺瓦利斯和施莱尔马赫这三位早期浪漫主义代表人物在1797—1802年这段时间的主要哲学文本进行系统性的阐释，分别就早期浪漫主义哲学的形成和基本特征、早期浪漫派的唯美主义与现代性批判、早期浪漫主义的宗教观念及其伦理意义、早期浪漫主义的市民社会批判和有机论国家观等四个方面，对早期浪漫主义哲学思想的起源、发展及意义进行深入和系统的研究，进而澄清对德国浪漫主义的种种误解，使其焕发出新的生机与活力。

为此，本书的研究将首先把早期浪漫主义哲学置于德国古典哲学和近代西方思想传统的整体视域中进行一种纵向的、历时性的考察，阐明早期浪漫主义哲学的问题意识和根本旨趣是如何在对德国观念论哲学和近代自然观念和政治理论的批判与继承中逐渐形成的。 通过考察启蒙理性的危机和德国观念论哲学对于早期浪漫主义哲学的影响，我们会发现，早期浪漫派哲学家既是启蒙运动的批判者又是启蒙精神的捍卫者，他们一方面深受康德、费希特哲学的影响，另一方面又对康德、费希特的主观观念论哲学及其二元论后果深表不满。 理性的主观化无法真正捍卫理性的绝对性和理性自律的原则，反而产生了现代社会的种种异化，而早期浪漫派哲学家试图通过发展一种新的形而上学主张，以此从根本上回应主体主义对绝对无条件者的消解以及由此导致的虚无主义危机，重建正当性与规范性的基础。 正是这种复杂的问题意识，决定了我们决不能简单地用近代主流的意识形态话语和思考框架对浪漫主义思想进行非黑即白的判断。

在此基础上，本书将对早期浪漫主义的哲学思想的主要论题

050   进行一种横向的、共时性的理论研究，厘清他们的哲学基础、思考路径、内在结构和具体内容，从而阐明早期浪漫主义哲学的体系性和独特性。 虽然德国早期浪漫主义者在文学、艺术、哲学、自然科学、以及历史、宗教、政治等诸多领域都颇有建树，兴趣十分广泛，但是他们的思考和研究与现实的社会政治问题之间存在着紧密的关联。 尤其是通过对小施莱格尔、诺瓦利斯和施莱尔马赫这三位早期浪漫主义思想的领军人物的系统研究，我们就会发现，早期浪漫主义绝不是一种任意的、零散的、缺乏中心的思考，他们关于哲学、艺术、宗教、自然等诸领域的研究，恰恰是他们对启蒙时代的困境以及各种社会政治问题的一种回应。

　　早期浪漫主义的美学、宗教、科学和政治思想与其整个哲学或形而上学研究的主题与意图保持着内在的连贯性和统一性。关于主体与客体、有限与无限、精神与自然、自由与必然等永恒的哲学问题的研究是早期浪漫主义思想的基础，而正因为早期浪漫派对哲学基本问题的思考突破了理性主义和主体性反思哲学的局限，所以，他们关于自然、宗教和政治的观念具有完全不同于启蒙的科学世界观、理性宗教观和契约论国家观的独特理路与思考框架。 早期浪漫主义哲学的一个重要主题就在于揭示启蒙的理性与合理性观念的吊诡及其哲学根源，并对建立在此基础上的机械论的自然观念和国家观念进行深入的剖析与批判。 他们试图发展一种非主体主义的形而上学，突破近代主体主义哲学的局限，将意义与规范的根据建立在绝对无条件者之上，克服理性的异化和现代世界的内在分裂，通过对审美经验的内在统一性的揭示和一种新的宗教观念的发展来突破理性主义的二元对立，促进理性自身的辩证的、合目的的发展和人的教化，恢复人的整全性，进而从根本上回应现代虚无主义、相对主义和价值无政府主义的危机，重新奠定人类共同生活的基础。

第一章

康德的浪漫主义
与早期浪漫派的
康德主义

在关于德国古典哲学的历史叙事中，对德国浪漫主义的定位 053
总是显得比较尴尬。 在过去较长的一段时间里，哲学史家们不太
乐意把德国浪漫主义者视为真正的哲学家。 就纯粹浪漫主义的
作品而言，似乎它们根本不是哲学，它们的创作者应该是诗人，
而不是哲学家。 因为哲学（尤其是德国古典哲学）应该是运用概
念进行思维和推理的思想体系。 如果以此为标准，那么，浪漫主
义者恰恰是在一个完全不受概念的表达形式支配的领域里，在情
感、心绪、想象的范围内纵横驰骋。 所以，人们似乎完全有理由
不承认一种所谓浪漫主义哲学的存在。 然而，这种否定性的论断
又常常是不彻底的。 浪漫主义者们对诸多哲学问题的关注和讨
论，他们与其他德国古典哲学家之间的交往与互动，无论如何是
不可能因为他们的非概念性的诗意表达而一笔勾销的。 为此，哲
学史家们不得不承认浪漫主义者的哲学思考具有某种独特性，哲
学在经过浪漫主义的改造之后，变成了"诗化哲学"或者"哲理
诗"：概念的语言同情感的语言融为一体，概念的思维同情感的
体验融为一体。 不过，这正是因为这种融合与改造，注定了浪漫
主义哲学的肤浅和苍白无力。"不得不承认，浪漫主义者运用他
们全部天才所进行的哲学尝试，到头来只能是对他们异想天开的
嘲弄。"①

这些关于德国古典哲学的历史叙事虽然不得不把浪漫主义纳
入到德国古典哲学的发展史中，但是又试图通过把德国浪漫主义
彻底地非理性化，将它与整个理性主义传统对立起来，进而切断
浪漫主义与德国古典哲学的之间的联系。② 相较于 19 世纪末 20
世纪初的学者来说，今天的研究者在经历了克尔凯郭尔、尼采、

---

① Nicolai Hartmann, *Die Philosophie des deutschen Idealismus. I: Fichte, Schelling und die Romantik*, Berlin-Leipzig: De Gruyter, 1923, S.189‑190.

② Josef Heller, *Solgers Philosophie der ironischen Dialektik; ein Beitrag zur Geschichte der romantischen und Spekulativ-idealistischen Philosophie*, Berlin: Reuther Reichard, 1928, S. 24, 26‑27.

054　马克思、海德格尔、德里达、巴塔耶等人对传统的哲学观念和哲学研究范式的激进的批判之后，接受和理解一种关于哲学的非概念式的思考与表达形式会相对容易得多。 不过，我们还是应当注意到，早期浪漫派之所以热衷于使用断片、格言、诗歌、小说、书信等方式来进行创作，在诗意的、神话般的叙事和韵文中来表达他们的哲学理念，这不是由于他们在概念思维上的无能，或者被一种无意识的情绪所裹挟，而是一种高度的理论自觉的产物。实际上，早期浪漫派对传统哲学的不满并非如表面上所看到的那样，仅仅停留在逻辑的、概念化的思维与表达方式和遵循理性推理的思想体系的建构。 他们反对的是这种思想和表达方式的外表底下所隐藏的理性主义的主体性形而上学和认识论上的基础主义。 而早期浪漫主义的反主体主义和反基础主义主张决定了他们必须要避免那些与传统的哲学观念和立场相辅相成的思维形式或者研究范式，通过不断寻找和尝试更加多元的、开放的形式来表达那种非主体主义、与事物本身的多样性和复杂性相应的具体的存在之真理。

　　实际上，想要认识浪漫主义与德国古典哲学之间的关系不能仅仅考察他们在表面的相似性或者差异性，更不能拘泥于对德国古典哲学必须是体系性和概念性的这样一种教条化的理解，而应该深入到浪漫主义和整个德国古典哲学自身的统一的问题意识当中，将是否具有共同的问题意识作为衡量早期浪漫主义者与康德、费希特等人之间是否存在内在联系的标准。 其实就像克朗纳（Richard Kroner）指出的那样，康德通过批判理性开辟了一块土壤，正是在这块土壤上生长出了浪漫主义精神。[①] 早期浪漫主义者和其他大多数德国古典哲学家一样，深深地受惠于康德对启蒙

---

① Richard Kroner, *Von Kant bis Hegel*, Band 1, Tübingen: J.C.B. Mohr（Paul Siebeck），1921, S.131.

理性自身的危机的深刻洞见和他为克服这一危机所提供的具有世界历史意义的伟大方案。 康德敢于逆时代潮流而动，当形而上学徘徊于黑暗和矛盾之中，处于岌岌可危之时，重新接过给形而上学奠基的重任，他对理性的批判、对知识和道德的本质与根据的重构，都与隐含在自由的消解、关于上帝存在和灵魂不朽的信仰的动摇以及终极目的的缺失这些形而上学的理论难题背后的巨大危机有着直接的关联。

康德哲学的影响和意义与现代世界的这场意义危机具有十分密切的关联。 而雅可比对理性主义的深刻批判，也从理性主义可能产生的物质主义、无神论和决定论后果中嗅出了理性时代的虚无主义气息。 理性不仅能够带来知识的进步，而且同时还改变了我们的世界图景，在这个理性化的世界图景中，不再有灵魂、自由和上帝的位置。 作为一种理解世界的独特形式，理性并未如愿在对确定性的寻求中为这些绝对无条件者进行有效辩护，从而在理性时代安顿好人生的意义。 相反，正是理性化导致了无条件者和终极目的的消解，并且实实在在地将现代人置于前所未有的不确定性和普遍焦虑之中。 理性化的时代是一切存在都需要经过理性的反思和解释的时代，也是一切存在都被有条件化的时代。不再有什么东西自身就是自身得以被理解的原因，不再有什么东西自身就是自身存在的目的，因而这是一个最具有确定性的科学时代，也是一个最不确定的虚无时代。

身为启蒙运动的殿军，康德对理性的态度是审慎而乐观的，但他并非对理性化的消极后果视而不见。 事实上，康德比雅可比、尼采和马克思更早地意识到理性对世界的虚无化，但是，他始终坚信，唯有经过了自我批判的理性本身和由纯粹实践理性的立法所规定的自由意志，才能够为这个因理性而虚无化的世界重新找到目的和意义，使这个经过了科学理性祛魅的世界恢复一种"魅力"，一种能够容纳并且回应作为理性存在者的人对于自

由、正当与善的期许的更高的合理性。 在这一章中，我们将首先
把康德的批判哲学置于雅可比对理性主义的挑战所营造的后康德
哲学语境当中，从理性化所导致的虚无主义问题入手，阐明康德
如何通过对理性自身的批判性考察来澄清理性所具有的不同能
力、要素、规则及其使用的范围，从而为理性的各种能力的使用确
立方法论的原则并划定各自的界限，避免由于理性的误用（而不是
理性本身）所导致的虚无主义后果。 并且进一步表明，康德的理
性批判和通过理性的实践应用为自然重新"赋魅"的方案本身就具
有浓厚的浪漫主义色彩，早期浪漫派提出的使世界浪漫化的主张是
对康德的实践理性的统一的批判性的继承和发展。 在此基础上，
以诺瓦利斯为例，通过考察诺瓦利斯如何借助对康德哲学的重新解
读来批判和超越费希特的极端的主体性形而上学，进一步阐发康
德哲学的浪漫主义意涵和早期浪漫派中的康德主义因素。

第一节　启蒙理性的危机

　　"我们不难看到，我们这个时代是一个新时期的降生和过渡
的时代。 人的精神已经跟他旧日的生活与观念世界决裂，正使旧
日的一切葬入于过去而着手进行他的自我改造。 事实上，精神从
来没有停止不动，它永远是在前进运动着。 但是，犹如在母亲长
期怀胎之后，第一次呼吸才把过去仅仅是逐渐增长的那种渐变性
打断——一个质的飞跃——从而生出一个小孩来那样，成长着的
精神也是慢慢地静悄悄地向着它的新形态发展，一块一块地拆除
了它旧有的世界结构。 ……可是这种逐渐的、并未改变整个面貌
的颓毁败坏，突然为日出所中断，升起的太阳就如闪电般一下子
建立起了新世界的形象。"①在《精神现象学》的序言当中，黑格

---

① ［法］黑格尔：《精神现象学》（上卷），贺麟、王玖兴译，商务印书馆 1979 年版，第 6—7 页。

尔以如此恢宏的笔触描绘了现代世界诞生的那一刹那的情形。
而我们也确实能够从现代世界的那批开创者身上看到这样一种
"敢叫日月换新天"的气魄和胆识。不论是皮科·米兰多拉、马
丁·路德、伽利略，还是培根、笛卡尔、霍布斯，所有这些人都
体现着显明的现代人的特质：他们不再相信教会的绝对权威，不
再相信过往的历史、传统和各种习以为常的道德信念与习俗能够
继续指导我们的生活，不再相信经典的文本、理论和研究方法能
够带给我们真理，不再相信我们自身直接的感觉、情感、经验和
任何未经反思、未经我们内心确证的东西具有自明性。也就是
说，"现代不能或不愿再从其他时代的范本那里借用为其指明发
展方向的准绳，它必须从自身中创造出自己的规范。现代完全倚
仗自身而无从逃避"①。

否定过往的一切经验、否定自己切身的感觉，否定事物本身
具有内在的、不容置疑的真理性，这无论对于个人还是对于整个
人类来说都不是一件轻松的事情，这不仅需要有巨大的勇气，更
需要找到足以替代这一切来为我们的知识、道德和人生意义重新
奠基的坚实基础，而这个新的基础就是"理性"。用洛维特
（Karl Löwith）的话来说，"与各种超越的信念相比而言，这种对
时代命运与一时行为之激情所具有的信念其实是一种积极的信仰
缺失状态。这种对于超出了时代命运或超出了当下要求的事物
（如价值、意义和合法性的客观在场）缺乏信仰的情形所具有的
积极的因素在于，它强调理性责任的主体性（the subjectivity of
rational responsibility），以这种主体性作为一种个人面对自己时
纯粹自我负责的态度"②。

---

① Jürgen Habermas, *The Philosophical Discourse of Modernity*, trans. Frederick Lawrence, Cambridge: Polity Press, 1987, p.7.

② Karl Löwith, *Max Weber and Karl Marx*, trans. Hans Fantel, London and New York: Routledge, 1993, p.76.

　　当笛卡尔试图把全部的人类知识推倒重来，在一个全新的、足够坚实的基础上重建整个人类知识的大厦时，这种理性的自我负责的主体性第一次得到了明确的、系统的、具有开创性和典范意义的论证。对笛卡尔来说，不管是古典文献中激励人心的故事、诗歌中光彩夺目的想象力，还是神学的启示真理，乃至于阅尽"世界这本大书"，收集各种各样的经验，都不能给他带来理智上的确定性，免于怀疑和错误的困扰。因此，笛卡尔认为，我们需要制定一个"理性的规划"，利用一套指导心灵探究真理的方法和规则，使我们的认识不再陷入歧途，最终获得普遍的、具有确定性的真理，而这样一种真理和缜密的思维规则的完美例证就是数学。笛卡尔在数学中发现了心灵在探究真理时的一些基础性的东西，尤其是数学认识完全不依赖于任何特殊的、偶然的经验，而是从心灵对直接自明的真理的领会出发，按照理性自身的规则由已知推导出未知。因此，在笛卡尔看来，只有将整个人类知识改造成像数学一样的"直观—演绎"的知识，心灵才能真正避免各种似是而非的论断，获得一种理智上的确定性。

　　正是这种"普遍数学"（mathesis universalis）的理想促使笛卡尔诉诸普遍怀疑的方法来为整个人类知识寻找一个类似于数学公理的自明的起点和基础，同时也是"存在之为存在"（being qua being）的根据。虽然皮尔士（Charles Sanders Peirce）后来对笛卡尔的"普遍怀疑"很不以为然，因为皮尔士认为，我们不会无缘无故地怀疑，更不可能去怀疑一切，这种笛卡尔式的普遍怀疑将使我们的生活变得完全不可能，任何怀疑实际上都是建立在大量我们业已接受的"自然信念"（natural belief）或者伽达默尔（Hans-Georg Gadamer）所说的"前见"（Vor-Urteil）之上的。只有当我们的信念或成见与经验发生冲突时，我们才会去怀疑它们。但皮尔士没有意识到，笛卡尔的"普遍怀疑"不仅仅是一种获得知识的方法，更是直接涉及规定知识本身的一个重要标志。

笛卡尔或许同样知道，我们不可能真的什么都去怀疑，如果没有那些自然信念，我们的生活将会寸步难行。可是，当这位希望彻底献身于对真理的追求的哲学家告诉我们，对任何我们可以设想出哪怕再小不过的一点理由加以怀疑的东西都当作绝对错误的而加以拒绝，他实际上复活的是巴门尼德的不朽箴言："'是'是，它不可能不是"，这是一条能够带来确信的道路；而"'是'不是，这个'不是'必然是"却只能导致无知和混乱。笛卡尔之所以将"普遍怀疑"作为知识的基本原则，是因为"可以被怀疑"意味着矛盾（contradiction / Widerspruch）的存在，意味着认识对象可能既"是"又"不是"、既"不是"又"是"，而这种表现为既"是"又"不是"的矛盾恰恰是一切未经反思的对象所普遍具有的特征。所以，真正的知识（而不仅仅是信念）必须经受住普遍怀疑的考验，从根本上杜绝这种可能性，将真理建立在"'是'是而'不是'不是"这个矛盾律的基础之上，从而使人类的整个知识获得数学命题那样的确定性（certainty / Gewißheit）。

笛卡尔的"普遍怀疑"背后隐含的是以矛盾律或者确定性作为知识的根据和原则的诉求，知识绝不能承认那些有可能包含矛盾的前反思的对象具有真实性。所以，现代知识观念必然包含着对任何直接给予我们的经验、信念和存在的否定与拒斥。正是由于确定性这个标准的确立，在我们的认识之前被直接给予我们的任何对象、乃至于客观的事物本身都由于存在着矛盾的可能性而被取消了它们的真实性，因而在从那唯一确定的、不可怀疑的"是"，即"我思"（Cogito）或主体（Subjekt）中演绎出来之前，根本不存在任何因其自身之故而直接具有真实性的东西。恰恰是"主体"或者"我思"的自明性和无矛盾的同一性将事物本身从时间的流变、立场的差异、感知的有限这些可能产生矛盾的因素中拯救出来，赋予其不可怀疑的真实性。由这个知识问题所产生的本体论后果是，"我思"或者"主体"取代理念、自然或者上帝而成为了真正的"实体"，成为了变中之不变，成为了一切存在的根据和基础。

这种主体性形而上学为"普遍数学"的构想奠定了重要的哲学基础。一方面，普遍怀疑在将思维着的心灵从自然中抽离出来的同时，也使原本自身具有目的和规范的自然变成了完全价值无涉的、僵死的具有广延的物质世界。但另一方面，比心物二元论更加重要的其实是笛卡尔的一元论目标，对他来说，心灵与物质的分裂是为了在一个更加稳固的基础上来重建世界的统一性和确定性。正是凭借基于"我思"的自明性的本体论证明，笛卡尔使上帝为"我"所用，将二元对立的心灵与物质在上帝这一终极实体那里重新统一起来，但这种统一性的根据不在事物本身，而是通过由心灵的自明性所确证的上帝使具有广延的物质统一于思想着的心灵。理性的心灵所具有的这种终极的统一性允许理性的认识者按照笛卡尔提出的"分析—综合"方法将复杂的、缺乏明证性的事物分解成最简单的、最容易知悉的、清楚明白的对象，并由此出发逐步对对象进行综合和重组，使事物和事物之间的关系具有数量关系一样的合乎逻辑的普遍必然性，也我们关于整个世界的认识最终具有像数学知识那样的确定性和明晰性。当这种主体主义的形而上学和方法论原则与伽利略所推动的"自然的数学化"结合在一起时，新兴的物理科学就将我们从一个万事万物都有其独特本性和内在目的的多样统一的自然观带向了一个由单一原则支配的、均质化的自然观：计算理性成为了理解自然的唯一正当的合理化模式，质的量化使得自然的多样性和质的差异性被彻底剥夺，面对这样一个由理性主体重构出来的均质化的自然，对自然的机械论的解释模式最终取代了以事物的质的差异性和多样性为基础的目的论的解释模式。

这种以主体性形而上学和数学本体论为基础的现代科学世界

观给人类带来了前所未有的理智上的确定性，但与此同时，科学所依赖的理性反思也使得这个世界变得"可信而不可爱"。科学的理性计算可以确切地告诉我们什么是真的或者假的、什么是对我们有利的或者有害的，但却无法告诉我们什么东西就其自身而言是善的、是有意义的、是值得人不顾一切去追求的。科学可以让我们在知识上获得确定性，但却由于理性自身不断追问理由的本性和对一切未经理性确证过的对象的普遍怀疑而使人类在意义和价值领域陷入了巨大的不确定性。对于涉及意义和价值的问题，有一样东西显得非常重要，那就是某种自身就是目的而不能作为手段的绝对无条件者，不管它被叫作自由、灵魂还是上帝。一切琐碎的、繁重的、艰难的、充满着选择和矛盾的生活会因为这个作为最终目的绝对无条件者的存在而变得有意义，让人觉得整个生活是自然而然的、充实的和值得的，而不是没有方向的、难以理解和难以忍受的。

可是，在这样一个理性时代和世俗时代，要通过理性来回答意义和价值的问题是极为困难的。因为理性不仅不会帮助我们增强对这些无条件者的确信，反而会以各种方式不断地向绝对无条件者的存在提出挑战。理性让我们知道，灵魂并非不朽，具有人格同一性的自我可能只是伴随着身体机械过程的某种副现象（epiphenomenon）而已；理性同样教导我们，上帝并不存在，整个自然并不存在任何终极的意图，而且作为一个封闭的有限系统，整个宇宙终将耗尽它的所有能量而归于死寂、归于无序；甚至于崇高的道德行动和人性理想从理性的眼光来看，也只是自私的基因寻求自我复制的一种手段而已，[①]而单纯的自我复制本身并不是一个实质性的目的，可是，当我们知道了所有生命形式在本质上都是由自私的基因所驱动的，我们关于人生的目的和意义

---

① 参见 [英] 理查德·道金斯《自私的基因》，卢允中等译，中信出版集团 2018 年版。

的困惑就因此而得到解答了吗?

理性将我们从自己身处的世界中抽离出来,使我们以一种合理的、但却外在的视角来审视整个世界和我们的人生,这让一种活在当下、顺其自然的生活,也就是德国古典哲学家们喜欢说的"在世界中在家"(in der Welt zu Hause)的生活变得不再可能。就像托马斯·内格尔(Thomas Nagel)所说的那样,"人生的意义问题之所以出现,是因为我们有能力占据一种立场,一种会使我们最强烈的自我关切都显得毫无意义的立场"①。理性并没有在用数学的语言精确地描述出事物之间的因果关系,从而清除掉那些虚妄的假象和自然目的之后,重新为这个世界确立一个无条件者,一个所有有限的事物都指向它、并因此而有意义的最终目的。我们仍然生活在世界之中,可是这个世界已经不再是任何意义和价值的承载者,不在给人以充实、安定的家园之感。因为在这个理性化的世界中,一切存在都是有条件的、被决定的,都只是手段,而不存在什么自身就是目的的无条件的东西。

第二节　雅可比与虚无主义问题

德国哲学家弗里德里希·海因里希·雅可比(Friedrich Heinrich Jacobi)在 18 世纪末(从 1785 年他所掀起的"泛神论之争"开始)就预言了这场意义危机,并且深刻揭示了产生这场危机的内在根源。是他第一个用"虚无主义"(Nihilismus)这个词来命名理性时代的精神实质。在雅可比看来,理性主义的充足理由律坚持,"凡存在皆有理由,凡结果皆有原因。"如果用理性的、反思的方式来理解和认识世界,那么后果就是,理性可以将

---

① Thomas Nagel, *The View from Nowhere*, New York: Oxford University Press, 1986, pp.8-9.

每个存在的事物置入一条无限延伸的解释性的理由序列，这是一个将一切存在化为有条件者并向有条件者之条件无限回溯的机械必然性过程。这也意味着，在理性的反思和对充足理由的追问面前，没有什么东西的存在是自足的、无条件的。在一个无穷无尽的理由序列中，所有在其自身的存在都被取消了，对理由的追问将使存在变成虚无。

其实，雅可比也发现了，理性主义者自身对这一可能产生的后果已经有所预见。所以为了在坚持理性反思的同时避免这种理性化所可能产生的虚无化的后果，根据严格表述的理性主义的立场，理性出于其自身的必然性要求整个理由序列最终存在一个作为自因的"无限的智性"（infinite intelligibility），即一个自足的、自我解释的理由，来充当整个条件序列的第一因，而这个第一因就是上帝。在理性主义者看来，上帝依其概念就是本质与实存同一的至高存在，一切受造物的存在和本质作为上帝的造物都是自明的、不再需要以自身之外的其他任何东西为根据。因此，对理由的追问并非没有终点，确定的理性认识是可以通过理性的反思性论证来达到的。

然而，在雅可比看来，把最终的根据归于一个无限智性的理念并不比理性反思对存在的条件化和虚无化来得更好，它只是理性主义者在世界的虚无化之后不得不采取的一个补救措施而已。而且这样一种对上帝的援引和证明是没有合法性的，它只是独断地设定了上帝作为最高的实体，这一独断的设定与充足理由律的原则自相矛盾。如果要将理性主义的原则贯彻到底，那么上帝本身的存在也是需要理由的。换言之，对于一切被设定为最终答案的、不可怀疑东西，我们的理性总是有理由再问一个为什么。即便人们在理性上相信存在着一个作为第一因和设计者的最高的上帝的存在，规定了一切存在的终极目的和意义，我们的理性仍然禁不住追问，为什么上帝的存在是必然的和无条件的，为什么上帝不能不存在。 当我们用一种可追溯的理性原理取代不可追问的上帝来对事物的存在进行解释时，这明显比理性主义对上帝的独断设定更加合理。

对一切现存之物的怀疑和不信任是理性认识的出发点和实质。 从理性的眼光来看，一切现存之物都是有限的和缺乏确定性的，它们必须通过理性对它们所依赖的条件和根据的追溯来证明自身存在的真实性，理性主义从根本上否认存在着超越于理性之外的自足自在的东西。 除了条件序列的总体之外没有什么是无条件的，没有什么就其内在的本性而言是其所是，因此随着现实的虚无化，这个总体本身也不可能是真正有内容的、以自身为根据的根据，而只不过是一个永无止境的、混沌的、无根据的深渊。 所以，雅可比又把充足理由律叫作"从虚无而来的虚无"，[①]而它的主要特征就在于一切即一、一切即无。[②]

不可还原的本质和不可消解的目的是使我们在理解活动中获得确定和满足的不可或缺的因素，而理性主义的认识方式却恰恰取消了不可取消的，放弃了不该放弃的，这也使理性化导致了与自身的目标相背离的后果。 理性的任务是对确定性的寻求，但理性主义的结果却是，最确定的乃是一切都是有条件的、被决定的，因而一切都是不确定的。 正是在这个意义上，雅可比揭示出，理性主义的实质和最终后果乃是一种隐藏在确定性外表之下的"虚无主义"。

雅可比对理性主义的批判揭示了一个非常深刻的道理。 当我们真正理解了一件事情时，我们能够在这种理解中得到满足、感到充实和确定，而不是在理解事物的过程中陷入对根据和条件

---

① Friedrich Heinrich Jacobi, "Concerning the Doctrine of Spinoza in Letters to Herr Moses Mendelssohn", *The Main Philosophical Writings and the Novel Allwill*, translated by George di Giovanni, Montreal: McGill-Queen's University Press, 1994, p.187.

② Cf. Friedrich Heinrich Jacobi, "David Hume on Faith", *The Main Philosophical Writings and the Novel Allwill*, pp.572-579.

的永无止境的探究。 因此，对事物的真正合乎理性的理解，不应该是理性主义所主张的那种反思性的论理。 在雅可比看来，理性主义所宣称的"理性"只是一种抽象的知性（Verstand）能力，它是从属于真正的理性（Vernunft）的。 首先，知性（作为把握事物的条件的能力）只是达到思维的真正目的的一个手段，而真正的研究并不是为了说明事物的条件，而是"去揭示和显示存在（Dasein）"。[1] 其次，知性并不是自足的，因为每个解释的有效性都依赖于一个未经解释的预设，[2]而真正的理性恰恰构成了使知性反思得以有意义的前提。 确切地说，真正的理性并不是说明事物的条件的一种能力，而是把握无限的能力，[3]是一种在对绝对无条件者的把握中让我们对世界的理解得到满足的能力。 知性对根据的无限回溯侵蚀了使得理解得以可能的根基，这个根基我们只能通过真正的理性来把握，而理性主义通过反思性论理来解释事物，实际上是"将理性带向了知性"（die Vernunft zu Verstand zu bringen）。

雅可比所要反对的哲学错误是理性的抽象化倾向。 在启蒙运动通过理性对事物的解释和重构使理性概念具体化发展之前，雅可比认为理性从来没有被认为是一个独立的实体或者纯粹的理性；在他看来，理性的功能并不是立法和创造，而仅仅是判断，仅仅是把给定的诸规定应用于给定的对象。 理性是光明的极好的载体，但它本身既不会发光也不会移动。 相反，对于雅可比来说，理性是一种精致化的判断形式，在主体与客体的对话中形

---

[1] Friedrich Heinrich Jacobi, "Concerning the Doctrine of Spinoza in Letters to Herr Moses Mendelssohn", *The Main Philosophical Writings and the Novel Allwill*, p.194.

[2] Friedrich Heinrich Jacobi, "Concerning the Doctrine of Spinoza in Letters to Herr Moses Mendelssohn", *The Main Philosophical Writings and the Novel Allwill*, p.234.

[3] Friedrich Heinrich Jacobi, "Concerning the Doctrine of Spinoza in Letters to Herr Moses Mendelssohn", *The Main Philosophical Writings and the Novel Allwill*, p.230.

066 成，但它"已经陷入了贫困，并已经成为了思辨的"。① 雅可比
认为，这种解释性的理性是非基础性的，它起源于感知活动，只
能在信仰中应用于现实。 在雅可比看来，哲学反思不可能找到那
种源初的、创造性的理性："我们并不创造或指导我们自己；我们
绝不是先天的，我们也不能先天地知道或做任何事情，或者没有
经验地经验任何东西。 我们发现自己身处这个尘世之中，当我们
的行动在那里成为现实，我们的认知也成为现实……人们不可能
人为地设法通过理性变得智慧、有德行或者虔诚：他必须被推向
它并且推动他自身；他必须有机地倾向于它，以此来安排他自
身。 迄今为止，还没有哪种哲学能够改变这个强大的系统。 是
时候让我们自己主动适应它了，并且放弃发明不用眼睛就能看东
西的眼镜——甚至更好！"②

雅可比说得不错，对于真正理性的研究者来说，以追问事物
的原因和条件为己任的知性解释只是达到目的的方式和手段，他
的最终目的是不能被解释的东西，即不可消解的、直接的和简单
的东西。③ 因此在雅可比看来，就像休谟已经证明了的那样，那
些不假思索的、稳定的自然信念或信仰（Glaube）、共通的直接的
感觉（Empfindung）与情感（Gefühl）经验恰恰是真正的理性知
识的表现——我们关于自我、灵魂、自由、外部世界以及上帝等
等无条件者的确信是使得知性的反思和解释有意义的前提，而不
是它所能达到的结果。 理性如果能够产生真正的知识，那么这种
理性知识必定是在最丰富、最具体和最具有现实性的形式中来把
握事物，而不是像知性反思那样将世界呈现为一个抽象的、形式

---

① Friedrich Heinrich Jacobi, "Concerning the Doctrine of Spinoza in Letters to Herr Moses Mendelssohn", *The Main Philosophical Writings and the Novel Allwill*, p.232.
② Friedrich Heinrich Jacobi, "Concerning the Doctrine of Spinoza in Letters to Herr Moses Mendelssohn", *The Main Philosophical Writings and the Novel Allwill*, p.237.
③ Friedrich Heinrich Jacobi, "Concerning the Doctrine of Spinoza in Letters to Herr Moses Mendelssohn", *The Main Philosophical Writings and the Novel Allwill*, p.194.

化的和由种种不自足的事物所组成的条件序列的总体。 就此而言，真正的理性与感性之间是不冲突的。 就像雅可比所说的那样，"最纯粹和最丰富的理性是那种来自于最纯粹和最丰富的感觉的东西"①，"我们称我们的本性所享有的那种优越性的本质为理性，就在于我们的知觉越完整，与之密切联系的意识的程度越高"②。 换言之，我们不可能摆脱感觉和情感的直接确定性而获得任何关于真实存在之物的知识，而理性如果能够产生出这种知识，它必然是一种更高程度的、具有更大的明晰性的感性。 因此，雅可比指出，理性只不过是通过一个人与现实的对话关系而获得的一种更为精炼的感性表现形式。 当理性被从这种感觉的现实中抽象出来时，我们就歪曲了它。③ 对于雅可比来说，理性不是一种能够先验地发生在感觉上的独立能力；更确切地说，它不可避免地与感官经验的对话世界联系在一起，并产生于其中。由此可以得出结论，一个人经历的越多，他的理性能力就变得越精炼，而与所有有限存在者完全不同的、拥有全部感知的超然神性则拥有最高的意识和纯粹的理性。

雅可比认为，信仰是生活的基础，也是意义和价值的基石，它起源于我们对自己和我们所生活的世界所怀有的感觉和情感的直接性。 但这种直接的确信并不是愚夫愚妇的非理性的盲目信仰，而是一种如雅可比的朋友托马斯·魏岑曼（Thomas Wizenmann）所说的"将所有程度的明见性（Evidenz）以哲学的方式与事实联系起来的信仰"，这种信仰"将关于上帝的知识直

---

① Friedrich Heinrich Jacobi, "David Hume on Faith", *The Main Philosophical Writings and the Novel Allwill*, p.321.

② Friedrich Heinrich Jacobi, "David Hume on Faith", *The Main Philosophical Writings and the Novel Allwill*, pp.320-321.

③ Cf. Friedrich Heinrich Jacobi, "David Hume on Faith", *The Main Philosophical Writings and the Novel Allwill*, pp.300-301.

068　接转化为行动、力量和实践"。① 所以，雅可比拒绝接受人们把
他认定为感觉主义者和非理性主义者的指控。 相反，正是由于理
性主义对理性自身的狭隘理解，使得理性的认识导致了理性与感
性、有限与无限的分裂和对立。 在这一分裂和对立之中，理性认
识的结果不是对事物的理解，而是对事物的否定和取消。 人们不
仅不能在理性所认识的真相中安身立命，反而愈加在理性对条
件、原因和根据的无目的的追溯中感受到确定性的丧失。 雅可比
直接把理性叫作信仰，因为他认为理性就应当是自明的、简单
的，就像感官知觉那样直接而明晰，而这种自明的感觉正是建立
在自然信念的基础上的。 理性虽然支持演证，但理性本身却又是
不能被演证的。 他把理性与自明的感觉等同起来，是因为像所有
的感觉一样，真正的理性使存在作为一个有机的整体被给予我
们，而不是通过抽象的、形式化的分析与综合来把握的。 真正的
理性就跟感觉一样无法被分析，跟信仰一样无法被演证。 雅可比
通过将反思的、有限化的理性（知性）从属于更加本源的、直接
把握无限的理性形式，将对绝对无条件者的直接信仰和感觉经验
这些看似非理性的要素与更深层次的理性形式统一起来，丰富了
理性自身的内涵，也为克服理性时代的虚无主义危机给出了一个
十分重要的洞见。

第三节　康德批判哲学中的浪漫主义

　　从表面上看，早期德国浪漫主义无论在精神上还是字面上都
与康德哲学相去甚远。 将康德与浪漫主义联系起来，甚至认为康
德哲学中具有鲜明的浪漫主义色彩，这种无疑会引起许多康德和

---

① Cf. Lewis White Beck, *Early German philosophy*, *Kant and his predecessors*, Cambridge:
Harvard University Press, 1969, p.372.

德国古典哲学的研究者的不解，甚至是不满。因为康德通常都视为启蒙价值观的最后一位伟大捍卫者，而德国浪漫主义则常被视为近代反启蒙思潮的一个重要组成部分，它表达了一种非理性主义的和神秘主义的倾向。而且，康德本人实际上也没有真正参与到浪漫主义圈子的活动中去。但是，如果我们能够跳出理性与反理性、启蒙与反启蒙的简单对立，从康德批判哲学的基本问题意识，即理性自身的异化所导致的虚无主义危机出发来审视康德的事业和目标及其对整个德国古典哲学的根本性影响，我们或许就能够理解，康德的理性批判到底在何种意义上构成了德国浪漫主义的先声。

其实在雅可比之前，康德已经在他的《纯粹理性批判》（1781）关于形而上学危机的论述中表达了对理性的误用的深深担忧。科学世界观所体现的物质主义和机械决定论对自由、道德和人生意义所造成的毁灭性打击，康德不可能视而不见。不过康德对理性的态度要比雅可比等人审慎得多。对他来说，通过对理性自身的批判来澄清理性的能力、范围和界限，立足于理性自身来重新恢复因理性化而衰落的那个充满意义的世界，要比单纯倒退回通过直接的感觉和信仰获得确定性更加可取。至少康德提醒我们必须直面问题的复杂性，我们不能忽视感觉和自然信念的不确定性，以及理性主义在对抗盲信和无知方面所取得的功绩。更为重要的问题可能是，如何阐明反思性论理的知性与直接把握无条件者的理性之间的关系，以及这两种对立的思维形式如何兼容。

当启蒙运动用被称为理性的那种准神性能力，取代了超自然的向导时，它犯了一个错误：理性应该是在相互竞争的各种善之间寻求妥协，而不是在理性与非理性、绝对善与绝对恶之间进行非此即彼的选择。换言之，理性应该在审判一切的理性法庭和对超越的上帝的信仰之间寻求某种妥协，而这才是真正合乎理性的。 可以说，康德的整个批判哲学都试图在这两种理解世界的不同方式之间寻求妥协，使得意义和价值不至于因为知性的无限放大（科学主义）而失去根基。

一、 理性批判与知识的奠基和划界

人们习惯于将康德的第一批判视为一部知识论的著作，认为"哥白尼式的革命"中认识与对象关系的翻转，其意义主要在于对科学知识的普遍必然性的重新奠基。 然而，从康德自己在第一批判的序言和导论中的表述我们不难看出，康德实际上并不为自然科学知识的普遍必然性感到担忧。 伽利略和托里拆利等人的成功已经表明，自然科学对必然规律的认识并不是我们被自然牵着走的结果，相反，他们已经理解到，理性只洞察自己根据自己的规则产生的东西，它必须以自己按照不变的规律进行判断的原则走在前面，强迫自然回答我们向它提出的问题，也就是"依照理性自己置入自然之中的东西在自然中寻找"①。 让对象遵照我们的认识形式向我们显现出来，这种知识观念并不是康德的创造，它已然在现代自然科学的进展中成为了现实，而提出这种不同于传统符合论（认识符合对象）真理观的知识观念也并不是康德的"哥白尼式革命"的意图所在。 就像康德自己明确表达的那样，"如果我们假定对象必须遵照我们的认识，我们在形而上学的任务中是否会有更好的进展"②。 也就是说，康德的哥白尼式的革命虽然是一场知识论的变革，但他所期待的却是这场变革在形而上学方面可能产生的某种结果，进而使形而上学走出因理性的独断运用、经验主义、怀疑主义和科学的自然主义而陷入的绝

① Immanuel Kant, KGS3: 10; KrV: BXIII - XIV.
② Immanuel Kant, KGS3: 12; KrV: BXVI.

境，真正走上科学的可靠道路，为灵魂、自由和上帝以及由这些无条件者所支撑的不朽价值和充实的意义世界奠基。

对康德来说，自然科学知识具有普遍必然性，即自然科学认识作为先天综合判断存在，这已经是一个事实。康德通过哥白尼革命或者关于自然科学作为先天综合判断何以可能这个问题的考察，试图回答的是一个法权问题［quid juris（有何权利）］，而不是事实问题［quid facti（有何事实）］。[①] 康德的先验论证证明事物的必然联系依赖于理性主体的先天直观形式即时间和空间产生的表象，以及先验自我通过纯粹知性概念即范畴对杂多表象的先天综合统一，经由理性的这些先天形式才能产生具有因果联系的可认识的经验对象。换言之，是我们的理性所具有的先天形式（作为先天直观形式的时间—空间和从判断的逻辑形式中引申出来的诸范畴）使得自然对我们的理性认识呈现为在空间当中一定数量的、遵循外在因果必然性（惯性定律）进行运动的物质的集合，这种形式的自然因为不具有质的多样性，只具有量的规定性，不具有内在的动力，只服从外在的因果性，所以能够通过数学的语言加以准确的描述和计算，因而具有数学的确定性和普遍必然性。就此而言，康德关于自然科学认识作为先天综合判断如何可能的先验论证，实际上进一步为伽利略等人所推动的"自然的数学化"提供了根据。

通过回答自然科学作为先天综合判断何以可能的问题，康德想要提醒人们注意，一方面，除了以经由理性的先天形式构造的自然为认识对象的自然科学之外，我们在理论认识上不可能形成任何其他形式的真知识，不管是宗教的、神学的、还是形而上学的知识，都是不可能的。另一方面，既然科学知识的普遍必然性依赖于把我们的先天形式置于对象之中，那么我们就不得不承

---

① Immanuel Kant, KGS3: 99; KrV: B116-117.

072 认，科学知识并不是对事物本身（Ding an sich）的认识，而只是
对事物通过我们的理性运用所呈现出来的显象（Erscheinung）的
认识。 所以，科学认识一定是有限的，它不是关于自然的唯一合
理的认识方式，自然本身可能并不是一个没有内在动力和内在目
的的、由无限可分的、惰性的、遵循一个可描述的因果链条运动
的物质所组成的集合，而且这一点在理性上是完全可以设想的。

　　我们应该意识到，如果按照我们对知识的一般理解来说，康
德的"哥白尼式革命"在知识论上的后果实际上是非常消极的。
从第一批判问世以来，针对康德的唯我论和不可知论的指责就不
绝如缕。 在关于自然科学知识的基础这一问题上，康德实际上对
休谟的怀疑论立场首先是持赞同的态度，[1]即主张科学知识并不
是对事物本身固有的客观的因果必然性的认识，知识中对象的因
果联系依赖于认识者对观念所进行的联结。 只不过康德不同意
休谟将这种联结的机制归结于经验性的习惯性心理联想，而是证
明这种联结的根据在于理性的先天形式和规则。 如果说康德是
在休谟的意义上主张科学知识不是对事物本身固有的客观规律的
认识，而是依赖于认识者对观念的联结，康德无疑会赞同对他的
这种解释，而且康德自己非常清楚"哥白尼式革命"在知识论上
可能产生的消极后果，即证明我们永远无法认识事物本身，知识
只是对那些经由我们的理性构造的对象的认识。 而他之所以有
意去推动和坚持这样一种颇具争议的知识主张，本身并不是出于
一种知识论的意图。 正如莱因霍尔德（Karl Leonhard Reinhold）
在他的《论康德哲学书简》（1786—1787）中特别强调的那样，康
德的批判哲学首先就不是一种新的知识理论，甚至不是一种形而
上学批判，相反，它应该被视为是一种为了捍卫自由、道德和宗

---

[1] Immanuel Kant, KGS5: 53.

教所做的精妙论证。①

对康德来说，知识论上的"哥白尼式革命"无疑有助于为自然科学知识的普遍必然性提供根据，但更为重要的是，正是通过证明知识和知识对象对理性的先天形式的依赖性，康德才有可能将作为知识对象的显象和超出直观能力之外故而不能作为认识对象的事物本身之间做出区分，从而使我们可以在显象和物自身这两种不同的意义上来对待客体。② 如果没有这场知识论上的变革，我们就只能在一种意义上来对待客体（即事物只能在现象的意义上存在），而当自然科学的认识和形而上学的认识都指向这唯一一种意义上的客体并且只能通过这唯一一种意义上的客体来检验时，形而上学关于灵魂、自由和上帝这些无条件者的理性认识就不可避免地会陷入矛盾，从而被自然科学的实证知识所抛弃。

康德重塑我们的知识观念，其首要意图在于，通过对知识的先验奠基给知识本身划定界限，从而"悬置知识，以便为信仰腾出地盘"。③ 因此，第一批判不是一部以解决知识论问题为目的的著作，它不是要为科学知识的普遍必然性奠基，反而是要提醒科学放弃将自身视为客观真理的幻想，放弃对解释世界的权力的垄断，为可以给人生意义奠基的其他理解存在的方式留出地盘。

不过，康德同样提醒我们，科学认识的有效性被限制在与事物本身有别的现象世界的范围之内，并不意味着我们能够通过其他方式获得关于事物本身的认识，或者达到一种与科学认识并驾齐驱的知识主张，进而超越科学的物质主义和决定论，将世界认识为一个在绝对无条件者和终极目的的引导下所达到的系统统一

---

① Cf. Daniel Breazeale, "Fichte and Schelling: the Jena period", *The Age of German Idealism*, ed. Robert C. Solomon and Kathleen M. Higgins, London and New York: Routlegde, 1993, p.139.

② Immanuel Kant, KGS3: 17; KrV: BXXVII.

③ Immanuel Kant, KGS3: 19; KrV: BXXX.

的整体，让我们的生命和对意义的寻求在其中得到安顿。对康德来说，通过对知识所依赖的理性的先天形式的阐明和演绎，我们可以承认科学认识可能永远无法认识某些东西，或者说这些东西完全超出了科学的认识能力。但是，在关于现象世界的理论认识上不可能形成任何能够与科学认识具有同等真实性却不能通过科学认识来加以解释和说明的世界观。无论是理性形而上学（理性超越经验的思辨运用），还是非反思性的日常信念（后来雅可比诉诸直接的感觉和信念来把握绝对无条件者），抑或是任何形式的宗教信仰和迷信，它们声称的关于世界的目的和意义以及各种超越性实在的认识，都无法避免康德在"先验辩证论"中所揭示的困境：由于缺乏经验的试金石，或者说与经验证据相抵触，我们不可能在宣称认识到无条件者和世界的系统统一性的同时不陷入矛盾。而这一困难意味着，世界作为一个无目的的因果决定的链条和世界作为一个系统统一的、充满意义的整体，这两者在我们的理论认识中是无法兼容的。我们的理性的思辨应用无法超出可能经验的范围来认识绝对无条件者，我们也不可能运用我们的理性在这个现象世界中发现任何客观存在的意义和价值，因此，哥白尼式的革命在限制科学知识对形而上学的侵扰的同时，也宣告了形而上学知识本身的不可能。

这一吊诡的结论似乎意味着，哥白尼式革命未能如康德所预期的那样使形而上学走上科学的可靠道路，反而对形而上学的奠基、对于恢复在现实世界中对意义和价值的确证产生了非常消极的影响。理性似乎无法在两种不同的世界观之间进行妥协，而只能是进行一种非此即彼的选择，或者严格地说，由于其他可能的认识方式都无法避免矛盾和混乱（尽管它们对于确定意义和价值的根据来说是重要的），所以我们不得不接受唯有科学认识能够形成关于世界的确定知识（尽管它不是关于事物本身的认识），它是关于现象世界唯一合理的解释模式和知识形式。

二、 透过实践理性看世界

这是一个困境，这个困境在于我们明明知道科学认识是有限的——这种有限性不仅仅是指因为我们的观察能力和计算能力不足，某些事物的作用机制还没有被科学完全揭示出来，而在于科学本身只是我们人作为有限的理性存在者认识世界的一种方式而已，它不是对事物本身的认识——而我们却无法通过任何其他的方式来认识事物本身，或者说证明一个充满意义的、能够让人安身立命的世界是真实存在的。

在康德看来，如果我们停留在理论理性的领域，认为只有关于世界是如何存在的认识是理性唯一的运用方式，或者说只有理论理性是唯一的一种理性形式，那么这一困境是永远无法摆脱的。 我们对一个充满意义的世界、一个系统统一的整体的探寻会不断地被激起，但又必然一次次以陷入认识上的矛盾和混乱来收场。 康德在第一批判的先验辩证论部分关于"纯粹理性概念"的讨论中向我们表明，理性不仅仅是作为知性对感性直观杂多进行先天综合统一，而且它还出于自身的本性、也即出于理解事物的需要提出了一个被给予的有条件者的种种条件之总体性的概念，将杂多的、碎片化的知识在一个无条件者的理念中统一起来。 可是，就像康德证明的那样，这些关乎总体性的无条件者的理念至多只具有一种使知性指向某个目标的超验的、调节性的应用，而绝不具有产生经验知识的建构性的应用，所以形而上学命题并非为知识所必需的。 不过对于康德来说，哥白尼式革命在形而上学问题上所造成的消极影响，并不意味着形而上学本身是毫无意义的幻象。 相反，正是由于形而上学对无条件者的认识是出于理性自身的本性，所以康德认为，我们的理性不断冒险超出经验的界限，在达到一个系统统一的整体之后才停歇下来，说明这一努力的出发点绝不是为了满足我们的认识旨趣，它的重要性必定仅仅关涉到实践的东西。换言之，如果理性的理论应用不能为人生的目的和意义提供基础，那么它的根据一定存在于理性的实践应用当中。①

理性不仅仅有理论的应用，而且还有实践的应用，理性的这两种应用方式不能相互归约，它们各有各的作用和规则，这一点是康德理性批判最为重要的洞见之一，也是康德为回应理性化可能导致的虚无主义所做出的决定性的区分。实际上，如果没有意识到理性的这两种不同应用之间的区别，人们很容易将理性完全等同于康德所说的理论理性，只是在理论应用（即获得关于对象的确定知识）的意义上来理解理性的作用机制，按照自然科学的模式来解释一切，包括人类的道德、宗教、政治等现象，从自我意识、自由、上帝、善恶的经验起源上将这些无条件的东西还原为一个可描述的自然因果链条上的产物。但在康德看来，这种对理性的狭隘理解忽视了实践理性的维度，而形而上学问题的困境和人生意义的危机恰恰与人们未能通过对理性自身的批判将理性的实践应用和理论应用区分开来有着很大的关系。

康德对实践理性与理论理性的区分同样得益于休谟的一个基本洞见。休谟在《人性论》中就曾经指出，道德上的善恶判断是用"应当"或者"不应当"，而不是用"是"或者"不是"这类连系词联结而成的判断。是与不是关乎事实，而事实是我们心灵的认识能力的对象，从关于事实是如何的认知判断本身并不能推出关于应当如何行动的道德判断。所以休谟认为，善和恶的区别不是源于理性的认知，不在于知性发现的事实，也不是单单建立在

---

① Cf. Immanuel Kant, KGS3: 518 - 519; KrV: B825 - 828.

对象的任何关系之上。① 尽管康德在很多地方对休谟的情感主义伦理学进行了不遗余力的驳斥，但是在关于事实与价值、知识与行动的区分上，康德赞同休谟的基本主张，即实践的问题不是知识问题，伦理学并不是关于追求真理的学说，而是关于如何激发好的行动的学说。 用康德自己的话来说，道德的来源其实与我们心灵的认识能力（Erkenntnisvermögen）无关，单凭对事物"是"什么的认识并不能产生关于事物"应当"如何的判断；相反，道德的来源跟我们心灵的欲求能力（Begehrungsvermögen）有关，只有一个事物是可欲的，是我们欲求的对象，而不仅仅是认识的对象，才会产生一种关于我们的欲求和行动（而不是关于对象）的道德意义上的"应当"（即善和恶）。

虽然康德赞同休谟所主张的道德并非来源于理性所确认的事实这一观点，但他不同意像休谟那样径直将道德的根源归于情感。 在康德看来，对欲求能力的规定可以是经验性的（情感）也可以是先天的（理性），就像认识能力可以有经验性的来源，也可以有先天的来源。 道德的存在对康德来说首先是一个事实：我们区分善与恶，我们说用应当或者不应当来联结不同的表象，赋予这些表象以某种规范性的含义，而不是把善（Guten）或者恶（Bösen）、公正或者不公正等同于喜悦（Lust）或者不悦（Unlust）、愉快（Angenehme）或者不愉快（Unangenehme）、有用或者有害，这种区分的存在意味着，从道德何以可能的规定根据来说，道德的确立所依赖的必定是某种无条件的、非经验性的先天形式。 由于情感是经验性的，它起源于一个经验性客体作用于我们时我们的感官所产生的反应，所以情感实际上遵循的是理论理性所确立的规则，即自然的因果性。 如果基于情感来规定

---

① 参见 [英] 休谟《人性论》（下卷），关文运译，商务印书馆 1980 年版，第 508—509 页。

078　我们的欲求能力，那么，由此得出的是作为经验性存在者的人的经验性欲求如何适应自然从而获得愉快的感觉的规则，或者说是在描述人在获得愉快这种经验性的情感时所遵循的自然的因果机制。因此对康德来说，当休谟用情感来解释道德上的善恶的起源，实际上是没有将他对是与应当、认识与行动的区分贯彻到底，因为情感的经验性会将应然的问题再次拉回到知性规则所确立的解释框架当中去，把实践的问题重新变成一个理论的（认知的）问题。

通过反驳休谟对道德规范的情感主义解释，康德不仅论证了欲求能力的先天的、理性的规定根据，使得道德上的善能够与一种适应性的利好或者情感上的愉快严格区分开来，[①]而且将理性的理论应用与理性的实践应用严格区分开来。因为将经验性的情感作为欲求能力的规定根据，等于将人的情感、欲求和行动与一个在先的、施加作用的客体置于一个有条件者所组成的因果链条之上，这样一来，对"应当"或者欲求和行动之规则的解释就被归属于理论理性的框架，而我们不可能通过在这个有条件者所组成的因果链条上来追溯欲求产生的原因这样一种方式来确定一个无条件的"应当"和严格意义上的善与恶。所以根据康德的理解，与认识能力相关的理论理性不可能产生意志的规定根据，而经验性的情感作为有条件者归属于理论理性的解释框架，同样不能用来规定我们的欲求和行动。因此，道德上的善恶（即绝对意义上的善恶）不可能是理性的理论应用的结果，唯有通过对理性自身的批判，将理论理性与实践理性区分开来，在理性的实践应用或者说实践理性的无条件的立法中，才能够真正找到道德规范的来源。

理论理性实际上是旁观者的理性，如果用旁观者的理性来

---

① Cf. Immanuel Kant, KGS5: 59-60.

给行动者立法，这种理性只能是一种工具理性，它只具有手段
的价值，因为欲求和行动的目的完全是由理性之外的客体所决
定的；在涉及欲求和行动的问题上，理性的理论应用必然会无
条件者消解为有条件者，将应然还原成实然，将道德上的善还
原为适应性上的有用。而实践理性是行动者的理性，当且仅
当理性在其实践应用中是无条件的立法的，它才能够完全在自
身之内并且通过自身（而不是通过一个在先的客体）来确定行
动的目的。在这个意义上，康德说，纯粹理性自身就是实
践的。①

　　跟康德在哥白尼式革命中对知识观念的重构一样，康德对道
德的规定根据的批判性考察同样与他对理性化所导致的形而上学
危机和意义危机的回应有关。因为康德对道德之规定根据的考
察表明，理解道德善恶的关键不是在理性与非理性（情感）之间
进行选择，而是涉及理论理性与实践理性之间的区分，正是对理
性的实践应用的辩护，使得康德有可能在理性批判的基础之上
通过坚持理性自身的原则来克服理性化所导致的虚无主义问
题，而不是滑向非理性的、直接的信仰、感觉或者常识。在
康德看来，以理论理性为基础的科学解释所提供的必然性对于
人寻求自身存在意义的理解活动来说是完全偶然的，基于科学
解释的合理性模式对于理解道德活动来说反而是不合理的。
就像康德自己说的那样，"就自然而言，经验为我们提供规
则，是真理的源泉；但就道德法则而言，经验（令人遗憾地！）
乃是幼象之母"②。换言之，行动的合理性并不以理论理性的立
法（自然规律）为依据，而是以实践理性的立法（道德法则）为
依据。康德在考察道德的规定根据时摒弃经验，实质上是对有条

①　Cf. Immanuel Kant, KGS5: 61-62.
②　Immanuel Kant, KGS3: 249; KrV: B375.

件的、外在的机械因果性的摒弃，对无条件立法的自由因果性的确认。

人们习惯于用严格主义（普遍主义）、意向论（动机论）和义务论（道义论）等标签来标识康德的道德哲学，甚至对这种排除情感、不顾及语境、不考虑后果的道德观念颇有微词。但是如果从康德整个批判哲学的意图来看，只有这样一种纯粹化的道德观念，为最终克服一切形式的无信仰和虚无主义提供了可能性。当康德将定言命令确立为道德法则的基本形式和道德的最高标准时，他看重的并不是定言命令在形式上的普遍性，而在于与那些由假言命令所规定的行动不同（这些行动的目的在自身之外），定言命令所规定的行动其自身就是目的，不能作为手段来使用，所以，定言命令作为纯粹实践理性的立法能够体现真正具有道德性的、绝对无条件的善。同样，康德之所以要把偏好、情感、宗教、习俗、效果等统统作为他律的因素排除出道德的领域，也是因为只有以自身为根据的自由的因果性（即意志自律）与一切形式的外在因果性之间的对抗，才能够凸显道德行动作为目的自身的绝对无条件性。

通过在考察道德的规定根据时有意设置的这些二元对立（实然与应然、认知与行动、他律与自律、必然与自由、质料与形式），康德为理论理性所无法证明的不朽价值做出了极为重要的辩护。而康德关于道德的先验论证在证明了道德存在的先天根据的同时，还表明意志自律使得人（作为道德行动的主体）不再是依照"自然的意志"（即机械因果必然性）存在的无理性的事物（Ding）。换句话说，是实践理性的无条件立法，而不是一个在理性立法之前的、可欲的客体，构成了善恶的根据，所以服从纯粹实践理性法则的行动本身就是目的，因而只有在道德行动中，人之为人的"人性"（Menschheit）才与作为有条件者的一般存在物的"物性"从根本上区别开来，并且人性本身就成为了一种绝

不能作为手段来使用的客观目的。 对康德而言，出于意志自律的 081
道德行动证成了人性，而不同于物性的人性又表明了一种与事物
所具有的相对价值完全的不同的绝对价值的真实存在；反过来
说，如果人性与物性无异，一切价值都是有条件的和相对的，从
而是偶然的，那么，理性也就根本不能发现任何最高的实践原
则，最终使得我们对道德上的善恶的区分变得既不可能也没有
意义。①

康德通过对理性自身的批判性考察，将关乎意志和行动之善
恶的实践理性与关乎认识之真假的理论理性严格区分开来，并且
基于理性的实践应用来重构我们的道德观念，为的是对抗这个无
目的的自然，通过理性自身来证成一个充满意义和不朽价值的自
然。 在理性的理论应用中，先验自我根据理性的先天形式（直观
形式和知性概念）构建了一个对我们来说具有可认识的普遍必然
性的对象世界。 在理性的实践应用中，纯粹的实践理性法则规定
着道德主体的意向和行动，似乎实践理性只涉及应然的问题，而
不对事物是如何存在的这个实然的问题进行论断。 但是，我们要
注意，道德行动者和理性的认识者是同一个理性主体，他们必然
会对自然具有某种认识或者信念。 因此，如果除了我们的理性计
算（即理性的理论应用）所提供给我们的世界秩序以外，我们无
法设想另一种世界秩序的存在，那么，我们就不得不承认，道德
只是一种幼象；道德行动自身必然会被隐藏在一般心智中的物质
主义和怀疑主义所动摇，甚至瓦解。② 对于有限的理性存在者来
说，如果只存在着一个全部由有条件者所组成的物质自然，那
么，人们为什么应该选择服从无条件的道德法则来行事，而不是
选择遵循自然规律的指引来寻求感官上的满足（即幸福）呢？ 道

---

① Cf. Immanuel Kant, *KGS4*: 428.

② Cf. Dieter Henrich, *Aesthetic Judgment and the Moral Image of the World: Studies in Kant*, Stanford: Stanford University Press, 1992, pp.12-13.

德行动怎么可能在一个唯一的、按照自然规律来运动的物理世界中会不显得是荒谬的和不合理的呢？ 就像卢梭借萨瓦牧师之口所表达的那样，"如果上帝不存在的话，那就只有恶棍的逻辑是合理的；至于正直的人，就只不过是疯子罢了"①。

不过，在康德看来，"既然道德法则命令这样一些行动应当发生，它们也就必须能够发生，因此某个特殊种类的系统统一性，即道德的系统统一性，必须是可能的"②。 既然道德上的善恶是真实存在的，而且道德行动者不依赖于行动之外的目的来证明行动的合理性，道德行动就是目的自身，因此，道德的这种自足的本性（康德将其表述为"至善"）就决定了从一个道德行动者的第一人称观点来看，德行与幸福本然地就是一致的，而这种一致性意味着，理性的实践应用有充分的理由设定一个按照道德法则来对自然事物进行联结的最高的理性（即上帝）。 这一公设（Postulate）表明，实践理性不仅有能力对意志和行动的规定，而且还有能力对客体的存在（Sein）进行规定，由此就证成了一个道德的世界图景，一种自由的因果性同时就是自然的因果性的全新的自然观念。

与传统的道德实在论者不同，康德不认为我们能够将具有道德价值的客体或者道德事实作为道德规范的来源，因为认识对象对先天的直观形式和知性概念的依赖决定了，这种超出有条件者组成的经验领域的绝对价值不可能作为事实被我们认识到。 所以，我们没有理由从我们的认识旨趣出发来宣称一个与物理世界不同的、由道德实体所组成的世界的存在。 然而，康德理性批判的题中应有之义在于提醒我们，不能将理性仅仅等同于与我们的认识旨趣相关的理论理性，更不能把实践问题还原为一个理论问

---

① Jean-Jacques Rousseau, *Emile: or On Education*, trans. Allan Bloom, New York: Basic Books, 1979, p.292.

② Immanuel Kant, KGS3: 524; KrV: B835.

题：理性的理论应用的产物是一个向有条件者之条件不断回溯的 *083*
机械因果必然性，而理性的实践应用确立的是基于纯粹理性无条
件立法的自由的因果性。而且，当一个道德行动者出于由实践理
性法制所规定的善良意志而行动时，他对自然所具有的信念完全
不同于一个在行动之外、采取理论态度或认识态度的理性旁观者
对作为对象的自然所产生的知识。或者说，基于旁观者视角的客
观知识与道德行动者的第一人称观点是无法调和的。① 如果出于
善良意志的道德行动是现实地发生了的，那么，自由的意志、按
照道德法则联结德行与幸福的上帝和使意向与道德法则最终能够
统一起来的不朽灵魂，这些无条件者及其所规定的自由的因果
性，就不再是超越的和调节性的（regulativ）理念，而是在理性
的实践应用中成为了内在于经验的和建构性的（konstitutiv）的原
则。② 这样一来，实践理性就完成了思辨理性所不能完成的任
务：理性通过其先天的道德法则赋予理论理性的所无法认识的物
自体以规定，证明了绝对无条件者和不朽价值的真实性，证明了
一种与自然科学所展现的世界图景完全不同的、道德的世界图景
不仅是可能的，而且是现实的。

我们确实可以将康德区别于传统的（独断的）道德实在论
者，把康德基于实践理性的推理程序提出的那种具有道德的系统
统一性的世界观称为"程序性的道德实在论"（procedural moral
realism）。③ 不过，对康德来说，实践理性的推理程序对于这种
道德实在论的构建来说固然是重要的，但康德更加关心的是，为
什么一种关乎"应当"的道德理论必须同时提出一种关乎"存
在"的本体论主张，而这本来只是与认识能力相关的理论理性的

---

① Cf. Dieter Henrich, *Aesthetic Judgment and the Moral Image of the World: Studies in Kant*,
p.28.

② Immanuel Kant, KGS5: 135.

③ Cf. Christine M. Korsgaard, *The Sources of Normativity*, New York: Cambridge University
Press, 1996, pp.35-37.

工作。就像康德指出的那样，从理性的本性来看，一个作为目的自身的绝对无条件者对于人类真正理解我们身处其中的这个世界和这个世界中所发生的种种来说是不可或缺的。可是，理性对理由的追问又不可避免地会使一切存在都有条件化、相对化，甚至虚无化。人类无法在这种以科学的形式出现的理性的解释活动中获得一种理解上的满足和生存上的充实之感，反而陷入了理解上的巨大不确定性和生存上的极端偶然性。

世界的不可理解性和意义与价值的缺失是作为目的自身的无条件者被理性认识所解构的必然结果，但是，责怪理性本身，或者就此走向理性的反面，都是无济于事的。康德的理性批判最具现实性的贡献之一在于让人们意识到，这个受制于机械因果必然性的、无目的的物质自然只是理性为了满足我们的认识旨趣而构建出来的一副世界图景，它并不是事物的本来面貌，世界完全有可能以另一种完全不同方式存在着，而正是理性的实践应用使这个对理论理性来说不可思议的、另类的世界对一个出于善良意志行动的道德主体必然呈现为合乎理性的、确定的、不再疏离的世界。唯有基于纯粹实践理性的无条件立法，我们才有充分的理由确证一个不同于物理世界但却同样具有真实性的存在方式，不过，康德并不试图用这个道德的世界图景来取代科学的世界图景，正如他反对用理论理性的规则作为唯一的合理性模式。在这个因理性化而导致的虚无时代，我们仍然可以信任我们的理性，相信我们的理性有能力驱除蒙昧和无知，让隐匿的自然法则向我们的求知欲显露真容；同时相信我们的理性有能力找回人生的意义，让伟大的人性和不朽的价值在我们的道德行动中成为现实。

三、从理性的统一到世界的统一

康德的独特之处以及将他与早期浪漫主义者联系起来的地方

在于，他充分认识到并且证明了人类知识的局限性（即我们的认识被限制在以我们的理性为条件的现象世界，而根本无法认识事物本身），同时又坚持并证明了超出这些限制的不可消除的、人类理性的自然倾向的合理性。对康德来说，这种对无条件者和超感性的本体世界明知不可知而求知的冲动并非服务于我们理性的认识旨趣，而是与理性的实践旨趣紧密相关，与我们想在这个被工具理性和计算理性支配的世界中坚持过一种正直的、善良的意义上的合乎理性的生活有关。正如以赛亚·伯林所言，我们之所以可以将康德视为浪漫主义的先驱，不是因为他是一位科学家，也不仅仅是因为他是科学的批判者，而是因为他的道德哲学。①不过，尽管康德在第二批判中通过实践理性的"公设"证明了一个按照自由的因果性运作的道德世界对于道德行动者来说是必然存在的，可是，这个道德世界对于我们的理论理性来说仍然是超感性的和不可认识的。也就是说，康德的确赋予实践理性以某种比理论理性更为重要的意义，但是这种首要性仍然只是就实践理性作为我们的意志的规定根据使我们必然有理由坚持一个关乎"至善"的"理性信仰"而言的，这并不意味着实践理性能够像先天知性概念那样规定我们关于对象的直观表象，进而使人们能够在理论上获得关于道德世界的"知识"。就像康德在《判断力批判》（1790）的导论中指出的那样："对于我们全部的认识能力来说，有一个不受限制的、但也不可接近的疆场，这就是超感性东西的疆场，在其中我们为自己找不到任何地域，因而在它上面既不能为知性概念也不能为理性概念拥有一个用于理论认识的领域；这个疆场，我们虽然为了理性的理论应用和实践应用而必须用理念去占领，但我们在与出自自由概念的法则的关系中能够使

---

① Isaiah Berlin, *The Roots of Romanticism*, Princeton: Princeton University Press, 2001, p.68.

这些理念获得的，却无非是实践的实在性，据此，我们的理论知识丝毫也没有由此扩展到超感性的东西上面去。"①

实践理性公设学说虽然为自由的因果性提供了一个理性的证明，但是，理论理性与实践理性、认识与实践、实然与应然的二分使得自然的因果性与自由的因果性之间仍然存在一道明显的鸿沟，以至于凭借理性的理论应用不可能从作为感性的东西的自然概念领域到作为超感性东西的自由概念领域有任何过渡，"就好像这是两个不同的世界，前一个世界不能对后一个世界有任何影响似的；但是，后一个世界毕竟应当对前一个世界有影响，也就是说，自由概念应当使通过它的法则所提出的目的在感官世界中成为现实；因此，自然必须也能够这样来设想，即它的形式的合法则性至少与要在它里面造就的目的按照自由法则的可能性相协调。"②康德担心的实际上是基于理性的两种不同应用而产生的两种不同的世界观如果无法兼容，那么，作为理性认识者和理性行动者的人和理性活动本身就会陷入分裂。因此，问题的关键就在于如何能够使两个世界重新统一起来，使实践理性所设定的道德的世界图景能够被纳入到理论理性所规定的科学的世界图景当中，又不被自然的机械因果性所消解。也就是说，"毕竟必须存在着作为自然之基础的超感性东西与自由概念实践上所包含的东西的统一性的某种根据，这个根据的概念虽然既没有在理论上也没有在实践上达到对这个根据的一种认识，因而不能拥有特有的领域，但却仍然使按照以一方的原则的思维方式向按照另一方的原则的思维方式的过渡成为可能"③。

康德在传统的目的论自然观那里看到了将按照自由的因果性运作的道德世界与按照自然的因果性运作的机械宇宙在理性的理

① Immanuel Kant, KGS5: 175.
② Immanuel Kant, KGS5: 175-176.
③ Immanuel Kant, KGS5: 176.

论认识中统一起来的可能性。 根据康德的想法，我们之所以会形
成两种对立的世界观，是因为我们关于事物的普遍必然的认识或
者判断依赖于我们理性的判断能力（Urteilskraft）将普遍的知性
概念运用于对特殊的感性直观杂多所进行的先天综合，在这种判
断力作用下，事物只能作为一个有条件的、受制于外在因果必然
性的、可计算的对象被理性所认识。 而与此相反，规定我们的意
志的实践理性法则却是无条件的、以自身为目的的，以此为根据
的道德世界当然容不下任何以人或者道德行动为手段的外在的因
果关系。 可是，倘若我们理性的判断能力不仅能够按照一种外在
的因果关系的范畴来构造对象，而且能够按照一种内在的因果关
系来理解事物的秩序，将自然的机械作用看作是由一个自身不可
还原的本质或者目的来引导和驱动的，将其视为一个有机整体的
组成部分，那么，道德世界（作为目的因）就有可能和机械宇宙
在同一个具有内在合目的性的、有机统一的自然中合而为一。

正如康德在第一批判中已经表明的那样，尽管机械论的或者
力学的解释模式服从于数学认识的自明性，因而具有被先天认识
的可能性。 但是，它并不是自然存在的唯一可能的方式，诸如自
然在质上的差异性和多样性以及有机体的存在，都不可能按照自
然的单纯机械作用来加以解释。 有机体是特殊的物理过程和化
学过程的结合，但绝不仅仅是这些不同部分简单叠加的总和。 康
德在《判断力批判》中明确地表示，"绝对没有任何人类理性能够
希望哪怕是从纯然机械原因来理解一棵小草的产生"①。 他甚至
在很大程度上认同德国著名的解剖学家和动物学家布鲁门巴赫
（Johann Friedrich Blumenbach） 提 出 的 构 型 驱 力
（Bildungstrieb）学说，即认为生命不能够从无生命的东西的本性
中产生出来，物质不能够仅仅按照一种刺激—反应的模式自行使

---

① Immanuel Kant, KGS5: 409-410.

自己适应一种自我保存的形式；与普遍寓于物质中的纯然机械的作用力不同，一个有机存在者具有一种从属于更高的内在目的的引导和指令的构型驱力，也就是遵循一种内在的因果性或者目的因果性的作用。① 人们无法证明目的的客观实在性，但是也无法反驳它的存在，它至少为有机体的协调一致和发展提供了一种解释，这在我们的经验中是可以明显意识到的。

根据康德的想法，当我们用合目的性这个原则来解释事物的存在和运动时，我们并不是将特殊的东西归摄到以知性概念为基础的普遍自然法则之下，而是从自然中特殊的东西上升到普遍的东西。 也就是说，在普遍法则和特殊事例之间并没有一种自发的关系使它们协调一致，普遍与特殊的结合取决于对它们进行联结的判断力。 机械论的（力学的）解释模式是将被给予的普遍法则直接用于解释特殊的现象，这种运用是康德所说的作为理性的判断能力之一的"规定性判断力"（bestimmende Urteilskraft）的结果；而在目的论的（动力学的）解释模式中并没有一个先于特殊事物的普遍法则被认识到，相反，只有特殊的东西被给予了，它是理性的认识者"为一切经验性的原则在同样是经验性的、但却更高的原则之下的统一性提供根据，因而为这些原则相互之间的系统隶属的可能性提供根据"，②这一原则不是取自自然，也不能指定给自然，而是理性主体在认识自然时从自身出发并为自身而确立的，因此，康德将自然的合目的的统一性视为人类理性的另外一种判断能力，即所谓"反思性判断力"（reflektierende Urteilskraft）发挥作用的结果。

在《纯粹理性批判》中，康德通过知性概念的先验演绎为机械论的世界图景和关于自然的数学认识奠定了先天根据，同时也

---

① Cf. Immanuel Kant, KGS5: 424.
② Immanuel Kant, KGS5: 180.

否认了任何以无条件者为根据的自然的系统统一性的观点能够提供出有别于自然科学的其他形式的关于自然的确定知识。而在第三批判中，康德却通过对反思性判断力的先天原则的考察，复兴了传统的目的论思想，在反思性判断力的先天原则中为自然的一种非机械论的、合目的的系统统一性找到了根据。按照康德的定义，一个客体的概念，只要同时包含着这个客体的现实性的根据，就称为"目的"（Zweck），而一个事物与各种事物的那种唯有按照目的才有可能的性状的协调一致，就称为该事物的"合目的性"（Zweckmäßigkeit）。[1] 在这里，不是外在的机械作用，而是作为事物的本质规定的概念，被理解为事物之所以如此存在的原因，而这个"自己是自己的原因和结果"的事物就是"自然目的"。[2] 有机体、尤其是生命体是一种无法还原的复杂系统，它的存在的必然性无法通过一种线性的因果关系来说明。正是近代物理科学的机械论模式在解释有机体时存在的这一困难，敦促我们不得不假设事物具有一种内在的、不可还原的本性，它作为一个在先的目的，使得各种机械作用按照这个目的协调一致，进而促成这个本性的维持和实现。事物的这种合目的性意味着，外在的、机械的因果必然性必须服从并且通过事物的内在目的产生作用。

这种目的因的联结与机械的作用因的联结不同。机械的作用因的联结表现为一个不断下降的序列，也就是说，那些作为结果的事物是以另一些作为原因的事物为前提条件的，它们不能反过来同时是后一些事物的原因；而目的因的联结则既带有一种下降的，也带有一种上溯的依赖性，也就是说，在这种因果关系中一度被标明为结果的事物，仍然可以上溯地成为作为其结果的那

---

① Immanuel Kant, KGS5: 180-181.
② Immanuel Kant, KGS5: 370-371.

个事物的原因。 因此，对于一个作为自然目的的事物来说，首先就要求：各个部分唯有通过其与整体的关系才是可能的。 其次就要求：它的各个部分由于相互交替地是其形式的原因和结果，由此结合成为一个整体的统一体。 这样一个产品作为有机的和自己使自己有机化的存在者，才能被称为一个自然目的。① 一个有机体不只是一台机器，因为机器只具有运动的力量，而有机存在者在自身中具有构型的力量，它能够把这种力量传递给那些不具有这种力量的物质，使它们有机化，因此，这是一种自我繁衍的构型力量，它是不能仅仅通过那种表现为机械作用的运动力量来解释的。② 当我们将那种在有机物那里获得的合目的性用于作为整体的自然时，整个自然界就可以被视为一个目的系统。

对康德来说，自然的合目的性在伦理上的意义要远远大于它在知识上的意义。 从"哥白尼式革命"的形而上学动机我们不难看出，康德并不为科学知识的普遍必然性感到担忧，相反，他更加担心的是科学的自然观念所体现的物质主义和机械决定论对自由、道德和人生意义可能造成的毁灭性打击。 人所独有的本性以及与此相关的价值和尊严，在这个全部由有条件者组成的因果链条中没有任何位置，而这恰恰是理性的理论应用必然产生的结果。 虽然康德通过考察理性的实践应用的先天原则证明，在服从纯粹实践理性法则的行动中，人之为人的"人性"才与作为有条件者的一般存在物的"物性"从根本上区别开来。 但是，如果自然本身只不过是一个漫无目的的、机械的物质世界，人作为本体世界中自我立法的理性存在者和人作为现象世界中的经验性的行动者是完全对立的，那么，人就不可能在服从实践理性法则的行动中确证自身作为人的人性，相反，自然的因果性与自由的因果

---

① Cf. Immanuel Kant, KGS5: 372-373.
② Cf. Immanuel Kant, KGS5: 374.

性之间的对立会导致行动者仍然处于一种分裂和异化的状态。因此，只有当自然中的机械作用因的联结能够在人（即服从于无条件立法的道德性的主体）这样一个更高的目的因的联结中实现一种相互隶属的系统统一性，万物都作为自然目的重新在自然的"存在之链"上获得自己独特的本性和位置时，对纯粹实践理性法则和它所体现的不朽价值的践行才会是对人性和整个自然目的的真正实现。

康德的"目的论判断力批判"证明目的论是反思判断力的一种先天原则，它呈现出一幅与知性概念所规定的机械自然迥异的自然图景，这使"哥白尼式革命"所指示出来的作为超感性基底（übersinnliches Substrat）的物自体得到了进一步的规定。这种具有内在合目的性的自然无法通过人类的推论的知性来把握，相反，康德认为，我们必须设想另一种知性，即"直觉的知性"（intuitive Verstand）的存在，目的论自然观中的自然法则与我们的判断力的那种协调一致才有可能是必然的。[①] 按照康德的理解，推论的知性必须从分析的普遍的东西（从概念）进展到特殊的东西（被给予的经验性直观），特殊存在的多样性在被归摄到普遍概念的统治之下时没有得到任何规定；相反，直觉的知性是从综合的普遍的东西（整体的直观）进展到特殊的东西，作为部分的特殊存在（直观）是与作为整体的普遍存在（概念）之间不是一种外在的决定与被决定的关系，而是一种内在的交互关系或同一关系。基于这种作为世界原因的源始知性（直觉的知性），自然本身被认为具有完全的自发性，也就是受到由目的因的联结所带来的内在动力的推动，在自然中的所有特殊之物自身无不包含着由自然整体的内在目的所赋予的普遍性与合法则性。就此而言，康德实际上是在亚里士多德所说的"潜能"（dynamis）的

---

① Cf. Immanuel Kant, KGS5: 406-407.

意义上来理解物质：受自然的机械法则支配的物质不是惰性的、盲目的、等待主体外在地给予规范的杂多，而是作为质料因，具有朝向某种现实性运动或者实现为某物的可能性。而作为实现自然之目的的"大自然的隐蔽计划"也使康德在《实践理性批判》中完全对立起来的应然与实然、理性与感性、自由与必然重新统一于自然通过人类历史所展现的内在的合目的性的进程当中。这样一来，出于实践理性的必然性而被设定的道德世界就不再是对自然的否定，而恰恰是对自然的内在目的的实现；分裂的两个世界在反思性判断力重新"赋魅"的自然中被最终统一起来。

第四节　诺瓦利斯与早期浪漫派的康德主义

康德的哲学对于诺瓦利斯和耶拿的浪漫主义者来说是他们生活中的一个基本事实。实际上，康德哲学中的"哥白尼式的革命"对早期浪漫主义的影响是如此根深蒂固，以至于在他的《浪漫百科全书草稿》(Das Allgemeine Brouillon， 1798—1799)，诺瓦利斯可以说这场"哥白尼式的革命"已经成为哲学中一个无法绕过的既定事实："康德在这里扮演了哥白尼的角色，他把经验自我连同它的外部世界解释成一颗行星，并将道德法则或者道德自我置于体系的中心——而费希特已经成了牛顿，即第二个哥白尼——成了内在世界的体系的诸法则的发明者。"①对早期浪漫派而言，康德"哥白尼式的革命"的意义不在于证明了我们的理性能够认识什么，而在于证明了它不能认识什么。科学知识对认识者的理性的依赖性使得它不得不承认自身的有限性，承认事物本身超出了理性认识的范围，从而让物自身意义上的自然作为一块

---

① Novalis， NS， Band III， S.335， Nr.460.

不能被理性化和祛魅的地盘保留下来。这是一个"不可知"的领域，也是人类出于自身的实践旨趣而永远倾向于追求的绝对的和无条件的存在。康德的"哥白尼式的革命"划分出一个隐藏在知识背后的物自体的领域，让我们熟知的、能够被清楚明白地认识的自然重新获得了几分神秘莫测的、未知的色彩，而他的道德哲学则通过证明作为目的的人性的尊严和绝对价值，使日常生活中那种为人熟知的庸常的人性被赋予了某种崇高的色彩，让我们不得不惊叹于自身内在的道德法则，同时，我们的道德意识作为一种"理性事实"和我们义无反顾的道德实践又使得那崇高的、不可知的、无条件的自由、灵魂和上帝再次变得现实而真切。

正是康德的理性批判在一个理性化和祛魅的时代率先在哲学上论证了后来由诺瓦利斯提出的那条浪漫主义的宣言："世界必须被浪漫化。这样人们就会重新发现那源初的意义。浪漫化无非是一种质的乘方（qualitative Potenzirung）。……当我给予卑贱的东西以一种崇高的意义，为寻常的事物披上一层神秘的外衣，使熟知的东西获得未知之物的庄严，让有限的东西表现出无限存在的外观，我就将它们浪漫化。——对于更崇高的事物、未知物、神秘物、无限存在，方法则相反——它们将通过对应的联系对数化——于是它们获得了寻常的表达。"①诺瓦利斯的这条宣言无论在精神上还是字面上都继承和发展了康德的批判哲学：康德使理论上可以被认识的自然变成了理性无法穿透的、不可知的"自在之物"，又使理论上不可认识的无条件者在道德行动中获得了它的现实性；在将自然人性化和重新赋魅的过程中，又将人性中最神秘的、最令人敬畏的东西在自然的合目的的进程中获得它的回响。

---

① Novalis, NS, Band II, S.545, Nr.105.

一、 从费希特回到康德

传统的哲学史叙事常常将早期浪漫主义视为费希特主体性哲学的一种诗意的变形，人们确实有一定的理由认为，正是费希特对康德哲学的继承和改造在哲学上吸引了早期浪漫主义者的眼光。 不过，康德本人实际上并不认可费希特对先验观念论所进行的一种基础主义的改造，而且早期浪漫派也在深入研究的费希特的"知识学"之后很快就放弃了费希特的基于"绝对自我"的一元论方案。 在 1795—1796 年期间，诺瓦利斯在耶拿的一个朋友的家中遇到了费希特和荷尔德林之后，开始认真研究费希特的《全部知识学的基础》，并在研究过程中写下了一部被命名为《费希特研究》(*Fichte Studien*)的笔记。 这套关于费希特的研究笔记被研究者称为"早期浪漫主义最重要的哲学著作"①。 毫无疑问，费希特的哲学对诺瓦利斯和早期浪漫主义来说非常重要，但我们在《费希特研究》中看到的并不是学生对老师思想的阐释和加工，而是对费希特理论中的基本原则和主要前提的持续批评。 尽管费希特试图证明整个世界的存在及其合理性能从绝对自我的本原行动这个单一的原理中演绎出来。 但在他的《费希特研究》中，诺瓦利斯怀疑自我意识能否为哲学提供不言自明的起点，他也质疑第一原则的可能性。 诺瓦利斯一再坚持认为，对自我本身的直接认识和将一切把握在自我意识的统一之下是不可能的。

在《纯粹理性批判》第一版出版的十多年后，康德对传统形而上学的批判和重新奠基得到了广泛的关注，它既收获了人们的

---

① Manfred Frank, *Einführung in die frühromantische Ästhetik*, Frankfurt am Main: Suhrkamp, 1989, S.248.

钦佩，也引发了非常激烈的争论。通过将自然知识的范围限制在人类理性认知的先天条件的作用范围之内，康德为道德法则和人类自由开辟了一个无法被理性的认知所消解的独立领域。人类的理性自律不仅使人能够根据超越自然冲动的道德法则来行动，而且理性的实践运用本身必然向道德行动者承诺了一个遵循自由的因果性的道德世界的真实存在。这不仅夯实了形而上学的地基，在实践理性中为形而上学重新确立了一个更加稳固的基础，而且为填补无节制的理性化过程所留下的意义真空提供了一条全新的思路：要想在这个科学时代保留人类的道德、价值和尊严，使自由与必然、事实与价值、科学与道德得以兼容，恰恰需要将它们截然二分，使人成为"站立在两个世界的公民"。

在康德的批判哲学对哲学的各个领域进行了重大的重组之后，德国哲学家们不得不把康德哲学作为一个新的起点，煞费苦心地将自己的哲学工作定位为对康德哲学的反对或者改进。在1790—1791 年期间，诺瓦利斯曾在耶拿师从莱因霍尔德，在这位康德哲学最重要的倡导者和普及者的指导下学习和研究康德哲学。莱因霍尔德起初专注于拥护康德的道德理论和他的宗教观点，但后来发展了自己的哲学体系，他的目的是在一个基于单一的基本原理（Grundsatz）的体系中将康德对知识的解释和对道德的解释统一起来。他认为，康德关于显象与物自体的二分与他所构想的世界合乎实践理性的统一性这个目标是相背离的。这种二元论无论在知识领域，还是到道德实践的领域都无法完全避免怀疑主义的攻击。因此，为了真正完成康德从理性的统一性来证明世界的统一性的计划，就必须将康德体系从康德本人认为是他的标志性成就的二元论中"拯救"出来，将整个康德哲学建立一个单一的、自明的"意识原理"（Satz des Bewußtsein）之上，在这个单一的、统一的本体论原则下再次将分裂的自然与自由、显象与物自体结合在一起。

莱因霍尔德从康德的先验演绎中获得了启发。在康德那里，先验演绎之所以能够证明概念对于直观杂多的联结作用，正是由于这两者都是先验主体的表象活动。据此，莱因霍尔德提出，一切意识中最为基本的要素是表象（Vorstellung），它是统一主体与客体的中间概念：所谓"物自体"的存在并不是自足，相反，真正直接的、自明的是主体的表象，客体的存在实际上是主体在自我表象中将关于客体的表象归为主体自身的状态，而同时将它自身的状态当作一个关于某个不同于和独立于这个状态的客体的表象。这样一来，在康德那里存在的先验主体与先验客体（物自体）的外在关系被莱因霍尔德转化为表象着的主体的自身关系，这就使康德苦心孤诣通过"哥白尼式的革命"所确定下来的二元论被重新转化为一种新的一元论体系，而莱因霍尔德则希望借此来消解康德的物自体概念所带来的不利影响。①

在耶拿跟随莱因霍尔德学习康德哲学之后的几年里，诺瓦利斯继续他对哲学的研究兴趣，尤其是对费希特的著作进行了非常深入和细致的阅读。费希特赞同莱因霍尔德对康德哲学的一元论改造，以"基本原理"来锚定整个先验体系，只不过这个无条件的第一原理在费希特看来不能是直接的意识事实，因为"事实"可能具有的经验性意味着这个作为第一原理的意识不是真正的无条件者，而是以某种外在于意识的被给予的现成经验为前提的有条件者。真正的第一原理应当是主体与客体的绝对无差别点，它不能被看作是一个与物自体相对的、主体的意识事实（Tatsache），而必须被把握为一个设定自身的绝对同一性的"本原行动"（Tathandlung）。② 费希特指出，任何经验性的条件都

---

① Cf. Michael Baur, "The Role of Skepticism in the Emergence of German Idealism", The Emergence of German Idealism, ed. Michael Baur and Daniel O. Dahlstrom, Washington: The Catholic University of America Press, 1999, pp.73-74.
② ［德］费希特：《评〈埃奈西德穆〉》，梁志学译，见梁志学主编《费希特著作选集》（第一卷），商务印书馆1990年版，第426—428页。

不能产生一个"我"的表象。"我"之为"我"是一个无条件的自我设定活动的结果，因此作为一个设定自身的存在，"自我"不是纯然的意识事实，而是一个规范性的活动。[1] "它同时既是行动者，又是行动的产物；既是活动着的东西，又是由活动制造出来的东西；行动（Handlung）与事实（That）两者是一个东西、而且完全是同一个东西。"[2]这样一来，绝对自我作为一种本原行动就成了绝对的"是"，任何命题都必须以"自我设定自我"这个第一原理作为终极的根据，包括康德意义上的物自体的存在也不例外。因为费希特证明，"非我不等于自我"本身就是"自我等于自我"的反设定，因为如果没有"是"，我们根本无法理解"不是"；没有自我设定自我的活动就根本不会有不同于"自我"的"非我"的"是"，所以，非我本身也是由绝对自我设定的，它依赖于"自我"设定"自我等于自我"的活动，非我作为对自我的否定被理解为自我对自身的否定。这样一来，物自体在康德那里所具有的存在论地位就被彻底取消了，而只有这样才能保证体系的科学性和连贯性。

诺瓦利斯用了一年的时间对费希特的"自我"哲学进行研究和评论，但他最终拒绝了费希特的方案，而他对费希特的拒绝跟康德对费希特所持的保留意见背后其实存在着类似的顾虑，也正是这种拒绝让诺瓦利斯重新开始了他对康德的研究。在关于费希特哲学的研究札记中，诺瓦利斯指出，导致体系化的先验哲学出现内在困难的一个重要原因在于关于自我的认识的循环和无限倒退。这些困难的出现是因为先验哲学家试图在自我中确定所有思考的最终条件，但这些思考本身却不能成为思考的对象。诺瓦利斯几乎很快就意识到费希特知识学中存在着这些棘手的问

---

[1] Cf. Terry Pinkard, *German Philosophy 1760 - 1860: The Legacy of Idealism*, Cambridge: Cambridge University Press, 2002, p.114.

[2] [德]费希特：《全部知识学的基础》，王玖兴译，商务印书馆1986年版，第11页。

题，他询问哲学是否可以存在于自我观察中（Selbstbetrachtung）。① 他的回答是否定的，原因在于为了反思自我，自我必须成为自我的对象；换句话说，它必须感知自身并确定其具体特征；但是，当自我是一切思维的终极条件，即自我成为作为思维对象的一切事物的基础时，自我就不可能成为它自己的对象。

对诺瓦利斯来说，费希特的绝对自我的本原行动就像是魔术里的小把戏，它在不断的自我设定的过程中把一只又一只的兔子从帽子里拉了出来，同时又把一切存在塞进了这个自我。"没有任何改变和任何概念依附于纯粹存在——人们无法设定任何与之对立的东西——除了说非存在。 但是这个表述只是一个在形式上将事物挂起来的小挂钩——它似乎只是将事物悬挂起来。 它只是抓住了满手的黑暗。"②在谈到费希特的设定自我的"本原行动"时，诺瓦利斯说"每个状态、每个本原行动都预设了另一个……所有对第一原理（Ersten）的追求都是毫无意义的——它是一个调节性的理念"③。 诺瓦利斯非常敏锐地意识到，"绝对自我"自我设定的本原行动并没有真正将分裂的世界必然地统一在一个基本原理之中，因为在费希特的"知识学"里，事物本身只是作为"非存在"被否定地对待，而对"非我"与"自我"的统一的演绎只是通过对事物本身的虚无化而使"非我"成为"自我"的产物，因而最终只能在形式上，而不是在实质上将二者统一起来。诺瓦利斯使用了康德的"调节性的理念"（regulative Idee）这个概念来理解这种一元论的体系哲学的计划，这明显是康德的"哥白尼式的革命"的一种回响。 对康德来说，无条件者的存在虽然具有合乎理性的必然性，但它却只是一种引导思维的调节性原

---

① Novalis, NS, Band II, S.113, Nr.15.

② Novalis, NS, Band II, S.106, Nr.3.

③ Novalis, NS, Band II, S.254, Nr.472.

则，而不能作为一种对知识而言有效的建构性的原则，成为现象世界的解释根据，因为这样不会带来认识上的真理，而只会产生形而上学的种种幻象。而在诺瓦利斯看来，无条件者作为"调节性的理念"体现了康德对"哥白尼式的革命"所区分的显象与物自体两个世界的坚持，这一坚持是对诉诸主体的、自我意识的统一性的一元论体系的拒斥，也是对事物本身不可消解的绝对性和无条件性的守护。可以说，诺瓦利斯恰恰是在费希特本人犹豫不决和深感矛盾的地方，即在物自体的问题上，实现了同费希特的分道扬镳。[①] 对诺瓦利斯来说，康德对物自体的独立性的论证和坚持，使他比费希特较少具有主观主义的色彩，一个统一一切的基本原理和独立于自我意识的事物本身是不可能被基于自我意识的理性演绎完全把握的，相反，这种终极的绝对的原理和本原性存在只能作为"调节性的理念"超出单一的理性模式之外，并且通过合乎逻辑的理性解释所无法把握的丰富性和复杂性不断地显现出来。

二、沿着康德的道路再出发：从实践的到诗意的

当然，这并不意味着诺瓦利斯的康德主义遵循了康德自己对先验哲学未来发展路线的规划。事实上远非如此，诺瓦利斯根本不想仅仅成为康德的一个追随者或者一个康德意义上的"先验哲学家"。诺瓦利斯虽然用康德的调节性理念拒斥了费希特的绝对自我一元论体系，但他并不完全接受康德通过理性的实践运用来证明无条件者的现实性的方案。因为在诺瓦利斯看来，实践理性的统一仍然是一种外在的、单一模式的统一性，未能真正把握内

---

① Cf. Helmut Koch, *Der philosophische Stil des Novalis*, Westfälische Wilhelms-Universität zu Münster, 1972, S.93.

在于事物本身的无限性。 诺瓦利斯希望通过作为一种普遍能力的想象力、一种感性与理性相协调的诗化的方式来推动世界本身的浪漫化和无限化，真正完成康德批判哲学所推动的革命性的转向。

诺瓦利斯认为康德哲学的非凡成就在于，通过先验批判打破了单一的理性模式对世界解释权的垄断，为事物本身的存在、为更加多元的合理性模式打开了空间。 他认为，康德关于事物本身对于人类理性认识的不可通达性的观点是基本正确的。 甚至可以说，康德的"哥白尼式的革命"已经变得如此明显，以至于对他那一代的哲学家来说已经过时了："在后来的时代，把苦工浪费在驳斥和处理现在看来无关紧要的疯狂观念上似乎很奇怪，例如，康德反驳事物本身证明似乎就是如此。"[①]诺瓦利斯在1797年关于康德哲学的研究笔记《康德研究》（*Kant Studien*）中还写道："《批判》已经包含了体系的先验立场——它已经在体系之上。 它是哲学的哲学。"然后他继续问道："是否存在着一种前批判和后批判（Vor und NachKritik）？"[②]在提出这个问题时，诺瓦利斯无疑将他自己构思中的哲学定位为一种"后批判"，也就是说，哲学研究必须以康德的理性批判作为新的起点，承认理性认知的限度和事物就其自身的本质而言不可能被理性所穷尽，坚持"哥白尼式的革命"为事物本身留出的地盘，从而在此基础上以更加开放和多元的方式来表现或接近绝对和无条件者，而绝不能回到"前批判"的哲学，再次将世界理解为从一个单一原则中推导出来的体系。 对于这种"后批判"的哲学观念最好的解释莫过于诺瓦利斯自己在《费希特研究》中对哲学本身所下的定义："哲学化（filosofiren）必须是一种独特的思维方式。 当我进行哲

① Novalis, NS, Band II, S.392, Nr.49.
② Novalis, NS, Band II, S.387, Nr.44.

学化的活动时，我在做什么呢？ 我在反思一个根据。 哲学化的根据因此就在于一种不断追问根据的思想。 然而，根据（Grund）不是字面意义上的原因（Ursache），而是一种与整体（Ganze）相联系的状态。 因此，所有的哲学活动都必须以绝对的根据为终点。 现在，如果这个绝对的根据没有被给予，如果这个概念包含一种不可能性——哲学化的冲动将是一种永无止境的活动——而且没有终点，因为会存在着一种对绝对根据的永恒的需要，它只能得到相对的满足的绝对基础——而且永远不会停止。 在我们之中无休止的自由活动是通过对绝对的自由放弃而产生的——通过我们在达到和认识绝对上的无能所能够给予我们和我们能够找到的唯一可能的绝对。 这个被给予我们的绝对只能以否定的方式被认识，因为我们行动而且发现，我们所寻找的东西无法通过行动来获得。"①

在这里，我们看到诺瓦利斯虽然接受了康德的批判哲学为人类知识所划下的界限，但是他反对康德自己对先验哲学所做的进一步规划，他并不认为康德所论证的理性的实践运用就能够真正确定地把握到无条件者和事物本身，进而使整个先验哲学停留在一个静态的"建筑术的统一"结构之中。 对诺瓦利斯来说，哲学化的魅力和意义就在于，它不断地使我们在事物本身面前意识到并承认自己认识的限度；也正因为我们自身的有限性，当哲学思考真正发生在现实生活中时，它是最为生动和活跃的，是无穷无尽的。 康德的问题在于，他仍然深陷于过去的范式中，仍然太急于捍卫自己的革命方法，反对先前形而上学的未经理性批判的独断论，而且，当整个理性批判的工作尘埃落定时，当康德声称他的工作已经完成并将细节的填充留给其他人时，他实际上没有真正将"哥白尼式的革命"的精神坚持到底，而是将这个超越人类

---

① Novalis, NS, Band II, S.269, Nr.566.

102 理性的物自体的领域再次强行纳入到纯粹实践理性这个单一的理性模式的统一之中，而且想要停留在理性所构造的这个有条理的、宏伟的建筑之中，不再承认和触及事物本身，不再让事物本身保持其未知的、崇高的魅力。① 所以，尽管诺瓦利斯承认康德哲学是"人类精神中最非凡的现象之一"，但是"整个康德式的方法——整个康德式的哲学思考方式是片面的。 它可以在某种程度的上被公正地称为经院哲学"。②

使诺瓦利斯的哲学与众不同的是他愿意探索"哥白尼式的革命"为超越理性认知的本体世界留下的广阔空间，并借鉴康德关于实践理性公设的洞见，通过一种诗性想象的创造性原则来思考为自然重新赋魅的可能。 在为诺瓦利斯的《康德研究》所作的导论中，梅尔（Hans-Joachim Mähl）认为诺瓦利斯放弃了康德主义，对诺瓦利斯来说，更高的知识不依赖于实践理性的公设，他是在"诗意的"意义上来理解康德的"实践的"，即通过诗意的方式，诗意可以被认为是一种实践理性。③ 用诺瓦利斯的话来说，"哲学化无非就是科学化（wissenschaften），通过思想而思考，通过认识而认知——科学地和诗意地对待科学。 实践的（practisch）和诗性的（poetisch）是否应该合二为一——后者意味着特殊形式中的绝对的实践性的东西（absolut practisch in specie）？"④

在关于第一批判导言的注释中，诺瓦利斯特别关注现象与本体的区别，并对实践理性可能而且确实必须超越经验知识的主张十分感兴趣。 因此，他认为诗很可能是特定形式的"绝对的实践

---

① 有关诺瓦利斯如何通过对康德的阐释和批判发展出他关于诗的思辨理论，可参见 [法] 让-马里·舍费尔《现代艺术——18 世纪至今艺术的美学和哲学》，生安锋、宋丽丽译，商务印书馆 2012 年版，第 127—134 页。
② Novalis, NS, Band II, S.329, Nr.50.
③ Novalis, NS, Band II, S.339.
④ Novalis, NS, Band II, S.390, Nr.45.

性的东西"。 诺瓦利斯将康德关于实践理性能够合法地运用于超感官世界的论证扩展到对一种诗意的理性观念的论证，他希望赋予这种诗意的理性观念以同样的有效性，使诗性的想象在感觉经验的世界中实现实践理性想要达到的目标，就如同科学的假设和实验产生了新的理解并重塑了我们认识事物的方式一样，诗意的方式也能做到这一点。 在诺瓦利斯看来，诗意认识是创造性的认识，是在诗化的有限存在者中对无限的直观和认识。① 诺瓦利斯同样将这一想法视为对康德"哥白尼式的革命"的发展，如果在康德看来，理性只能洞察它自己参与创造的事物，那么根据诺瓦利斯对这一原则的解释，"只有当我们使无条件者成为现实，我们才能认识无条件者"②。 在这里，他似乎在给康德和他自己提出一个问题，即除了局限于作为知识的先验要素的时空图式化之外，对人类理性批判是否也能够通过诗的创造性原则让无条件者在感性世界中显现出来。

诺瓦利斯在这个评论中提到的"更高的"先天知识是关于上帝、自由和灵魂不朽的实践理性公设。 然而，在紧接这些笔记之后的断片中，他继续描述了一种不同的"更高的知识"："是否还存在着超感官的知识？ 是否存在着其他的方式使人可以走出自身并达到其他的存在，或者受到它们的影响呢？"③在这里，诺瓦利斯不仅像梅尔所说的那样果断地放弃了费希特的以绝对自我的本原行动为第一原理的一元论方案，④而且同时也与康德以自由为拱顶石的实践理性的统一拉开了距离。 诺瓦利斯虽然承认理性认知无法通达无条件者和事物本身，但是他也认为，人类理性的确有一种如康德所说的想要去认识无条件者的自然倾向。 不

---

① 参见 [俄] 加比托娃《德国浪漫哲学》，王念宁译，中央编译出版社 2007 年版，第 135 页。

② Novalis, *NS*, Band II, S.386, Nr.44.

③ Novalis, *NS*, Band II, S.390, Nr.46.

④ Novalis, *NS*, Band II, S.337 - 340.

104　过，在诺瓦利斯看来，这种渴望和追求绝对的倾向不可能通过主
体自身的建构性的原理得到最终的满足，因为任何主体性的方案
都是对事物本身的限制、扭曲、遮蔽，甚至是否定。"哲学无法
回答那些它没有被问及的东西。它什么都不能产生。某些东西
必须被给予它。"①因此，当我们受这种超越性的倾向支配和推动
时，我们只能够让事物本身作用于我们，或者说通过一种被动的
方式来接受事物本身对我们的影响和作用。"哲学原本就是一种
感觉。哲学的科学以概念的方式来把握这种感觉的直观。它必
然是一种关于内在的、必然的自由关系的感觉。因此，哲学总是
需要某些东西被给予……哲学不允许建构。感觉的界限就是哲
学的界限。"②这种直接的"感觉"（Gefühl）对于反思性的自我
意识来说是必不可少的，但它不是为反思而设立的，这种感觉抵
制一切推论和分析，我们不能再通过任何演绎将这种对存在的感
觉体系化和明晰化，因为这种反思活动只会使意识再次陷入自我
认识的无穷循环和倒退。

　　正如雅可比已经指出的那样，在运用理性对事物形成判断之
前，我们与存在有一种前概念的关系，这不是知识，而是一种直
接的感觉。我们对这种前反思的绝对存在的感觉是非概念的，它
无法通过理性的概念和判断以知识的形式来把握。不过，应当注
意的是，诺瓦利斯所理解的"感觉"并不完全是一种雅可比意义
上的完全被动的"感觉"。诺瓦利斯更加强调在这种作为被动的
接收性能力的感觉中所包含的使我们的认识能够触及事物本身或
者让事物本身显现出来的创造性。这种被梅尔称为"创造性地观
察世界的原则"（Prinzip der schöpferischen Weltbetrachtung）就
是"诗意的"或者诺瓦利斯所说的"天才"（Genie）："没有天才

① Novalis, NS, Band II, S.113, Nr.15.
② Novalis, NS, Band II, S.113-114, Nr.15.

（Genialitaet），我们就完全不会存在。 天才对任何事情都是必
要的。 人们通常用天才所指的——是天才之天才（Genie des
Genies）。"①康德曾说："天才是一种产生出不能为之提供任何确
定规则的东西的才能，而不是对于按照某种规则可以学习的东西
的技巧禀赋；所以，原创性就必须是它的第一属性。"②在康德看
来，天才的作品是如此的具有原创性，以至于尽管它们一旦被制
作出来就充当了模型，但是，艺术家不可能科学地描述出这样的
作品是如何产生的。 诺瓦利斯同意这种说法的大部分，不过，康
德仅仅将天才概念严格地限制在艺术领域，而诺瓦利斯解除了这
种限制，并且认为天才与人类经验的所有领域都相关。 因此，现
实和想象之间没有明显的区别。 诺瓦利斯称天才为"将想象的事
物当作真实的事物来讨论，并以真实的事物来对待它们的能
力"。③

对诺瓦利斯来说，"天才"并不是上帝赐予少数人的天赋，而
是每个人都拥有的潜在创造力。 换言之，"天才"是一种普遍的
人类能力："每个人都是无限天才的种子。"④天才的力量对于更
深入地了解自然世界是必要的，它是一种在精神的行动中捕捉自
然的意义的惊人能力。 区别于按照先天的知性概念来进行表象
和精确观察的能力，天才能够将想象的东西视为真实的。 这是一
种在日常生活中体验超越性的无条件者的新范式，而"最武断的
偏见是，人类没有能力超越于自身之外，没有能力有意识地超越
诸感官。 一个人能够在这一瞬间成为一个超感官的存在。 没有
这一点，我们就不能成为世界公民。 我们将成为动物。 当然，
在这种状态下保持镇静和自我发现是非常困难的，因为它是如此

① Novalis, NS, Band II, S.420, Nr.22.
② Immanuel Kant, KGS5: 307 - 308.
③ Novalis, NS, Band II, S.421, Nr.21.
④ Novalis, NS, Band III, S.250, Nr.63.

106　持久、如此必然地与我们其他状态的交替联系在一起。 我们越是能够意识到这种状态，由此产生的信念就越活跃、越有力量、越是令人愉快；对真正的精神启示的信仰。 它不是看、听或感觉；它是三者的结合，比这全部三者更多；一种无中介的直接的确定感，一种关于我的生命的最真实、最独特的东西的洞见……当看到许多人的样态和面孔时，特别是对一些眼神、一些举止、一些动作的一瞥，或者听到某些话，阅读某些段落，对生活、世界和命运的某些看法，在这些时候，显象（Erscheinung）尤其能够打动我们。 许多巧合，自然界中的许多事件，尤其是时间一年又一年、一天又一天地过去，都为我们提供了这样的体验。 某些声音特别适合产生这样的启示。 这些启示中的大多数是暂时的，少数是持续的，极少数是永恒的"①。 在这种体验中，我们的某些感知既把我们带出了我们自身，同时又让我们深深地活在这个世界中。 诺瓦利斯将此称为对作为超感官存在的感觉的种种体验，这种感觉不仅仅是动物性的感觉，也不仅仅是按照知性概念的规定来进行表象所获得的那种感觉经验，而是一种让绝对真实的、有意义的存在直接为我们所感知的非概念的方式。

　　人们很容易认为，诺瓦利斯所说的这些对超感官存在的体验是对康德所划定的可能经验的边界的侵犯，但是，就像诺瓦利斯表明的那样，如果我们不能让绝对和无条件者成为现实，我们就不可能认识它们，它们也不可能具有真正的现实性。 感觉和概念之间的这种紧张关系恰恰是后康德时代的哲学家们为克服主体与客体、心灵与物质、有限与无限之间的分裂而进行的重要尝试。 只有以一种概念化的、反思性的、有条件的方式，我们才能获得可观察的自然，这意味着任何"无条件"的感觉必须带领我们超越感官上可获得的自然，从而达到"超感官的"存在，这就是雅

---

① Novalis, NS, Band II, S.421, Nr.22.

可比在解释为什么世界是可理解的时，将神学置于哲学之上的原因。 而康德自己也表明，在审美感知中存在着一种愉悦的感觉，这种感觉来自于一种无法被认识所把握的自然的协调一致性，它指向了自然的某种"超感性基底"。 而且康德还坚持认为，感觉的普遍可交流性所需要的那种"共通感"（sensus communis）是我们认知的普遍可交流性的必要条件。 对康德来说，完全有意识的知识生产必须完全按照理性的普遍的先天规则发生，但他坚持认为艺术不能以这种方式发生，因为如果它要超越纯然的知识领域，它就必须总是建立新的规则，一种自然通过天才的创造力给予艺术的规则。

在关于康德的"我不得不悬置知识，以便给信仰留出地盘"所做的评注中，诺瓦利斯写道："知识在哪里终止，信仰就在哪里开始。"[1]对诺瓦利斯来说，信仰不是与理论认识相对立的；信仰不仅是理论认识的一种形式，而且是一种较高的形式。 正如梅尔指出的那样，诺瓦利斯对信仰的理解"不是从它能够规定人的道德行动的方向这个实践功能的方面，而是从它的理论认识功能方面"来规定的。[2] 在诺瓦利斯看来，即便是出于实践理性无条件立法的道德行动，也只能在主体性自身内部来要求或者营造这种无条件者的真实在场，而无法真正地就无条件者自身的本性来理解和认识它。 因此，这种无处不在的、平凡而又奇妙的"天才"的创造性原则不是狂热和耽于幻想，而是在普通的人际关系、日常交往和生活体验中让事物本身顺乎其自身的本性实现出来。这既是平凡的又是不凡的，既是经验性的存在又是超感官的存在。 理性和想象力在这个过程中自由地结合在一起，将科学与诗融为一体："知性的诗就是哲学——它是知性给予自身的最高冲

---

① Novalis, NS, Band Ⅱ, S.387, Nr.44.
② Novalis, NS, Band Ⅱ, S.339.

动——是知性与想象力的统一。 没有哲学，人类在其本质力量中就仍然是分裂的——它会成为两个人——一个是理智的人——一个是诗人。"①

在诺瓦利斯那里，对绝对的体验具有双重意义。 从哲学和反思性的理论认识的角度来看，对绝对的根据和无条件者的追求是没有尽头的、永远无法达到的。 绝对无条件者的这种无法通达性和人类对它的不可遏制的渴望是哲学活动的动力和基本状态。但在日常生活中，我们又随时都有可能感受到无条件者的现实在场，哪怕只是一个短暂的瞬间。 诺瓦利斯用诗意的天才的观念取代了康德的实践理性的道德观念，使它成为表现这些时刻的具有创造性的实践原则。 通过"天才"的想象力，绝对本身被激活，并且通过我们的真实的生活呈现出来。 对诺瓦利斯来说，将人类偶尔感受到的超感官时刻自然化绝不是倒退回一种非理性的蒙昧状态。 就像他在浪漫主义的宣言中所说的那样，哲学一方面要使超越性的绝对和无条件者变得更加平凡和易于理解，另一方面又要使这个祛魅的世界变得更加迷人和神秘。 在诺瓦利斯看来，康德的理性批判并不是要驱散宇宙的魅力，证成现代科学的绝对权威，而是要通过划定知识的界限来开辟了一个全新的领域，使人能够通过其他的方式来恢复绝对无条件者的现实性，使我们能够重新体验超越于我们自身之外而又内在于自然和我们的生活世界的超感官存在，而这种对无条件者的渴望和对人生意义的不断追问也恰恰是我们人之为人的本质所在。

---

① Novalis, NS, Band II, S.531, Nr.29.

第二章

斯宾诺莎与早期
德国浪漫主义
哲学的兴起

早期德国浪漫派的创作深受康德哲学的影响，他们和其他大 *111*
多数德国古典哲学家一样共享了康德批判哲学的问题意识。 康
德的独特之处在于他既是启蒙理性的捍卫者，又是启蒙理性深刻
的批判者，他试图通过对理性自身的批判限制知识的范围，防止
无节制的理性反思对一切无条件者和不朽价值的虚无化；同时又
从理性的实践应用出发，证明了一个具有内在价值和目的的道德
世界的现实性。 康德对自然的理性化和祛魅过程的限制及其对
自然的合道德性的证成，构成了德国浪漫主义的先声，而早期浪
漫主义者正是受康德"哥白尼式的革命"的启发，进一步证明了
存在之于意识的优先性，并用诗意原则取代了康德的实践原则，
揭示了无条件者的超越性与内在性的统一。 不过，要想理解早期
浪漫主义所代表的时代精神的转变，除了厘清他们与康德哲学之
间的复杂关系以外，我们还不得不把早期浪漫主义哲学的兴起与
推动后康德哲学发展的那场著名的争论——"泛神论之争"
（Pantheismusstreit）联系在一起。 可以说，"泛神论之争"构成
了德国浪漫主义哲学兴起的重要背景，同时也是从内在的问题意
识来理解浪漫主义核心观念的关键所在。

俄裔美国学者尼古拉斯·里亚萨诺夫斯基（Nicholas
Riasanovsky）在谈及英国和德国的浪漫主义时曾经指出，"最好
地表明其要旨和意义的一般性称呼或许会是泛神论
（pantheism），或者可能是万有在神论（panentheism）"①。 而
海涅在很早之前就已经看到了，泛神论在德国已经是一个"公开
的秘密"，它是"德国的隐蔽的宗教"。② "泛神论"这个与斯宾
诺莎紧密联系在一起的标签的确抓住了早期德国浪漫主义的一些
重要特征，比如他们都对那种将上帝视为超验的人格神的传统观

---

① Nicholas V. Riasanovsky, *The Emergence of Romanticism*. Oxford: Oxford University Press,
1992, p.71.
② [德]亨利希·海涅：《论德国宗教和哲学的历史》，海安译，商务印书馆 2016 年版，第 78 页。

点采取批判的立场，他们试图超越启蒙的科学世界观，不再将自然理解为受制于外在机械必然性的、僵死的、惰性的物质的集合，而是重新赋予自然以内在的活力和神性，使之成为有限与无限的统一，成为具有现实性的、与自然同一的神。泛神论通常被界定为一种将神与自然等同起来的立场，不过，由于"神"和"自然"这些观念本身的多义性，人们对泛神论的理解也不尽相同。如果只是简单地给德国浪漫主义贴上"泛神论"这个标签，可能反而会使人们对浪漫主义产生更多的误解。

在雅可比的笔下，斯宾诺莎是18世纪末徘徊在德意志大地的一个令人不安的"幽灵"。不过，将彻头彻尾地反基础主义和反体系化的德国浪漫主义与坚持依照几何学的演证形式来进行研究的实体一元论哲学家斯宾诺莎联系在一起，似乎确实有些奇怪。可是如果我们深入到具体的思想语境和哲学家自身的问题意识当中去，那么，这种表面的差异和对立将不足以掩盖早期浪漫派与斯宾诺莎思想之间的内在联系。实际上，虽然斯宾诺莎的实体概念有着明显的统一性和整体性的意味，但他在《伦理学》中的整个哲学工作的出发点却是为了批判以"我思"或者反思性的自我意识为第一原理的形而上学，揭示这种主体性形而上学对实体观念的歪曲，而早期浪漫主义者强调哲学和知识的不完整性与非体系性同样是为了以一种碎片化的、非论理的形式来对抗主体性形而上学的抽象的、虚假的统一性，让真正的存在或者无条件者得以突破这种有限的理性形式的桎梏。

斯宾诺莎对主体性形而上学的实体概念的批判构成了他与早期浪漫主义思想的交汇点：他表明这种主体性形而上学是人类以自身为中心，以一种拟人化的方式，将根据自身的理性和逻辑思维所构造的世界图景投射到宇宙或自然的结果。这种基于笛卡尔式的第一原理所构建的科学体系是不充分的，是虚构的，因为它满足于使用以人类为中心的愿景和拟人化的投射，来描绘那个广阔的并且就我们有限的人类理智而言显得是不确定的、不完整的和碎片化的宇宙。 因此，我们可能会在斯宾诺莎身上发现后来构成浪漫主义反讽概念的哲学背景，对早期浪漫派来说，反讽是一种游戏，它恰恰揭示了那种设想一切终究能够被我们的理性所把握和认识的实在观的局限性。[①] 斯宾诺莎对传统理性主义带有人类中心论色彩的形而上学主张的批判，对这种主体主义的世界观的虚假性和不充分性的揭示，鼓舞了早期浪漫主义者与一切形式的主体性哲学，尤其是德国的主观观念论进行不懈的斗争。

斯宾诺莎的幽灵唤起了一种与主观观念论的基础主义和先验主义相背离的另类的启蒙原则，这种启蒙原则承认并且更加关注多样性与差异性。 斯宾诺莎的思想不仅塑造了德国古典哲学时代的浪漫主义、怀疑主义和反基础主义，而且还激发了早期浪漫派对经验科学的巨大热情，这种科学不再以笛卡尔的"我思"或者费希特的"绝对自我"等主体性的第一原理为基础，而是专注于事物本身的客观呈现，致力于发现事物本身的存在方式和内在于有限经验的无限性。 对早期浪漫主义者来说，斯宾诺莎的名字标志着从笛卡尔到康德和费希特所塑造的主观观念论的基础主义、先验主义的本体论和方法论之外的另一条道路。

在这一章中，我们将把早期德国浪漫派的所谓"泛神论"或斯宾诺莎主义问题重新纳入耶拿浪漫派圈子形成前后的历史语境和思想语境中加以考察。 从梳理泛神论之争的缘起出发，揭示这场重要的思想争论对于反思启蒙的理性主义世界观、超越正统基督教的上帝观念所具有的重要意义，并进一步考察由泛神论之争所推动的新斯宾诺莎主义的兴起对浪漫主义哲学核心观念的形成产生了怎样的影响，而早期浪漫派又是如何通过创造性地阐发斯

① Cf. Elizabeth Millan-Zaibert, Friedrich Schlegel and the Emergence of Romantic Philosophy, Albany: State University of New York Press, 2007, p.168.

114 宾诺莎的思想，为克服启蒙世界观的异化和分裂找到一种新的哲学基础。

第一节　泛神论之争的主题与缘起

斯宾诺莎是近代思想史中的一个幽灵般的存在。他的遗产是多层次的。然而，从 17 世纪和 18 世纪初开始，他的名字首先代表着一个重大的丑闻并且包含着巨大的危险。他的学说被指控"摧毁和完全推翻了一切敬拜与宗教，偷偷地引入无神论，或至少构想出一个不能使人对其神性产生敬畏的神。他的神屈从于命运；没有为任何神圣的统治和神意留下空间；对惩罚和奖赏的整个分配都被摧毁了"①。1672 年有一本在荷兰出版的小册子公开谴责斯宾诺莎的《神学政治论》宣扬无神论，认为它是"堕落的犹太人斯宾诺莎从地狱中制作出来的。此书以前所未有的无神论方式论证神谕必须通过哲学来阐释与理解"。② 1674 年《神学政治论》被荷兰执政官奥伦治亲王（后来的英国国王威廉三世）以"污蔑宗教和宣传无神论"的罪名禁止发售和传播，随后欧洲其他国家纷纷效仿，天主教会和加尔文教会也将其列入危险书目。自此之后，斯宾诺莎成为整个欧洲思想界人人避之唯恐不及的一条"死狗"。

斯宾诺莎的《神学政治论》确实是一个令时人感到担忧的突破，因为它是第一部通过语文学或世俗化的方式对宗教文本进行研究的著作。如果按照这样一种研究方式来进行解读，那么不管是《圣经》还是任何其他形式的神圣性的经典都不再像当时所宣称的那样是上帝的话语，而完全是人类的产物。《圣经》在这里

---

① Benedictus de Spinoza, *The Collected Works of Spinoza*, Vol. II, trans. Edwin Curley, Princeton: Princeton University Press, 2016, p.385.
② ［英］史蒂文·纳德勒:《斯宾诺莎传》，冯炳昆译，商务印书馆 2011 年版，第 454 页。

变成了一部基于一定的历史事实进行虚构的文学作品。 可以说，
斯宾诺莎在他的《神学政治论》中剥夺了神圣文本的超越性。 他
运用语文学和文学批评的技巧消解了那些虚构出来的权威和神圣
性的存在。 在他死后出版的代表作《伦理学》中，斯宾诺莎进一
步发展了这种新的研究方法，不仅将其用于神学和政治领域，而
且扩展到对人类社会和整个人类知识的考察中去，揭示了那些由
理性的权威所塑造出来的各种关于真理的表象的虚假性，为他在
18 世纪末 19 世纪初德国思想界的反主体主义斗争中的复兴埋下
了伏笔。

一、 莱辛的斯宾诺莎主义

法国思想家、著名的怀疑论者皮埃尔·培尔（Pierre Bayle）
在其编撰的《历史批判辞典》（Dictionnaire Historique et
Critique, 1697）——该书在 18 世纪出版了五版，并于 1744 年被
翻译成德语——中将斯宾诺莎称为"一个体系性的无神论者"，而
所谓的"斯宾诺莎主义者"则"几乎不信仰任何宗教"。[1] 在培
尔看来，斯宾诺莎的哲学是人们可以想象得出的最可恶的假说，
它最荒唐也最为直接地反对我们心灵中最确定的那些观念。 培
尔的批判使得"斯宾诺莎"这个名字几乎成了无神论、宿命论和
物质主义的代名词，而对于 17、18 世纪欧洲的主流知识界来说，
作为无神论的"斯宾诺莎主义"代表了一种在宗教和政治上极为
危险的立场。 事实上，斯宾诺莎本人曾经对这样一种针对他的无
神论指控感到不安，在回应一位指控者的时候，斯宾诺莎曾经这
样写道："他的推理的基础是，他认为我废除了神的自由，使神屈

---

[1] Pierre Bayle, *Historical and Critical Dictionary: Selections*, trans. Richard H. Popkin. Indianapolis: Bobbs-Merrill, 1965, pp.288, 301.

从于命运。这是完完全全的误解。"①然而，斯宾诺莎的抗辩无济于事，至少对于莱布尼茨和沃尔夫等德国哲学家来说，竭尽所能地批判他的哲学并将他们自己的哲学与斯宾诺莎的哲学区别开来，乃是一项非常重要的工作。

因此，在 18 世纪中后期的欧洲思想界，"无神论"、"泛神论"和"斯宾诺莎主义"这些标签实际上都被用于表达同样的意思。这也就能够解释，当大名鼎鼎的莱辛（Gotthold Ephraim Lessing），这个理性宗教的捍卫者，宣称自己所信奉的唯有斯宾诺莎时，为什么雅可比会感到无比震惊，并将此事视为一件丑闻。当他得知莱辛的好友，德国启蒙思想家摩西·门德尔松（Moses Mendelssohn）打算写一本书来纪念 1781 年去世的莱辛时，他不得不询问门德尔松是否知道"莱辛是一个斯宾诺莎主义者"。② 而门德尔松感到惊愕，他别无选择，在质疑了雅可比说法的真实性之后，为了证明莱辛与斯宾诺莎主义、与无神论没有关系，只能要求雅可比对此做出解释，两人决定在 1784 年秋天就莱辛的斯宾诺莎主义展开辩论，所谓的"泛神论之争"就此开始。

作为德国启蒙运动的领袖人物，莱辛对斯宾诺莎哲学的支持具有重要的意义。把莱辛和斯宾诺莎联系在一起，就是把启蒙运动和斯宾诺莎联系在一起，从而使两者都和无神论联系在一起。从表面上看，这场争论是围绕着正统神学关于上帝和自由意志的学说来展开的，但它同时包含着一股深深的暗流，将会把这场争论推向一个未知的方向——揭开现代世界的虚无主义本质。"泛

---

① Benedictus de Spinoza, *Spinoza: Complete Works*, trans. Samuel Shirley, ed. Michael Morgan, Indianapolis: Hackett Publishing, 2002, p.879.

② Friedrich Henrich Jacobi, "Concerning the Doctrine of Spinoza in Letters to Herr Moses Mendelssohn", *The Main Philosophical Writings and the Novel Allwill*, trans. and ed. George di Giovanni, Montreal & Kingsdon: McGill-Queen's University Press, 1994, p.181.

神论之争"最初缘于 1780 年夏天雅可比前往沃尔芬布特
（Wolffenbüttel）拜访莱辛时与他所进行的两天谈话。 这次谈
话是因关于歌德的诗作《普罗米修斯》（Prometheus）的讨论所引
起的。 作为这位年轻诗人对一个超验的上帝所做的抗议，在这首
诗的最后一节中，普罗米修斯对宙斯说道："我坐在此处，以我的
形象来造人：一个将如我这般的种族，会受苦，会哭泣，会享受
事物，并为之雀跃，根本不会在乎你——就像我一样。"①在看完
这首诗后，莱辛表示这首诗很好，因为它正好与他自己的观念是
一致的，莱辛承认："关于神的正统观念对我来说已经不存在了，
我受够了它们。 一与全（Hen kai pan）！ 这就是我所知道的一
切。 这也就是这首诗的方向，我必须坦率地说我喜欢它。"而雅
可比则回应道："那你一定是完全同意斯宾诺莎咯。"莱辛回答
说："如果一定要找一个名字来代表我自己的话，那么（除了斯宾
诺莎）我不知道还有其他什么了。"②由于要赶去参加图书馆的活
动，两人不得不就此打住了他们的对话。 但是第二天上午，莱辛
又找到雅可比继续他们前一天的话题。 他首先说道："我来找你
谈谈我所说的'一与全'。 昨天你显得颇为震惊。"而雅可比承
认："您真让我吃了一惊，我是如此困惑以至于确实有点惊慌失色
了。 没有什么比发现您是一个斯宾诺莎主义者或泛神论者更让
人疑惑了。 您是如此突然地向我脱口而出。 我本来还打算从您
那里寻求帮助以对抗斯宾诺莎呢。"对此，莱辛只能说："这可不
好啊，你应该尽可能地成为他的朋友。 除了斯宾诺莎哲学以外就
没有其他哲学了。"③

---

① Friedrich Henrich Jacobi, "Concerning the Doctrine of Spinoza in Letters to Herr Moses
Mendelssohn", *The Main Philosophical Writings and the Novel Allwill*, p.186.
② Friedrich Henrich Jacobi, "Concerning the Doctrine of Spinoza in Letters to Herr Moses
Mendelssohn", *The Main Philosophical Writings and the Novel Allwill*, p.187.
③ Friedrich Henrich Jacobi, "Concerning the Doctrine of Spinoza in Letters to Herr Moses
Mendelssohn", *The Main Philosophical Writings and the Novel Allwill*, p.187.

事实上，早在雅可比引起了关于莱辛的斯宾诺莎主义的争论之前，斯宾诺莎就已经是德国思想界的一部分了。正如我们已经提到的，年轻的歌德已经把斯宾诺莎的泛神论作为他关于人类处境的艺术表达的重要基础。这种对神的内在性和现实性的感觉与当时仍然流行的、对华丽而井然有序的理性的崇拜直接对立，它本身只是那个时代主导的理性主义的感性对应物。而雅可比恰恰属于被这种对神的现实性的感觉所吸引的那群人。虽然雅可比和莱辛在对待斯宾诺莎的态度上大相径庭，但他们至少在这一点上是一致的：启蒙哲学家的上帝并不是他们感兴趣的上帝。而且，他们都想要避免陷入怀疑主义，对历史的危机和形而上学的危机给出一个合理的回应。只不过莱辛在斯宾诺莎那里找到了一条克服怀疑主义的道路，而雅可比则将斯宾诺莎视为怀疑主义的完美代表。

身为德国启蒙思想家的莱辛对于源自主体性的自由意志观念和给予思想以首要地位的主体性原则有所保留，他从斯宾诺莎的实体和必然性观念那里看到某种比思想和主体性更高的原则。与此同时，莱辛对正统基督教具有人格性的上帝观念感到厌倦，而古希腊"一与全"（"一即万有"）（hen kai pan）的古老信条则成为他将超验的上帝重新拉回到现实中的重要思想资源。正如他在回应雅可比的困惑及其对自由意志和一个超越性的人格神的坚持时所说的那样："我注意到你很希望成为自由的存在。可在我而言，我并不渴望这个自由意志。你所说的东西并不使我震惊。那只是人的一种偏见，即认为思想是首要的和优先的东西，并且希望一切都能从思想中找到根源。但是，所有的一切，包括我们的观念，都取决于一些更高的原则。广延、运动、思想显然都以一个更高的力量为根据，而这个更高的力量远没有被这些东西所穷尽。它必定比这个或那个作用要完满得多；因此，会有一种愉悦，它不仅优于所有的概念，而且完全存在于概念之外。对

此我们无法形成任何确定的思想这一事实并不能够破坏它的可能
性。"在莱辛看来，斯宾诺莎"远远不会认为我们人类那些糟糕
的出于目的而做出的行动是最好的方法，也不会将思想置于首要
地位"①。

可是，雅可比对斯宾诺莎的理解与莱辛完全不同。 在雅可比
看来，"一与全"是莱辛的神学和哲学思想的总概念，是一种非常
棘手的斯宾诺莎主义。 对他来说，人们必须与这样一种使得彻底
的怀疑主义成为必然的哲学保持距离。② 然而，为什么斯宾诺莎
这样一个坚定的理性主义者会是雅可比眼中的怀疑论者呢？ 因
为雅可比认为，斯宾诺莎复活了斯多亚派和卡巴拉主义的一个古
老信念：从无中不能生有（a nihilo nihil fit）。 斯宾诺莎拒绝任何
从无中生有的创世观念，转而用一个内在的无限取代了超越于有
限之外的无限。 对他来说，世界并非如基督教的创世信仰所宣称
的那样是通过作为至高存在的上帝的创造活动而从无中产生的，
世界的存在完全在自身之内有其存在的原因，或者说神与万物同
一；世界自身就是无限，而不是因为上帝的概念与意志才获得现
实性的有限存在。 在雅可比看来，这种内在无限学说取消了第一
因和目的因，认为世界的存在既没有一个开端也没有一个终结，
正是通过这条原则可以引申出那些被当时的欧洲思想界归于斯宾
诺莎主义的东西——物质主义、宿命论和无神论。

二、纯粹理性的虚无主义

雅可比确信，莱辛所信奉的斯宾诺莎主义就是那种与无神论

---

① Friedrich Henrich Jacobi, "Concerning the Doctrine of Spinoza in Letters to Herr Moses
Mendelssohn", *The Main Philosophical Writings and the Novel Allwill*, pp.189 - 190.

② Friedrich Henrich Jacobi, "Concerning the Doctrine of Spinoza in Letters to Herr Moses
Mendelssohn", *The Main Philosophical Writings and the Novel Allwill*, p.193.

120 同义的斯宾诺莎主义，这种理性主义哲学产生的机械自然观排斥了人的自由和创世的目的，根据一种内在的、自我融贯的系统来对自然进行说明，而这恰好迎合了近代自然科学解释世界的方式，直接摧毁了人们的宗教信仰、政治权威和道德信念的基础，并最终导致雅可比所说的"虚无主义"（Nihilismus）的产生。

斯宾诺莎坚持"神即自然"（Deus sive natura）这样一种一元论的观念，将神与自然等同起来，这就给人造成这样的印象，似乎斯宾诺莎是将无限的上帝与有限的自然相混淆，导致把上帝完全有限化，把超验的上帝贬低为有限的物质性实存，从而否定了上帝的超越性和神圣性。 而在这一学说基础上形成的斯宾诺莎主义，将自然看作一个遵循因果作用机制的系统，在这个有限事物的因果序列中，每个事物的存在都依赖于某个在先的事物的作用，一物成为另一物作用的结果，而它同时又变成其他事物存在的原因，这个因果序列没有开端也没有终结，这也正是理性主义遵循充足理由律，以反思的方式为事物的存在寻找根据所带来的必然结果。 对于这种诉诸充足理由律的理性主义解释模式，雅可比不无讽刺地说道："人一旦爱上了具有确定性的说明，他就会盲目地接受所有他能够有效推理出来的结果——即便他必须用自己的脑袋来走路。"①

在雅可比看来，这种一以贯之的决定论与宿命论并无二致。基于"从无中不能生有"的原则以及对因果作用的强调，斯宾诺莎排除了任何形式的最终因，否认自然会指向某个目的，或者试图通过某个目的来理解事物的存在，这种解释模式不仅否定了神意的存在，也使自由意志的存在变得非常可疑。 对雅可比来说，"如果只有作用因而没有最终因，那么，思维能力在整个自然中的

---

① Friedrich Henrich Jacobi, "Concerning the Doctrine of Spinoza in Letters to Herr Moses Mendelssohn", *The Main Philosophical Writings and the Novel Allwill*, p.194.

唯一功用就是作为观察者；它适合去做的事情就是去伴随着整个因果作用机制"①。 当最终因和自由意志被这种理性主义的解释方式所消解，人们将无法真正决定自己的行动，因而也不可能为那些行动负责。 道德建立在我们的思想先于并且决定我们的身体行动这一信念之上，而斯宾诺莎的决定论恰恰是基于物体的运动先于并且决定我们的思想这样一个预设。 雅可比认为，这是斯宾诺莎的物质主义不可避免的结果。 因为受制于因果作用的心灵只会对在先的外在刺激有所反应，而不可能自己成为自己的原因从而产生真正的行动。

不仅如此，基于"从无中不能生有"的原则去寻找一个在先的、自然的作用因，这实际上已经预设了没有什么东西的存在是无条件的、绝对的。 而它的逻辑结论只能是无神论。 如果一切存在都只能被理解为有限的和有条件的，那么就像雅可比指出的那样，唯一的结论将是，理性无法将人们引向超验的、绝对的上帝，因为理性自身的原则和解释机制决定了它不可能超越有限和有条件者的领域，也不可能对无条件者给予理性上的肯定。 理性主义所能够提供的只是一个斯宾诺莎意义上的神，但是这个神既不具有人格性，也缺乏自由意志，是一个完全空洞的理性概念。雅可比从根本上拒斥这样一种空洞的神的观念，他所相信的是世界的一种理智的、具有人格性的原因。 对他而言，神必须具有人格性，也就是一种自我意识的统一性——这意味着，神是没有广延的、纯粹的自我意识，而且神必须是外在于这个有限的、有条件的物质世界的。 因此，至少对于坚持理性反思的哲学家来说，需要的是去冒险进行一次"信仰的空翻"（salto mortale），让信仰来替代理性成为一切无条件的存在和价值的基础。 诸如上帝、

---

① Friedrich Henrich Jacobi, "Concerning the Doctrine of Spinoza in Letters to Herr Moses Mendelssohn", *The Main Philosophical Writings and the Novel Allwill*, p.189.

道德和万物的存在这些简单、直接和不可分析的事实不能通过理性的反思来达到，它们的存在不需要充足理由而只能靠直接的信仰来担保。① 在雅可比看来，绝对事物的本质必然是超越性的，因此不可能对其形成任何确定的理性解释："解释只是一种手段，一条通往目标的道路，而不是最终目的。"哲学家的最终目标是无法解释的，是无法通过理性规定的、单纯的和直接的存在。②

雅可比本想通过拜访莱辛获得一个对抗斯宾诺莎的重要盟友。就像前文指出的那样，反斯宾诺莎主义在德国启蒙运动当中是非常坚定的：莱布尼茨、沃尔夫和康德等人都认为驳斥斯宾诺莎的哲学是一项极为必要的工作。如果雅可比真正关心的只是为上帝和自由的观念进行理性的辩护，他将会在德国启蒙运动的那些佼佼者中找到不少出色的同道。然而，雅可比实际上是想借对斯宾诺莎的批判来批判启蒙运动本身以及作为其基础的理性主义哲学。他说："我爱斯宾诺莎，因为他比其他任何哲学家更好地把我引向这样一个完美的信念：某些特定的东西是不容解释的。"③对他而言，斯宾诺莎完美地表现了理性主义哲学的本质。如果说在莱布尼茨看来，斯宾诺莎是"夸大了的笛卡尔主义"，那么，莱布尼茨-沃尔夫学派的理性主义以及作为其发展顶点的康德与费希特的先验观念论在雅可比看来则无非是一种"颠倒了的斯宾诺莎主义"。④ 雅可比主要从两个方面揭示了启蒙运动和理性主义并不稳固的基础。一方面，他证明所有的哲学、所有的理性论证最终都取决于"信仰"或者"信念"（Glaube）；另一方

---

① Friedrich Henrich Jacobi, "Concerning the Doctrine of Spinoza in Letters to Herr Moses Mendelssohn", *The Main Philosophical Writings and the Novel Allwill*, p.194.

② Friedrich Henrich Jacobi, "Concerning the Doctrine of Spinoza in Letters to Herr Moses Mendelssohn", *The Main Philosophical Writings and the Novel Allwill*, p.194.

③ Friedrich Henrich Jacobi, "Concerning the Doctrine of Spinoza in Letters to Herr Moses Mendelssohn", *The Main Philosophical Writings and the Novel Allwill*, p.193.

④ Friedrich Henrich Jacobi, "Jacobi to Fichte", *The Main Philosophical Writings and the Novel Allwill*, p.509.

面，他将理性主义推到极致，表明各种形式的理性主义都必然导 *123*
向"虚无主义"。

实际上，跟雅可比一样，康德也被理性主义者无节制的理性
反思和对根据的无限追溯所困扰。 这种担忧最初是被牛顿物理
学和莱布尼茨形而上学令人钦佩的但却难以调和的成就所驱动
的。① 牛顿的成功足以消除对自然科学的怀疑。 但是，正如莱
布尼茨所说，牛顿物理学与理性对充足理由的要求相冲突。 首
先，牛顿的空间是一个均质化的无限流形。 这意味着所有物体的
任何确定的位置和方向都是一个基本事实，甚至上帝也不能给出
关于它的充足理由。 第二，牛顿定律根据在先的决定性条件解释
每一个事件。 这显然意味着不可能存在第一因，无论是使世界得
以存在的创世的第一因，还是使自由行动得以可能的绝对意志。

可以说，二元论是康德为化解理性对根据的无限追溯和理性
对终极根据的要求之间的矛盾而提出的一个来之不易的解决方
案。 关于上帝所知的本体世界，莱布尼茨在很大程度上是正确
的：理性要求它是事物自身的一个无限的可理解的领域，完全由
其自身内在的无条件的原则所决定。 但是，关于我们可以认识的
现象世界，牛顿在很大程度上是正确的：这是一个根据我们的理
性的先天形式呈现出来的有限的经验事物的领域，对于这个领域
没有终极性的充足理由，一切存在都是有条件的，但我们的理性
能够对事物的存在及其相互之间的因果关系获得具有普遍必然性
的知识。 在第一个批判中，康德通过"哥白尼式的革命"证明了
显象与物自体、现象世界与本体世界的二分，在确立了科学知识
的先验基础的同时，也将这种理性认识限制在了显象的领域，从
而为无法被理性的反思性论理所触及的终极根据即无条件者留出

---

① Cf. Paul Franks, "All or Nothing: Systematicity and Nihilism in Jacobi, Reinhold, and Maimon", *The Cambridge Companion to German Idealism* (2nd. Edition), ed. Karl Ameriks, Cambridge: Cambridge University Press, 2017, p.134.

了地盘。而在第二批判中，他则进一步从理性的实践应用出发证明了理性的理论应用所无法解释的诸如自由、灵魂、上帝等无条件者的现实性，并通过第三批判中关于反思性判断力的考察，证明了自由与必然、现象与本体两个世界在理性自身中的合目的的统一。

然而，根据他对斯宾诺莎主义的诠释，雅可比认为，康德的先验观念论（包括费希特的知识学）也只是另一种形态的理性主义，它将原本被归于上帝的那种无限智性重新赋予理性主体，从而完成了理性主义的自我神化。这样一来，理解某物就意味着找到使它得以是其所是的条件，而在康德看来，我们所能够理解和认识的只是那些我们能够凭借自身的理性的先天形式建构出来的东西，而不是事物自身的存在，所以先验观念论同样是一种主观主义和虚无主义：知识或真理被当作理性主体根据主体自身的形式和规则作用于主体自身的直观的结果。雅可比认为这种思维导致了不承认外部对象的主观的自我中心主义："我们对先验客体一无所知……经验不会将它提供出来，经验也不能以任何方式产生它——因为任何不是表象的东西都不可能是经验的对象……"①对雅可比来说，康德的体系只让事物本身作为先验客体这样一个预设发挥作用，但拒绝让我们接近它。因此，对理由的反思和对无限智性的追求导致对现实的、外部事物的取消，而代之以我们自己主观的观念性的构造。②不仅如此，这种以回溯性论证的方式达到的自明的先验自我和与之对立的物自体之间的二元区分，就像传统理性主义对上帝的援引一样是独断的。在《大卫·休谟论信仰，或观念论与实在论》（*David Hume über den*

---

① Friedrich Henrich Jacobi, "David Hume on Faith", *The Main Philosophical Writings and the Novel Allwill*, p.335.

② Cf. Friedrich Heinrich Jacobi, "Concerning the Doctrine of Spinoza in Letters to Herr Moses Mendelssohn", *The Main Philosophical Writings and the Novel Allwill*, pp.372-375.

Glauben，oder Idealismus und Realismus，1787）一书的附录"论
先验观念论"中，雅可比对康德哲学的内在不连贯性做出了一个
著名的论断："没有（物自体）这个预设我无法进入（康德的）体
系，但是有了这个预设后我又无法停留在其中。"①雅可比对理性
主义的批判表明，特定的解释预先假定了一种不能被解释的、直
接自明的信仰作为解释的根据，但理性主义的实质却是对一切最
终根据的瓦解。 尽管康德的先验哲学是以事物本身的存在这一
自然信念为前设，不同于自发的、反思性的知性，感性是被动
的、接受性的能力，但康德的二元论残余与他对事物本身存在的
自然信念是不相容的，因为康德证明我们可以认识的对象只是我
们的感性直观能力所呈现出来的表象，而不是事物本身。 可是，
如果我们只能知道表象，我们怎么能知道感性是接受性的，以及
事物本身真实存在呢？

　　具体而言，在康德那里，一方面，感性（Sinnlichkeit）就其
无法自己产生认识对象而言，它是一种纯然被动的、接受性的能
力，因此，作为知识的先天条件，我们必须预设存在着一些先于
我们的认识活动而被给予的对象，即物自体，康德有时也称其为
"先验客体"，感性在受到这些对象刺激的情况下才能按照其自
身的先天形式产生出表象（Vorstellung）。 可是另一方面，根据
康德的同一个构想，人的认识无法超出可能经验的领域，也就是
说，我们不可能对感性直观所形成的表象以外的任何事物具有知
识。 如果我们只能认识事物的表象而不是事物本身，我们又如何
能够知道物自体是实际存在的而感性只是接受性的呢？ 所以，康
德关于物自体存在，以及感性是不同于自发的知性和理性的一种
被动的、接受性的能力的断言，实际上只是一个未经证明的预

---

① Friedrich Heinrich Jacobi，"David Hume on Faith"，*The Main Philosophical Writings and the Novel Allwill*，p.336.

126 设。 除此之外，我们还应当注意到，康德一方面认为，"存在"这个范畴作为知性概念只能作用于感性直观表象，而不能作用于物自体；可另一方面，康德的体系又必须建立在物自体实际存在这个基础之上，如果物自体的存在只是一个调节性的理念，而不是实际存在着，那么一切知识都将缺乏与事物本身的相关性而成为纯粹主观的构造，可如果物自体真的"存在"，这就意味着它可以通过范畴来规定，那么物自体就是可以被认识的。 所以在雅可比看来，康德对先验客体（物自体）的援引是其体系的必然要求，但它的存在同时又与整个体系不能融贯一致。[1] 如果康德的体系想要保持连贯，他就必须完全抛弃物自体的概念而成为一个彻彻底底的主观观念论者，将整个世界完全视为心灵的构造；要么就变成彻底的理性主义，即斯宾诺莎主义，认为世界就是一个遵循外在因果必然性运动的各种物质的总和，其中一切都是被决定的，没有目的和自由可言。 不仅如此，雅可比还抱怨康德的理性只以一种自发的和未知的方式发挥作用，只是产生概念、判断和命题，却完全与现实无关。 对于雅可比来说，"我们的直观和思想的这些法则没有任何意义或有效性，并且不产生关于自然法则本身的丝毫信息……简而言之，我们的整个认知不包含任何东西，任何可能有任何真正客观意义的东西"[2]。 这种先验观念论所提出的立场只能以一种"思辨的自我中心主义"告终。[3]

根据雅可比的说法，为了达到解释世界的目的，哲学将诸如上帝和自由这些存在的根本条件，这些无法通过理性完全逻辑地阐明或验证的东西从属于思想的条件，从而瓦解了信仰的基础，

---

① Cf. Michael Baur, "The Role of Skepticism in the Emergence of German Idealism", *The Emergence of German Idealism*, ed. Michael Baur and Daniel O. Dahlstrom, p.68.

② Friedrich Heinrich Jacobi, "David Hume on Faith", *The Main Philosophical Writings and the Novel Allwill*, p.337.

③ Friedrich Heinrich Jacobi, "David Hume on Faith", *The Main Philosophical Writings and the Novel Allwill*, p.338.

颠覆了个人的自由选择和行动的可能性，使一切存在屈从于物质 *127*
主义的决定论、宿命论和无神论主张。 理性主义哲学的方法是通
过反思性的论理对事物进行解释，找到每个事物之所以如此存在
的原因或者根据。 可是，对所谓的"充足理由律"的要求并不能
得到真正的实现，因为这种理性主义的方法本身就不允许存在某
种最终的根据、某种无法通过理性来进一步解释的无条件者。 这
种目标与方法之间的矛盾会使理性主义自身在不可穷尽的反思性
论理中导向怀疑主义。 那么，如何来避免这种理性主义的怀疑论
呢？ 在雅可比看来，没有人能够比休谟更好地让人们明白，"如
果每个并非从理性根据引出的对真理的肯定乃是信仰，那么，基
于理性根据的信念自身就必须是从信仰引出的，并且必须仅仅是
从信仰那里获得它的力量"①。 由此，雅可比发展出一种以保卫
实在论（Realismus）为目标的信仰哲学。 不同于观念论
（Idealismus）哲学根据主体的理性原则来构造世界，在知识论上
对事物本身持有一种怀疑论或不可知论的立场，雅可比式的实在
论坚持，"外在于我们的事物实际上存在着——我们的表象和概念
与它们相符合，就像它们存在于我们面前的样子"②。 这种直接
把握事物本身的信仰（Glaube）或者感觉（Gefühl）先于我们的
理性反思，并构成理性认识的先决条件。 这意味着雅可比所谓的
"信仰的空翻"实际上是我们早已经做出了的。 所以，雅可比认
为自己并非如他的批评者所说的那样，是非哲学或者非理性的，
相反，直接的信仰或者感觉的优先性恰恰要求人们承认理性自身
内在的局限。 既然哲学的任务是去揭示无条件的、真实存在的东
西，那么，理性主义者试图以有条件的方式去解释无条件的东

---

① Friedrich Henrich Jacobi, "David Hume on Faith", *The Main Philosophical Writings and the Novel Allwill*, p.265.

② Friedrich Henrich Jacobi. "David Hume on Faith", *The Main Philosophical Writings and the Novel Allwill*, p.273.

西，这种做法本身就是非理性的。

如果说在《关于致摩西·门德尔松先生的书信中的斯宾诺莎学说》（1785、1789）一书中，雅可比聚焦于理性主义传统中空洞的上帝概念，那么在《致费希特的信》（1799）中，他则充分暴露了先验观念论空洞的自我概念："人的精神因其哲学化的理解而不能超出它自身的产物，为了渗透到存在的领域并且通过其思想来征服它，人的精神必须成为世界的创造者，事实上，成为它自身的创造者。……但是，只有在规定的普遍条件之下它才能甚至成为它自身的创造者，即它必须根据它的存在消灭它自己，为的是单单在概念中——在纯粹绝对的出离和回返的概念中（来自虚无、通向虚无、为了虚无、进入虚无）提升自己、占有自身。"① 在将近 20 年前他鼓励莱辛做出的"信仰的空翻"，现在显得更加的紧迫了："人们有且仅有这样一个选择：虚无或者一个上帝。如果他选择虚无，他就使自己成为一个上帝。"②换言之，是选择一个合乎人的理性的上帝，还是选择一个超越的、绝对的人格神。"我重复一遍：上帝存在，并且是外在于我的、一个生机勃勃的、自我持存的存在，抑或我就是上帝。没有第三种选择。"③对于雅可比而言，泛神论并不是一个真正的选项，因为否认作为超验的人格神的上帝，表明它就是一种无神论；而启蒙运动对理性的过分自信，使它同样站到了虚无主义的一边。

由雅可比挑起的这场泛神论之争构成了包括德国浪漫主义哲学在内的整个后康德哲学产生的重要语境及其内在的问题意识。通过对斯宾诺莎主义的批判，雅可比希望揭示作为启蒙运动之基

---

① Friedrich Henrich Jacobi, "Jacobi to Fichte", *The Main Philosophical Writings and the Novel Allwill*, p.508.

② Friedrich Henrich Jacobi, "Jacobi to Fichte", *The Main Philosophical Writings and the Novel Allwill*, p.524.

③ Friedrich Henrich Jacobi, "Jacobi to Fichte", *The Main Philosophical Writings and the Novel Allwill*, p.524.

础的理性主义哲学的内在矛盾：一以贯之的理性主义只能要么导
向与自身相背离的物质主义、决定论和无神论，要么以康德和费
希特的观念论的形式出现，导向一种彻底的主观主义和虚无主
义。 不过有趣的是，正是雅可比对斯宾诺莎主义的批判将"斯宾
诺莎"这个名字重新（或者说是真正）带回到哲学论争的中心，
为一群想要通过复兴斯宾诺莎来克服启蒙和理性主义的困境的人
开辟了一条道路。

第二节 新斯宾诺莎主义的兴起

实际上，雅可比的根本关注点既不是莱辛也不是斯宾诺莎，
也不是门德尔松，而是一个简单的、更加雄心勃勃的计划，即对
所有追求彻底解释的理性论证的批判。 对此，雅可比写道："即
使是最伟大的头脑，如果它想绝对地解释所有的事情，让它们根
据不同的概念彼此押韵，否则就不让任何东西存在，那么它必定
会陷入荒谬。"[1]雅可比的基本要求是远离对完全解释的强迫，不
再要求一切都与它自己的概念"押韵"，并接受一种无法解释的
超越性的绝对。

雅可比把自己整理的关于莱辛的斯宾诺莎主义的谈话寄给了
一位批判纯粹理性的同道，就像他曾经希望与莱辛结成反斯宾诺
莎主义的同盟那样，雅可比这次则试图将这位批判哲学和纯粹理
性的重要批评者——赫尔德（Johann Gottfried Herder）——拉入
自己的阵营当中。 1783 年 11 月，雅可比写信给赫尔德，讲述了
他与莱辛关于斯宾诺莎的谈话。 不过，再次令雅可比感到意外的
是，赫尔德并不赞同他对斯宾诺莎的理解和批评，而且正是在赫

---

[1] Friedrich Henrich Jacobi, "Concerning the Doctrine of Spinoza in Letters to Herr Moses Mendelssohn", *The Main Philosophical Writings and the Novel Allwill*, p.194.

130 　尔德为回应雅可比而写的《论神：对话数篇》(*Gott. Einige Gespräche*，1787) 中，我们看到了德国思想界在对斯宾诺莎的接受上出现了一个非常关键性的转折。[①] 赫尔德对雅可比立场的反对是因为雅可比仍然需要一个抽象的超验的上帝，一个最高的、最完美的存在者的空名。 在赫尔德看来，这与雅可比本人所反对的抽象化的理性主义哲学没有什么不同。 令赫尔德不满的是一切关于上帝是某种"外在的"或"超验的"存在的想法，也就是说，把上帝仅仅想象成一个与所有有限的存在者对立的、更高的东西。 具有讽刺意味的是，在这里，作为斯宾诺莎关于神的内在性观点的捍卫者，赫尔德指责雅可比没有真正的神圣的超越感，这种感觉将使他能够欣赏斯宾诺莎的观点。 对于赫尔德以及受其影响的德国早期浪漫派来说，斯宾诺莎代表了传统的有神论和无神论以外的第三条道路，他的泛神论的一元论主张使得理性的无穷尽的溯因和以自身为根据的绝对无条件者的直接性得以兼容，为后康德时代的哲学家们超越近代主体主义产生的二元对立、克服因理性反思导致的分裂、异化和虚无主义提供了重要的洞见。

　　如果人们按照赫尔德的建议，从斯宾诺莎自己的观点来读他的著作，那么人们将不难发现，在与近代主体主义的对抗中，斯宾诺莎无疑具有典范性的意义。 当主体性原则方兴未艾之时，斯宾诺莎就已经清楚意识到这一原则的内在局限。 他明确指出，"我思"不足以充当形而上学的第一原理，因为思想虽然具有确定性，但是确定性不等于充分性，这种确定性并不能保证事物存在的必然性，相反，唯有完全不依赖于任何外在原因并且在其本性中必然包含存在的"神"才是充分而圆满的，万事万物的存在必

---

① 关于赫尔德在泛神论之争中所发挥的作用，可参见 Frederick C. Beiser，*The Fate of Reason: German Philosophy from Kant to Fichte*，Cambridge: Harvard University Press，1987，pp. 158 - 164。

须以此为条件。① 因此，在斯宾诺莎看来，只有神（Deus）是严格意义上在自身内并通过自身而被认识的实体（substantia），是本质即包含存在的自因（causa sui），又是心灵和物质这两种属性得以被区分开来的前提，而作为完满的自因和万物的内在原因，神不再与自然处于外在的对立—制约关系中，而是与作为实体的即以自身为根据的"能动的自然"（natura naturans）相同一。就此而言，形而上学不应当从"我思"出发，而必须从"神即自然"这个绝对同一出发。②

正如法国当代哲学家皮埃尔·马舍雷（Pierre Macherey）所表明的那样，斯宾诺莎揭示了按照理性原则构造出来的真理表象的虚假性和不充分性，而斯宾诺莎与笛卡尔哲学方法决裂的结果是产生了关于科学和理性的新的理解："正是在这一点上，斯宾诺莎与笛卡尔的成问题的方法彻底决裂了。《沉思》基于事物的结果来恢复它的原因：比如它们从有限到无限，从人的灵魂到上帝，按照与它们必然地从原因到结果的实际产生过程相反的顺序来处理事物。我们如果从这个观点来理解，知识就首先被规定为一种表象，因为它反映了思想中的真实，并且从它的观点来看，这与一开始就在思想中被给予的有效性标准相一致，而且这个有效性的标准通过对现实的颠倒对现实的秩序进行了再生产。相反，对斯宾诺莎来说，所谓充分的知识就是在确认自己与对象同一的意义上来'解释'它的对象，它不在于一种一致的表象的透明性，而在于一个同样必然的实在的秩序的相似性。这是事物产生于其中的实在的秩序，也必定是观念的秩序：这是从因到果的一般秩序，正是这种秩序准确地表达了所谓'依几何学方法'

---

① 参见 [荷] 斯宾诺莎《笛卡尔哲学原理》，王荫庭、洪汉鼎译，商务印书馆 2013 年版，第 64、73 页。
② 参见 [荷] 斯宾诺莎《伦理学》，贺麟译，商务印书馆 1997 年版，第 3、15、29 页。

（more geometrico）的意义。"①

笛卡尔的方法论深刻地影响和塑造了现当代科学研究的基本框架，但这种方法的实质并非如笛卡尔自己所设想的那样，根据一个像几何学公理一样具有自明性的直观来进行演绎，即从"我思"这个自明的确定的第一原理出发，使整个人类知识获得演证的普遍必然性。 相反，从笛卡尔关于上帝存在的本体论证明我们不难看出，在笛卡尔那里，思维着的心灵只是笛卡尔的普遍怀疑所能够证明的具有确定性的存在，但心灵虽然是确定的，可相较于事物本身的存在来说却是不充分的：这种思想中的真实并不足以保证知识与事物之间的一致性，不足以避免心灵与物质二分所带来的怀疑论后果，而真正的本原和实体其实是被心灵所需要的那个使心灵与物质具有一致性的上帝，可是这个终极的实在却被笛卡尔证明是以"我思"作为其存在的根据，是"我思"的结果而非"我思"之所以能够存在的原因。 因此，笛卡尔的方法其实是倒果为因，把事物本身从原因到结果的实际产生过程变成了根据结果来恢复原因，从心灵的确定性出发来要求上帝的存在，把有限的心灵作为无限的宇宙和上帝存在的根据。 而斯宾诺莎则致力于恢复事物自身的秩序，顺应事物实际的因果关系来认识世界。 在这个秩序中，无限的上帝的存在是形而上学的第一原理，心灵则不再是与物质完全对立和异质的实体；在唯一的本原那里，心灵和物质同时属于一个实体，事物的秩序与观念的秩序是相同的。 因此，斯宾诺莎也就不再需要一种基于心灵实体的表象框架，用意识的表象来解释和建构事物的存在。

斯宾诺莎让我们看到了"我思"的不充分性，看到了对立的实体的同一性，还看到了事物的真正秩序和从原因到结果的事物

---

① Pierre Macherey, *Hegel or Spinoza*, trans. Susan M. Ruddick, Minneapolis: University of Minnesota Press, 2011, pp.56‐57.

实际的产生过程。 正如马舍雷所言:"充分性（adequatio）这个
范畴的基本功能是打破那种支配着笛卡尔主义的把知识作为意识
的表象的概念。 在表象（represent）的意义上，认识就是再现
（re-present），实际上也就是复制（reproduce），是重复
（repeat）；因此，观念只不过是事物的翻倍和形象，它为在它之
外存在和持存的事物提供了一种表象。"①根据笛卡尔的想法，物
体必须与心灵相一致，或者说心灵控制着物质，并为单纯的物质
性存在提供它的概念或者关于秩序的意识的一种表象和再现。
斯宾诺莎却证明表象只是心灵的构造或虚构，它们不会照亮世
界，而只是我们以人类（以理性主体或自我意识）为中心对待我
们的周遭世界的那种方式所复制出来的图像。

　　斯宾诺莎对"我思"的不充分的揭示和他跟笛卡尔方法论的
决裂深刻地影响并塑造了德国古典哲学中对主体性哲学的各种批
判。 事实上，当近代的主体性原则在康德和费希特的观念论那里
达到顶点，当雅可比对斯宾诺莎主义的批判使整个以理性主义和
主体主义为基础的启蒙世界观的内在矛盾昭然若揭时，一直以来
被当作"死狗"的斯宾诺莎似乎才在德国迎来了一批真正能够理
解他的人。 不过，首先，斯宾诺莎的哲学必须在新的语境中得到
更新。 赫尔德认为，斯宾诺莎之所以长时间地被误解，很大程度
上不是因为他的哲学的内容，而是由于他的理性主义的形式。 因
此，斯宾诺莎所需要的不是辩护，而是将他翻译成一种 18 世纪晚
期德国的哲学语言，一种深受当时的生物学和化学发展影响的哲
学语言。 事实上，科学范式的转变为斯宾诺莎的一元论哲学的复
兴提供了一个非常重要的契机。 如果说面对 16、17 世纪的数
学、天文学和物理学所提供的关于宇宙的科学模型，雅可比只能
将具有自由意志的、超越性的上帝置于惰性的物质和受制于机械

---

① Pierre Macherey, *Hegel or Spinoza*, p.60.

因果必然性的自然的对立面。 那么，在 18 世纪末的化学和生物学所提供的新的科学模型中，生命和活力成了构成所有实在的本质性原则，而上帝的超越性不再需要被解释为某种空间上的超越或者外在。 这些新的科学理论和发现展现了一种动力学的自然观念的可能性。 在这个动力学的框架中，存在的不是受制于机械法则的物体，而是引力和斥力这相互对待的两极，它们的自发活动塑造了所有的物质形式，而这个作为能动的有机统一体的、自我组织的自然恰恰是对斯宾诺莎的"神即自然"的一种辩护。

雅可比没有注意到斯宾诺莎对"自然"本身所做的重要区分，而是把那个时代流行的机械论的自然观念等同于斯宾诺莎所理解的自然，并因此指责斯宾诺莎将神等同于惰性的物质的总和，否定了上帝的超越性和自由意志。 然而，斯宾诺莎明确地将能动的或创造的自然（natura naturans）与被动的或被造的自然（natura naturata）严格区分开来。 能动的自然是以自身为根据的完满自足的实体，不能将其等同于作为其创造性活动的产物的有条件的物质自然，而这一点恰恰是雅可比所忽视了的。 根据这种动力学的自然观念，雅可比关于斯宾诺莎对神的内在性的主张不可避免地会导致物质主义的这个预设就不能成立了，赫尔德也正是据此驳斥了雅可比针对斯宾诺莎所做出的宿命论和无神论的指控。

通过将莱布尼茨关于实体的本质乃是活力（vis viva）的想法与斯宾诺莎的一元论相融合，赫尔德将斯宾诺莎的内在性哲学转换为一种新的世界观：真正存在的不是惰性的物质或者虚空，而是一个活的、能动的、具有内在关联的各种活力的系统。 这个有机统一的自然被描述为一种动态的、有差异的同一，根据这一观念，万物既保持其自身独有的质的规定，同时又作为能动的自然朝向自身的本质和目的自我实现的不同阶段而彼此之间内在关联起来。 换言之，赫尔德进一步发展了一种有机的、动力学的一元

论形而上学主张。[①] 一旦人们以这样一种方式来理解实在，基于 *135*
主体性原则产生的任何形式的二元对立都将被消除，因为主体与
客体、心灵与物质、意志与理智等都被理解为源初统一的自然的
不同表现，是活力组织和发展的不同程度。 除此之外，作用因与
目的因之间的严格区分也在这个一元论的框架之中被消解了，因
为在一个完全以自身为根据的自然中，作用因不再被理解为机械
论自然观中盲目的、机械性的原因，而目的因也不再是按照一种
外在的、理智设定的原因的方式来理解，两者实际上是同一的。
而且也只有根据这样一种摆脱了任何外在限制的新的因果性观
念，才能真正揭示万物存在的内在必然性。 这样一来，经过赫尔
德的重新阐释，斯宾诺莎的泛神论完全可以避免滑向宿命论和无
神论。 因为根据新的自然观念，自然不再是由受制于外在作用的
惰性物质所组成的因果链条，而是在自身的差异化中自我实现的
源初活力（Urkraft）。 在实体的意义上将神与自然等同起来，不
但不会取消绝对无条件者，反而正是在神的内在性和现实性中才
能达到对绝对无条件者的证成，在对内在必然性的认识中才能达
到真正的自由。 通过源初活力的概念，雅可比担心的无神论的物
质主义一元论反而被转化为一种积极和自发的内在神性。 因此，
根据赫尔德的立场，神性不是在超越的抽象中被遇见，而是在我
们作为一部分生活于其中的时空世界当中被遇见；整个世界是一
种表现，一种上帝那永恒存在、永远活跃的力量的显现，就像赫
尔德所比喻的那样，"我们畅游在一个无限全能的海洋之中"[②]。

除了驳斥雅可比对斯宾诺莎的无神论指控，赫尔德还对雅可
比所坚持的那种具有人格性的、超越尘世的上帝观念提出了批

---

① Cf. Frederick Beiser, *The Romantic Imperative: The Concept of Early German Romanticism*, Cambridge: Harvard University Press, 2003, pp.182-183.
② Johann Gottfried Herder. *God. Some Conversations*, trans. Frederick H. Burkhardt, Indianapolis: Bobbs-Merrill, 1940, p.107.

136 评:"上帝不是这个世界,而这个世界也不是上帝,这是非常确定的。 但是,用'外在'和'超越'来描述上帝在我看来似乎也不是什么好的做法。 当人们谈及上帝之时,必须忘记所有空间和时间的假象"。① 换句话说,雅可比为了保护上帝的超越性,却使上帝屈从于诸如时间和空间这样一些有限的范畴,而他对上帝的人格性的坚持,同样是用一个有局限的概念限制了上帝。 与之相反,受到沙夫茨伯里伯爵(Anthony Ashley Cooper, 3rd Earl of Shaftesbury)和剑桥柏拉图主义的影响,赫尔德将神圣的超越性解释为永远能动的神圣的仁爱,它"在无限多的活力当中以无限多的方式"展现其自身。② 正是通过对斯宾诺莎的辩护,或者说是重新解释,赫尔德为理性与信仰、自由与必然的兼容提供了一种新的模式,同时也为证明绝对无条件者的现实性、避免理性主义最终滑向虚无主义探索出一条新的道路。

在耶拿浪漫派圈子形成之前的十年,"泛神论之争"推动了斯宾诺莎思想在德国的再次兴起,而要真正理解德国浪漫派的思想特质,绝不能脱离这个特殊的语境。 早期浪漫派的哲学旨趣与斯宾诺莎这个人紧密联系在一起,并且深受新斯宾诺莎主义影响。③ 这一后康德时代的斯宾诺莎主义描绘出一种有机论的一元论形而上学主张,一种超越主观观念论的实在论,一种非拟人化的上帝观念,以及一种基于人的自我实现的内在目的论的至善伦理学,这些基本观念都会在早期浪漫派的思想中得到重塑。

第三节 早期浪漫派的斯宾诺莎主义

雅可比使用"幽灵"(Gespenst)一词来表现斯宾诺莎哲学无

---

① Johann Gottfried Herder. *God. Some Conversations*,p.144.

② Johann Gottfried Herder. *God. Some Conversations*, p.103.

③ Cf. Michael N. Forster, "Herder and Spinoza", in *Spinoza and German Idealism*, ed. Eckart Förster and Yitzhak Y. Melamed, Cambridge: Cambridge University Press, 2012, pp.81 - 83.

处不在的危险："一个斯宾诺莎体系的幽灵最近一直以各种各样
的形态在德国游荡,迷信的人和异教徒都同样对其表示崇敬……
也许有一天我们会见证一场关于斯宾诺莎的尸体的争辩,就像天
使长米迦勒和撒旦为摩西的尸体而进行的那场争辩一样。"①雅可
比希望通过出版他与门德尔松之间关于斯宾诺莎学说的通信来驱
散这个持续影响着德国思想界的幽灵。 然而,雅可比的驱魔尝试
却取得了与他的期待完全相反的结果:它极大增加了人们对斯宾
诺莎的迷恋,以至于"泛神论之争"的影响大大改变了德国古典
哲学的进程。

　　早期浪漫主义者从斯宾诺莎的自然概念中受益匪浅,这种自
然观念所包含的实体一元论与强调自然与人性、物质与心灵、自
律与他律的对立和坚持各种外在制约关系的二元论不同,因而也
与康德和费希特的主观观念论分道扬镳。"像笛卡尔和费希特这
样的现代欧洲哲学传统的杰出代表是在孤独的'我思'或者'自
我'中为哲学寻找基础,但施莱格尔拒绝这一做法,也拒绝任何
将单一的、固定的原理(无论该原则被理解为活动还是事实)分
离出来作为所有知识主张的基础的尝试。"②因为这种通过抽空一
切多样性和差异性而得到的抽象的、空洞的第一原理会导致各种
形式的二元对立,导致自我对非我、主体对客体、理念对实在的
压制。"浪漫派忠实于他们的反二元论,将自我置于自然之中,
坚持认为自我是单一无限实体的一种模式,是普遍有机体的一部
分。 他们的自然主义不亚于斯宾诺莎:他们也断言一切事物都在
自然之中,并且自然中的一切事物都是合乎法则的。"③对于由
"我思"或者"自我意识"的确定性所保证的整个形式化的知识

---

① Friedrich Henrich Jacobi, "Concerning the Doctrine of Spinoza in Letters to Herr Moses
　Mendelssohn", *The Main Philosophical Writings and the Novel Allwill*, pp.232-233.
② Elizabeth Millan-Zaibert, *Friedrich Schlegel and the Emergence of Romantic Philosophy*, p.83.
③ Frederick Beiser, *The Romantic Imperative*, p.150.

138 体系来说，斯宾诺莎的实体观念无疑引入了某种破坏性的元素，这种破坏性的元素不仅摧毁了宗教的纯洁性，也摧毁了科学的纯洁性；它鼓舞了早期浪漫主义者放弃用一种抽象的单一原理来把握一切的理想，鼓舞他们以碎片化的和非体系性的方式来通达无限，就事物自身内在的必然性和宇宙固有的法则，而不是就有限的人类理性的规则来理解宇宙万物的存在和人生在世的意义。

一、 渴慕无限，或观念论与实在论

对于德国早期浪漫派来说，尽管他们对斯宾诺莎的理解已经与雅可比大不相同了，但是雅可比对理性主义本身的批判却构成了他们思想的起点：如果单纯按照反思性的论理形式来寻找万物存在的充足理由，或者按照机械论的合理性模式来理解自然，那么，这种意义上的理性主义必然会走向自身的反面，导致对自由、上帝乃至于理性自身的取消。 在面对这样一种困境时，康德和费希特的先验观念论并不是一个有效的解决方案。 就像雅可比已经指出的那样，先验观念论是颠倒了的斯宾诺莎主义：当他们试图通过反思性的论理，在对自我意识的分析中找到知识、道德和宗教的根据时，他们实际上将"自我"绝对化，用有限的"自我"来充当上帝，将作为绝对无条件者的上帝和事物本身虚无化。 因此，先验观念论不仅无法真正化解理性主义所产生的道德和宗教危机，而且作为近代主体性原则的极致和另一种形态的一以贯之的理性主义，这种完全将合乎理性的世界图景建立在主体性之上的哲学体系更加彻底地迈向了虚无主义。

早期浪漫派有意识地与启蒙运动的理性主义世界观保持距离。 因为雅可比说得不错，这样一种拒绝认识绝对和真实存在的物自身的理性本身就是不合理的。 真正合理的理性应该是对事物之不得不如是存在的内在必然性的认识，是对无限的渴慕和敬畏，而不是按照人的有限理性所能够理解的规则来为自然和人自身重新立法，将知识与信仰、有限与无限完全对立起来，满足于主观理性所构造的相对的统一。就此而言，早期浪漫派不仅不是反理性的，反且恰恰是对理性的真正诉求。施莱尔马赫（Friedrich Schleiermacher）将规定浪漫主义的这一基本特征称为"对无限的感觉和鉴赏"（Sinn und Geschmak fürs Unendliche）①；或者用小施莱格尔（Friedrich Schlegel）的话来说，他们"就像饮水一样痛饮无条件者"②。与理性主义坚持有限与无限之间不可调和的二元对立不同，耶拿浪漫派圈子的每个成员都试图通过保持有限与无限之间或者有限与有限之间的张力来表达无限。可以说，正是对无限的直接感觉和对对立面的创造性张力的直接感觉这两种相互关联的感觉，构成了德国早期浪漫派的所谓"泛神论"主张。受到赫尔德的新斯宾诺莎主义的影响，早期浪漫派发展出一种以对立面的动态结合为原则的内在性哲学。施莱尔马赫在其批判启蒙的宗教观的重要作品《论宗教》（*Über die Religion*，1799）一书中这样写道："你们知道，神性的东西是用一条不容改变的法则驱使自身，在其伟大的作品之间无穷无尽地引起纷争，每个特定的存在只是由两种对立的力融合而成，其永恒的思想无一不是借由二者相互敌对，却又彼此依存且不可分割的孪生形态（Zwillingsgestalten）变成现实。"③真正的浪漫派不是按照非此即彼的原则在对立的双方中肯定一方而否定另一方，他们要保持对立双方之间的张力，而不取消其中的任何一方，因为他们意识到，所有有限的对立在本体论上都根源于无限与有限的统一。

斯宾诺莎对于早期浪漫派思考无限与有限的关系，恢复存在

---

① Friedrich Schleiermacher, SKG I.2, S.212.

② Friedrich Schlegel, SKA, Band II, S.154.

③ Friedrich Schleiermacher, SKG I.2, S.191.

140　本身相较于自我意识的优先性产生了极大的影响，以至于施莱尔马赫写道："充满敬意地向神圣的、被驱逐的斯宾诺莎那又长又密的头发献上我的一缕发丝吧！"①诺瓦利斯则在 1799 年 1 月 20 日写给卡罗琳·施莱格尔（Caroline Schlegel）的信中写道："自然理性的神圣火花已经存在于斯宾诺莎那里了。"②雅可比在斯宾诺莎那里看到了物质主义、宿命论、无神论和虚无主义，而早期浪漫派却在他那里发现了充满生机活力的内在的无限性、一种更高的实在论，以及渴望绝对和无限的真正的宗教。跟斯宾诺莎一样，早期浪漫派也将神或者无限理解成内在的。而在赫尔德的启发之下，他们进一步将斯宾诺莎的内在性哲学改造成一种有机论的一元论。施莱尔马赫将这种内在性的关系描述为"无限与有限的联姻"。他建议人们深入到对自然的直观中去，"它的化合力，即物体本身据以形成和毁灭的永恒法则，都是我们在其中最清晰、最神圣地直观到了宇宙的东西。你们看看，倾慕和抗拒（Neigung und Widerstreben）如何规定了一切，到处不停地起作用；所有的差异性和所有的对立如何只是表面的和相对的，所有的个体性都只是一个空洞的名称；你们看看，所有相同的东西如何努力藏身和分身于成千上万种不同的形态中"③。因为无限是绝对地充满生机的和能动的，它不断通过自然来揭示自身，所以自然本身具有内在的活力，并且"把无生命的物质强行拉进它的生命中"。④ 换言之，"一切有限的东西都只是通过其限度的规定而持存，它们仿佛必须已然是从无限的东西中切割出来的"⑤。由此也可以推出，有限的东西依赖于无限，并且作为无限的东西表现自身的中介而具有无限的意义；而无限只有在有限中，并且

---

① Friedrich Schleiermacher, SKG I.2, S.213.
② Novalis, NS, Band I, S.686.
③ Friedrich Schleiermacher, SKG I.2, S.227.
④ Friedrich Schleiermacher, SKG I.2, S.226.
⑤ Friedrich Schleiermacher, SKG I.2, S.213.

通过有限才能够被认识。 就像小施莱格尔指出的那样，"神性的东西在自然的范围内只能间接地传达和表现自身"①。

康德曾以"先验幻象"之名否定了无限的内在性和对立面之间的张力。 对于坚持形式同一性的抽象思维而言，任何特殊和差异的存在，任何超越单调性的丰富意蕴，都会破坏它所追求的确定性和主观理性所构造的体系的封闭性。 然而，如果真的无限是内在于并且通过有限来表现自身，那么，其结果必然是一种"无限的混沌"（unendliche Chaos）。 施莱尔马赫将这种"无限的混沌"视为对无限的渴慕的最恰当的和最高的象征，②因为它无法通过理性分析和概念化的方式来把握。

无限的内在性需要通过一种不同的方式和态度来理解。 先验哲学在施莱尔马赫那里受到了指责，因为它的工作是"对宇宙进行分类，区分出这样以及那样的本质，探究存在之物所依赖的根据何在，演绎出现实事物的必然性，从自身出发弄出世界的实在性及其法则"③。 甚至连斯宾诺莎也被小施莱格尔要求"卸下体系那好战的装饰，与荷马和但丁共同居住在新诗的殿堂里，并加入到每一个为神而激动的诗人中去，成为他们的座上宾吧"④。 施莱尔马赫证明，只有"感觉和鉴赏无限"的宗教才能够理解无限的种种表现和行动。 因为不同于形而上学和道德在整个宇宙中只把有限的人性和人的自由视为一切关系的中心，视为一切存在的条件和一切变化的原因，"宗教的本质既非思维也非行动，而是直观和情感。 它想要直观宇宙，想要聚精会神地从它自身的表现和行动来观察宇宙，它想要以孩子般的被动性让自身被宇宙的直接影响所抓住和充满"⑤。 这同样是一种试图超越

---

① Friedrich Schlegel, SKA, Band II, S.334.
② Friedrich Schleiermacher, SKG I.2, S.216.
③ Friedrich Schleiermacher, SKG I.2, S.208.
④ Friedrich Schlegel, SKA, Band II, S.317.
⑤ Friedrich Schleiermacher, SKG I.2, S.211.

142　主观观念论的实在论主张，但又与雅可比以信仰主义的方式所表达的那种基于常识的实在论颇为不同。

虽然早期浪漫派的哲学受惠于费希特的观念论，但是他们也都对费希特的基础主义、体系性和绝对自我的观念进行了全面的反思和批评。用施莱尔马赫的话来说，"思辨怎么会凯旋呢，怎么会有完善和圆满的观念论呢，如果宗教不是与之抗衡的力量，不曾使其预感到一种比观念论那般冒失地、带着那般充分的权利所遵循的实在论更高的实在论？观念论似乎在形成宇宙时，就毁掉了宇宙，它将宇宙贬低成一种单纯的隐喻，变成我们自身的限制性的一种毫无意义的阴影"①。实际上，小施莱格尔和诺瓦利斯早年都是费希特哲学的热情的拥护者和阐释者，可是他们很快就从费希特的影响中走了出来，并自 1796 年起开始了自己独立的哲学探索之路。

早期浪漫主义者非常准确地抓住并且继承了斯宾诺莎本人的问题意识，尤其是他对以人类理性为中心的主体主义哲学批判。在斯宾诺莎和他的浪漫主义后继者们看来，我们人只是整个宇宙的一小部分，而理性只是我们理解世界的诸多能力和方式中的一种，以我们作为有限存在者的有限的理性能力来表现整个宇宙，并坚称科学知识依赖于我们感知和表象世界的方式，这无疑是一种妄想。当诺瓦利斯在批评费希特知识学的"自我"立场时，他的榜样正是斯宾诺莎对人类中心主义的知识观念的虚妄性的揭示。在《费希特研究》这部札记的开篇之处，诺瓦利斯就对费希特的基本原理提出了质疑，按照这个原理，一切存在皆备于"自我"。他写道："费希特使一切都置于自我之中，这不是太专断了吗？凭什么权利这样做呢？"②相较于费希特赋予"自我"的

---

① Friedrich Schleiermacher，SKG I.2，S.213.
② Novalis，NS，Band II，S.107，Nr.5.

绝对性和能动性，诺瓦利斯更加肯定"非我"的不可归约的独立存在："必须有一个非我，以便自我能够设定自身为自我。"[1]对诺瓦利斯来说，非我不只是为了证明自我的绝对性而需要被自我设定的一个空洞的他者，相反，如果没有这个差异化的他者，自我设定自身为自我将是不可能的。因此，诺瓦利斯和早期浪漫主义者拒斥一切通过否定、抽空、消解他者或非我来确定所谓第一原理的基础主义方案，并且试图突破空洞的主体性的统一，回到真正绝对而具体的事物本身。就像诺瓦利斯后来在《花粉》（*Blüthenstaub*，1798）断片集的第一条断片中指出的那样："我们到处寻找无条件者（das Unbedingte），但始终找到的只是常物（Dinge）。"[2]

在一篇题为《费希特知识学的精神》（*Geist der Fichtischen Wissenschaftslehre*，1797—1798）的札记中，施莱格尔指出："费希特认为是确定无疑的和以自身为根据得到理解的东西，却极有可能会被一劳永逸地全部驳倒。"[3]如果我们一开始就对这个世界的存在抱着一种怀疑的、不信任的态度，要求诉诸我们的理性来找到一个自明的、具有确定性的第一原理，那么这个反思性的寻找根据的过程一旦开始，就不可能会允许一个自足的基本原理的存在。"演绎在任何地方都不应该有一个终点，在任何地方都不会有一个终点。"[4]因此，费希特的所谓的第一原理本身就仍然是需要证明的，不管这个第一原理是事实，还是活动。不仅如此，施莱格尔还准确把握到了费希特知识学在形式上和方法上的特点，他说："费希特的哲学同时是点、圆和直线。"[5]也就是说，在费希特知识学中，"绝对自我"作为一切存在的根据，是一个单

---

[1] Novalis，*NS*，Band II，S.107，Nr.5.
[2] Novalis，*NS*，Band II，S.413，Nr.1.
[3] Friedrich Schlegel，*SKA*，Band XVIII，S.31，Nr.126.
[4] Friedrich Schlegel，*SKA*，Band XVIII，S.31，Nr.129.
[5] Friedrich Schlegel，*SKA*，Band XVIII，S.31，Nr.131.

144 一的点（起点或开端），它构成了整个知识学的第一原理。 但是，由于这个点自身具有（或者说应当具有）无条件性和绝对性的本性，"自我"就必须从一个单一的点变成一个从自身出发、以自身为目的、回到自身的圆圈，这样的"自我"才算得上是一个自足的、完美的整体。 然而，施莱格尔发现，费希特的演证方式却与真正的科学的这种整体性或者体系性并不一致，"费希特的行进还是太过于直线性的，而不是绝对的渐进的圆圈式的（absolut progressiv cyklisch）"。[1] 因为费希特尽管也承认"非我"的存在，但在他那里"自我"才是唯一能动的要素，他并不能肯定地描述、论证和推导出"非我"，而只是在自我与非我的一种外在的、线性的因果关系中，出于证明"自我"的完善性的需要而推导出非我的存在和非我与自我的统一。 此外，费希特的体系过于数学化和抽象化，忽略了肯定的现实经验；他的所有演绎充其量只能推导出抽象的存在和抽象的统一，而不是存在于经验的个别事实中的绝对和大全。[2]

在施莱格尔看来，费希特将非我设定为自我达到与自身相同一的道路的一个"障碍物"（Anstoß）是非常成问题的："我总是被他的障碍物所阻碍。"（An seinem Anstoß bin ich immer angestossen.）[3]因为这不仅是重新回到了康德的物自体，[4]而且它将导致本应完满的观念论哲学中出现一个不可消解的二元对立。 在费希特那里，存在于实践中的这个"障碍物"就像康德那里的物自体一样，是"自我"不断奋进（Streben）、应当统一却永远不可能统一的"非我"。 所以，施莱格尔对费希特知识学的主要反对意见是，"费希特不是一个足够充分的观念论者，因为他

---

[1] Friedrich Schlegel, SKA, Band XVIII, S.31, Nr.133.
[2] Cf. Friedrich Schlegel, SKA, Band XVIII, S.32, Nr.141.
[3] Friedrich Schlegel, SKA, Band XVIII, S.32, Nr.140.
[4] Friedrich Schlegel, SKA, Band XVIII, S.25, Nr.83.

不是足够充分的批判哲学家和普遍主义者。 ……他是半个批判
哲学家，在任何意义上和在任何方面都明显不是一个足够充分的
实在论者"①。 费希特绝不可能演绎出"观念的绝对实在性"
（der absoluten Realität des Idealen），而只能证明"实在的绝对观
念性"（der absoluten Idealität des Realen）。② 费希特无法给予观
念以足够的实在性，恰恰是因为他剥夺了实在本身的独立性和实
在性，把实在限制在有限的理性主体的表象范围之内。 施莱格尔
对费希特最主要的批判就在于，他反对只把自我当作"精神、生
命、活动、运动和变化"的中心，反对把非我或者说自然降格为
一种"恒常静默，静止不动，缺乏一切变化、运动和生命，即死
亡"的状态。③

在摆脱费希特影响的过程中，斯宾诺莎成了施莱格尔最重要
的导师和引路人。 用他的话来说，在斯宾诺莎的著作中，有着
"无限的芬芳"和"一种无限的说服力"以及"思想的威严"；④
他的哲学提供了综合观念与实在的一个范式。⑤ 唯有斯宾诺莎形
成了一个关于宇宙的融贯的体系，⑥并且没有其他道德哲学更加
符合理性的尊严。⑦ 得益于斯宾诺莎的实体一元论的影响，施莱
格尔的绝对实在论并不是一种康德意义上的经验的实在论，因为
它所做的远不止是在一个先验框架内设定外部世界的独立的实在
性。 相反，它坚持认为自然是先于并独立于任何主体的，而且这
个实体性的自然既是主体又是客体，既是观念又是实在，由于主
体性反思哲学而被割裂和对立起来的东西都被理解为这个实体性

---

① Friedrich Schlegel, SKA, Band XVIII, S.31, Nr.134.

② Friedrich Schlegel, SKA, Band XVIII, S.38, Nr.209.

③ Friedrich Schlegel, SKA, Band XII, S.152, 190.

④ Friedrich Schlegel, SKA, Band XVIII, S.75, Nr.567.

⑤ Friedrich Schlegel, SKA, Band XVIII, S.43, Nr.252.

⑥ Cf. Friedrich Schlegel, SKA, Band XVIII, S.90, Nr.724, 727.

⑦ Friedrich Schlegel, SKA, Band XVIII, S.94, Nr.775.

146

的自然同等地表现自身的方式。 对施莱格尔来说，斯宾诺莎的伟大功绩不只是一种形式上的严格性和连贯性，更在于他制定并论证了关于宇宙和无限的哲学。"在斯宾诺莎那里，只有连贯性迄今还使哲学家们叹服不已，就像英国人只夸赞莎士比亚的真实性一样。"[1]"任何一种认为斯宾诺莎不是哲学家的哲学，似乎都肯定有问题。"[2]

如果说早期浪漫派也是某种意义上的观念论者，那么，这种观念论应该被恰当地理解为客观观念论或者绝对观念论。 他们的出发点不是自我意识，而是绝对或者存在本身在其中表现自身的那些经验。 根据这种绝对观念论，主体和客体都是绝对或者存在本身的各种表现或者例证，而主体对绝对的意识乃是绝对通过主体获得的自我认识。[3] 从斯宾诺莎的一元论的角度来看，心灵与物质、理性与自然的对立都是虚幻的，只是反思性的思想使它们表现为一种对立关系："所有真实的争执（Streit）都是假象（Schein）——因此，观念论与实在论的问题是如此愚蠢，如此虚幻（scheinbar）。"[4]早期浪漫派坚持观念论和实在论必须兼容起来，因为这两者在存在本身的源初统一中具有内在的关联。 用施莱格尔的话来说，"只有绝对的观念论者才是绝对的实在论者，反之亦然"[5]。 正是因为保持着观念论和实在论之间的独特张力，早期浪漫派才能够另辟蹊径，超越他们那个时代的各种哲学选项。

浪漫主义的新实在论无非是按照观念论的精神重新理解和解释的斯宾诺莎主义，它不是观念论的反面，而是观念论与实在论的和谐统一。 就像施莱格尔指出的那样："观念论是批判的、实

---

① Friedrich Schlegel, *SKA*, Band II, S.216, Nr.301.

② Friedrich Schlegel, *SKA*, Band II, S.211, Nr.274.

③ Cf. Frederick Beiser, *German Idealism: The Struggle against Subjectivism*, 1781 - 1801, Cambridge: Harvard University Press, 2002, pp.12 - 13.

④ Novalis, *NS*, Band II, S.232, Nr.374.

⑤ Friedrich Schlegel, *SKA*, Band XVIII, S.80, Nr.606.

在化的唯灵论。 实在论是观念化的物质主义。"① "任何形式的
观念论都必须以这种或那种方式超出自身，为的是能够返回到自
身中去，保持其所是。 正是因为这个缘故，一个新的并且同样无
限的实在论必须而且将会从观念论的母体中兴起。"②对早期浪漫
派而言，这种"新的实在论"只能以诗（Poesie）的形式出现。
与反思性的、根据主体的理性规则进行认识的哲学和科学不同，
诗试图在事物本身根据其自身内在的动力所表现出来的不同形态
中，把握和认识那超越主观理性的绝对无条件者。 因此，浪漫主
义意义上的诗并不是一种特定的文学体裁，施莱格尔通过明确地
将富有诗意的东西与人类的创造力，尤其是与自然本身的生产性
原则等同起来，有意打破了诗的狭隘的文学意义。③ 在《关于诗
的谈话》（Gespräch über die Poesie，1800）中，施莱格尔写道：
"人们可以期待这个新的实在论会以诗的形式出现，因为实在论
必然具有观念论的起源，也可以说必然要在观念论的地基之上飘
游，而诗确实是建立在理想与现实的和谐之上的。"④这种新的实
在论跟观念论一样，都主张实在是以普遍的理想和形式为根据
的，但这些理想和形式不再被归属于先验主体，而是属于存在本
身的领域。 因此，新的实在论无法通过那种消除差异和多样性、
完全根据主体的理性原则建构体系的哲学来表达，只有将现实与
理想、有限与无限、普遍与特殊等对立的两个方面整合到一起，
让生机勃勃的事物本身在其差异化、多样化的经验中自我实现出
来的诗，才能成为传达这种新的实在论的工具。"由此也引出了
外部事物在哲学中是如何被看待的问题。 它们不能被视为外在

---

① Friedrich Schlegel, SKA, Band XVIII, S.33, Nr.153.

② Friedrich Schlegel, SKA, Band II, S.315.

③ Cf. Frederick Beiser, *The Romantic Imperative: The Concept of Early German Romanticism*, Cambridge: Harvard University Press, 2003, p.15.

④ Friedrich Schlegel, SKA, Band II, S.315.

于自我的非我；不仅仅是僵死的、平面的、空虚的、被自我以一种不可理解的方式限制的关于自我的感性的再现，而是，如前所述，作为一个活生生的、强有力的、反 '我'（Gegen-Ich），即一个 '你'。"①

　　作为浪漫主义新实在论的诗所表现的事物的存在和生成过程是一种充满活力的辩证的发展，在这种发展中，精神认识到自身的局限性，它不仅走出自身，将自身外化在事物的活动中，而且还不断地从自身的外化中回归自身，不是像费希特的"绝对自我"那种抽空非我的一切规定，把世界变成一个无内容的、形式化的"障碍物"，然后统一于自我，而是将整个世界的丰富性充实于自身之内，在这种差异性、多样性甚至是混沌之中保持自身的完满的同一。② 这样的过程不仅表现了实在的观念性、自然对精神的依赖，也表达了观念的实在性、精神对自然的依赖。 第一个方面代表观念论，而第二个方面则表示"同样无限的实在论"。 施莱格尔坚持认为，观念论是真正的哲学，唯有它能够使哲学完成自己的任务，"把我们从有限的幼象和对事物的信念中解放出来，让我们分享无限的丰富性和多样性的观点"③。 不过，现在必须充分认识到第二个方面，以建立起新诗歌的可能性。 因为这种诗不仅应该源于内在的精神，还应该揭示有限中的无限，每一个人和每一件事物之中的神性。 因为斯宾诺莎展示了所有有限的事物如何存在于无限之中，他的哲学成为作为一种新实在论的浪漫诗的基础。 而施莱格尔正是将斯宾诺莎视为这种诗化哲人的典范，"事实上，我几乎不能理解，一个人如果不敬仰、热爱斯宾诺莎，彻底成为他的信徒，怎么可能成为诗人呢？"④这

---

① Friedrich Schlegel, SKA, Band XII, S.337.
② Friedrich Schlegel, SKA, Band II, S.314.
③ Friedrich Schlegel, SKA, Band XII, S.335.
④ Friedrich Schlegel, SKA, Band II, S.317.

些表述都清楚地表明，德国浪漫主义不是一种费希特知识学意义 *149*
上的美学，而是绝对观念论意义上的美学。无论是在施莱格尔、
诺瓦利斯，还是在荷尔德林那里，浪漫主义美学的一个基本元素
是其神秘而现实的维度，即我们必须将每一件有限的事物视为无
限的一部分，视为绝对自身的表象。如果我们将浪漫主义解释为
费希特主观观念论的派生物，那么这样一个内在无限的维度是无
法得到理解的。

在 1796 年 7 月 8 日给施莱格尔的一封信中，诺瓦利斯表达了
他对费希特先验哲学日益增长的不满，他发现斯宾诺莎的形象更
符合他自己的思想轨迹。他写道："我不断地在一切事物中感觉
到我是一个美妙整体的崇高成员——我在其中成长，这应该成为
我的全部——难道我不能愉快地忍受一切，以便去爱，去爱不仅
仅是八跨度长的物质形态，去爱比生命之弦的振动更长久的东西
吗？斯宾诺莎和亲岑多夫抓住了爱的无限理念……可悲的是，我
在费希特身上看不到这种观点。"①在诺瓦利斯看来，主体性哲学
将上帝、万有和世界仅仅视为我们依据自身的理性原则所形成的
各种表象，而斯宾诺莎则去除了这种对主体性的依赖。根据斯宾
诺莎的哲学精神，它不仅承认非我对自我的独立性，而且把自我
与非我同更高的现实性，即上帝联系在一起："自我设定自身为自
我的行动必须与那个不受制约的作为反题的非我联系起来，与一
个囊括自我与非我的领域联系起来——这个领域人们可以称之为
上帝和自我。"②"上帝就是自我。／无限性——可分性中的整全
性/他同一地和绝对地随着无限的人格性变化着。"③

诺瓦利斯断言上帝的现实性乃是自我与自然的最高的存在基
础，无论自我抑或自然都在上帝分化为自然和人格性存在的创造

---

① Novalis, NS, Band IV, S.188.
② Novalis, NS, Band II, S.107-108, Nr.8.
③ Novalis, NS, Band II, S.141, Nr.54.

性活动那里有其共同的来源。 因此，不是费希特的绝对自我，而是斯宾诺莎意义上的上帝，才是"绝对的正题、反题、合题"。① 按照诺瓦利斯的理解，"合题是特殊中的普遍。 正题和反题是普遍中的特殊。 正题是人们据以出发的特殊，是有规定的东西。 反题是人们将要达到的特殊，是应被规定的东西"②。 作为完满的、自足的绝对者，上帝的存在是以自身为根据从自身出发又以自身为目的回到自身的圆周运动，他既是内化在有限中并且承受着某种不确定性的无限，是普遍中的特殊（正题、反题），又是带着这种有限性回到自身的无限，是特殊中的普遍（合题）。 而自然和人格（自我）都只在相对的意义上可能成为正题、反题、合题。 自然作为合题，只能以上帝（无限者）为前提；作为反题，只能以人格（自我）为前提；作为正题，要同时以两者（上帝和自我）为前提。 人格（自我）作为反题，只能以上帝为前提；作为正题，只能以自然为前提；作为合题，要同时以两者（上帝和自然）为前提。③ 诺瓦利斯虽然在形式上沿用了费希特正题、反题、合题的辩证结构，但是他与费希特哲学在实质内容上却有着根本的区别。 他用"上帝—自然—自我"三位一体来对抗费希特的主观自我原则。 在这个三位一体里，上帝是优先于自我和自然的现实性和绝对无条件者。④ 用诺瓦利斯自己的话来说："斯宾诺莎一直提升到自然——费希特提升到自我，或者人格。 而我则提升到了上帝这个主题。"⑤

早期浪漫派的实在论接受了斯宾诺莎最重要的教诲：如果我们真正"依几何学方法"（more geometrico），按照事物实际产生的顺序，从原因进展到结果，而不是像笛卡尔那样根据结果来回

---

① Novalis, NS, Band II, S.155, Nr.144.
② Novalis, NS, Band II, S.162, Nr.176.
③ Novalis, NS, Band II, S.155-156, Nr.142-147.
④ 参见［俄］加比托娃《德国浪漫哲学》，第129页。
⑤ Novalis, NS, Band II, S.157, Nr.151.

溯原因，那么我们就必须承认，神的存在是形而上学的第一原
理，神是唯一的实体，是真正意义上在自身内并通过自身而被认
识的东西。 因此，一切存在的东西都只能通过神（而不是"我
思"或者自我意识）被理解和认识。 而作为绝对真实的无条件者
和本质即包含存在的自因，神不可能像在主观观念论中那样始终
被置于现象世界的彼岸，通过与有限的对立来得到理解，这是一
种受制于有限的坏的无限。 相反，神的必然性和现实性恰恰体现
在与自然的同一，不是作为有限的东西（被动的自然），而是作
为有限之物的无限化（能动的自然）来实现自身。 因此，当施莱
尔马赫说，"一种没有上帝的宗教可能比另一种有上帝的宗教更
好"①，他并不想要否认一个人格神的存在，而是为了反对他的
那个时代的"蔑视宗教的有教养者"的各种替代性的有神论方
案。 不管是自然神论的上帝观念、符合资产阶级社会计算理性要
求的道德宗教构想，还是纯粹满足形而上学兴趣的对第一原理的
追求等，它们实际上都取消了上帝的绝对性和无限性，使上帝服
务于人的有限理性所构造的体系，服务于人的兴趣和利益。 但
是，恰恰是在这样一个看似完全合理化的世界图景中，真实存在
的事物本身却被理性的建构所消解。 正是由于这样的原因，早期
浪漫派不太愿意使用"上帝"这个词，他们更愿意使用诸如"无
限"、"绝对"和"宇宙"这样一些词，这是他们揭露主体性形而
上学所建构的虚假的神圣性，承认神的超越性和绝对性的一种
方式。

二、 说不可说之神秘

对康德来说，科学知识的可能性就在于将认识限制在可能经

---

① Friedrich Schleiermacher, SKG I.2, S.244.

152 验的范围之内，并且完全根据惯性法则，即每个事物的运动和变化都必须有一个外部的原因，来对事物进行解释。而浪漫派所坚持的那种具有神秘主义和物活论色彩的内在的无限性观念，以及事物根据内部原则（内在目的和内在动力）自我实现的目的论自然观，在康德眼中无疑是一种最糟糕的思辨。然而，小施莱格尔却赞美"神秘主义（Mystik）这个美丽而古老的词汇对于绝对哲学大有神益并且不可或缺，精神从其他的观点出发，在理论和实践上当作自然的一切，从绝对哲学出发却被看作神秘和奇迹"①。"一切都从神秘开始又都以神秘告终。只有从神秘中才能衍生出物理、逻辑、诗歌、伦理、政治、历史。"②在《论哲学》（*Über die Philosophie*，1799）这篇文章中，施莱格尔还宣称，"关于宇宙及其和谐的思想对我而言就是全部"，他使渴慕无限的宗教成为所有教化的核心和灵魂。"宇宙（Universum）是并且仍然是我的口号"，因为在所有人类的感觉、思维和行动中，都必须存在特殊与普遍、个体与整个宇宙之间的相互作用。③诺瓦利斯也经常使用这个词，甚至于将他自己的哲学称为"魔幻观念论"（magischen Idealismus）："某种东西，它越是不依赖理性，就越是有能力成为具有规定性的根据——一切肯定的东西、一切不可理喻的东西、一切公式，以及宗教偶像、迷信等，其魔幻般的奥秘就在于此。"④

　　浪漫主义运动最内在的关切是对无限和绝对的渴望。然而，早期浪漫派这一哲学旨趣并非无视康德为理性所划定的界限，也不是简单地倒退回一种前康德的独断论立场。相反，作为后康德时代哲学"星群"的重要组成部分，他们深知先验观念论将普遍

---

① Friedrich Schlegel，SKA，Band II，S.184.
② Friedrich Schlegel，SKA，Band XVIII，S.84，Nr.656.
③ Friedrich Schlegel，SKA，Band VIII，S.48-49.
④ Novalis，NS，Band II，S.295，Nr.662.

的理想和原型从现成的有限之物中解放出来，但又因为坚持非此即彼的论证方式而将有限与无限完全割裂甚至于对立起来，使得绝对和无限只能作为一种缺乏现实性的调节性理念服从于主观理性的设定。 因此，在泛神论之争的语境中，早期浪漫派是基于他们对观念论哲学的深刻认识、为了克服主观观念论对无条件者和事物本身的虚无化而提出了一种新的、更高的实在论主张，哲学最根本的任务由此被再次规定为对真实存在的事物本身的认识，也就是不断渴望去认识绝对和无限。 浪漫派对无限的渴望并不指向彼岸世界，他们并不试图通过放弃有限的世界或者它的种种模糊、含混和不确定，来达到对无限的把握；他们也不认为无限是"外在于"或者"超越"有限的。 早期浪漫派所坚持的是一种看似悖论的主张，即无限只能够在有限存在中并且通过有限存在被发现和认识。

按照诺瓦利斯的说法，这种内在于有限的无限就是所谓"浪漫化"（romantisieren）的结果："世界必须被浪漫化。 这样人们就会重新发现那源初的意义。 浪漫化无非是一种质的乘方。 ……当我给予卑贱的东西以一种崇高的意义，为寻常的事物披上一层神秘的外衣，使熟知的东西获得未知之物的庄严，让有限的东西表现出无限存在的外观，我就将它们浪漫化。 对于更崇高的事物、未知物、神秘物、无限存在，方法则相反——它们将通过对应的联系对数化——于是它们获得了寻常的表达。 浪漫哲学、浪漫语言学、交替提升和降低。"[1]这种"交替的提升和降低"是指在有限与无限的绝对同一中把握无限的方式。 其中，"降低"（Erniedrigung）所关涉的是一种神圣的内在性——绝对和无限是在有限之物中并且通过有限之物来得到实现的；而"提升"（Erhöhung）则涉及关于神和绝对无条件者的一种浪漫主义

---

① Novalis, NS, Band II, S.545, Nr.54.

的经验——正是由于神圣者的内在性，寻常之物才会有不寻常的意义，那个服从于单一的计算理性的惰性的物质自然才能重新成为具有内在动力的、无限丰富的创造的自然。诺瓦利斯用"浪漫的"（romantisch）来形容的东西，施莱尔马赫则称其为"宗教的"（religiös）。

在早期浪漫派看来，如果"无限"是真正的无限，"绝对"是真正的绝对，那么，这就不是反思的理性通过单纯的概念手段所能够规定、理解和控制的。"理论是由什么构成的？由普遍和特殊以及二者的相互作用构成的。哲学应该是在所有特殊中包含着普遍——它是从特殊走到普遍。其他科学则是从普遍走到特殊。任何科学都可以是沿着自下而上和自上而下的道路。第一条是综合的道路，第二条是分析的道路。任何能够作为科学的哲学都得兼顾这两条道路。"①诺瓦利斯发现，当现代科学按照数学和逻辑的普遍必然性来重新整理和构造我们的经验时，它遵循的是一条从普遍到特殊的方法论原则，这是一条自上而下的分析的道路。这条道路无视特殊事物的不可归约性，强行让特殊的事物来符合理性的普遍规则，因而不可避免地在普遍与特殊、理性与感觉之间造出了一条不可逾越的鸿沟。

因此，在诺瓦利斯看来，认识真理的道路必须既是分析的又是综合的，必须兼顾理性反思与感觉直观。他要将自己的哲学方法与现代科学的方法，尤其是费希特知识学的方法严格区分开来："费希特走的是一条顺应综合原则的分析道路。我走的是一条既是综合同时又是分析的道路。我认为每一步都是既前进又后退的。"②从表面上看，费希特的第一原理不是一个单纯的自身同一的"自我"，它不仅从自身中分裂出非我，而且最终要将非

---

① Novalis, NS, Band II, S.192, Nr.272.
② Novalis, NS, Band II, S.192, Nr.272.

我与自我统一起来，从而使自我本身在内容上变得更加充实，这个过程似乎是一个综合的过程。但是，与施莱格尔批评费希特走的是一条过于笔直的直线相呼应，诺瓦利斯也看到了费希特对非我的演证完全是按照分析的原则从自我等于自我的反设定来证明非我不等于自我，这个非我的实在性并没有得到演证，非我的存在本身只是基于概念的同一性进行分析的结果，所以诺瓦利斯才会说费希特的道路是一条"顺应综合原则的分析道路"。而真正的科学或者哲学的道路应该"既是综合同时又是分析的道路"，诺瓦利斯又把这种认识方式称为"往返运动"（hin und her Direction）①。只有当这两种对立的原则，即分析的（从一般到特殊的运动）原则与综合的（从特殊到一般的运动）原则能够同时发挥作用，把理性反思与感觉直观统一起来，哲学才能够摆脱单纯综合方法的偶然性和单纯分析方法的空洞性，走上成为一门真正科学的道路。

诺瓦利斯提出的这种从特殊到普遍和从普遍到特殊"往返运动"的方法在浪漫主义那里有一个非常典型的表现形式，那就是施莱格尔所说的"反讽"（Ironie）。施莱格尔将"反讽"视为理解有限与无限的内在关系，进而把握真正的无限和绝对的一种方式。他指出，"反讽是对永恒的灵活性（ewigen Agilität）的清楚意识，也就是对无限充实的混沌的清楚意识"②。正是因为"永恒的灵活性"，因为无限的难以被理解标志着无限之物本身的超越性和绝对性，所以只有"苏格拉底式的反讽"才能够真正理解和认识无限。按照施莱格尔的说法，"苏格拉底的反讽是唯一绝对不任性，但却绝对审慎的佯装。要想故作反讽或者流露出反讽，是不可能的。……在这种反讽之中，一切应当既是戏谑的又

---

① Novalis, NS, Band II, S.117, Nr.19.
② Friedrich Schlegel, SKA, Band II, S.263, Nr.69.

是严肃的，一切应当既是坦率公开的又是深深地伪装起来的。……它包含并且激励着一种在无条件者与有条件者之间、在完全传达的不可能性和必然性之间无法化解的矛盾的感觉"①。

跟浪漫诗一样，反讽不仅仅是一种文学的或者修辞的手法，而是一个形而上学概念，是理解真正的无限性的最为重要的方法。早期浪漫派意识到，启蒙的"理性的规划"试图通过在本体论上取消矛盾对立或者否定和消解所有多样性和差异化的有限之物，让整个世界符合人的理性的单一模式，具有理性所能够把握的无矛盾的确定性。世界的合理化因此被建立在有限与无限的二元对立之上，而这个将存在的根据归于主观理性的形式统一的过程，同时也就是世界的虚无化的过程。为了从根本上克服理性主义的这种虚无主义后果，唯一的途径就是超越主观理性的确定性，在差异、变化和矛盾的现实中来认识真实存在的东西，在有限之物中发现无限的踪迹。而苏格拉底式的反讽恰恰在这个意义上为早期浪漫派提供了一个重要的范本。"苏格拉底学说的意义是：哲学可以处处存在或者无一处存在，人们可以轻易地处处遵循那最初的和最好的。苏格拉底学说是一门艺术——从每个给定的地点出发找到真理标准，从而准确地规定给定之物与真理的关系。"②当苏格拉底要求他的对话者对他们自认为真正知道的东西下一个定义的时候，对话者通常会以一个熟知的规定来作为该对象本身的定义，而苏格拉底则通过在肯定这个规定的同时，揭示这个规定与对话者自己实际理解的事物本身之间必然存在的矛盾，引导对话者进一步完善他的定义。在这个由既肯定又否定的反讽所引导的下定义的过程中，事物的真实存在并不是超越于经验之外、与特殊的意见或有限的规定相对立的形式同一，相反，

---

① Friedrich Schlegel, SKA, Band II, S.160, Nr.108.
② Novalis, NS, Band II, S.545, Nr.103.

它借助对话者的定义将自身不断地表现为一个有限的规定，又在苏格拉底的否定中揭示出有限之物的有限性及其对无限的依赖，通过矛盾和差异不断推动自身的实现。 因此，这个过程就像诺瓦利斯所说的那样，同时是分析的和综合的，是从特殊到普遍和从普遍到特殊的"往返运动"。 如果用施莱格尔自己的话来说就是，哲学"总是从中间（Mitte）开始"，①也就是从超越矛盾律的绝对有效性和非此即彼的知性对立开始，从一与多、无限与有限、主体与客体、同一与非同一的同一开始。

在施莱格尔看来，反讽是跟坚持不矛盾律的理性认识相对立的，凡是由理性的反思和分析性思维主宰的地方，都不可能有反讽，也不可能有真正的绝对。② "绝妙的机智的念头（witzigen Einfall）发出亮光之后，它的火苗正待释放热力。 然而就那么一个分析的词汇（analytisches Wort），即便是赞誉，也会直接将这机智的念头扑灭。"③早期浪漫派所坚持的无限的内在性以及那种肯定事物本身的内在根据及其能动性的实在论，只有在"反讽"的形式中才能得到辩护。 对他来说，反讽意义上的否定与理性反思的否定不同，它是以真正的无限和绝对为根据和目标，在"既肯定又否定"的戏谑中却体现着让事物本身的真实规定显现出来的严肃性。 如果没有这个方向，就不可能以绝对为基础认识事物存在的内在必然性，而仅仅是挑战一些有限立场的相对真理，反思将会在单纯的否定中放弃自身，失去自身的方向，最终停留在一种同样有限的主体主义立场。④ 反讽证明真正的实在是内在于有限之物的否定过程的总体，它不满足于外在于有限之物的自我意识的无矛盾的同一性和确定性，不像单纯理性的反思那样，将

---

① Friedrich Schlegel, *SKA*, Band II, S.178, Nr.84.

② 参见 [俄] 加比托娃《德国浪漫哲学》，第 58 页。

③ Friedrich Schlegel, *SKA*, Band II, S.149, Nr.22.

④ Cf. Rüdiger Bubner, "The Dialectical Significance of Romantic Irony", *The Innovation of Idealism*, trans. Nicholas Walker, Cambridge: Cambridge University Press, 2003, p.213.

158 有限之物所表现出来的矛盾当作绝对的错误加以否定和排除，以此达到无矛盾的确定性，而是在有限与无限之间无法化解的矛盾中看到绝对和无限的真实在场。 就像施莱格尔所说的那样："反讽是悖论的形式。 一切既是好的同时又是伟大的东西就是悖论（Paradox）。"[1] "谁一旦爱上了绝对（Absolute）并无法舍弃，除了始终自相矛盾并将对立的极端结合起来以外，别无其他出路。 由于矛盾律的消失是不可避免的，于是他只有这样的选择：要么愿意为此承受痛苦，要么愿意通过承认此必然性而将其升华为自由的行动。"[2]

施莱尔马赫用"连续的振荡"来形容这种无法用概念的形式来把握的"内在的无限"："如果在对一个普遍的相互关系的直观中，你们的目光经常从最小之物到最大之物，从这一个再到那一个，以活跃振荡的方式（lebendigen Schwingungen）在两者之间来回运动，直至头晕目眩，再也不能分别大的和小的、原因和结果、保存和毁灭，那么，一个永恒命运的形象就显现在你们面前，其特征完全具有这种状态的印记。"[3]对于施莱尔马赫和其他早期浪漫派哲学家来说，这种振荡运动是他们的实在论主张的一部分。 因为神或者实体是完全以自身为根据，所以对真正的实在来说，推动事物运动的原因不是外在于事物的，而是由事物自身的本性和目的所规定，而构成事物的结果或者目的的东西同时又是推动事物运动的原因；当有限之物的有限性因其矛盾的本性被揭示出来时，这种有限规定的直接有效性被否定和毁灭，但因为有限之物的矛盾是与事物本身的对比中呈现出来的，有限既依赖于无限又导向无限，所以被毁灭的有限又同时被作为无限的一种表现保存下来。 由于实体自身的能动性和创造性，这种"连续的

---

① Friedrich Schlegel, SKA, Band II, S.153, Nr.48.
② Friedrich Schlegel, SKA, Band II, S.164, Nr.26.
③ Friedrich Schleiermacher, SKG I.2, S.233 - 234.

振荡"或者说摇摆不定恰恰是对无限的认识和直观所必然会面对
的情况，一旦试图停止这种运动，将其固定在某个点，就会失去
对无限的直接感觉。

对早期浪漫派而言，斯宾诺莎代表了这种神秘主义，代表了
这种将有限与无限统一起来的能力。 就像施莱格尔指出的那样，
"对于神秘主义的每一种个别形式来说，斯宾诺莎都是普遍的根
据和支柱"[①]。 这种神秘主义拒绝将存在完全纳入到一个主体性
的形式化的体系之中，要求对存在本身的理解保持一种开放性和
非体系性。 在这个意义上，浪漫主义对体系的抵制实际上是对那
种抽象化的理性反思的抵制，而不是对事物的可理解性和真理的
整体性的否定。 他们分享了斯宾诺莎对笛卡尔用"我思"的确定
性来取代真理所发出的不满，同时还继承了他对真理必须具备的
充分性的要求。 所以，诺瓦利斯才会说："正确的哲学体系必须
带来自由和无限，或者更矛盾地说，将无体系性带入一个体系。
只有这样的一种体系才能够避免体系出现的错讹。"[②]施莱格尔也
说过："有体系和没有体系，对于精神都是同样致命的。 因此，
精神应该下定决心将两者结合起来。"[③]

在费希特那里，哲学的目标是建立一个以绝对自我的自身同
一为第一原理、按照逻辑的必然性演证出来的体系，一个将宇宙
统一于自我的、起点与终点完全同一的一元论体系。 他坚持认为
这个终极的哲学体系是可以被理性证明的。 而诺瓦利斯和早期
浪漫主义者确信理性的有限性和真理的无限性，进而确认哲学知
识原则上是开放性的和非体系性的。 跟从笛卡尔开始的近代主
体性哲学保持一致，费希特也是通过以一种否定地对待实在的方
式来确定一个唯一的绝对的第一原理，然后再按照同样的分析性

---

① Friedrich Schlegel, SKA, Band II, S.321.
② Novalis, NS, Band II, S.289, Nr.648.
③ Friedrich Schlegel, SKA, Band II, S.173, Nr.53.

160　的方式来建构自己的知识学，可在诺瓦利斯看来，"对唯一原理的任何寻求，都是企图化圆为方"①。"如果绝对根据（absoluten Grunde）无法被给出，如果绝对根据这个概念包含着一种不可能性，那么对哲学思考的欲求就将成为一种无限的活动（unendliche Thätigkeit），因此它没有终点；因为存在着对一个绝对根据的永恒渴望，也许这种渴望只能得到相对的满足，因此它永远不会消失。"②"由于我们总在行动着和寻找着，而我们所寻找的东西是没有任何行动能够达到的，所以这个被给予我们的绝对只能通过否定的方式被认识。"③对早期浪漫主义者而言，哲学不能从理性反思所达到的一个无前提的第一原理开始，当有限的认识者试图以一种对自身而言普遍有效的方式来认识无限的真理时，所有的真理都会表现为相对的，绝对的真理永远不可能被给予，永远不可能被理性的概念性思维所把握。但与此同时，他们仍然认为哲学家有义务去追求体系化的理想，因为追求最大程度的统一，就是不断地挑战自身的有限视角和倾向于静止与无矛盾状态的理性思维，以获得最大程度的思想多样性，这是对事物本身的尊重，也是对无限的渴慕，是浪漫主义的新实在论的体现。用施莱格尔的话来说："所有的理念都只是一个理念；因此，每个哲学家的一项任务就是永无止境地使得他的理念的多样性愈加增多，并且又使所有这些多样性成为一个理念。……理念的秩序仍然是完全任意和个别的。"④

　　德国浪漫主义的兴起构成了西方近代思想的一次巨大转折，它不仅对启蒙运动的理性主义和普遍主义提出了质疑，深入考察了现代世界观的形而上学基础，而且还逆潮流而动，试图超越近

---

① Novalis, NS, Band II, S.270, Nr.566.
② Novalis, NS, Band II, S.269, Nr.566.
③ Novalis, NS, Band II, S.270, Nr.566.
④ Friedrich Schlegel, SKA, Band XVIII, S.412, Nr.1089.

代理性主义的合理化模式，通过重新论证一种带有泛神论色彩的一元论主张，在这个祛魅的世界中恢复经验、自然、历史、感觉和情感的内在价值，以此克服单纯的理性反思和主观理性的建构所产生的分裂与异化。而这一切都与18世纪末的"泛神论之争"有着十分紧密的内在关联。这场由雅可比挑起的重要争论意在通过对斯宾诺莎主义的批判，揭示理性主义的物质主义、宿命论和无神论后果，及其所隐含的虚无主义本质。但它又同时将斯宾诺莎再次带回到主流的哲学论争当中，使得早期浪漫派有机会借助对斯宾诺莎思想的重新阐释，在后康德哲学的语境中发展出独特的浪漫主义哲学观念。

斯宾诺莎的思想始终激发和引导了早期浪漫派的哲学思考。首先，斯宾诺莎在对主体主义的批判中明确了存在本身相较于自我意识的优先性和基础性，直接影响到早期浪漫派在面对先验观念论和康德为认识所划下的界限时，敢于重新将追求"绝对"和"无限"规定为哲学的基本任务。他强调了作为实体和自因的神的观念，一切事物的存在都依赖于神的内在必然性，而早期浪漫派正是基于对神的这一理解，试图驳斥一切以人的理性为中心，为了证明人的认识和道德的合理性而对上帝的存在所进行的形而上学论证或者道德论证。因为这种屈从于人的理性的上帝观念，恰恰是虚无主义的标志。其次，他的"神即自然"将实体理解为绝对的同一，而不是将与有限相对立的、外在于有限的主观理性的同一作为一切存在的根据，由此催生了浪漫主义的"内在无限"的观念，在有限与无限之间的对立统一中真正认识绝对和无限，克服单纯的理性反思所造成的分裂。根据内在无限的观念，斯宾诺莎在"能动的自然"（或"创造的自然"）与"被动的自然"（或"被造的自然"）之间做出了区分，通过作为实体的、与神同一的"能动的自然"凸显了自然本身的内在生命和内在动力，为早期浪漫派超越近代的机械论自然观和惰性的物质观念，

162 形成一种有机的自然观和强调事物本身的自发性与能动性的新的实在论树立了典范。 除此之外，斯宾诺莎的实体一元论不仅将分裂的心灵与物质重新统一起来，催生了早期浪漫主义以观念论与实在论的结合为目标的新实在论主张，而且他揭示了笛卡尔的"我思"作为第一原理的不充分性和以人类理性为中心的认识的局限性，为早期浪漫派发展出与其新实在论相一致的方法论原则提供了重要的启示，使他们通过断片式的写作与浪漫主义的反讽来表达和把握存在于有限之中的无限，将分析与综合、反思与直观结合起来，形成一种独具特色的非体系性的体系观念。

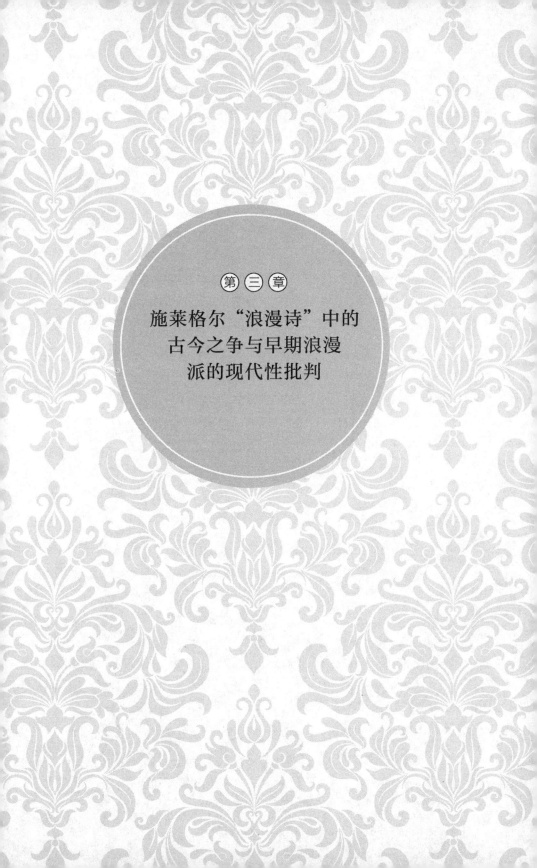

第三章

施莱格尔"浪漫诗"中的
古今之争与早期浪漫
派的现代性批判

在 1965 年的梅隆讲座（Mellon Lectures）上所做的一系列关 *165*
于浪漫主义思想来源的演讲中，以塞亚·伯林（Isaiah Berlin）试
图通过对观念史的重新梳理，为这场难以定义、甚至被认为因太
过混乱而无需再去定义的运动寻找一个确定的位置，为人们能够
尽可能理解这场错综复杂、自相矛盾但却重塑了现代世界的运动
提供一个可供参照的背景。虽然伯林跟许多浪漫主义研究的先
驱一样，将浪漫主义定位为启蒙运动和理性主义的批评者。但
是，与海涅（Heinrich Heine）和海姆（Rudolf Haym）等人不同的
地方在于，伯林所生活的时代不再是一个欧洲资产阶级革命的时
代，不再是一个德国市民阶级企图通过思想启蒙和政治批判来谋
求政治解放、建立统一的民族国家的时代。对于经历了两次世界
大战的伯林来说，启蒙运动的理性之光早已变得黯淡无光，批判
启蒙运动和反对理性主义不再仅仅具有消极的意义，相反，启蒙
的理性主义和现代性的计划最终事与愿违地带来了极端的非理性
和非人性的后果，使得我们必须重新审视德国浪漫主义对启蒙和
现代性的批判本身所具有的合理性。

伯林向人们表明，数学真理的超然与确定使现代早期的思想
家认为有可能通过效仿数学来达到关于世界的某种近乎绝对的知
识，以此来整饬世界，创造出某种理性的秩序，由此，悲剧、罪
恶、愚昧，这些在过去造成巨大破坏的事物，最终可以通过应用
谨慎获得的知识和普遍理性得到避免。启蒙时代的哲学家从物
理科学的成功中看到了将这一理想变成现实的可能性。他们相
信，如果在自然研究中引入理性和数学的方法，物理学领域里的
秩序因此得以建立，那么，我们也可以将同样的方法用于伦理、
政治和审美的领域，从根本上避免人们在这些领域中各自以排他
性原则的名义相互诋毁、相互争斗、甚至相互毁灭和相互杀戮。
然而，德国浪漫主义者和他们的先驱却极力反对这套启蒙和现代
性的计划。他们反对将跃动的、独特的、非对称的、不可归类的

活生生的人类经验分门别类，导入某种由空洞的概念和范畴组成的统一的理性秩序之中。 在他们看来，理性对世界的重新构造正在扼杀自然的活力、扼杀生命、艺术、荣誉和热情，以一种苍白的东西代替了整个丰富的感官世界。①

曾经受教于伯林的弗雷德里克·贝瑟尔（Frederick Beiser）在对早期德国浪漫主义的研究中继承了伯林对浪漫主义的定位，他同样在批判启蒙运动的框架中来理解德国浪漫主义兴起的根源。 贝瑟尔指出，早期浪漫主义者"希望在科学和技术的蹂躏之后恢复自然的美丽、神奇和神秘"。② 他们意识到，现代性的计划使人与自然完全疏离，并且通过将狭隘的分析性和反思性的理性形式应用于自然而使自然彻底祛魅。 因此，浪漫主义者希望从被破坏得最严重的感性领域出发，让艺术承担起正面对抗启蒙的理性主义的任务，反抗理性对自然、生命和情感的肢解；通过推动文学和美学的转型，维护情感的丰富性和不可归约性，并且从根本上恢复自然的神秘感、恢复自然本身的活力与创造力，开辟一条使人与自然重归和谐统一的道路。

早期浪漫派的现代性批判并不是从现代性和理性主义向中世纪和神秘主义的反动性的倒退。 因为对理性主义的批判并不等于反对科学和理性思考的价值。 就像伯林已经指出的那样，浪漫主义的先驱包括维柯、孟德斯鸠、休谟、哈曼、赫尔德，以及通过对理性自身的批判来捍卫启蒙理性原则的康德。 跟康德一样，早期浪漫主义者认同并支持启蒙的价值观，对他们来说，世俗化、人文主义、共和主义的自由与平等观念，以及理性批判的原则是值得珍视和追求现代价值。 然而，正如当代英国哲学家西

---

① Cf. Isaiah Berlin, *The Roots of Romanticism*, Princeton: Princeton University Press, 2001, pp.20 - 29, 42 - 44, 104 - 106.

② Frederick Beiser, ''German Romanticism'', *Routledge Encyclopedia of Philosophy*, ed. Edward Craig, London and New York: Routledge, 1998.

蒙·克里奇利（Simon Critchley）所说，浪漫主义旨在对这些价值进行一定的转化，以克服由这些价值所带来的对世界的祛魅。① 于是，浪漫主义者试图创造一种文化，以一种独特的、与现代理性主义不同的现代方式使自然重新获得与人类对人生意义和不朽价值的追求相呼应的独特魅力。 这使得早期德国浪漫主义对于任何希望在不抛弃现代性的知识观念和政治价值的情况下恢复人与自然的源初统一的现代哲学来说都具有重要的意义。

在这里，自然的"祛魅"和"复魅"似乎是两个含糊不清、充满歧义的概念，但我们可以从弗里德里希·施莱格尔（Friedrich Schlegel）这位早期浪漫主义运动的杰出的和最有影响力的理论家的著作中获得对这些概念的相对准确的理解。 对施莱格尔来说，当我们将一种量化的、分析性的理性作为认识的工具和方法，认定现代科学所描绘的世界是唯一合理和真实的世界时，当我们将一切无法用数学的语言和逻辑的规则加以确定认识的事物都当作某种主观的、虚假的现象加以否定时，这就意味着对自然进行祛魅（entzaubern）。 现代的以确定性为标准的知识观念和诸如个人自由、自然权利、契约国家等政治观念都源于这一在现代文化中占据主导地位的理性模式。 但是，当我们承认这种理性模式的限度，承认自然具有某种无法被理性归约的存在方式，而这些感性的、神秘的、非理性的特征在某种与科学理性不同的意义上，或者说比科学理性更高的意义上是合乎理性的，这就是让自然在这个理性化的时代重新充满魔力（bezaubern）。

鉴于施莱格尔在早期浪漫主义运动中的影响，将他对古代和现代文艺作品的批评以及作为其理论核心的"浪漫诗"（romantische Poesie）观念的形成与理论内涵置于"古今之争"的

① Cf. Simon Critchley, Very Little…Almost Nothing: Death, Literature, Philosophy, London: Routledge, 1997, pp.85-86.

168　背景中来加以考察，可以为我们理解早期浪漫主义的现代性批判和浪漫主义的自然观念提供一个极佳的路径。诚然，正如我们将会看到的那样，施莱格尔在自己的著作中似乎并没有坚持某个前后一贯的主张：从 1795 年到 1800 年，他经历了相当大的思想发展和转折，而且很少系统地论证他在每个阶段所认可的理论。但是，施莱格尔哲学—文学理论发展的几个不同阶段恰恰反映了早期浪漫派现代性批判的深刻性与复杂性：施莱格尔在他 1795 年创作、1797 年发表的《论希腊诗研究》（*Über das Studium der griechischen Poesie*）中明确表达了对现代理性主义文化的批判和对古代自然观念的推崇；而在 1797 至 1798 年创作发表的《批评断片集》（*Kritische Fragmente*）和《雅典娜神殿断片集》（*Athenäums-Fragmente*）中，施莱格尔不再将古代与现代完全对立起来，他重新评估了现代的反思性和分析性的理性观念，使启蒙的理性原则以一种浪漫诗的"反讽"的形式表现出来，这一方面保持了理性的批判性和反思性，另一方面又揭示了单一的理性视角的有限性，突破了空洞的、形式化的同一性和确定性，将理性的反思和批判转化为无限接近绝对的过程，使理性的否定性和破坏性的力量被转化为一种让本真的自然得以显现的积极的力量；在之后的 1799 年创作的小说《卢琴德》（*Lucinde*）和《关于诗的谈话》（*Gespräch über die Poesie*）中，施莱格尔进一步明确了自然本身是诗意的和创造性的，它无法被有限的理性完全穿透，在以反讽为原则的浪漫诗中，自然不再是一个由量化的、分析性的理性建构出来的僵死的物质集合，而是恢复为一个活生生的、创造性的实在，人只有通过参与自然本身的、更加原始的诗意的生成过程才能够获得真正的自由。

第一节 现代性浪潮中的"古今之争"

实际上，早期浪漫派的现代性批判是对 17 世纪末发生在法国文艺界的"古今之争"（la querelle des anciens et des modernes）的迟来的回应。① 1687 年 1 月 27 日，法国文学家夏尔·佩罗（Charles Perrault）在法兰西学院朗诵他的诗作《路易大帝的世纪》。 朗诵完后，他兴冲冲地发表了自己对文学的看法。 他认为，现代文学毫不逊色于古希腊罗马文学，甚至有过之而无不及。 这个大胆的意见立即引起文学界的权威人士布瓦洛、拉封丹、拉辛、拉布吕耶尔等人的反驳。 站在佩罗一边的则有著名作家丰特奈尔，以及法兰西学院的大部分院士。 自此之后，崇古派与厚今派双方对垒，互不相让，陆续发表了一系列论战性的诗歌、文章和著作，极尽所能地互相驳斥、讽刺、攻击。

在这场划时代的争论中，崇古派力图证明，文艺创作要以古人为榜样，不仅应当沿用古代题材，而且应当将古希腊罗马的文艺作品作为典范和模仿的对象，严格按照文艺作品的基本规则进行创作，追求结构的严谨、对称、均衡、匀整，以及语言的清晰典雅。 因为古代的文艺作品体现了普遍的理性和永恒的人性，具有高度的真实性，而文学和艺术的发展历程是一个由盛转衰，继而复兴的周期性的循环过程；现代文学只有通过对古代典范的学习和模仿，才能够从堕落或退步的状态逐渐回到繁荣和兴盛。 与之相反，厚今派则持有一种乐观的历史进步主义的态度，他们打破了作为崇古派立论基础的循环的时间观，不承认存在着永恒不变的评价标准；坚持认为文学跟科学一样，是一个从古代向现代

---

① Cf. Ernst Behler, *German Romantic Literary Theory*, Cambridge: Cambridge University Press, 1993, pp.95-96.

170　不断进步的直线性的无限的发展过程。 尽管许多理论问题在当时的纷争中并未得出最终的定论，但历史已经证明了厚今派的胜利是持久的和决定性的。

我们不应该将这场从 17 世纪末的法国开始，后来逐渐扩展到英国和德国的"古今之争"作为欧洲现代史上的一场孤立的、只具有单纯的文学和美学旨趣的事件来看待，而是应该将之恰如其分地作为现代性和现代意识的形成过程中的一个重要环节来加以理解。 古人眼中的宇宙是一个具有内在合目的性的整体，根据这种亚里士多德式的目的论的自然观，世上的万事万物存在于一个差异化的等级秩序当中，不同的事物具有与其自身独特的本性相一致的自然位置，而不同的空间因为体现着不同事物特有的本性和规定而具有不同的性质。 所以，事物的运动就被理解为一个由自身的目的所推动并趋向自身的本性和目的自我实现的过程；事物会对抗外力的作用而出于自身的内在动力回到自己的自然位置。 这样一个作为多样性的统一的合目的的宇宙是一个自身完满的、和谐的，因而也是封闭的整体。 不过，伽利略却否定亚里士多德的运动概念以及"自然位置"存在的必要性，他证明，在没有外力作用的情况下，一个沿着一条直线匀速运动的物体将以该速度沿着直线持续运动下去。 这个"惯性定律"的提出意味着伽利略抛弃了空间的异质性的观念，建立起一种具有统一性的、均质化的空间理论。

伴随着空间的质的差异性一同被取消的是不同事物的本性的多样性和差异性，以及影响事物运动的内在目的和内在动力的观念。 亚里士多德的那个丰富多彩的、不可通约的自然最终可以被化约为一个由均质化的、惰性的物质组合而成的、用一条统一的法则就可以解释清楚的宇宙。 既然事物自身独特的本性和目的随着空间的均质化一起被取消，事物的运动不再被认为是由其自身的内在目的所驱动，那么，作为表现事物运动过程的时间也就不再遵循一种将起点和终点、原因和结果统一在一起的循环模式，而是一个像空间一样均质化的、向未来无限延伸的线性模式。 根据这种新的物理科学，人们不再将万事万物的本性和目的作为解释事物存在和运动的原因，整个自然不再被视为一个完满的、封闭的差异化的等级体系，取而代之的是一个无限的、开放的宇宙。①

伽利略对亚里士多德物理学的攻击催生了一种新的自然观和新的时空观，并且正式拉开了现代世界观诞生的序幕。 而霍布斯则在伽利略的基础之上，根据伽利略的数学本体论和笛卡尔的方法论原则，进一步挑战了亚里士多德的政治学及其对人性和政治秩序的基本理解。 根据亚里士多德的说法，人天然是理性的动物和政治的动物，合乎理性地思想与言说和城邦的公共生活既构成了人独有的本性，也是人合乎自然地实现其作为人的本性的必要途径。 然而，在霍布斯看来，古代自然观的崩溃使得这种基于目的论的人性观念和政治观念变得不再具有说服力。 霍布斯认为，在一个无限开放的宇宙中，政治体和人跟宇宙间的一切事物一样，都可以被化约为空间当中运动着的物体，它们在本性上没有差异，它们的存在和运动可以用一条普遍有效的、统一的自然法则来解释。 换言之，人的理性思想和精神活动完全可以通过对人的感觉、知觉、情感、欲望等心理活动的描述得到解释，而人的心理活动又可以在人的生理状态当中找到它的根据，最后，人的生理状态也只不过是物理状态的一种延续而已。 就此而言，人的理性活动在根本上是一系列连续的物理事件的结果，而不是超越于物体运动之外的一种状态，更不是构成人的独特本性并使人作为人得以存在和运动的一种内在原因。 在这个意义上，人也就和

---

① 参见 [法] 亚历山大·柯瓦雷《从封闭世界到无限宇宙》，张卜天译，北京大学出版社 2008 年版，第 1—3 页。

172 一般的自然物无异了。

　　霍布斯基于同样的本体论和方法论原则对国家或政治体进行了分解与重组，推动了现代的国家观念的诞生。[①] 在霍布斯看来，政治体和政治秩序的产生和一般物体一样遵循着新物理科学所揭示的支配自然的普遍法则，正是这个统一的物理机制推动着原子化个人为了保存自己的生命而最终选择通过契约的方式彼此联合在一起，建立起国家，并且使所有个人作为公民被纳入到普遍的政治秩序当中。 因此，政治体和政治活动并不是某种在先的、构成人的独特本性与目的的东西，相反，它只是均质化的原子个人为了延续自己的物理生命制造出来的一台机器而已。 也就是说，国家和政治生活只具有手段的价值，它们并不是人之为人的内在目的的实现；在这个缺少目的和无条件者的物理世界中，人类行为的全部目的无非就是像所有生物一样，寻求生命的保存和物种的繁衍，除了这个没有任何实质性规定的目的之外，别无其他目的。

　　新的自然科学和政治科学在推翻了亚里士多德的权威之后纷纷踏上了一条"现代之路"（ via moderna），而艺术和审美的领域却仍然被笼罩在亚里士多德诗学的这片古代的阴影之下。 与科学呈现出来的直线性的无限进步的趋势相比，艺术被认为总是周期性地回到它在衰退时期已经背离了的高级的鉴赏力和完美典范的位置上去。[②] 因为新的物理科学已经在与古代科学的对抗中取得了决定性的胜利，从根本上瓦解了构成古代物理学和政治学之基础的目的论自然观：事物不再被认为因为处在自然的等级秩序中的某个特殊位置而具有其独特的本性和目的，事物的运动也不再被解释为一个以自身为目的和动力的自我实现的过程，这样一

---

① 参见 [美] 列奥 · 施特劳斯《霍布斯的政治哲学》，申彤译，译林出版社 2001 年版，第 2 页。
② Cf. Ernst Behler, *German Romantic Literary Theory*, p.96.

来就使空间失去了与事物本质相关的那种差异性，变成了统一的均质化的空间，也使时间失去了与事物自身内在的因果性及其合目的的运动相关的那种循环性，而变得类似于一条向未来无限延伸的均质化的直线。 相比之下，文学和艺术上的古典主义理想却仍然执着于以一个目的论的封闭的有限世界为基础的完满的自然和完美的人性的观念，坚信艺术可以而且应当真实、客观、准确地再现这个自足的真实的世界，这也正是令法国古今之争中的厚今派感到最为不满的地方。

因此，我们完全有理由将"古今之争"视为这一现代性浪潮的延续。 在与崇古派的论战中，厚今派试图摆脱亚里士多德诗学及其背后的自然观与人性观的影响，表现出了一种审美现代性。他们意识到科学的发展已经打破了那样一个封闭自足的目的论的自然，而人也不再由合乎自然秩序的某种独特的本性和目的所规定。 他们还相信，自然具有在每个时代创造出具有同样禀赋的天才的永恒力量，它并没有在创造古人和他们的世界时把自己的能量全部耗尽。[①] 因此，厚今派认为，现代艺术不再是对客观世界的模仿，不再是对一成不变的人性的表现，艺术作品根本无法抵达那个真实的自然，他们甚至怀疑这样一个秩序井然、和谐统一的自然是否真实存在。 在一个封闭而有序的世界中，时间是凝滞的或者循环的，因为万事万物都被安排在一个与其本性相符的自然位置之上，一切事物的本性都是确定的、不变的，事物运动的终点就是它的起点，运动的原因就是它的目的。 然而，当这个封闭的世界被新的物理科学瓦解之后，所有固定的本性和自然位置都随之消失，万物的存在不再具有确定的本性和确定的位置，一个新的开放的无限宇宙中蕴含着无限的可能，一切都开始向着未知的方向运动着，时间开始真正流动起来，像一条直线一样无限

---

① 参见 [英] 约翰·伯瑞《进步的观念》，范祥涛译，上海三联书店 2005 年版，第 30、35 页。

174 地向前延伸。 文艺创作应当追求不断变化的当下，立足于人自身的感觉、情感和理想来表现当下的生活经验，表现在这个世界中的人的自由和机智、敏感和迷茫、失望和憧憬。 对于现代的文学和艺术来说，以古代作品为典范和对客观世界进行模仿是没有意义的，因为一切坚固的东西都已经烟消云散了，剩下的是无穷无尽的可能和永远崭新的未来。

开始于法国文艺界的"古今之争"无疑是继新的物理科学和政治科学形成之后，现代性浪潮中的又一个高潮。 而且，古今之争中的厚今派具有更加自觉的时间意识和强烈的进步观念，他们不再把荷马、柏拉图、亚里士多德、维吉尔、奥维德、贺拉斯视为自己可以与之辩论的同时代人，而是用古今之间的鸿沟将自己与古人完全隔离开来；随着时间的无限延伸而不断累积的智慧将使现代人获得古人无法比拟的优越性。 在法国的古今之争中，厚今派始终在总体上占据着优势，而德国古今之争则表现出更为复杂的局面：赫尔德（Johann Gottfried Herder）的激进的历史主义证明，每一种文化都是独一无二的，并且按照自己特定的规定运作，因此求助于对另一种文化的模仿是没有意义的；同样，基于一种进步主义的观念，认为现代文化必然比古代文化更加优越也只是现代人一厢情愿，因为古人也是独一无二的。① 德国古今之争的主要参与者如莱辛、歌德、席勒、赫尔德、施莱格尔以及荷尔德林等人都毫不掩饰他们对古代文化与艺术的热爱，以至于 20 世纪英国著名批评家伊莉莎·玛丽安·巴特勒（Eliza Marian Butler）夸张地将古希腊艺术和文学对 18 世纪以来伟大的德国作

---

① 在所有这些似乎仅限于文学批评的争论背后，隐藏着大规模的哲学问题，因为这些争论关系到知识的发展和增长的概念。 现代性本质上是一种不承认任何典范的文化和知识生产模式。 因为知识在进步，现代人对世界的理解和认识建立在以往的成就之上并且超越了它，所以，古人必须被超越，古代作品不足以成为现代创作模仿和效法的典范。 对于 18 世纪的大多数人来说，这种现代性的自觉是由一种累积的、线性的进步愿景来定义的。 然而，在德国人对这场"古今之争"的看法中，隐藏着一种对线性的进步主义观念的质疑。

家的影响称为"希腊对德意志的暴政"（the tyranny of Greece   *175*
over Germany）。[1] 然而，他们同样批判以高特舍特（Johann
Christoph Gottsched）为代表的新古典主义所信奉的一系列刻板
僵化的美学教条和文艺创作的成规，他们更加崇尚和欣赏富有激
情与想象力的文学，强调诗人的天才和创造力。

　　卢梭对矫揉造作的现代文化的批判清楚地表明，启蒙运动和
现代性不仅仅代表一种进步，它同时不可避免地也是一种缺
失。[2] 在卢梭看来，人天生是幸福而善良的，恰恰是社会使人变
坏、使人堕落了。因为社会的发展和科学与艺术的繁荣让现代人
变得越来越用反思的理性取代了自然的情感，用他人的眼光取代
了事物自身的价值，它带来的是人与自然、人与自身、人与他人
的疏离，不知不觉地破坏了人类按照其自身的本性过一种与自然
和谐统一的生活的能力。卢梭对现代文化的批判和对古希腊文
化的推崇深深地影响了德国思想家对古与今的思考，使德国古今
之争更加倾向于古代的一方，但这种古典主义所强调的不是对古
代作品的模仿和对文艺创作的成规的遵循，而是要为克服现代文
明的种种异化和分裂，恢复人类自由、充实而有所依归的生活状
态树立起一个理想。

　　不过，卢梭并不是一个复古主义者，他清楚地知道，人一旦
远离了自由而充实的自然状态，就永远无法倒退回去了。而德国
的古典主义者也同样继承了卢梭对现代人提出的一个根本问题：
"文明人怎样既不回到自然状态，又不抛弃社会状态的优越而能

---

① Cf. Eliza Marian Butler, *The Tyranny of Greece over Germany: A Study of the Influence Exercised by Greek Art and Poetry Over the Great German Writers of the Eighteenth, Nineteenth and Twentieth Centuries*, Cambridge: Cambridge University Press, 1935.

② Cf. Rüdiger Bubner, "Rousseua, Hegel, and the Dialectic of Enlightenment", *The Innovation of Idealism*, trans. Nicholas Walker, New York: Cambridge University Press, 2003, p. 145.

176　恢复自然人的优点——纯真与幸福。"①要在现代文明中恢复自然
状态中的和谐与统一，这种可能性的根源仍然在于人类自身独特
的天性。 根据卢梭的想法，"自我完善的能力"（la faculté de se
perfectner）是使人类区别于其他存在者的一个重要特征。 就动
物而言，自然决定了它们能够是什么和将成为什么。 相比之下，
人类个体以及整个人类有着一个开放的未来，人必须通过自己的
努力来实现自己的自然禀赋和作为人的规定，而人性所独有的
"可完善性"（perfectibilité）恰恰是使这种并非由自然直接给定
的本质得到发展和实现的能力。 人性的可完善性指向了一种超
越古今对立的新的历史哲学。 根据这种历史哲学的观念，时间既
不是循环的，也不是像一条直线那样完全无目的地无限向未来延
伸；古代既不是一个应当被模仿的完美的典范，也不是一个必然
在时间的长河中被不断到来的"现在"否定和抛弃的不成熟状
态；走出自然给定的那种原始的、质朴的和谐统一乃是人类的本
性使然，正是这种可完善性使得人类必须通过一个否定性的教化
过程来重新赢回自然状态中的充实与和谐。②

　　正是这种高度发达的历史哲学使德国的古今之争突破了法国
古今之争中古代与现代之间简单的二元对立，对古代与现代的关
系保持着一种更为审慎和辩证的态度。 施莱格尔和早期浪漫派
的现代性批判作为对古今之争的一种回应，也充分体现了这样一
种辩证的态度。 施莱格尔在他的前浪漫主义时期的作品中批判
了启蒙的理性原则导致了现代世界的分裂和异化，高扬古希腊文
学和艺术作品中所表现出来的人与自然和谐统一的理想。 但他
也意识到，自然的这种未经分化的、原始的和谐状态不可能通过

---

① ［法］居斯塔夫·朗松："卢梭思想的一致性"，《朗松文论选》，徐继曾译，百花文艺出版社 2009
　年版，第 486 页。
② Cf. Oskar Walzer, *German Romanticism*, New York: Frederick Ungar Publishing, 1965, pp.
　35-36.

对古人的单纯模仿这样一种复古的方式来实现。 恰恰是人类自身的本性决定了人类必须通过与这种原始的和谐状态的分离，才能最终在人的理性和所有其他自然禀赋得到充分发展的情况下达到一种更高的、真正符合人类自身本性的和谐统一的状态。 因此，施莱格尔又对启蒙的理性原则进行了更加积极的阐释，将理性的反思和批判转化为浪漫诗的反讽，并在反讽中不断揭示特殊视角的局限性，将否定性的理性反思转化为对无限的渴望。 对施莱格尔来说，浪漫诗"指示着更高的存在，指示着无限，指示着一种永恒的爱的象形文字（Hieroglyphe der Einen ewigen Liebe）和创造性自然的神圣的生命充盈（der heiligen Lebensfülle der bildenden Natur）"，①而人只有通过浪漫的反讽不断突破空洞的、形式化的同一性，参与到有限的理性形式所无法穿透的自然本身的诗意的创造过程中，才能够获得真正的自由和与自然的重新统一。

第二节　施莱格尔的古典主义

人们常常会在阅读《论希腊诗研究》时惊讶地发现，被普遍视为欧洲浪漫主义最早的实践者和浪漫主义哲学—美学理论的奠基者之一的弗里德里希·施莱格尔是一位古典文学的狂热爱好者。 事实上，他对古希腊文化的热情如此之高，以至于连作为德国古典主义代表人物的席勒都认为他是"希腊狂热"（Graecomania）的象征。 鉴于施莱格尔在这部作品中对现代文学的批评和对"浪漫"形式的负面评论，它通常被认为反映了施莱格尔的前浪漫主义时期的古典主义立场，甚至很容易让人们将其视为一个崭露头角的批评家和理论家学徒时期的不成熟作品。

---

① Friedrich Schlegel, SKA, Band II, S.334.

178 然而，这种看法是一个严重的误解。施莱格尔思想中所包含的柏拉图主义的现实主义美学表明，这部早期著作不是一部简单地颂扬与现代主义相对立的古典主义的作品，①反而是与他后来的浪漫主义作品之间具有一种深刻的连续性。如果人们不是在这个早期的现代性批判中来寻找施莱格尔成熟时期的理论的根源，而是认为作为浪漫主义者的施莱格尔在后来的发展中彻底放弃了古代，转而拥抱现代，那么，他的浪漫主义思想在很大程度上也容易被简化和误解。②简单地说，这是因为古典主义者施莱格尔的作品提出了一个问题，而浪漫主义者施莱格尔的作品试图对这个问题做出回答。对他来说，现代性所造成的分裂和异化只有以古代文化为参照，才能够被彻底揭示出来，而且必须通过对古代文化的改造，才能够得到克服，使得一种与古代理想相一致的、新的现代性成为可能。

一、从自然的教化到人为的教化

在《论希腊诗研究》中，施莱格尔对现代文化进行了广泛的批判，肯定了古希腊文化的优越性；他在试图为古代文学进行辩护的同时，也试图为现代文学的发展指出一种新的道路。施莱格尔认为，现代性的危机已经从古典文化的崩溃开始了。随着罗马帝国的解体和拉丁语作为通用语言被放弃，欧洲文化开始分裂为越来越多的部分，表现为各具特质的形式。③尽管最初基督教可

---

① Cf. Rudolf Haym, *Die romantische Schule*, Ein Beitrag zur geschichte des deutschen Geiste1, Berlin: Verlag von Rudolph Gaertner, 1870, S.251.

② 主张在施莱格尔的思想发展中出现了从古典主义向浪漫主义转向的权威解释来自洛夫乔伊，参见 Arthur O. Lovejoy, "On the Discriminations of Romanticisms", and "Schiller and the Genesis of German Romanticism", *Essays in the History of Ideas*, New York: Capricorn Books, 1960, pp.183-206, 207-227。

③ 值得注意的是，施莱格尔在这篇早期作品中对浪漫文学的批评指向的不是后来形成的浪漫主义，而是用各种由拉丁语演化而来的现代语言即罗曼语（Romance）进行创作的文学作品。

能能够提供一个统一的媒介，但最终还是特殊性获得了胜利。 施
莱格尔在这篇文章的开头就阐明了现代文学的几个基本特征，正
是现代文学的这些独特之处使其不同于古代文学，并且在与古代
文学的对比中表现出了它的不足。"显而易见，现代文学要么还
没有达到它所努力的目标，要么它的努力根本没有一个既定的目
标，它的形成和发展没有明确的方向，它的历史的总和没有有规
律的连续性，它在整体上缺乏统一性。"[1]现代文学既不缺乏好的
作品，也不缺乏征服人心的力量，但是，"最强烈的震撼，最无止
尽的活动常常是最不令人满足的"。[2] 相反，"满足只有在完全的
快乐中才会出现，在那里，每一个既定的期望都得到实现，甚至
最小的不安也被消除了——在那里，所有的渴望都停止了。 这正
是我们这个时代的文学失去了的东西！ 我们失去的不是个人的
丰富多彩，不是绚烂多姿的美丽，而是和谐与完整，以及只能由
此而来的平静和满足"。[3]

现代文学的无目的性和无规律性让它产生了对统一的一种无
法满足的渴望。 之所以出现这种不统一，是因为现代作品专注于
对特定现象、个体或事件的详细描绘，只要求一种强烈和新颖的
效果，而不是使对细节的描绘服从于对作品的对称性、连贯性和
整体性的保持。 现代作品以足够的细致描绘了这些细节，以展示
它们的独特性和复杂性，让它们变得有趣（interessant）。 所有
这些特征都使现代作品变得不完美、不和谐，并且因为每一次享
乐使欲望变得更加强烈，要求越来越高，最终令人获得平静和满
足的希望也就变得越来越渺茫："新的变成旧的了，不寻常的变得
平常了，魅力的源泉变得索然无味了。 随着自身的力量和艺术冲
动的减弱，倦怠的接受能力消退为令人震惊的无能。 如此孱弱的

---

① Friedrich Schlegel, SKA, Band I, S.217.

② Friedrich Schlegel, SKA, Band I, S.217.

③ Friedrich Schlegel, SKA, Band I, S.217.

鉴赏力最终除了令人厌恶的粗俗以外不再渴望别的，直到它最终消亡，成为一片明显的空白。"①因此，施莱格尔认为，"性格缺失（Charakterlosigkeit）似乎是现代文学的唯一特征；困惑是贯穿其中的共同主题；无法则性是其历史的精神；怀疑主义是其理论的结果"②。

由于施莱格尔将现代文学视为连贯的文化形态的产物，因此他对现代文学的批评实际上体现了他对现代文化更为广泛的批评。一般来说，他将"文化"或"教化"（Bildung）理解为一种包罗万象的生活方式，它体现在习俗、艺术、科学和政治制度中，一个共同体的成员在这样的文化中接受教育，从他的自然性中逐渐形成和发展出他作为人的人性。③在施莱格尔看来，人的自然或天性（Natur）不是由自然直接给定的，相反，它是通过环境和外在条件的诱导、改变、促进和阻碍，也就是通过一个教化的过程而发展起来的。"没有教化，人就不可能有活力。教化是每一个人的生活的真实内容，也是那种在变化中寻求必然的崇高历史的真正目标。当人进入存在时，他就好像在与命运展开搏斗，他的整个一生都在与这可怕的力量进行生死斗争，永远也逃不出这种力量的怀抱。……人不仅需要一个在他自身之外的世界，这个世界可以反过来成为他活动的动力、要素和器官；甚至在他自己的本质的中心，他的敌人——与他对立的自然——已经扎下了根。……教化或者说自由的促进，是人类一切行动和苦难的必然结果，是自由和自然每一个相互作用的最终结局。"④

根据施莱格尔的观点，古代文化和现代文化是由自然与自由相互作用而形成的教化的两种不同方式，它们之间的关系不是一

---

① Friedrich Schlegel, SKA, Band I, S.223.
② Friedrich Schlegel, SKA, Band I, S.222.
③ Friedrich Schlegel, SKA, Band I, S.627.
④ Friedrich Schlegel, SKA, Band I, S.229-230.

种发展中的中断或者断裂，相反，古代和现代受到两种截然不同且不可通约的教化原则的支配。 现代性的教化通过阶段性的发展在 18 世纪达到了顶峰，它包含一系列具有标志性的价值观念，诸如理性主义、共和主义、世俗化、世界主义和对自由的信仰等等。① 这些价值都源于现代性的核心特征，即它的"人为"（künstlich）特征。 在施莱格尔看来，古代教化是一种"自然的教化"（natürlichen Bildung），而现代教化则是一种与之相对的"人为的教化"（künstlichen Bildung）。② 现代性之所以是人为的，因为指导其发展的原则是从知性（Verstand）中得出的概念和理论。 知性的这种人为性体现在，它的运作不受自然的支配，而是自由地规定自己的目标，决定着自然冲动的方向。 "在这里，起推动作用的、执行的力量虽然也是冲动，但起引导作用的、立法的力量则是知性：可以说，知性在本质上是最高的、起引导作用的原则，它引导和指引着盲目的力量，决定它的方向，规定整体的安排，随心所欲地对各个部分进行分离与结合。"③对施莱格尔来说，知性是一种特定类型的理性，不能将它与理性本身（Vernunft）划等号；知性是理性一旦开始独立于自然而采取的特殊形式。④

施莱格尔指出，知性的一个主要特点就是对它所研究的一切进行分割和分析："起孤立作用的知性把自然的整体分割开来，撕成碎片，以这样的方式来开始它的行动。"⑤ "知性艰难地建立起单一，但却失去了整体，"它推动了对自然整体的肢解。⑥ 其

---

① Friedrich Schlegel, SKA, Band I, S.225, 356.
② Friedrich Schlegel, SKA, Band I, S.230-231, 635.
③ Friedrich Schlegel, SKA, Band I, S.231.
④ "人们通常所说的理性，不过是理性的一个类别，一个浅薄而且乏味的种类。 也有一种富足而活泼的理性，它使机智成其为机智，赋予坚实的风格以弹性和导电性。"Friedrich Schlegel, SKA, Band II, S.159, Nr.104.
⑤ Friedrich Schlegel, SKA, Band I, S.245.
⑥ Friedrich Schlegel, SKA, Band I, S.34, 37.

次，这种知性是冷静的反思性的；因此，一种知性文化通过教育人类追求反思，忽视感性、激情和只能从激情中产生的无拘无束的行动，从而使人陷入分裂。① 在这种文化中，感性（Sinnlichkeit）处于一种压抑状态。 这些分析性和反思性的力量塑造了现代文学，引导艺术家关注个别的事物和孤立的细节，冷静地遵循美学的理论和概念，并且按照知性向自己提出的理念和理想将这些孤立的、个别的事物重新编排，努力将它们纳入到一个合乎理性的秩序中去。 因此，现代文学的缺陷就在于，它是在人为的、知性的原则的主导下产生的："现代诗的全部特点，包括最罕见的，都可以完全通过知性的这种统治，通过我们审美文化的这种人为性来得到解释。"②

在施莱格尔看来，兴起于法国和意大利，后来影响到德国的新古典主义并不是对古代文化的复兴，而恰恰是这种现代性的产物。 这种毫无生气的新古典主义具有明显的知性化和理论化的倾向，它希望通过模仿古希腊罗马文化来追求一种普遍有效性。然而，就像施莱格尔指出的那样，这种对古人的模仿乃是"幼稚的知性把个别例子上升成为普遍规律，抬高个别例子的身世，对偏见实行制裁。 最早的审美教条主义不过是关于诗的哲学理论的预习，而古人的权威……则是这种说教结构的第一要义"。③在施莱格尔对现代文化的审美后果的批评中包含了他对现代性的进一步的批判。 他认为，在现代世界，认为一切都可以完全通过我们的理智来解释的观点变得越来越普遍；这种现代文化要求"整个世界应该变得完全可以理解（verständlich）"。④ 而现代性的这幅图景恰恰预示了马克斯·韦伯（Max Weber）的名言，即在

---

① Friedrich Schlegel, SKA, Band I, S.29.
② Friedrich Schlegel, SKA, Band I, S.237-238.
③ Friedrich Schlegel, SKA, Band I, S.238.
④ Friedrich Schlegel, SKA, Band II, S.370.

现代世界中，"我们知道或者说相信，任何时候，只要我们想了解，我们就能够了解；我们知道或者说相信，在原则上，并没有任何神秘、不可测知的力量在发挥作用；我们知道或者说相信，通过计算（Berechnen），我们可以支配（beherrschen）万物。 但这一切所指唯一：世界的除魅（Entzauberung der Welt）"。①

二、 现代教化的困境与出路

对施莱格尔来说，自然的祛魅不只具有一种认知的意义；它不仅在于从根本上否认，存在着某种我们无法通过理智来加以认识的力量构成了事物存在和运动的原因，而且从它的审美后果中，我们也能够看到现代教化所造成的现代人的生存困境。 施莱格尔特别指出，在较高级的知性文化中，现代文学的目标就是"独 特 而 有 趣 的 个 体 性"（originelle und interessante Individualität）。 他在这里引用和发挥了康德关于鉴赏愉悦是不带有任何兴趣的（uninteressirt）观点。 康德在《判断力批判》中表明，就审美而言，"我们只想知道，是否单是对象的这一表象在我心中就会伴随有愉悦，哪怕就这个表象的对象之实存而言我会是无所谓的"。② 换言之，当我们把一种愉悦与一个客体的实存（Existenz）联系在一起时，这种愉悦就可以被称为"有趣"（interessant）。 因为在康德哲学中，"实存"是指一个事物能被感官感受到，并被知性范畴所规定的特征，所以，当我们对某个事物有兴趣时，或者说认为某个事物是有趣的时候，我们的欲求能力就是依赖理性原则，并通过概念的规定来进行选择或行动。现代文化的知性反思把人从自然的主导及与其的统一中抽离出

---

① [德] 马克斯·韦伯:《学术与政治》，钱永祥等译，广西师范大学出版社 2004 年版，第 168 页。
② Immanuel Kant, KGS5: 205.

184　来，同时也使自然相对于知性的人而言对象化了。因此，根据康德对鉴赏的规定，施莱格尔认为现代文学所追求的不是严格意义上的"美"（Schöne），不是那种由自然的整体和谐及其内在的无目的的合目的性所引起的鉴赏愉悦，而是"有趣"，是对那些被从整体中割裂出来的、对象化了的独特个体的兴趣。

　　然而，施莱格尔意识到，对完满性的追求和对彻底满足的渴望根植于人的本性之中，这也是现代文学渴望最终达到的目标。可是，越是沿着"个体性"和"有趣"的方向前进，现代文学就越是经常地受到它们致力于表现的那些具体和可变的事物的欺骗，越是变得狂暴和不安定。[1] 在一个与自然的必然性分离的现代世界中，个人的选择和行动都变得缺少一种必然的根据；人面对的是无穷无尽的可能性，但没有任何一种可能性具有足够充分的理由来引起人的行动，并让人在这种坚定不移的行动中获得满足。施莱格尔认为莎士比亚的《哈姆雷特》最充分地表现了这种无法消除的不和谐和这种没有尽头的纷争。[2] 在这部现代悲剧中，"通过一种奇异的处境，主人公高贵本性的所有力量都集中在了理智，而积极的行动力量却完全消失了。他的心智把他向着相反的方向拉扯，就像被捆在刑架上一样；他在多余无用的理智中瓦解和毁灭。这种理智带给他的痛苦，甚至超过了一切向他逼近的灾难"[3]。哈姆雷特的犹豫不决并非因其性格懦弱使然，相反，是过量的、无法抉择的理智让他的内心产生了分裂，他的理智无法在屡屡出现的相反的方向中为他做出选择，无法为他的反思性的心智找到一个支撑其行动的充分的理由，由此导致思考的力量和行动的力量之间极度失调。正如施莱格尔所言，"这部悲

---

① Cf. Friedrich Schlegel, SKA, Band I, S.253.

② 特别在欧洲的德语地区，莎士比亚提供了现代性之成就的一个鲜明例证，它不再迎合源于亚里士多德学说的文学理论的要求和需要。莱辛、赫尔德、施莱格尔和歌德都致力于将莎士比亚建立为现代性的典范。这反过来又需要寻找一种美学理论来确立一种独特的现代文化的有效性。

③ Friedrich Schlegel, SKA, Band I, S.247.

剧给人的总体印象是一种最大限度的绝望。 所有的印象，单就它们自身而言都显得伟大而重要，但在这个似乎是一切存在和思考唯一的最后结论面前，在把人性与命运无限分离开来的巨大的不和谐面前，却都消失得微不足道了"①。 这正是现代文学所表现出来的以人为的知性为主导的现代教化的根本困境。

现代性的教化将这种被称为"知性"的特定的理性形式作为工具，"对所有被给予的材料和现成的力量进行分离（Scheidung）和混合（Mischung）"，②将自然现象分析成它们的可计算的、均质化的组成部分，使这些部分的运动和相互作用变得透明、可理解，从而剥夺了这些现象以前似乎拥有的神秘莫测的能动性。③ 知性的兴起结束了对自然的前现代的经验：人们不再将自然经验为一个无限丰富的、创造性的、取之不尽的、无法被分析耗尽的实在。④ 除此之外，理性分析还要求人们抑制对自然现象的直接的情感反应，不再像古希腊人那样由自己的自然情感来引导自己的行为，转而采取冷静的、反思性的、对象化的理智态度。 因此，施莱格尔认为现代文化中普遍存在的理性的反思和分析形式消除了前现代的人类在自然现象中发现的神秘和随之而来的情感力量，打破了由自然力量主导的人与自然的和谐统一，最终在将人自身从自然的必然性中解放出来的同时，也让自身背负起了在缺乏内在必然性的世界中进行选择但又无从选择的沉重负担。

就像施莱格尔自己指出的那样，要真正理解这种现代教化的特质及其困境，最好的办法就是将它与古代文化进行对比。 按照他的说法，古代教化是自然的，而不是人为的。 在这种自然的教

---

① Friedrich Schlegel, *SKA*, Band I, S.248.

② Friedrich Schlegel, *SKA*, Band I, S.238.

③ "在当今时代，人们只为自然法则而奋斗……他们因此将自然视为一台机器。"Friedrich Schlegel, *SKA*, Band XVIII, S.149, Nr.312.

④ Cf. Friedrich Schlegel, *SKA*, Band I, S.34, 38.

186 化中，"知性无论怎样训练有素，充其量不过是偏好（Neigung）的帮手和译员；而由多种成分构成的冲动（Trieb）才是教化的不受限制的立法者和领导者"[1]。 希腊人不仅从他们的自由行动中创造文化，而且还能从他们的自然冲动和自然力量中创造出一种由自然主导、饱受命运捉弄却又能够自立的教化。 希腊人通过这种教化来调和自然与自由，他们的文学在给定的自然现象和自然的人类冲动中来表现自由，从而承认人类对自然的依赖与自由是完全相容的。 在这意义上，古希腊的文学同时也是神话，在这种充满诗意的生命的丰盈与古老的异教徒对自然的信仰之间存在着一种内在的联系。[2] 在古希腊文学中，自然现象体现或包含着神性，特定的地方被认为是神的居所，自然力量被认为是神所呈现出来的形式，而诸神的行为是自发且不可预测的；人不可能通过自己的理性和智慧来分析、认识并掌控自己的命运，相反，正是在自然的冲动和命运的必然性的主导下，人类才能从他们自身经历的苦难和挫折中最终实现自己的人性，获得一种难能可贵的满足。

对荷马来说，情感和自然冲动是非常重要的，它不是一种主观的内在体验，而是一种对人所共有的客观情境的表现；它们表明了在某个时刻什么是最重要的事情，以此吸引人们去做出英勇和充满激情的举动。 神灵对引发这些情感产生了关键作用，不同的神灵揭示了不同的甚至是互不相容的情境：阿芙洛狄特使得某种情境下的情欲成为可能，激励了海伦将她的情欲发挥到最佳状态；而战神阿瑞斯则唤起了阿基里斯的攻击性的情感，使其具有成为一个最勇猛的战士的可能性。 在荷马的世界中，最好的生活就是与自然、与诸神的步调保持一致。 神对荷马时代的希腊人理

---

[1] Friedrich Schlegel, SKA, Band I, S.231.
[2] Cf. Friedrich Schlegel, SKA, Band I, S.19.

解人何以为人是极为重要的。 希腊人深刻地意识到，我们的成功或失败虽然是由我们自身的行动带来的，却从不完全由我们来掌控。 他们总是很敏感、很惊奇，为那些行为心怀感激，因为不管是入睡、醒来、一呼百应、能言善辩，或者充满渴望、欲求、勇敢和智慧等，这些行为并不是只通过人自身的努力就能够完成的。 在希腊诸神中，每个神专注于一种情感以及维持这种情感的种种实践，每个神是他所在领域最卓越的生活的典范。 人充其量是敞开自身，并被这种或那种来自诸神的自然情感所掌握。[1] 所以我们会发现，就像施莱格尔已经指出的那样，在古希腊的史诗和悲剧中，"与故事形成对比的是，情节越少越好，而且这些情节都是源自命运的"[2]。 主人公鲜明的性格或者说德行（arete）使他们的生活和经历必然按照某种与他们的性格一致的命运来展现，其中没有那么多让人觉得新奇的情节，没有各种偶然的、不确定的和令人意想不到的事件。 由自然主导的古代文学不像现代文学那样执着于个别的有趣的细节，他们不是将自然对象化为一个有待我们的理性来立法和解释的外在对象，而是试图在命运的必然性中来表现自由与必然的和解。

施莱格尔在《论希腊诗研究》中通过现代教化与古代教化的对比，将现代文学的缺陷追溯到现代教化的本身的缺陷：现代教化完全由反思性的和分析性的知性主导，它压制了感性的自然冲动，在无止尽的反思中，导致了人与自然的分裂。 施莱格尔想要成为"希腊诗的温克尔曼"，通过将古代文学作为一种具有客观性的、美的理想树立起来，为现代文学开辟一条新的道路。 正是温克尔曼（Johann Joachim Winckelmann）率先从毫无生气的新古典主义风格的束缚中走出来，在他看来，希腊人提供的不是可以

---

[1] Cf. Hubert Dreyfus and Sean Dorrance Kelly, *All Things Shining: Reading the Western Classics to Find Meaning in a Secular Age*, New York: Free Press, 2011, pp.62ff.

[2] Friedrich Schlegel, *SKA*, Band I, S.300.

盲目模仿的艺术作品,现代人应该模仿的不是希腊的艺术风格,而是希腊艺术对自然本身的探究。 同样,对施莱格尔来说,简单模仿古代是毫无意义的,现代性受到一系列独特的环境的制约,它不能简单地模仿自然,因为它已经进入了现代哲学所开创的反思性的自我意识的时代。 施莱格尔清楚地表明现代文化可能处于某种突变的边缘,正如他在 1794 年对他的兄弟奥古斯特·施莱格尔所说的那样,现代性的根本任务是综合那些在本质上是古典的和本质上是现代的东西,①是理解并超越古代和那些迄今为止定义现代性的东西。 对那些从整体中分离出来的独特的个体性的鉴赏能够令人感到"有趣",但无法产生让人完全满足的真正的"美",在施莱格尔看来,现代文学不能停留在这种追求刺激和标新立异的趣味中,相反,现代文学的崇高使命是追求个性和有趣并在创造了过量的个性和有趣之后转而去寻找客观。"过量的个性会自动向客观性发展,有趣是美的准备,现代文学的终极目标只能是最高的美,是客观的审美的完满性的最大化,而不会是别的东西。"②施莱格尔在《论希腊诗研究》中为现代文学树立了经由有趣本身通往美和客观性的理想,而实现这个理想的具体方式恰恰是在其之后的浪漫主义作品中才得到进一步的论述和展开的。

第三节　浪漫的反讽与自然的复魅

在施莱格尔完成《论希腊诗研究》之后,席勒(Friedrich Schiller)发表了《论质朴的诗与多情的诗》(*Über naive und sentimentalische Dichtung*, 1795—1796)。 在这部比施莱格尔的

---

① Cf. Oskar Walzer, *German Romanticism*, p.40.
② Friedrich Schlegel, SKA, Band I, S.253.

《论希腊诗研究》更早问世的著作中，席勒对古代文学与现代文
学进行了类似的比较。 从古代文学和现代文学的类似区别出发，
席勒提出了现代文学的独特优点。 古代作家模仿他所拥有的自
然，而现代作家则努力将他回归与自然的理想化的统一。 古代作
家是客观的，为了模仿而把感情留在作品之外；而现代作家则是
主观的，他让自己的感情表现在他对理想的渴望中。 因此，在席
勒看来，对看到了自然的和谐统一的古代作家来说，他们对自然
的这种情感是"质朴的"（naive），而对现代作家来说，由于现代
的不和谐的文化而渴望自然的和谐统一，这种情感是"多情的"
或"多愁善感的"（sentimentalische）。 席勒认为，这些文学形式
中的每一种都有其优点，无法以其中一种类型的标准来判断另一
种类型的好坏。 和施莱格尔一样，席勒看到了现代教化的核心特
征，即追求无限理想、至善。 现代人虽然失去了与自然的内在联
系，却获得了更大的自由和理性。 席勒认为，现代文学是现在唯
一适合现代教化的艺术形式，因为不可能回到希腊人的质朴和天
真。 模仿希腊人是没有意义的，因为他们的艺术是他们文化的产
物，而这种文化已经一去不复返了。 但这种损失不应成为哭泣或
咬牙切齿的理由。 对无限理想的追求给现代文学带来了一定的
优势。 由于古典文学必须模仿给定的对象，因此它的表现形式受
到限制。 但由于现代文学的对象是无限的，它可以用多种方式表
达自己的理想，给诗人的想象留下空间。 必须指出的是，虽然席
勒的著作涉及许多与施莱格尔的研究相同的主题，不过施莱格尔
在创作时对席勒的工作一无所知，他甚至在后来为《论希腊诗研
究》所写的序言中指出，如果他能在他的这篇文章送到出版社之
前读到席勒的著作，他论述现代文学的起源和原创性的部分可能
就不会那么不完美了。①

---

① Friedrich Schlegel, SKA, Band I, S.209。

尽管施莱格尔承认席勒的论文让他对古代文学的局限和现代文学的优势有了新的认识，但这并不意味着施莱格尔的古典主义与现代性是完全对立的。实际上，施莱格尔的基本立场与席勒是一致的，他在《论希腊诗研究》中虽然对古代文学推崇备至，对现代文学和现代教化进行了尖锐的批评，但这么做的目的本身是为了通过这种文艺批评来提出一种对现代性进行更新的方案，而这个综合古代与现代的新的现代性计划就是浪漫主义。① 在这个意义上，作为浪漫主义者的施莱格尔是作为古典主义者的施莱格尔的继续，而不是他的对立面；二者之间不但没有隔阂，而且更确切地说，施莱格尔的浪漫主义只是作为古典文学研究者的施莱格尔所思考的一个问题的必然结果。② 因为施莱格尔在《论希腊诗研究》中对现代文学的批评和对古代文学的推崇本身就是出于推动现代文学转型的需要，他并不主张一味对古代作品进行模仿，甚至批判新古典主义的生搬硬套，而浪漫主义正是在美和客观性这种古代理想的感召下发展起来的现代文学形式。正如贝勒尔所言，事实上，施莱格尔的浪漫主义文学理论必须被视为试图将这两种对立的美学统一起来，找到古典与现代的一种综合的努力。③ 因此，我们会看到，即便是在施莱格尔浪漫主义时期的作品中，他在大量谈及古代文学和艺术的地方，也并未出现任何贬损之词。比如在 1799 年的《理念断片集》（*Ideen*）中，施莱格尔写道："古人的所有古典诗歌都是彼此相关、不可分割的，它们

---

① 让-马里·舍费尔（Jean-Marie Schaeffer）对施莱格尔与席勒关于古今之争的讨论之间存在的差异进行了较为详尽的考察，参见 [法] 让-马里·舍费尔《现代艺术——18 世纪至今艺术的美学和哲学》，生安锋、宋丽丽译，商务印书馆 2012 年版，第 205—213 页。

② Cf. Richard Brinkmann, "Romantische Dichtungstheorie in Friedrich Schlegels Frühschriften und Schillers Begriffe des Naiven und Sentimentalischen: Vorzeichen einer Emanzipation des Historischen", *Deutsche Vierteljahrsschrift für Literaturwissenschaft und Geistesgeschichte*, 32（3）, 1958, S. 358.

③ Cf. Ernst Behler, "The Origins of Romantic Literary Theory", *Colloquia Germanica*, Vol. 2（1968）, p. 117.

组成了一个有机的整体，恰当地看，它们构成了唯一的一首诗，是唯一一首诗的艺术本身在其中完美呈现的诗。"①事实上，在整个浪漫主义时期的作品中，古代作品仍然是施莱格尔持久的参照点，这也是对其思想的连续性的一个有力证明。

然而，施莱格尔自己也意识到，他在《论希腊诗研究》中虽然提出了改造现代文学的任务和基本方向，但并没有真正找到使得古代的客观性和美的理想与现代的个体性和有趣的鉴赏愉悦调和起来，使一种新的现代性和现代文学得以实现的具体方法和途径。正如施莱格尔所言，"我那篇关于希腊研究的论文是用散文写成的、歌颂诗中的客观性的一首矫饰的颂歌。我觉得其中最糟糕的是完全没有不可或缺的反讽，而最优秀的则是那个信心十足的假设，即诗的价值是无限的"②。在《批评断片集》和《雅典娜神殿断片集》中，施莱格尔对现代文学和整个现代文化应该如何转型有了一个更加明确的认识：一方面，"断片"（Fragmente）这样一种写作方式是对现代教化中脱离了整体的无穷无尽的独特个体性的非常直观的表现，它充分展现了现代性的碎片化的一面，同时也表明这些碎片化的个体性根本无法在一种主体性的体系中被重新统一起来；而另一方面，"反讽"（Ironie）又促使这些个体性渴望无限，虽然无法最终达到，但却能够推动它们在自身反思中不断接近完满的整体性。施莱格尔将现代文学和教化的这种新的形态称为"浪漫主义"（Romantik），而所谓"浪漫诗"（romantische poesie）正是对古代的美与客观性的理想、对人与自然的统一的一种现代性的表达。实际上，施莱格尔的工作赋予了浪漫文学以新的内涵，在此之前，"浪漫"仅仅是一个与现代文学相关的历史范畴，它主要是指用各种由拉丁语演化而来的现代语言，即罗曼语

---

① Friedrich Schlegel, SKA, Band II, S.265, Nr.95.
② Friedrich Schlegel, SKA, Band II, S.147 - 148, Nr.7.

（Romance）进行创作的文学作品，而施莱格尔则用这一术语意指诸多处于矛盾中的个体性朝向一个整体的有机的动态综合。

一、"浪漫诗"的观念

根据施莱格尔的定义，浪漫诗是一种"渐进的总汇诗（progressive Universalpoesie）"，不仅是因为它结合了文学创作的各种体裁、类型和主题，并试图将它们统一在一个单一的作品中，更是因为它"使诗变得富有生机和社会性（lebendig und gesellig），使生活和社会变得富有诗意（poetisch）"。"它包括了凡是充满诗意的一切，最大的大到把许多其他体系囊括于自身中的那个艺术的体系，小到吟唱着歌谣的孩童哼进质朴的歌曲里的叹息和亲吻。 它可以消失在被描述的对象中，这样一来便使得人们相信，自己正在刻画的形形色色的诗意的个体，乃是他们的'一与全'（Eins und Alles）。 ……只有它能够在被表现者和表现者之间，不受任何现实的和理想的兴趣（Interesse）的约束，乘着诗意反思的翅膀翱翔在二者之间，并且持续不断地使这个反思进行复制，就像在一排无穷无尽的镜子里那样对这个反思进行复制。 浪漫诗有能力达到最高的和最全面的教化，并且不只是由内向外，而且也是由外向内。 它所采用的方法，是替每一个在浪漫诗的作品中都应成为一个整体的人把其各个部分以类似的方式组织起来；这样一来浪漫诗便有望获得一个无限增长的古典性（Klassizität）。 ……浪漫诗风正处于生成之中；的确，永远只在生成，永远无法完成，这正是浪漫诗的真正本质。 ……浪漫诗体裁是唯一大于体裁的文学形式，可以说就是诗本身：因为在某种意义上，一切诗都是或者应当是浪漫的。"①

---

① Friedrich Schlegel, SKA, Band II, S.182-183, Nr.116.

浪漫诗不再将个体作为单纯的、碎片化的个体来看待，而是 *193*
将其表现为体现着整体的单一，表现为一个在自身中包含着成为
一个整体的有机组成部分的可能性的"诗意的个体"。 就此而
言，浪漫诗是一种现代性的文学形式，它不再单纯地模仿古代作
品，在命运的必然性中表现人与自然的统一，而是承认知性的反
思以及这种反思使人从整体的自然中分离出来，成为独特的、碎
片化的个体的不可避免性。 但另一方面，浪漫诗又是古代文学的
现代延续，现代文学的进步过程就是无限增进的古典主义的一个
过程。 因为现代性的反思形式虽然使得浪漫诗着重于表现对象
化了的个体的有趣，但是，浪漫诗独特的"诗意的反思"
（poetischen Reflexion），也就是施莱格尔所说的"反讽"，使它不
被这些兴趣所束缚，并且具有一种使碎片化的个体重新作为一个
整体组织起来的力量。 不过，这种力量并不表现为一种基于主体
的知性的强制性的外在统一，而是表现为出于个体自身的内在动
力朝向整体性发展的动态的、无止尽的形成的过程。 通过这种浪
漫主义文学的构想，施莱格尔从正面重新阐述了现代文学的碎片
化、无法满足的渴望和反思的取向。 因此，他认为浪漫诗并不反
对现代性，而是一种朝向古典的美的理想而得到更新的现代性。
这意味着，古代与现代之间的争执实际上应当被理解为现代性内
部的分歧。①

"断片"是浪漫文学最主要的体裁之一。 断片的独特性在
于，它是一种既完整又不完整的形式，它既是整体又是部分，它
既是对整体的表现又意识到自身作为部分的不完整性。 正如阿
多诺指出的那样："浪漫主义的断片观念作为一种结构是不完整

---

① Cf. Ingrid Oesterle, "Der 'glückliche Anstoß': ästhetischer Revolution und die Anstößigkeit
politischer Revolution. Ein Denk-und Belegversuch zum Zusammenhang von politischer
Formveranderung und kultereller Revolution im Studium-Aufiatz Friedrich Schlegels", *Zur
Modernität der Romantik*, hrsg. Dieter Bänsch, Stuttgart: J.B. Metzler, 1977, S.167－216.

的，但是它通过自我反思前进到无限，在观念论中支持这种反观念论的动机……它在断片中思考，就像实在乃是碎片一样，它在分裂中，而不是在对分裂的掩盖中寻找统一。"①早期浪漫派虽然没有提供一种关于断片的理论，甚至没有给出一个确定的定义，但是断片的写作实践打开了不连续写作的可能性，甚至是一种新型的现代性的表现形式。因为断片从来不是孤立地写出来的，所以断片的集合是一个不连续且不均匀的场。不同长度和价值的文本可能没有明显的主题性的关联，但也正是这种无主题性，使得看似不相关的内容指向了某种更深层次的关联，这既给读者的阅读带来了某种不连贯的节奏或者突兀的音乐感，也突破了知性的同一性的限制，使无穷的、彼此独立的个体能够在更大的主题和更加整体性的脉络中组织起来。因此，断片的集合可以处理潜在的无限数量的主题，这些主题不需要达成任何一致或构成任何连贯的论点，而只是证明思想的不断交替和分化，证明绝对和无限的现实性。断片是一种强烈而敏捷的能量的体现，代表了一种绝对地无限延伸的力量。②

　　断片的写作实践体现了浪漫诗的核心特征，即"反讽"。在《批评断片集》中，施莱格尔第一次向公众提出了他的反讽概念："哲学是反讽的真正故乡，我们可以把它定义为逻辑的美：因为无论哲学思考出现在口头对话抑或书面对话中的任何地方，只要不局限于完全的体系化，人们都应该进行和要求反讽。……当然，也有一种作为修辞方式的反讽，如果运用得有节制，也会产生极佳的效果，尤其是在辩论当中；但这种反讽与苏格拉底的缪斯女神的崇高优雅相比，就如同最精彩的演说与风格崇高的古代

---

① Theodor Adorno, *Noten zur Literatur*, Frankfurt am Main: Suhrkamp Verlag, 1981, S.24 - 25.

② Cf. Simon Critchley, *Very Little … Almost Nothing: Death, Literature, Philosophy*, pp.107 - 108.

悲剧相比。 因此，只有诗才能在这个方面提升到哲学的高度，并且不建立在像修辞学那样的反讽的基础之上。"①施莱格尔将一种相对化的、怀疑的、辩证的和中介的功能与反讽联系起来。 对他来说，反讽是一种使个体性向着完满的整体不断接近的恰当的方法，这种方法既具有知性的反思的特征，同时又防止因为任何基于主体的知性规则的确定的认识被视为某种最终的、绝对的真理，而固化了反思所造成的个体与整体的分裂。 在施莱格尔看来，任何对"绝对"或"无限"的认识和传达都只能是片面的，这些尝试只能够提供各种有限的视角，而反讽却使得一种灵活的、开放性的思维和表达成为可能，并且重新打开了被现代知性教化封闭了的通往人与自然的客观的统一的道路。

在对施莱格尔反讽学说的传统解读中，例如黑格尔和克尔凯郭尔的解读，都认为这种反讽是以费希特的自我哲学为基础。 根据这种解读，正如对费希特而言，绝对自我必然将客观世界或非我设定为它自己的产物，在浪漫的反讽中，自我努力消灭外部存在者，揭露它们最终的不真实，将自我以外的一切，包括非我或自然都视为虚幻，因而这是一种在艺术领域玩弄自由的态度。 浪漫派的反讽者洞穿了现实的幻象，但它赢得的只是可能性；他否定了一切实体性的内容，得到的只是空虚。② 由此，黑格尔和克尔凯郭尔得出结论，认为浪漫派的反讽否认自我之外的任何事物（包括自然）具有内在的价值和现实性，这一立场似乎强化了现代的反思的知性对自然的否定和祛魅。 不过，这种传统的对浪漫主义的费希特式解读已经受到了广泛的批评。 事实上，尽管施莱格尔曾经一度被费希特的知识学所吸引，但从 1796 年开始，他就越来越拒斥费希特的主体性形而上学，并且转向了斯宾诺莎的实

---

① Friedrich Schlegel, SKA, Band II, S.152, Nr.42.

② 参见 [德] 黑格尔《美学》(第一卷)，朱光潜译，商务印书馆 1979 年版，第 80—83 页；[丹] 克尔凯郭尔《论反讽概念》，汤晨溪译，中国社会科学出版社 2005 年版，第 235—248 页。

体一元论。 施莱格尔与其他浪漫主义思想家已经达到了这样一种超越主体主义的观点，即由于绝对本身先于主体与客体的二分，因此不能将绝对与主体性等同起来，而必须将其理解为某种更深层次的、绝对同一的实体，它构成了主体与客体得以存在的基础，而作为绝对的实体对于主体的有限的知性来说必然是不可知的。 因此，在我们运用反思的知性努力认识这个无限的实体的过程中，浪漫诗必然以反讽的形式将这一认识过程表现出来，因为我们的知性只能够通过一个在对确定性的寻求中使自身一再陷入矛盾的、否定性的动态过程，不断接近或者部分揭示真正的绝对和无限。

　　"反讽"一词源于古希腊语 eironeia 或 eiron，它的拉丁文翻译是 simulatio、dissimulatio、permutatio 或者 ironia。 eiron 这个词的本意是指喜好恶作剧，后来指阿里斯托芬喜剧中的骗子和江湖骗子的形象：他是一个欺骗听者以谋取私利的伪装大师，他佯装无知，在自以为聪明的对手面前说傻话，最后反而显示出自以为高明者的愚蠢，因此这个词又具有假装或掩饰的含义。 在亚里士多德的《尼各马可伦理学》中，eiron 仍然与掩饰有关，但它主要是指低估他所知道的东西的对话者的高尚的自我贬低；由于这个原因，反讽是对说真话这一美德的一种弥补。① 在 18 世纪以前，对反讽这个术语的理解主要有两个方面，而这两者都已经和苏格拉底的形象联系在一起了。 一方面，反讽是指一种特定的社会行为。 在柏拉图的对话中，苏格拉底就扮演了这样一个反讽者的角色。 他为了实现教育、道德和认知的目标而伪装自己，自称无知，一步步地将那些自以为是的人引向自我否定的窘境，促使他们通过这一自我否定的过程从熟知走向真知。 另一方面，反

---

① Cf. Ernst Behler, *Irony and the Discourse of Modernity*, Seattle: University of Washington Press, 1990, p.77; Ernst Behler, *German Romantic Literary Theory*, pp.142-145.

讽被理解为一种纯粹的修辞手法，一个人想要通过这种手法来表 *197*
达与他所说的东西相反的意思，也就是正话反说，但只有当讲话
的对象理解了他所说的话背后的含义时，这种反讽的修辞才是成
功的。 这两种古老的反讽形式都有相同的模式，即行为（言说）
和意图（内容）之间存在差异。 这种差异比直接阐明有更大的解
释空间，而有意识地创造清晰和模糊、明确的意义和不确定性之
间的差异正是反讽修辞的力量。[①]

　　阿里斯托芬正是从反讽的这样一种修辞作用出发，认定苏格
拉底是一个无意于寻求真理的智者和诡辩家，他只是通过佯装无
知来使对话者陷入矛盾，动摇他们的认识和道德信念。 因此，在
苏格拉底的同时代人眼中，恰恰是反讽代表着不正直、不真诚，
是阴险、狡猾和城府甚深的表现，而这些特征被强加在了苏格拉
底的身上。 与此相反，柏拉图却从苏格拉底的反讽中看到了一条
具有积极意义的通向美德与真理的道路。 在柏拉图看来，苏格拉
底从来没有把反讽变成单纯破坏性的、无目的的游戏；他考虑的
只是事物本身的客观规定，唯独不承认主观的意图。 因此，只有
通过这种苏格拉底式的、由事物自身的理念所引导的反讽，才能
真正揭示表象与本质之间的矛盾，推动"灵魂的转向"，使人避
免沉溺于自身的主观性和个别性之中。

　　施莱格尔明确区分了作为一种修辞手法的反讽和作为一种哲
学方法的反讽，或者更准确地说，他效法了柏拉图对他的老师苏
格拉底的反讽实践所进行的阐释与重构，将作为修辞手法、只具
有辩论功能的反讽上升到具有哲学意义的、以认识绝对为目的的
浪漫主义的反讽。 对深受柏拉图影响的施莱格尔来说，反讽不仅

---

① Cf. Ernst Behler, *Irony and the Discourse of Modernity*, pp.76, 82.

198 仅是一个哲学问题，而且哲学本身就应当是反讽的。[1] 就此而言，苏格拉底的反讽无疑是哲学的典范："苏格拉底的反讽是唯一绝对不任性的，但却绝对审慎的佯装。要想故作反讽或者流露出反讽，是不可能的。……在这种反讽之中，一切应当既是戏谑的又是严肃的，一切应当既是坦率公开的又是深深地伪装起来的。反讽源自生活的艺术感与科学精神的结合，源自完满的自然哲学与完满的艺术哲学的交汇。它包含并且激励着一种在无条件者与有条件者之间、在完全传达的不可能性和必然性之间无法化解的矛盾的感觉。"[2]

反讽体现了一种分化的作用，这种分化在各种分离的要素之间建立了不可调和的冲突。用形而上学的术语来说，这意味着反讽表达了绝对和相对之间的矛盾关系。反讽者感到无条件者和有条件者之间的冲突，因为任何对无条件者的认识都会因自身不可避免地陷入的种种矛盾而被证明是有条件的。[3] 同时，反讽的出现还表明完全的传达是不可能的，因为通过知性的、合乎逻辑的概念或命题形式表达出来的任何观点都是片面的，任何概念都是有限的，任何陈述都是不完美的；无限或绝对在本质上超越了知性的规定，无视任何单一的观点。不过，这也到预示着完全传达的必然性，因为只有一个动态的、相互关联的有机整体的存在，它引导和组织我们原本盲目而分散的努力，这些有限的、独

---

① 关于浪漫主义反讽的哲学意义的研究，可参见 Oskar Walzel，"Methode? Ironie bei Friedrich Schlegel und bei Solger"，*Friedrich Schlegel und die Kunsttheorie seiner Zeit*，hrsg. Helmut Schanze，Darmstadt: Wissenschaftliche Buchgesellschaft，1985，S. 71 - 94；Rüdiger Bubner，"The Dialectical Significance of Romantic Irony"，*The Innovation of Idealism*，trans. Nicholas Walker，Cambridge: Cambridge University Press，2003，pp.201 - 215。

② Friedrich Schlegel，SKA，Band II，S.160，Nr.108.

③ 维塞尔有力地证明了施莱格尔所理解的反讽与康德所揭示的理性在认识无条件者时必然产生的二律背反（Antinomie）之间的内在联系和重要区别，参见 Leonard P. Wessell，"The Antinomic Structure of Friedrich Schlegel's Romanticism"，*Studies in Romanticism*，vol. 12，issue 3（1973），pp.667 - 668。

立的、个体性的观点才能够被理解。 追求确定性、追求绝对和无限的努力所导致的矛盾、悖论和反讽使我们不可能在任何完成了的知性的体系中停下脚步，因为绝对和无限总是包含着比我们的知性所能传达的东西更深刻的视角、更丰富的概念，更充分地满足整体性、丰富性和经验的深度。 反讽使认识者"不断从自我创造转变为自我毁灭"，[①]因为他总是提出一个新视角，更丰富的概念，更清晰的表述；但他也总是不得不否定自己的努力。 通过这个自我创造与自我毁灭之间的互换，认识者在永恒的追求中向无限和绝对、向自由与必然的统一不断迈进。

施莱格尔从（柏拉图笔下的）苏格拉底的反讽实践中看到了一种将古代与现代结合起来的新的现代性的可能。 对施莱格尔来说（就像对柏拉图来说），苏格拉底当然是一只永远的牛虻，但他也是最有智慧的人，正是因为他知道自己一无所知。 在施莱格尔看来，通向真理的教化不仅需要诉诸理性的反思来超越未经反思的感觉经验和日常信念，而且还需要不断克服反思所导致的人与自然的分裂，避免用合乎逻辑的普遍必然性和确定性完全取代事物本身的真实规定。 合乎理性规则的认识固然是普遍有效的，但是这种通过否定有限、否定感性存在达到的形式化的普遍性和确定性，却不可能获得对存在本身的完满的和整体性的认识。 因此，作为"逻辑的美"，反讽体现了一种扬弃逻辑规律的绝对有效性，通过使合乎逻辑规律的确定的命题陷入自相矛盾，从而将理性与感性、哲学与艺术、逻辑与美结合起来的观点。 不仅如此，作为悖论形式的反讽是一种力量，它能够将两个或更多相互矛盾的主张聚集在一起，而不会稀释或合并其中任何一个。也就是说，它是"一种作为一个整体及其所有部分的理性的力量"，它将所有理性的能力彼此联系起来，从而将它们与世界联

---

① Friedrich Schlegel, SKA, Band II, S.151, Nr.37.

200　系起来。① 正是因为具有这种能力，反讽既是浪漫诗所特有的创造性结合活动的动力，也是限制这种努力的力量；它既推动了我们的对绝对和无限的追求，也限制了我们自以为认识到了绝对和无限的自命不凡。②

　　对施莱格尔来说，反讽的概念预设了一种"审视一切并且无限超越所有限制的情绪"，③正是这种情绪使认识者不得不怀疑他的任何特定陈述是否足以表达事实。与此同时，浪漫的反讽也是一种方法，通过这种方法，浪漫主义的作品可以连续不断地耦合一些互不关联的，或者至少是表面上互不关联的命题，这些命题不知疲倦地、真诚地朝着绝对的方向努力。这些个体性的片段是浪漫的，因为它们不断地、真诚地努力达到绝对；它们具有反讽的意味，因为它们的形式是矛盾的。每一个片段作为个体性都是绝对和无限的体现，它们将对立面结合在一起。这些片段从来都不是单一的，而是多重的；这种在对绝对的热切追求中的嬉戏结合一次又一次地发生。然而，反讽的目的不是创造一个完整的体系，或者说正是因为反讽的力量使得最终的、固化的整体对人的理性认识来说变得不可能，反讽不断地让绝对和无限在个体性与其对立面的矛盾运动中得到展现——通过对立物的结合，一个动态的整体被创造出来，它不仅由存在组成，而且还包括非存在的空间，这是使个体性在整体中的动态结合发生并确保其延续所必需的。

---

① Friedrich Schlegel, *SKA*, Band XVIII, S.310, Nr.1397.

② Cf. Oskar Walzer, *German Romanticism*, New York: Frederick Ungar Publishing, 1965, pp. 43-44.

③ Friedrich Schlegel, *SKA*, Band II, S.152, Nr.42.

二、反讽与自然的复魅

施莱格尔将反讽视为调和现代性的两种相反的要求，从而创造出一种新的现代性的方法论原则：一方面，现代性由反思性的和分析性的知性所主导，要求完全的个体性，鉴赏被独特的、原创的、具体的和有趣的事物所吸引；但另一方面，现代性又努力追求着总体性和绝对性，由知性主导的反思渴望能够在某种最终的和谐中获得满足。正如恩斯特·贝勒尔（Ernst Behler）在他为《施莱格尔全集历史考证版》第18卷撰写的编者导言中指出的那样："对施莱格尔来说，反讽是一种能力，它不断地将'对整体的预感'中的精神从有限自我的固执中撕扯出来。"[1]在这个意义上，反讽的作用无疑是解放的，但它的解放是通过否定，甚至是毁灭单纯的知性逻辑来实现的。反讽的这一解放作用，在破坏了有限视角的自我膨胀时，重新打开了使无穷的个体性不断接近绝对和无限、通往整体与和谐的前景，由此激发了被知性所压抑的自然本身的创造力。[2]

基于反讽的原则，浪漫主义作品所描绘的自然既是可以被认识的，但又具有某种与其在现象中所呈现的样态不同的、一般的理智难以理解的本质。按照施莱格尔的说法，在一部浪漫的作品里，"可见者中的一切都是可信的和真实的，但又充满了神秘的意蕴和与不可见者的联系"。[3] 人们试图去认识和传达绝对，但却只能接触和描述可见的和有限的事物；然而，对这些有限事物的

---

① Friedrich Schlegel, *SKA*, Band XVIII, S. XVIII.

② Cf. Jochen Hörisch, *Die fröhliche Wissenschaft der Poesie: Der Universalitätsanspruch von Dichtung in der frühromantischen Poetologie*, Frankfurt am Main: Suhrkamp Verlag, 1976, S. 15–20; Ingrid Strohschneider-Kohrs, *Die romantische Ironie in Theorie und Gestaltung*, Tübingen: Max Niemeyer Verlag, 1960, S. 8, 67–68.

③ Friedrich Schlegel, *SKA*, Band II, S. 297.

描述又同时传达了一种难以完全通过理性来认识和分析的关于无限的感觉。通过这种方式，浪漫主义作品让心灵重新被自然的神秘感和无限性所包裹。值得注意的是，施莱格尔还指出，在浪漫诗中，有限的事物表明指示着"创造性自然那神圣的生命充盈"（der heiligen Lebensfülle der bildenden Natur），[①]也就是说，浪漫诗使我们产生了对自然的一种全新的认识，即通过浪漫诗，我们不再只是将自然视为与我们的反思性认识相对立的一种对象化的存在，而是现实地感受到一个具有内在无限性的创造性自然的奇妙。在施莱格尔看来，这种"在无条件者与有条件者之间、在完全传达的不可能性和必然性之间无法化解的矛盾的感觉"，正是由浪漫的反讽所揭示的人对自身与自然之间的真实关系的感觉。因为无限不能还原为我们可以确切认识的任何有限的、对象化的自然现象，我们会感觉到无限具有永不枯竭的生命力；无限之于有限的关系，就如同斯宾诺莎所说的"创造的自然"（natura naturans）之于"被造的自然"（natura naturata）的关系。虽然无限是不可能被我们的理智确切认识的，但当我们感觉到它的不可知性时，我们赋予它一种无法被知性穿透和穷尽的丰富而能动的力量。因此，"每个事实都必须具有严格的个性，同时既是一个奥秘，又是一个具有创造性的实验，即创造性的自然的实验。奥秘和神秘是通过热情，通过哲学的、诗意的或者道德的感知所能理解的一切"[②]。

值得注意的是，施莱格尔提出关于浪漫诗的构想在根本上仍然是现代的。他比自己在撰写《论希腊诗研究》时更加充分地意识到，现代文学和整个现代文化的出路不是模仿古代作品的典范，不是直接返回到未经理智反思分化的源初统一的自然中去，

---

① Friedrich Schlegel, SKA, Band II, S.334.
② Friedrich Schlegel, SKA, Band II, S.249, Nr.427.

而是必须将看似矛盾的古代原则和现代原则结合起来，在现代教化的基础上保存或者恢复这种理想化的绝对和谐。[1] 就像他在《雅典娜神殿断片集》中呼应自己的早期作品时指出的那样，真正的"质朴（Naiv）就是在达到了反讽，或者说达到了自我创造与自我毁灭的持续交替的意义上是或者显得是自然的、有个性的和古典的。 质朴如果单单是本能（Instinkt），那么就仅仅是天真、幼稚或愚昧的；质朴如果单单是意图（Absicht），就会产生矫揉造作（Affektation）。 美的、诗意的、理想的质朴必须同时是意图和本能。 在这个意义上，意图的本质就是自由。 意识还远远不是意图。 ……意图所要求的不是深刻的计算或计划。 就连荷马作品中的质朴也不是单纯的本能，其中至少由如此多的意图，比如在可爱的儿童和纯粹的少女的优美中。 即使荷马没有意图，他的诗及诗的本来的作者，即自然，却有着意图"。[2]

在施莱格尔那里，浪漫诗以一种独特的现代方式使得因现代教化而分离的人与自然有机会重新统一起来。 反思是反讽的必要前提，这一点其实是将哲学意义上的反讽与仅仅作为一种修辞术和论辩术的反讽区分开来的关键。 智者的诡辩式反讽服务于真理之外的主观目的，它拒斥普遍和绝对的东西，承认所有事物作为个别的、有限的事物的真实性和有效性；而苏格拉底式的反讽（同时也是浪漫主义的反讽）却是以超越个别之物的普遍概念（绝对或无限）这样一个反思性的规定为前提，它包含着最深刻的和原则性的客观性。 在这种反讽的过程中，个别性不是被知性的反思彻底取消，而是在被从概念自身中分离出来的同时，又作为概念自身的规定被综合进作为无限的概念的整体之中，这既是一个分析的过程，又是一个综合的过程。 与此同时，普遍的概念

---

① Cf. Oskar Walzer, German Romanticism, p.37.
② Friedrich Schlegel, SKA, Band II, S.172-173, Nr.51.

也避免了因反思而导致的抽象化和空虚化，成为将一切个别之物统一于自身的、具有创造性的自然；这种无限的充盈虽然无法通过我们的反思的和分析的知性得到彻底的解释和认识，但却能够在浪漫的反讽中得到不断的显现。施莱格尔呼吁克服现代性对自然的祛魅和对无限的消解，但他并不是要从现代性中撤退，而是要在浪漫诗中将知性的反思提升为浪漫的反讽，以此在坚持现代性原则的前提下，在一个作为有机整体的合目的的自然中为迷失的个体性重新找到目的和方向。就此而言，施莱格尔并不是想废除现代教化的知性原则；相反，这些原则应当得到恰当的引导，以使它们获得更加完善的形式，并且真正实现它们的价值。①

第四节　自然的诗性统一

对施莱格尔来说，古代文学是艺术家对自然的统一性和必然性的模仿与表达，现代文学则产生于完全摆脱了这种源初的统一性和必然性的个体自由，这种自由体现在现代作家的反思和分析能力上，体现在对新奇的、出人意料的事物的兴趣之中，体现在对生存还是毁灭的难以抉择的不确定性之中。现代个体确实已经与自然分离，这种分离在历史上是通过自由和自然冲动之间的源初统一的破坏而产生的。就此而言，古代文化已经达到了使人类脱离自然的"守护"，并且变得独立自由的阶段。② 浪漫主义作为古代与现代的结合，它意识到人的理性本性使人不可避免地与自然的和谐统一产生分裂，使人陷入一种自由而疏离的状态，但同时又寻求在一个动态的、不断生成的整体中重新为个体性确定位置和方向。"将自然作为一个整体来观察，它本身就是无限

---

① Cf. Eberhard Huge, *Poesie und Reflexion in der Ästhetik des frühen Friedrich Schlegel*, Stuttgart: J. B. Metzler, 1971, S.42.

② Cf. Friedrich Schlegel, *SKA*, Band I, S.633.

的合目的的（unendlich zweckmäßig）。"①从这个角度来看，人类
的理性与自由必须被重新思考，不是将其简单地与一个被知性祛
魅的自然对立起来，而是作为一种创造性的、自身合目的的自然
的最高表现来得到理解。

一、 自然的创造性

实际上，这种在现代性的语境中得到更新的目的论的自然观
念是康德目的论判断批判影响下的整个德国古典哲学的核心观念
和主要目标之一。 浪漫主义是对这一目的论自然观的积极表现，
更是证明绝对和无限的现实性，使古代的原则与现代的原则实现
和解的重要途径，而 18 世纪下半叶出现的自然科学诸领域的新的
发展恰恰为突破以知性的分析和反思为基础的机械论自然观提供
了重要的契机。 自然科学是《雅典娜神殿断片集》中反复出现的
主题。 在施莱格尔看来，许多所谓的科学解释要么说明不了任何
问题，要么就使一切事物变得模糊不清。② 这意味着科学往往反
映了现代人进行细致分析的倾向，这种理智的分析和分解，不仅
没有真正揭开自然现象的奥秘，并未真正将自然的可理解的必然
性揭示出来，而且在理性化和祛魅的过程中，科学失去了与人类
生存意义的内在关联。

然而，自然科学的新发展却给出了对作为一个内在合目的的
有机整体的自然的"暗示"。 对施莱格尔来说，这一新的发展趋
势使科学变得越来越富有诗意。

他将一系列新的化学发现比作妙语（bonmots），将其视为对
事物的隐蔽联系的充满机智的洞察，③在这个意义上，这些科学

---

① Friedrich Schlegel， SKA， Band XVIII， S.149， Nr.308.
② Cf. Friedrich Schlegel， SKA， Band II， S.177， Nr.82.
③ Cf. Friedrich Schlegel， SKA， Band II， S.200， Nr.220.

206　　的发现者实际上是艺术家。[1] 当时化学和电学的发展带来了一些突破性的发现，比如 1774 年英国科学家普里斯特利用透镜把太阳光聚焦在氧化汞上，发现一种能强烈帮助燃烧的气体，即氧气；在普里斯特利的启发下，拉瓦锡在同年用汞灰的合成与分解实验制得氧气，并对它进行了系统的研究，用氧化学说推翻了燃素说，发动了化学史上的一场重要革命；1789 年法国人库仑定量地研究了两个带电体间的相互作用，得出了历史上最早的静电学定律；同年，意大利人伽伐尼对生物电的发现改写了电学的历史；之后，德国科学家里特基于对伽伐尼电的研究，进一步提出电流的真正来源是化学作用，推动了电化学的形成。这些发现是如此之新，以至于还没有普遍接受和完全令人满意的理论框架能够解释它们的意义。因此，施莱格尔坚持认为，此时的化学家正在发现超越分析性的知性的一种化学引力模式，因为它们内在地指向事物的潜在联系和亲和力，而这些联系和亲和力本身就超越了知性的解释。新的自然科学研究只能对这些联系产生一种模糊的感觉，就像浪漫诗只能给人一种用知性无法确切把握的无限的感觉。在施莱格尔看来，通过暗示自然过程和现象背后的具有内在生命力的实在，自然科学的新发展正在取代它随着 17 世纪牛顿物理学范式的兴起而获得的知性的、祛魅的形式："物理学的终极目标一定是神话"；"物理学的最高表现必然成为一部小说"。[2] 施莱格尔敦促科学家通过公开汲取文学和艺术的灵感来推进这种诗意的倾向。同样，当时许多受浪漫主义影响的德国生物学家也认为，对整个有机体或整个相互作用环境的审美理解是科学分析的一个必要的初始阶段。[3] 换言之，自然科学的发展本身就具有一

---

[1] Cf. Friedrich Schlegel, *SKA*, Band II, S. 236, Nr. 381.

[2] Friedrich Schlegel, *SKA*, Band XVIII, S. 155, Nr. 378, 379.

[3] Cf. Robert J. Richards, *The Romantic Conception of Life: Science and Philosophy in the Age of Goethe*, Chicago: University of Chicago Press, 2004, p. 12.

种突破机械论框架，将自然重新理解为一个自我组织的有机整体的倾向，这一倾向与浪漫主义是一致的，并且需要通过浪漫诗来得到进一步的加强。

施莱格尔认为，浪漫诗应该通过将自身与科学相结合，通过承认和强调其自身内在的化学形式来做到这一点。 在化学过程中，物质努力实现其无法被知性的力学模式清楚解释的那种隐藏的亲缘关系，并消除它们的分离，但即使这些化学物质内在具有的亲和力使它们结合在一起，也仍然会产生新的、离散的项目，并且不断地被吸引到新的化学循环中去。 在施莱格尔看来，化学的这样一种混合与分离相互作用具有与浪漫诗的反讽相同的结构，[1]因此，他说："凡是自己认为不可能达到的理想，正因为如此而不是理想，而是机械思维的数学幻象。 谁理解无限，并理解无限的意义，他就在无限中看见了那些永远分离而又混合的力量的产品，就把他的理想设想为化学的，并且，一旦他果断地表达自己的想法，他说出来的就全是矛盾。 ……一部关于哲学的物理学似乎还没有到存在的时候，只有完满的精神才能够有机地思考理想。"[2]在化学过程中，物体试图克服它们的外在对立和分离，但物体最终只会不断地形成另一个有限的物体，不可能达到一种完全稳定的结构或者关系。 被以化学的方式思考的无限的理念，乃是一种借助矛盾来思考的理念。 通过这种化学式的思考，不可能最终达到一种知性所期待的不变的整体性，而正是通过这种振荡和骚动不安，浪漫诗的反讽才产生了对无限的感觉。

"这个时代就是一个化学时代。"[3]施莱格尔对浪漫诗与化学科学之间的相似性的描述想要表明，在整个知识领域中，现代的

---

① Cf. Michel Chaouli, The Laboratory of Poetry: Chemistry and Poetics in the Work of Friedrich Schlegel, Baltimore: Johns Hopkins University Press, 2002, pp.26, 121, 126.

② Friedrich Schlegel, SKA, Band II, S.243, Nr.412.

③ Friedrich Schlegel, SKA, Band II, S.248, Nr.426.

分析性和反思性的知性正在重新创造一种将自由与必然重新统一起来的有机的自然观。 这种将浪漫诗与一系列的化学过程类比的观点开辟了一条将自然视为一个动态的、创造性的实体的全新路径，从而使现代性的教化在人类自由与自然的必然性之间人为造成的对立有机会得到扬弃。 在这个意义上，被知性的现代教化从整体中分离出来的个体性事物，不再只是有限的、无目的的个体，不再仅仅具有一种力学上的外在关系，而是被证明具有某种因自然整体的自组织能力而获得的内在的亲缘性，成为无限化了的有限。 所以，施莱格尔说："真正的现象是无限的代表，因此是一个寓言、一个象形文字（Hieroglyphe）——因此也是一个事实。"①

二、 自由与必然的和解

浪漫诗所具有的这种类似于化学的不稳定性使它区别于一般意义上的现代文学，并且对作为现代教化的主导原则，即一种与牛顿力学相一致的知性模式提出了直接的挑战。 如果我们是在知性的分析性和反思性的意义上来理解理性的，那么，浪漫诗的反讽通过矛盾的张力，通过一种类似于化学的分离与混合的不断相互作用来理解和表现自然以及人的行为，恰恰是在重新指向古代的教化原则，在暗示一种对自然的必然性和本源性的统一的无意识的、非理性的（非反思性）的表达。 在他创作的浪漫主义小说《卢琴德》中，施莱格尔用植物来类比艺术家在艺术创作时的无意识和被动性。 对施莱格尔来说，植物是被动性和无意识的典型代表，因为它本能地服从自然的命令，不需要通过发现规则来发展它们自身。 大自然已经对一切做出了适当的安排。 植物的

---

① Friedrich Schlegel, SKA, Band XVIII, S.155, Nr.380.

生长、开花和枯萎与季节和整个自然进程相协调；它不会反抗死亡，因为它无法意识到反抗。 它只为其自身而存在；它就是它自己的成就和目的。 相比之下，人类则试图通过自己主动自发的理性来反抗自然的必然性，制定自己的规则，并且试图按照自己设定的理想和目标来生活，甚至将自己的意识强加于自然。 施莱格尔认为，人必须从这种虚假的教化中解放出来，并被带回到一种意识，即他只能够在被动性中，或者像小说中的主人公朱利叶斯（Julius）所说的那样，在"纯粹植物生长"的状态中达到完美。[①] 人必须像植物一样生活，使他的理性和自由重新与自然的必然性统一起来，在这个意义上，人一定是被动的、无目的的。

人与植物的这种一致性在"闲散的田园诗"（Idylle über den Müßiggang）一章中得到了最为明确的表达。 在施莱格尔看来，真正的创造力来源于被动地顺从自然天性的无意识的运动。[②] 艺术家应当意识到，人为的知性的力量无法通过自身的构造从根本上满足这种解释世界的知性冲动，他必须承认那些对知性来说偶然的、不可解释的事件体现了自然本身更为本源的和谐与统一，人为的知性反思无法阻碍这种必然性。 在这一章的结尾，施莱格尔通过普罗米修斯与赫拉克勒斯之间的对比进一步阐明了他的这一原则：普罗米修斯反抗众神、反抗自然，把火带给人类，通过遵循人为强加的规则，以一种非自然的、非有机的机械方式来创造人类。 这种对自然的扭曲使他成了众神和自然的囚徒；而赫拉克勒斯通过爱和激情进行创造，通过让他的自然冲动占上风，使创造成为一种自然的、有机的活动，赫拉克勒斯也因此由人被提升为神。[③] 按照施莱格尔的说法，真正的被动并不意味着无所事事、无聊或者懒惰；相反，它意味着一种相对于自然的被动性，

① Friedrich Schlegel, SKA, Band V, S.27.
② Friedrich Schlegel, SKA, Band V, S.25-26.
③ Friedrich Schlegel, SKA, Band V, S.28-29.

210 　这种被动性反过来使人类真正地、自然地具有创造性。 德语中的"激情"（Leidenschaft）一词来自动词 leiden，即遭受痛苦。 换言之，激情是一种不能被有意识的、带有主观意图的活动所激发的东西，而只能被自然所触发。 因此，真正有创造力的人是被动的、顺应自然的人；他不服从理性或人类的任意规则，而是顺从于神圣的灵感。 真正的艺术家让他的艺术作品像植物一样自然地、不受人为规则束缚地生长。 正如施莱格尔在《关于诗的谈话》中所说的那样，"诗从人类不可见的原始力量（unsichtbaren Urkraft）中绽放出来"①。

　　在《卢琴德》的创作中，施莱格尔仍然用反讽来揭露作者视角的偏颇，激发人们进一步认识无限的尝试。 这导致了整个作品以一种类似于植物生长的方式作为一个渐进的过程逐渐呈现出来，并且这个过程确实赋予了对整个自然所具有的植物性的创造力的认识。 通过体验作品各部分之间的发展关系，人们开始认识自然的创造力，这种力量在作品中得到了体现。 因此，反讽有助于刺激文本的成长。 这反映了施莱格尔的一个重要观点，即反思性、分析性的理性在诗歌创作中的作用是反复地抵消自身。"最高的、最完整的生命无非是纯粹的植物性的生长（vegetieren）。"②理想的诗人允许非理性的自然具有创造性，因此，只有当反思和分析以某种方式被用来抵消自身时，它们才能在艺术中发挥积极作用。 这个自我抵消的过程在反讽中发生，它使用反思来检查知性的运作，并为诗的成长过程创造空间。 这种成长是从艺术家的天性中植物性地发展起来的。 因此，施莱格尔写道，诗人达到了"一种有意的、任意的、片面的（反讽地诱导的）被动性，但仍然是被动性"。③

---

① Friedrich Schlegel, SKA, Band II, S.285.
② Friedrich Schlegel, SKA, Band V, S.27.
③ Friedrich Schlegel, SKA, Band V, S.27.

在施莱格尔看来，艺术家所具有的像植物一般的创造力是自然中存在的广义的植物创造力的一个分支，他指出："整个世界最初是一株植物。"①这意味着自然本身是由相互关联的过程组成的自由的、自组织的、合目的的有机整体，它在分离与混合的振荡中源源不断地创造自身，但永远都不会达到一个在人的知性看来具有稳定性的、统一的机械性的整体，这个动态的、过程化的有机自然表现出与浪漫诗相同的创造力。 因此，"人为的作品……与那种现身于植物中、在阳光中闪耀、在孩童脸上微笑、在青年人的韶华中泛着微光、在女性散发着爱的乳房上燃烧的无形式、无意识的诗比起来又算得了什么呢？ ——这种诗才是源初的、真正的诗。 如果没有这种诗，肯定也就不会有言词组成的诗"②。"所有神圣的艺术戏剧只是对世界无限戏剧的遥远模仿，是永恒的自我形成的艺术作品。"③人类创造艺术、文化和人类自身的这种自由乃是自然的总体创造力的体现。

不过，这种坚持自然的客观性的实在论观点并不是施莱格尔从现代立场向古代的原则倒退的标志；相反，他仍然主张，浪漫主义必须将观念论与"同样无限的实在论"结合起来。④ 现代文化已经因为知性的反思和分析而使人脱离了与自然的源初统一，它不再理解和接受自然具有不可被知性解析的神秘性和必然性，它缺乏古典时代盛行的神话，而这种神话是通过古人对"可感世界"中精神形式的直接感知产生的。⑤ 现代诗人必须人为地创造一种新的神话，通过浪漫的反讽来揭示现代教化的知性模式的有限性和自然的不可解释性，从而恢复现代人对无限和绝对的感觉。 新神话不是自然的馈赠，不是"直接联结和模仿感官世界里

---

① Friedrich Schlegel, SKA, Band XVIII, S.151, Nr.332.
② Friedrich Schlegel, SKA, Band II, S.285.
③ Friedrich Schlegel, SKA, Band II, S.324.
④ Friedrich Schlegel, SKA, Band II, S.315.
⑤ Friedrich Schlegel, SKA, Band II, S.312.

最直觉和最必需的事物",①而是经过了人为努力的结果;同时,它也不仅仅是想象力的作品,而是最深层的反思的产物:"新神话应当在精神最深的深处来锻造;它必须是所有艺术作品中最有艺术性的,因为它必须容纳所有艺术作品;它是古人的新的栖息之所和容身之地,是诗歌的永恒源泉,甚至是掩藏着其他所有诗歌的种子的无限的诗歌。"②

因此,在《关于诗的谈话》中,施莱格尔将他的浪漫主义理论定义为"观念论",但这种观念论不是一种指向主体性的基础主义,而恰恰是在浪漫的反讽中通过坚持反思的原则来使知性的认识自身陷入矛盾,从而将反思引向绝对和无限,引向客观性的原则。所以,施莱格尔指出,这种观念论自然观知道自然本身是自由的。③ 这种理解自由与必然的关系的形式具有独特的现代性,由于它依赖现代形式的理性的运用,因此只能伴随着理性的反思和批判、世俗化以及个人自由观念一起存在。在这个意义上,施莱格尔有理由宣称他的浪漫主义既是观念论又是实在论,既是古典的又是现代的:一方面,现代人不再可能通过一种直接的方式达到自由与必然的和解,而必须通过反思的知性来寻求对自然的必然性的重新把握,在知性重新构造的自然秩序中寻找自身的定位和行动的根据。但另一方面,知性的反思与它对确定性的诉求之前的冲突使它不得不承认自身的限度,放弃那种由知性强加给自然的静态的、机械性的结构,承认自然本身的创造性和自发性;而相对于不可被放弃的现代性原则来说,表现为苏格拉底式反讽的"哲人的无知"是反思性的知性在认识无限时所能达到的最好的结果,源于自然本身的创造力的客观的和谐统一只能被表现为一个无限的自我形成的动态过程。用施莱格尔的话来

---

① Friedrich Schlegel, SKA, Band II, S.312.
② Friedrich Schlegel, SKA, Band II, S.312.
③ Friedrich Schlegel, SKA, Band XVIII, S.156, Nr.390.

说，"精神的本质就是自己规定自己，并且在永恒的交替中走出自身又回到自身"①。 通过理性对绝对和无限的认识来恢复因理性反思而已然失去的整体性的和谐统一，这项任务是一个永无止境的"无限接近"（Unendliche Annäherung）的过程，它最终可能达到的是一个"非体系化的体系"，是一个始终被矛盾和差异激荡着的动态的统一。 这是人类理性的本性使然，正是这种反思性的、追求确定性的理性驱使人类离开了源初的和谐统一，并且希冀在理性所构建的新的、合乎理性的整体中安顿下来；但是，也正是这种非此即彼的理性在否定一切差异和矛盾的过程中使人与自然以及人类自身陷入了分裂和巨大的不安。 因此，理性和现代性作为人类本性的不可避免性使得现代人只能通过诗意的反讽，在理性的确定性和与之相伴的必然的矛盾中，不断地接近、暗示和重现那个和谐统一的整体。

---

① Friedrich Schlegel，SKA，Band II，S.314.

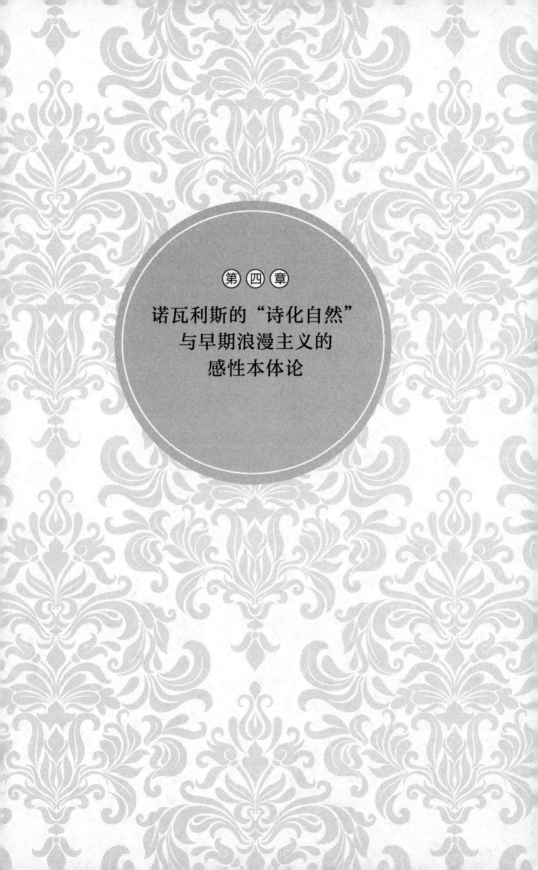

第四章

诺瓦利斯的"诗化自然"
与早期浪漫主义的
感性本体论

浪漫主义热爱日常事物中的出人意料，注重特殊和差异、情感和想象力，醉心于自然的神秘和万物的灵性，他们渴望认识"无限"和"绝对"，致力于通过一种新的艺术和宗教对这个经过了理性化和祛魅了的世界进行复魅，这一切都与启蒙运动的理性主义和普遍主义形成了鲜明的对照。然而，这种神秘感和渴望无限的情绪并不是一种原始的、出于本能的对抗现代性和理性化的反应，而是一种对启蒙运动及其理性主义世界观的根据、条件与限度进行了深思熟虑的反思和批判的产物。浪漫主义真正要回应的问题和挑战并不是如何阻挡现代性的脚步，放弃理性反思和个体自由，回到人与自然源初的和谐统一中去，而是如何通过人的全部自然禀赋的发展，使理性和自由的本性得到充分实现的人仍然能够与作为有机整体的自然保持内在的和谐统一，使人能够理解并且欣然接受他自身的使命和存在的必然性。早期浪漫主义者准确地领会了康德对理性自身进行批判的基本意图，他们和康德一样深刻意识到现代科学的理性解释造就了一个与人自身完全疏离的自然，造就了一种与自由完全对立的必然性，以及价值的虚无化。因此，对康德和深受康德影响的早期浪漫派来说，通过对理性自身的批判来捍卫理性和自由的原则，避免因理性的误用而导致与理性自身相背离的后果，应当成为启蒙理性观念的题中应有之义。

不过在早期浪漫主义者看来，康德的先验观念论与费希特的知识学都是以克服理性反思所导致的异化和分裂为目标，但他们仍然试图在主体性哲学的框架中来化解启蒙理性的危机，而没有意识到这种知性的、非此即彼的、以否定差异和矛盾为原则的主体性的统一恰恰是导致这一危机的深层原因。因此，早期浪漫派选择了另一条道路，这条道路由康德第三批判的目的论原则和席勒统一感性冲动与理性冲动的审美教育所指引，同时哈曼关于理性的纯粹主义的元批判及其对日常语言和自然语言的重要性的强调、雅可比对虚无主义的宣告和因他而导致的斯宾诺莎主义的复兴，以及赫尔德关于人性教化的目的论历史观无不为早期浪漫主义的自然观念、理性观念和一种非主体主义的形而上学的形成提供了重要的启示。

在早期德国浪漫派的历史语境和问题意识中，对有限存在的诗化或者浪漫化，通过由情感能力和想象力所造就的审美经验赋予自然以精神性的含义，并不是出于一种反理性的蒙昧主义，而是为了超越和克服以主体性反思哲学和主观观念论的形而上学为基础的现代世界的种种异化与分裂，揭示存在的多样性和意义世界的丰富性。 在早期浪漫派看来，艺术活动是事物本身的内在创造力的直接证明，在想象力与知性的自由游戏中，被纯粹理性压抑和否定的感性存在以美的形式表现出其自身的内在的合目的性。 相较于单纯遵循逻辑规则的理性反思，浪漫诗（romantische Poësie）更加适合于认识无限和绝对，它能够真正从事物自身出发把握自然内在的统一性，而真实的存在只有凭借自然的诗化或者世界的浪漫化才能够通过自身自我实现出来，由此才能证明存在本身相较于主体或者自我意识的优先性。 用早期浪漫派最重要的理论家之一诺瓦利斯（Novalis）的话来说就是，"诗是真正的观念论（Poësie ist wahrhafter Idealismus）——对世界的观察如同对一个伟大心灵的观察——是宇宙的自我意识（Selbstbewußtseyn des Universums）"①。 在这个意义上，早期浪漫派的确是后康德哲学中的绝对观念论的真正奠基者。② 因为在诺瓦利斯看来，费希特的主观观念论只抓住了创造性的精神的一半，他误入歧途的地方在于对真正本质性的实在（Hypostase）

---

① Novalis, NS, Band III, S.640, Nr.513.
② Cf. Frederick Beiser, *German Idealism: The Struggle against Subjectivism, 1781 - 1801*, Cambridge: Harvard University Press, 2002, p.Ⅷ.

一无所知。① 费希特没有看到理性是客观地存在于现实本身中
的，而不仅仅是主体的自我意识的一种形式。 诺瓦利斯不认为感
性的、经验性的自然仅仅是先验主体设定非我的外化活动的产
物，更确切地说，在诺瓦利斯的思想中，自然在感性的艺术创造
中获得了它自己相对的自主性，这种自主性无法通过费希特的形
式主义的分析来理解。 早期浪漫主义者试图通过自然的诗化，通
过一种包含并解释经验的哲学来恢复被非此即彼的主观理性否
定、排斥和压制的事物本身的内在的理性和自发性；他们试图超
越根植于主体性原则的近代世界观，揭示真正本源性的存在，在
自然的不可还原的审美之维中证明无条件者和绝对自身依其内在
合理性与规范性的自由显现。

　　在这一章中，我们将以诺瓦利斯为例，先考察他对启蒙世界
观所做的批判，并对激发其超越这种世界观的科学发展进行概
述，从早期浪漫主义自身的问题意识出发，对早期浪漫派的诗化
自然的真理观念及其感性本体论思想进行考察，证明自然的审美
之维对于我们理解和认识真实存在的事物本身是不可或缺的。
跟其他早期德国浪漫派的成员一样，诺瓦利斯确实对由启蒙哲学
与科学背书的理性主义世界观感到悲观，在他看来，当人们接受
那个完全按照量化和机械论的模式来解释其现象的自然，必将会
导致异化和虚无主义的产生。 不过，诺瓦利斯将彼时正在逐渐形
成的浪漫诗视为区别于启蒙理性的另一种理性活动，它能够建立
一种全新的、对自然内在的生命和活力有更多肯定的自然观念，
而事实上，这样一种自然观念已经由他那个时代的种种科学发展
提供了支撑。 在作为一个整体的自然的审美经验中，人们能够通
过一种非推论、非反思的方式客观地意识到作为有机体的、以自
身为目的和动力的自然。 对早期浪漫派来说，这种使已经祛魅了

---

① Novalis, NS, Band III, S.465, Nr.1067.

的自然重新返魅的浪漫化或者诗化的活动，绝不是向非理性的蒙昧状态的倒退，而是传达出了近代自然科学的理性解释所无法传达的更高的、更加本源的真理。诺瓦利斯将此概括为："诗是真正绝对的真实。这是我的哲学的核心。越富有诗意，就越是真实。"［Poësie ist das ächt absolut Reelle. Dies ist der Kern meiner Phil（osophie）. Je poëtischer, je wahrer.］①他认为，只有当一个哲学家对整个自然具有了诗人那样的美感，他才能对超出了量化和机械论解释模式的自然具有合乎理性的洞见，由此才能使浪漫诗为自然注入新的生命。

第一节　启蒙世界观的危机

　　跟其他的早期德国浪漫主义者一样，诺瓦利斯也是为了回应启蒙世界观所带来的生存论危机而发展出他的诗化的、有机的自然观念。在诺瓦利斯看来，这种世界观处于一个漫长的文化转型和自然观变革过程的终点。在古代和中世纪，宇宙被描绘为一个有限而封闭的、秩序井然的整体，万事万物都在自然固有的等级序列中有着确定的位置，因此一切事物都有其独特的质的规定，而这个规定着事物之本性和价值的自然位置决定了事物存在的方向和目的，体现了事物存在的完满性。人们能够在这样一个自然的等级系统中，从万物自身的内在目的发现自然的神圣性和能动性，通过对自身独特本性的实现获得对生命的肯定。但是到了近代，这种目的论世界观在科学和哲学两个方面遭到了毁灭性的打击。

　　伽利略对亚里士多德过于注重经验的物理学研究的不满和对数学方法的自信，促使他推动了物理科学发展史上的一次重要革

---

① Novalis, NS, Band II, S.647, Nr.473.

命，一场将古代与现代彻底分开的革命。伽利略相信，自然能用 *221*
少的东西来做的事情，绝对不用多的东西来做。也就是说，物理
学应当力求简洁，追求用统一的、普遍的法则来解释这个表面上
千差万别的世界，甚至将这种普遍性扩展到整个宇宙。因此，他
反对像亚里士多德那样把月亮所在的天层作为分界，将天与地从
本质上区分开来，即认为月下世界是由"水、火、土、气"四种
元素构成的不完美世界，而月上世界则是由第五元素"以太"构
成的完美天界；他同样反对像亚里士多德那样将不同事物的差异
性的本质和内在目的作为解释事物运动的根据。伽利略非常清
楚，从我们的感觉经验出发，自然呈现出来的就是多样性和异质
性，我们不可能从这些感觉经验中获得任何普遍的、统一的法
则。因此，对伽利略来说，新的物理学科必须建立在新的形而上
学基础之上，这种新的形而上学必须有效地证明事物的可感性质
的虚假性，从而为超越感性存在的多样性和异质性奠定基础。出
于这个目标，伽利略选择站在柏拉图主义的立场来对抗亚里士多
德，他在柏拉图关于理念世界和现象世界的区分的基础之上，进
一步做出了两种性质的区分。伽利略证明，诸如颜色、气味、味
道，乃至于情感等我们的感官所经验到的性质都是事物在人的主
观意识中派生出来的性质，它们一旦脱离人的感官就不复存在
了，因此这些性质是相对的、主观的、不真实的"第二性质"
（secondary qualities）；而像质量、广延、位置、运动等性质无法
与事物相分离，并且可以完全用数学的语言加以确定地表达，所
以这些可量化的所谓"第一性质"（primary qualities）才是事物
自身本质的、客观的、真实的存在。① 正是两种性质的区分消除
了事物的多样性和异质性，从而为新的物理科学，为寻找支配宇

---

① Cf. Galilei Galileo, *The Essential Galileo*, ed.and trans. Finocchiaro Maurice, Indianapolis: Hackett Publishing, 2008, pp.184 - 189.

宙的统一的、普遍的法则扫清了本体论的障碍。 也正是在此基础上，伽利略提出了他关于自然的那个著名的比喻：自然是一部大书，只有当我们学会了书写它的语言和字符，我们才能够读懂这部大书，"自然是用数学的语言写成的，它的字符是三角形、圆形和其他几何图形"。[1]

这场重要的本体论和科学方法论的变革，将我们从一个万事万物具有神圣的自然位置、功能和独特性的世界观（"存在之链"）带向了这样一个与之迥然不同的、全新的世界观：计算理性成为理解自然的唯一正当的合理化模式，质的量化使得自然的多样性和质的差异性被彻底剥夺，在这个均质化的自然中，可以形式化和普遍化的外在机械因果关系消解掉事物自身内在的目的和动力。 受到这种方法论的启发，笛卡尔提出了"普遍数学"（mathesis universalis）的构想：通过将复杂的、缺乏明证性的事物分解成最简单的、最容易知悉的对象，并由此出发逐步对对象进行综合和重组，使我们关于世界的认识最终具有像数学那样的自明性。 不仅如此，笛卡尔还通过"普遍怀疑"进一步消除了直接的、感性的经验的实在性，明确了构成现代科学之基础的主体性原则，并且进一步论证了物质的本质属性是广延，而心灵的本质属性是思维，这种彻底的二元论导致了事实与价值的分裂，使得原本规定着意义和目的的自然成了完全价值无涉的、僵死的物质世界。

尽管承认通过理性重构出来的启蒙运动的科学世界观大大增进了我们关于自然的认识，使知识更加具有确定性，但是诺瓦利斯的担心在于，将自然还原为剔除了感觉经验的、纯然量化的和机械化的物质运动，将人和国家还原为单纯由求生和畏死的欲望所支配的原子化的个体及其外在的联合，这不仅会使自然不再能

---

[1] Galilei Galileo, *The Essential Galileo*, p.183.

够作为意义的承载和价值的客观来源，而且正是这个理性化的世界必然会将人类自身带入无意义和非理性的深渊。一方面，以纯然数理科学的态度来构造自然和认识自然，会导致人对自然的疏离，以及终极意义的丧失。对于理性的认识者而言，没有什么东西不能通过理性加以还原和反思、通过外在的原因加以解释和说明，也就是说，没有什么东西自身直接就是自身存在的根据，因而具有绝对的价值和意义，而人们却无法通过计算理性所构造的量化的、均质化的宇宙来回答以无条件者和不可还原的质的规定为基础的意义层面的问题。"如果人们失去了对自己的居住地和自己尘世的祖国的敬重，他们也会失去对天国的故乡及其族类的敬重，会看重有局限的知识，而不是无限的信仰，并且会习惯于蔑视所有伟大的和值得惊奇的东西，将其视为僵死的规律的作用。"[1]

另一方面，因为启蒙的世界观无法在自然中为任何无条件者留出地盘，所以人类独有的本性和尊严也会受到极为严峻的挑战。通过将具有独特的质的规定的全部人类经验还原为可量化的物质运动和机械规律的作用，人的理性、自由和尊严这些构成人类本性的核心要素就都被消解了。这一点在雅可比的《关于致摩西·门德尔松先生的书信中的斯宾诺莎学说》中得到了充分的揭示。[2]雅可比在这场由他所挑起的"泛神论之争"中证明，斯宾诺莎是最一贯理性主义者，因为他的泛神论学说彻底地表现了理性主义和启蒙世界观的逻辑结果：如果我们遵循理性的诉求，那么整个自然必将是一个自身封闭的因果链条。在这个合乎理性的、具有机械必然性的因果链条中，自由、上帝、灵魂、意义

---

[1] Novalis, NS, Band III, S.508 - 509.

[2] Cf. Friedrich Heinrich Jacobi, "Concerning the Doctrine of Spinoza in Letters to Herr Moses Mendelssohn", The Main Philosophical Writings and the Novel Allwill, ed. and trans. George Di Giovanni, Montreal: McGill-Queen's University Press, 1995, pp.173 - 252.

和目的是没有位置的。 可以说,恰恰是对理性与世界合理化的要求导致了一个机械决定论的世界观的产生,以一种非常吊诡的方式证明了,人就跟宇宙中所有受制于客观规律的物体一样,既不具有理性也不具有自由。

由"泛神论之争"所引发的关于理性、自由、信仰、神的本性、自我意识以及道德的根据等一系列问题的讨论构成了德国启蒙运动和德国古典哲学的一个转折点,同时也深刻地影响了诺瓦利斯本人的问题意识的形成。[1] 事实上,诺瓦利斯非常熟悉雅可比的这个重要文本,[2]在批判启蒙世界观的道路上,他追随了雅可比的脚步。 正像他在《基督教世界或欧洲》(Die Christenheit oder Europa, 1799)中所哀叹到的那样,近代的哲学和科学"把无限的、创造性的宇宙音乐变成了一座庞大石磨单调乏味的咯咯作响,这座石磨靠偶然性的激流推动着,漂浮在这激流之上,一座石磨本身,没有建筑师和磨坊工人,是一台真正的永动机,一座自己碾压着的石磨"[3]。 诺瓦利斯跟他的同时代人一样,想要解决雅可比在现代世界观中所诊断出来的决定论、无神论和虚无主义问题。 在面对这些危机时,雅可比提出我们应该进行"致命的空翻"(salto mortale),围绕着常识信念或信仰(Glaube)的直接确定性来重新为理性确定方向,以此对抗理性反思对自由、灵魂和上帝的消解。 但对诺瓦利斯来说,这种诉诸常识和信仰的"致命空翻"最多只是权宜之计。 如果说启蒙世界观的危机源于为追求自然的合理化而对自然所进行的破坏性重构,那么,超越这样一种因主观的计算理性的建构而导致的分裂与异化,恢复自然和人自身的内在统一性,为这个无限延伸的因果链条确定方向

---

① Cf. Benjamin D. Crowe, "On 'The Religion of the visible Universe': Novalis and the Pantheism Controversy", *British Journal for the History of Philosophy*, (2008), 16: 1, 125 - 146.
② Cf. Novalis, *NS*, Band IV, S.85.
③ Novalis, *NS*, Band III, S.515.

与目的，则是诺瓦利斯和早期浪漫主义哲学家们最重要的关切。

第二节　一种动力学的自然观念

对自然世界的深深崇敬是早期德国浪漫主义的重要特征之一。 浪漫主义者敏锐地感觉到现代人类与自然的持续疏离和对立，他们坚定地支持一种反物质主义、反机械论的世界观。 而恰恰是在 18 世纪末，一系列新的科学理论和科学发现对启蒙的机械论世界观提出了挑战。 这些新的科学进展让人们看到了，大量的自然现象无法通过将自然理解为僵死的、惰性的、可量化的和受制于机械因果必然性的物质运动来进行解释。 相反，一种新的观念表明，物质是一种具有内在生命的力量，甚至自然的所有层面都是由一些内在的、自发的力来构造的。 这些新的科学发现为早期浪漫派提出的一种关于自然的有机论模型提供了有力的支撑。

在德国浪漫主义者中，诺瓦利斯并不是唯一一个对自然科学理论表现出热情的人。 我们可以看到，1800 年前后的弗里德里希·施莱格尔写作了不少关于科学的断片，早期的谢林在他的《论世界灵魂》（Von der Weltseele， 1798）中提出了一种更高级的思辨物理学假说，弗朗茨·冯·巴德尔（Franz von Baader）写了一系列数学和自然哲学著作，而与浪漫派交往甚密的歌德也基于他的生物学研究提出了关于植物变形的形态学理论。 然而，像他之前的亨里克·史蒂芬斯（Henrik Steffens）和约翰·威廉·里特（Johann Wilhelm Ritter）一样，诺瓦利斯与其他浪漫主义者不同的地方在于，他在自然科学领域经过了严格的学术训练。 在就读于欧洲第一所致力于矿物学和地质学研究的机构弗莱堡矿业学院（Bergakademie Freiberg）期间，诺瓦利斯对现代科学进行了系统的学习和研究，包括高等数学、物理学、生物学和地球科学。 因此，他更有资格和能力从科学理论内部对科学研究的方法和成果进行批判。 跟其他早期浪漫主义者一样，诺瓦利斯也试图为一种非机械决定论的自然观念和具有内在生命力的物质观念进行辩护，并试图揭开它的秘密。 就像他在《浪漫百科全书草稿》（*Das Allgemeine Brouillon*，1798—1799）中表明的那样："生命绝对只能从生命本身来解释——激发（Erregung）只能从激发来解释。 如果所有的物质都与力有关，就像客体与主体的关系一样——那么物质和力具有相同的起源，并且从根本上是统一的，就像它们随后会分离一样。"①换言之，要想化解启蒙世界观的危机，就必须从对抗这种世界观对自然的机械论理解开始，从而为一种统一的、具有内在生命的动力学自然观念进行辩护。

一、 自然的生命力与内在合目的性

康德的《自然科学的形而上学基础》（1786）为一种动力学的物理学阐明了概念框架。 在这个动力学的框架中，首要的不是受制于机械法则的物体，而是引力和斥力这相互对待的两极，它们的自发活动塑造了所有的物质形式。 在化学领域，科学家们发现，不只是磁性物体彼此"吸引"和"排斥"，整个化学过程都取决于化学物质之间的"选择性亲和力"。 这意味着，两种化学物质是否会结合成一种新的物质，乃是基于它们之间是否会相互响应，而不是像一个运动着的台球通过施加一个外力的作用导致另一个球的运动那样的机械作用。 这启发人们去寻找最基本的化学元素以及它们之间的相互作用。 拉瓦锡在 1789 年列出了第一个元素周期表，他发现氧元素的实验不仅促进了现代化学的建立，而且推动了包括化学在内的现代自然科学的事实、语言和诠

---

① Novalis, NS, Band III, S.369, Nr.593.

释范式的转变，点燃了欧洲科学思想革命的最初火花。[①] 氧元素的发现取代了解释燃烧过程的"燃素"学说，使研究水的性质成为可能，这反过来又为电化学和气象学学科的建立创造了要求。这一成就重新激发了关于要素或原则概念的辩论，化学结合或分解的过程被归入"关系"或"亲和力"的概念之下。 与生理学的发展相应，关于电和流电学理论的实验和假设也开辟了新的研究领域。

在生命科学的研究领域，得益于布鲁门巴赫（Johann Friedrich Blumenbach）的《论构型驱力及其对生殖和繁育的影响》（1781），渐成论的观点逐渐被越来越多的人所接受，这一理论假设了自然的自主性，认为有机体的发育过程既不是微缩体的扩展，也不是物质颗粒的简单聚集，而是从一个雏形或者无区分的状态通过一种内在的构型驱力（Bildungstrieb）显露出目的性并逐渐发展起来的复杂过程。 这对之前的预成论主张构成了挑战，而预成论恰恰拒斥自然的自主性，认为生命体的形式是预制的，而且导致从源初的质料中形成胚胎并逐渐生长起来的自然规律是机械的。 现在有了渐成论的理论支撑，人们就能够证明，无组织的物质是如何自发地自我组织成有机的生命体。[②]

当新的科学理论和发现证明自然的衍变源于内在的生命驱力的作用，启蒙的量化的和机械论的世界观必然会因此而受到动摇。 因此，伽伐尼（Luigi Aloisio Galvani）的《论肌肉运动中的电力》（1791）能够激发了一整代人的想象，这就不足为奇了。伽伐尼的理论和发现决定性地表明，生物具有一种自生产的活

---

① Cf. Michel Chaouli, *The Laboratory of Poetry: Chemistry and Poetics in the Work of Friedrich Schlegel*, Baltimore: Johns Hopkins University Press, 2002, pp.26, 121, 126.

② Cf. Robert J. Richards, *The Meaning of Evolution: The Morphological Construction and Ideological Reconstruction of Darwin's Theory*, Chicago: University of Chicago Press, 1992, pp.5-16.

力，他将其称为"动物电"，很快又被人们命名为"伽伐尼电流"。 德国科学家里特在他《关于连续流电伴随着动物界的生命过程的证明》（1798）中再次激活了这一理论，并且在他之后的实验中试图证明流电也存在于无机界。 他相信，经验证据表明，自然本身就是一个有机体，自然中的所有现象都是在一个由这种活力所支配的自发地自我组织的整体中相互联系着的。 在 1795 年和 1811 年之间，苏格兰医生约翰·布朗（John Brown）的兴奋理论（excitation theory）吸引了包括谢林和诺瓦利斯在内的诸多热情的支持者，他试图通过有机体的应激性（irritability）、敏感性（sensibility）和兴奋性（excitability）的过度或不足来解释疾病状态的形成。 有机生命体的这一特征表明，精神与自然具有内在的统一性：生命体所受的刺激越简单，它就越受束缚，越不自由；相反，我们的自由以刺激的多样性为基础，心灵越复杂、越多样，它就能对越多的刺激做出反应。①

虽然几乎没有人会倾向于认为康德是浪漫主义的，但他的批判哲学对于浪漫主义的哲学和科学计划来说却是基础性的。 康德在《判断力批判》（1790）中指出，审美判断与生物科学的判断（目的论判断）具有相似的结构。 它们是关于美的对象和有机体的合目的性的判断。 根据康德的说法，这种判断的特点在于将对象的存在，无论是艺术作品还是自然造物，归因于由相互作用的部分组成的整个对象的理念。 在审美判断中，这个理念存在于艺术家的无意识的天性中，它通过审美情感指导着创造性的艺术活动。 康德认为，虽然在关于有机生命体的判断中，自然科学家必须尽可能地将它们的结构和行为还原为机械论的法则，因为有效的科学只能依靠一个能够解释对象的形式和功能的法则的体系而

---

① Cf. Wilhelm Dilthey, *Das Erlebnis und die Dichtung: Lessing, Goethe, Novalis, Hölderlin*, Leipzig und Berlin: Teubner Verlag, 1922, S.310-311.

存在。 然而，人们最终发现，有机生命体的形式和功能无法仅仅在机械论的框架中得到解释。 生命的某些特征是那种将整体还原或分解为部分的研究方法所不能把握的。 相反，科学家不得不诉诸整个有机体的结构来解释其各部分的特征，也就是说，他必须假设各部分是根据整体的计划或设计来组织的：例如，脊椎动物眼睛的功能可以部分地用光的折射的机械过程来解释，即光线在穿过角膜、房水、晶状体和玻璃体液等各种介质到达视网膜时发生弯曲。 但是斯涅尔-笛卡尔定律不能解释为什么不同的介质恰恰处在眼睛中的某个特定位置。 通过探索眼睛的整个结构，科学家才能够理解眼睛的各个部分之所以如此配置的目的，即在视网膜上产生一个连贯的图像。 就好像整体的设计是各部分排列的有效原因，或者用康德的话来说，就好像有一个"原型的理智"（intellectus archetypus）如此构造了生命体。①

当然，机器的设计也可能需要我们首先理解整体，以便理解各个部分的各种功能。 但是，至少在康德的时代，有机生命体展现出任何机器都无法展示的合目的性的特征。 生物的器官生长并自我修复，每个器官都作为其他器官的手段和目的相互作用；此外，整个生命体可以通过生殖来繁衍后代。 这些属性不仅需要假设一个计划以及计划背后的"原型的理智"作为它们的原因，而且这个计划必须随着时间的推移而实现。

然而，在康德看来，我们不能使用目的论来提供关于自然的客观认识；这个原则充其量只能是调节性的，而不是建构性的。在 18 世纪 80 年代中期，康德在评价他曾经的学生赫尔德的《人类历史哲学的观念》（*Ideen zur Philosophie der Geschichte der Menschheit*, 1784—1791）的第一和第二卷时曾经直言不讳地指出，赫尔德关于自然万物是从一个本源的类当中演化出来的思想

---

① Immanuel Kant, KGS5: 408.

230 是如此怪异，以至于理性都会在这些观念面前望而却步。[1] 赫尔
德在他这部未完成的著作中建构了一种自然演化理论。[2] 根据赫
尔德的说法，在地球生命形成的早期，一些构造性的力量驱使物
种向更复杂的方向发展。 在他的宇宙观中，整个自然和人类历史
的演化是有意识地朝着自然的最高成就，即人性和人性的完善去
发展的。 然而，康德在他对赫尔德著作所作的评论中抱怨这种从
某个终极意图来解释自然万物的起源的学说是一种缺乏经验证据
的、虚构的幻想。 在康德看来，赫尔德赋予自然生命力的概念主
要来自创造性想象的丰富领域，但仍然受到相当独断的形而上学
的滋养。[3] 不过在五年之后，康德对这些令理性望而却步的怪异
想法却有了新的评价，他发现只要把它们仅仅作为调节性的原
则，即作为关于我们可以在哪里寻找机械定律的启发性建议，而
不是当作建构性的原则，就可以避免被这些想法带向反科学的独
断论的形而上学，同时又可以通过这种合目的性的自然观念来对
科学进行某种限制。

　　因此，当人类学家和比较解剖学家布鲁门巴赫提出与赫尔德
类似的观点时，康德发现它们不是对理性的冒犯，而是理性的大
胆冒险。[4] 布鲁门巴赫基于比较解剖学的证据提出，有机生命体
具有一种内在的构型驱力，这种构型驱力与其他力量的不同之处
在于它的综合性的建构特征：它指引着生物解剖结构的形成和有
机体生理过程的运作，从而使各个部分得以产生并相互作用以达
到物种的目的。 因此，一个简单有机体的结构可能会发生机械变

---

① Immanuel Kant, KGS8: 54.
② 关于赫尔德对早期浪漫主义的有机的自然观念的影响，可参见 Oskar Walzer, German
　Romanticism, New York: Frederick Ungar Publishing, 1965, pp.15-21。
③ 关于康德与赫尔德之间的争论及其对康德第三批判的形成所产生的影响，可参见 Frederick C.
　Beiser, The Fate of Reason, German Philosophy from Kant to Fichte, Cambridge: Harvard
　University Press, 1987, pp.149-158。
④ Cf. Immanuel Kant, KGS5: 422—424.

形,从而产生更高级的生物。 比如说一条鱼的骨骼结构,可能有椎骨被机械地改变成头骨的形状,肋骨被塑造成骨盆带,等等。如果一个人假设生命体演化过程中的这种合目的的转变,他就必须拒绝任何关于最简单的生物是由无机物自发产生的假设。 就像康德所说的那样,"也许有朝一日还会出现一个牛顿,他按照不是任何意图所安排的自然法则来使哪怕只是一根草茎的产生可以理解,这对于人类来说也是荒谬的;相反,人们必须绝对否认人有这种洞识"[1]。 换言之,康德坚持认为,在理解生物的组织和运作时,研究者必须假设一种目的论的因果关系——因为仅仅应用机械法则不能使生命过程得到恰当的解释。 从这个角度来看,人们最终必须把有生命的自然的组织特征看作是一种非机械的因果关系的结果,在这种目的论因果关系中,整体的观念或计划产生了各部分之间特定的形式关系。

简言之,这些科学和哲学的理论与发现展现了一种新的、动力学的自然观念的可能性。 根据这种动力学的观念,自然本身是活的和能动的,在物理实存、化学反应、生物以及人类之间存在着一种连续性,甚至可能存在一种伟大的宇宙活力在所有这些层面发挥着作用。 也就是说,整个自然都被认为是有机的;不管是有生命的还是表面上无生命的自然物,都必须被看作是一个复合体,它的各个部分相互协调,既是手段又是目的;它的运作最终被认为是依赖于整体的观念。 正如康德所表明的,整体的设计作为内在于自然本身的一种合目的性,必须归于某个原型的理智。

如果费希特在他 1794 年的《全部知识学的基础》中把理性的绝对自主性的哲学基础放在自我的本原行动中,并把自然看作是自我的纯粹活动的产物,那么谢林就把自然重新引入哲学,并把它再次提升到作为一种新的本体论主张,即作为客观观念论的自

---

[1] Immanuel Kant, KGS5: 400.

232　　然哲学的中心位置。 谢林的自然哲学将费希特知识学中揭示的动力学原则从自我意识转入自然，通过揭示自然所包含的普遍与特殊的对立结构，证明自然本身是自足的实体，是客观的主体与客体的同一。 谢林表明，作为实体和主体的自然通过自身的客体化，呈现为两种基本的极性力（Polarität），这些力构成了物质，而不只是作为物质的属性。 也就是说，物质的本质是力，而不是在一个假设的空的空间中具有广延的惰性物质，这个对物质的基本规定已经超越了与主观理性相适应的数学化的力学的物质观。彼此对立的极性力的综合产生出新的极性，由此推动自然本身的自我实现。 在有机体的情况下，构型或生殖的驱力与应激性（Irritabilität）相对立。 只有它们的平衡才能产生感性或者具有表象的能力。 对谢林来说，构型驱力显然是积极的，它涉及一个新生命的组合创造；而应激性是消极的，因为它是被动的，它表明了动物身体所接受的刺激；感性（Sinnlichkeit）结合了这两者，综合了器官能力的两极。 不仅如此，有机的力量和无机的力量必须结合起来才能创造生命；生命必须平衡自己进入（电的）中性状态以创造知识。 这意味着，在这种情况下，当生殖和肌肉收缩的孤立无声的力量通过它们在一个器官（大脑）中的同时性结合起来时，就有可能引出另一种新的秩序。 换句话说，正是被动性与主动性的结合，构成了从动物生命中出现的认知的开端。大自然允许并且促使认知的心灵涌现出来。 谢林证明，我们只有在活生生的自然中，而不是在我们自身中，才能看到客观世界中知识的统一；我们看到的是自然的有机整体想要传递的东西，是被客体化的"自我"，而不是"自我"的客观化产生了自然。 力的极性作用导致了认知的产生，这种认知是作为客体实现的主体，是以符号化的形式实现的力。①

---

① 参见 [德] 谢林《先验唯心论体系》，梁志学、石泉译，商务印书馆 2009 年版，第 289—293 页。

在所有这些试图通过新的经验和理论来理解自然的个体现象 *233*
的背后，隐藏着自古以来哲学家和科学家们的一个共同关注点，
即上帝创造的作为整体的自然的概念和本质，并且为弥合生命的
物质性和高于一切的精神原则之间的二元对立提供了各种不同的
进路和方法。 这些理论和发现构成了早期德国浪漫主义自然观
念得以形成的一个重要背景，而在众多早期浪漫派成员中，诺瓦
利斯对这些新的理论和发现或许是最为熟悉的。 诺瓦利斯于
1797—1799 年之间就读于弗赖堡矿业学院，那时正有一批当时最
为杰出的科学家在这所知名的机构任教，他在数学和科学（包括
物理学、化学和地质学等）方面接受了系统而正规的教育。① 诺
瓦利斯在此学习期间所做的札记（《弗赖堡自然科学研究》，
1798—1799）充分表明了他对当时的科学革命和科学争论所具有
的广博知识。 而他的《康德研究》（1797）也显示出他对康德的
《自然科学的形而上学基础》一书的系统性阅读。 不过，当时对
诺瓦利斯影响最大的科学家可能还是里特。② 里特的自然哲学和
科学研究努力追求自然与人类灵魂之间的神秘联系，他以这样的
方式来表达宇宙自身自发的创造力，他说："在流电中，地球达到
了关于自身的反思。"③各种力量最终形成了一种符号宇宙论。
里特的符号（Zeichen）不仅是一种记录的工具，而且还要产生物
理世界的建构性的综合。 如果说动物电导致意识的产生，甚至可
能导致某种与谢林所谓的"世界灵魂"非常接近的"世界—反
思"的出现，它就无法避免符号的中介。 里特在科学史上留下了
自己的实验记录，他将电流回路的正负电极连接到他的感觉器官
上，记录味觉、嗅觉和因电流刺激而产生的视觉模式。 在里特看

---

① Cf. Wolfgang Hädecke, *Novalis: Biographie*, München: Hanser, 2011, S.161 - 162.
② 关于里特的科学实验和自然哲学思想对诺瓦利斯影响，可参见 Oskar Walzer, *German Romanticism*, pp.63 - 65。
③ Johann Wilhelm Ritter, *Johann Wilhelm Ritter: Key Texts on the Science and Art of Nature*, trans. and ed. Jocelyn Holland, Amsterdam: Brill, 2010, p.296.

234 来，只有在我们把自然变成符号时，自然才能真正具有某种特定的模式，而符号又必须完完全全是物质的。 里特把谢林的极性力之间的对立和中介活动解释成生命的一种符号性构成。 换言之，生命不仅仅是由各种力的相互作用构成的，而且是物质、模式和自发性的建构性的符号统一。[①] 这位浪漫主义科学家希望能够为无处不在的生命力的存在提供经验证据。 在这种出于自然本身的统一的力量的作用下，物质与心灵被证明在本质上是同一的：人类意识是自然的最高形式，而对自然的发现同时也是心灵的自我发现的过程。 如果用谢林的话来说就是："自然应该是可见的精神，而精神应该是不可见的自然。"（Die Natur soll der sichtbare Geist, der Geist die unsichtbare Natur sein.）[②]

里特的科学和哲学洞见深刻地启发了诺瓦利斯的思考，他不仅在写给卡罗琳·施莱格尔（Caroline Schlegel）的信中坦率地说道，"里特就是里特，而我们只是随从。"[③]而且，他的札记也证明他深受里特这一主张的影响，即一种活力贯穿于整个自然。 比如，他设想过流电学对力学可能产生影响，以及磁力与流电之间的关联，[④]而且还指出，"每种物质的特性和外表都取决于它的兴奋性。 ……所有这些都很好地与流电学相一致。 化学已经是流电学"[⑤]。 事实上，诺瓦利斯在写作他的自然科学札记时，只有伽伐尼和里特的发现，要等到 19 世纪 20 年代之前，电能、化学能和磁能的统一及其相互转化才被科学家们所证明，而诺瓦利斯已经开始根据流电现象的启发来构想他的生机论的形而上学。

---

① Cf. Oskar Walzer, *German Romanticism*, pp.52-53.
② Friedrich Wilhelm Joseph Schelling, *Ideen zu einer Philosophie der Natur*, *Friedrich Wilhelm Joseph von Schellings Werke*, Band 1, hrsg. Otto Weiß. Leipzig: Fritz Eckardt Verlag, 1907, S.151.
③ Novalis, *NS*, Band IV, S.275.
④ Cf. Novalis, *NS*, Band III, S.604, Nr.313, 314.
⑤ Novalis, *NS*, Band II, S.644, Nr.462.

二、 诺瓦利斯的生机论的形而上学构想

在早期浪漫派的时代语境当中,一种具有内在动力的、有机统一的自然观念并不是非理性的玄想,而恰恰是通过当时一系列最新的科学理论与发现得到了证明和辩护。 这种被诺瓦利斯称为"活力天文学"(Vitale Astronomie)的自然观念,[1]一方面是要在哲学或形而上学层面"为所有物理科学奠基",[2]而更为重要的是,在这种生机论形而上学中包含着从根本上克服启蒙世界观危机的出路。

在诺瓦利斯看来,自然的数学化在本体论上取消了所有不具备数学的确定性和可量化特征的存在形式的真实性。 但是,这样一种还原论的科学世界观却无法令人满意地解释许多自然现象和人类活动,而我们通过情感、想象、欲望、意志和认知所交织而成的艺术经验、宗教经验、道德经验乃至于错觉,对于我们想要理解的这个世界而言有时显得更加合理、更加真实。 对于一个思乡之人来说,来自故乡方向的风并不因为是温度变化所引起的空气流动,就不是寄托着悲伤的整个自然之低沉的、旋律优美的叹息;一幅油画并不因为是涂抹在帆布上的各种矿物和眼睛所接受的各种不同频率的光,它作为艺术作品所具有的美的存在就是不真实的;同样,并不因为人是一台需要消耗能量以维持自身运转的机器,舍生取义的道德行动就只是一种不真实的虚构,仍然可以被还原为由必然的机械规律所决定的物质运动。 启蒙要求人们用理性去理解和认识这个世界,可是随着计算理性这样一种被狭隘化的理性对一切所谓"第二性质"的真实性的取消,将不同

---

① Novalis, NS, Band III, S.267, Nr.143.
② Novalis, NS, Band III, S.470, Nr.1104.

236　类型的经验中所包含的各种质的规定化约为单一的量的规定，将可计算的数学特征等同于真实，其结果却是，缺少了质的规定（即以自身为根据和目的的无条件者），单纯依赖定量研究和机械论模式的计算理性取消了不可取消的无条件者，因而根本无法提供关于自然以及自然中的人类活动的完备的理解和认识，[①]这也正是导致异化和虚无主义的根源。

　　莱布尼茨曾经在《神义论》（*Essais De Théodicée*，1710）中把哲学所面临的问题归结为两大"迷宫"：一个是自由与必然之间的矛盾，一个是不可分的点与连续性之间的矛盾。[②] 在某种意义上说，这两大难题或直接或间接地都与机械论的物质实体观念的局限有着密切的关系。在近代物理科学的影响之下，17、18世纪的哲学家们大多推崇机械论的自然观和物质实体观念，他们将物体的本质规定为广延，即单纯的量的规定，并且把力学机械作用原理引入到哲学中，把物质实体的机械因果关系视为自然界乃至人类社会的普遍规律。莱布尼茨指出，这种机械论的实体观必然会陷入"不可分的点"与"连续性"之间的矛盾。当时笛卡尔派认为物体乃是具有广延的实体，因而是无限可分的，不存在不可分的原子和纯粹的虚空；而伽桑狄等原子论者则认为物体是由不可分的原子组成的，在原子之间存在着运动的场所，即虚空。前者肯定了连续性而否定了不可分的点，后者肯定了不可分的点，却否定了连续性。换言之，在莱布尼茨看来，如果取消了事物的多样性及其不可通约的质的规定，仅仅将均质化的量的规定视为事物的本质属性，那么，我们绝不可能通过对事物的各种量的规定的认识来达到对事物本身不可分的质的规定，更不可能把握事物的多样性和差异性的统一。因此，莱布尼茨才有针对性

---

① Immanuel Kant, *KGS3*: 431-432; *KrV* B679.
② 参见 [德] 莱布尼茨《神义论》，朱雁冰译，生活·读书·新知三联书店2007年版，第8页。

地提出了永恒的、精神性的、能动的和具有质的无限多样性的
"单子",以取代主体主义的理性主义哲学所构造出来的物质实
体观念。

　　早期浪漫主义的自然观念实际上是莱布尼茨批评机械论的物
质实体观念、反对从单纯的量的规定来理解事物的本质的一种回
响:"难道一切差别,甚至是在上帝和我之间的差别,都只能是量
的差别吗?"[1]诺瓦利斯从当时的化学、电学和生理学的最新发展
中引申出一种动力学的自然观念和生机论的形而上学主张,即自
然是一个以自身为目的、具有内在动力和质的多样性的整体,它
不能被简单地还原为均质化的、受制于外在机械作用的惰性物
质。[2] 这种包含质的多样性的自然,比只具有单一的量的规定的
自然更加真实。因为凭借分解还原的方法所达到的均质化的基
本物质单位,它们作为部分,处于彼此外在的关系,只能通过外
力的作用被重新组合成一个无机物的堆积,而缺乏一个内在的、
质的规定的引导,组成部分的各种的量的规定无法对某物如此存
在的内在必然性给出一个充分的解释。

　　所以,在《费希特研究》(1795—1796)这部重要的札记中,
诺瓦利斯写道:"只有整体才是真实——只有不再作为组成部分的
东西,才是绝对真实的。"(Nur das Ganze ist real—Nur das Ding
wäre absolut real, das nicht wieder Bestandtheil wäre.)[3]这意味
着,任何事物只有被视为一个完全依赖于自身的、自我规定的整
体,才能得到完全的理解和把握。整体与它的部分处于相互决
定、彼此依赖的内在关系中——在其中,部分需要它所属的整体
才能作为部分而存在,就像整体需要组成它的部分才能作为整体
而存在。这样一来,整体在本体论上既不是先于,也不是独立于

---

① Novalis, NS, Band III, S.73, Nr.5.
② 参见 [俄] 加比托娃《德国浪漫哲学》,王念宁译,中央编译出版社 2007 年版,第 176—177 页。
③ Novalis, NS, Band II, S.242, Nr.445.

238　　它的诸部分的活动，而各个部分在本体论上也不是彼此外在的、均质化的组合成整体的诸要素。这种统一性是一种动态的"差异中的统一"，整体就寓于部分之中，并且只有通过诸部分根据内在原则的自我组织这个中介才能显现出来，而各个部分在整体之中相互依赖——并且都依赖于这个作为整体的质的规定，都是对整体的表现。诺瓦利斯将此形象地比喻为，"整体依赖于自身——就像人们所玩的这样一个游戏，没有椅子的人们通过每个人坐在另一个人的膝盖上来组成一个圆圈"[①]。

　　在这个意义上，对诺瓦利斯来说，自然当中整体与部分之间的关系既不是通过机械因果作用进行的无机物的堆积，也不是通过一个创造者，即超验的上帝，根据一个预先制定好的设计，外在地施加作用而制作出来的造物。诺瓦利斯所说的是一种"世界有机体"（Weltorganismus）。[②] 甚至"我们的身体是世界的一部分——更确切地说，是一个肢体……整体必然与这个肢体相适应"[③]。也就是说，作为一个有机整体的自然，其各个部分在本体论上取决于给予它们内在动力和发展方向的系统，而这个系统又在本体论上通过这些组成部分来发挥作用。

　　除了整体与部分之间的这种辩证关系以外，诺瓦利斯将自然理解成一个有机体的另一个要点在于，自然的统一是一个自发的自我组织的整体。就像一个有机的生物系统不是预先制定的，而是通过一个由内在地规定方向的构成原则所主导的发展逐渐形成的，自然的有机系统也必须从诺瓦利斯称为"混沌"（Chaos）的那种初始的、无区分的状态，发展到一个又一个更高的、更具有规定性的状态。诺瓦利斯认为，自然当中自我组织的各个层次，

---

① Novalis, *NS*, Band II, S.242, Nr.445.
② Novalis, *NS*, Band III, S.352, Nr.503.
③ Novalis, *NS*, Band II, S.650 - 651, Nr.485.

即不同的"时代"（Epoke），乃是自然的活力的不断演化，每一
个层次构成了下一个层次得以实现的潜能，隐含在初始状态中的
统一性能够通过一个又一个阶段的发展逐步实现出来，在人的自
我认识中找到它内在的目标。[1] 因此，自然或者人类的历史绝不
仅仅是可以进行严格量化的机械过程，相反，自然按照一种内在
目的论的结构不断在更高的层次中表现自身，逐渐获得完满的自
我意识和自由，实现各个部分所追求的那种潜能："思想，就像绽
放的花朵，无非是各种构型力量（plastischen Kräfte）最好的演
化——仅仅是存在于作为第 n 个层次的尊严中的普遍的自然力
量。"[2]就此来说，"人类，就其根本而言，乃是我们这个星球的
更高的意义"[3]。

　　康德将作为一个不受外力作用的、自发的、自我组织的整体
的自然称为"绝对的""无条件的总体"，它构成了一切存在物的
条件而自身是无条件的、自我解释的。[4] 不过，诺瓦利斯和早期
浪漫派并没有遵守康德关于这种自然观念对我们的认识而言只具
有调节性意义而不能作为建构性原则的限制，[5]他们试图表明，
我们必须去认识绝对、去努力揭开"伊西斯的面纱"，而我们的
认识能力（一种特殊的认识能力）能够通达对作为无条件总体的
自然的认识。 由此我们可以看到，将自然理解成这样一个整体，
不仅仅是要为新的动力学的物理学、化学和生物学提供一个证成
框架和哲学基础，表明这些科学发现的对象构成了合目的的、自
我发展的自然的诸环节；更重要的是，它使自然成为一个自我生
产的绝对的生命和活动。 对诺瓦利斯而言，相较于启蒙机械论世

---

① Novalis, NS, Band III, S.277, Nr.216.

② Novalis, NS, Band III, S.476, Nr.1144.

③ Novalis, NS, Band II, S.562, Nr.186.

④ Immanuel Kant, KGS3: 243, 288; KrV: B364, B445.

⑤ Cf. Frederick Beiser, *The Romantic Imperative: The Concept of Early German Romanticism*, Cambridge: Harvard University Press, 2003, pp.167-168.

界观对存在的多样性和对存在的一切更高目的的取消，这种对事物的质的规定和内在目的、内在动力进行肯定的形而上学，在自然以自身为根据的自我实现中、在自然不可消解的无条件性中，重新恢复了意义世界的基础。"没有什么比通常被人们称为'世界'和'命运'的东西更加浪漫的了——我们生活在一部庞大的小说之中。"①

在早期浪漫主义者看来，现代实证科学的分解和还原方法不仅破坏了自然的完整性，而且将自然表现为机械的、没有生命的死物。针对这种支离破碎的知识，他们创造性地提出了一种统一的自然观，这种具有内在生命力的有机的自然只有通过精确知识与直觉、科学实验与想象力或者说科学与艺术之间更高层次的综合才能实现。浪漫主义者不仅不反对严格的科学实验，而且做出了许多有价值的、仍然有效的发现。不过，他们认为，这些科学实验的结果必须整合到一个更为广泛的、内在统一的生机论形而上学中去。浪漫主义的追求是找到自然的统一原则，克服现代性所造成的人与自然的异化。最基本的浪漫主义表现模式在力和极性的宇宙中运作，通过极性表现自己的力从来不是固定的，而是表现为一种馈入整个生命方式的振荡的动态结构，表现为一种存在的诗化；它超越了理性的推理和机械因果关系的限制，不仅通过磁性、化学、医学等等，而且通过诗和哲学，实际上渗透到了存在的每个领域。浪漫主义哲学对科学的质疑的真正意义在于探究那些通过科学的解释原则和方法被认识的东西如何可能与人类生存的其他方面相适应，而不是将这些无法通过自然规律的因果关系得到解释的方面完全否定和取消。正如里特和谢林经常表明的那样，这个问题可以导致基于类比而不是基于精确观察的不同的认识模式，它也能够暗示我们如何与自然世界产生联系

---

① Novalis, NS, Band III, S.434, Nr.853.

的一种新的观点，而这种联系是可能被自然科学的实证方法掩盖 *241* 起来的。

第三节　诺瓦利斯的感性本体论

理性主义哲学和以此为基础的现代科学通过对自然的感性存在的否定和取消，依照纯然理性的规则重新建构了整个自然的秩序，这一方面消除了因为感性经验的不确定性而引发的种种认识上的混乱和谬误，另一方面却使事物本身更深层次的真理陷入了深深的黑暗之中。对抽象化的哲学反思和科学认识的批判导致早期浪漫主义者反过来思考艺术的感性力量在认识真理与绝对中的作用。正如安德鲁·鲍伊（Andrew Bowie）和查尔斯·拉莫尔（Charles Larmore）等学者指出的那样，德国浪漫主义的核心信念之一是，艺术实际上是比概念性和分析性的哲学—科学更好地理解无限和绝对的途径。真正重要的洞见并不总是以哲学或科学认识的形式出现，有时甚至很多时候必须在艺术作品中才能得到传达。[1] 因此，只能利用诗歌的更深层次的语言潜力来揭示因哲学—科学话语存在的固有的局限性而无法被理解和把握的事物自身的真理。正如曼弗雷德·弗兰克（Manfred Frank）所言，"在空气变得稀薄到哲学无法呼吸的地方，诗必须跃入缺口。但是这个结论必须通过纯粹的哲学手段以完全内在的方式得出。绝对事物是反思无法触及的，这一论点确实打开了诗的大门，并邀请它去实现哲学无法实现的目标"。不过，他有力地补充说，浪漫主义者的这种思考本身不是诗意的产物，而是"真正而严谨

---

[1] Cf. Charles Larmore, "Hölderlin and Novalis", and, Andrew Bowie, "German Idealism and the arts", *The Cambridge Companion to German Idealism*, ed. Karl Ameriks, Cambridge: Cambridge University Press, 2000, pp.155, 248-250.

的哲学思辨的作品"。[①] 因此，尽管早期德国浪漫主义者试图重新理解哲学和科学的本质，使其能够容纳艺术和诗歌的真理，但他们的努力仍然是出于哲学的内在的理由。

艺术虽然具有一种感性的形式，但却不像一般的感觉经验那样泛滥无归，更不是一种纯然动物性的感知觉。艺术的感性经验具有某种无法通过哲学和科学的理性形式来理解或消解的普遍必然性，因而它有可能成为传达被哲学和科学的理性认识所掩盖的事物本身的真理的重要媒介。如果直觉、热情、想象力和灵感对于理解自然至少与科学知识和哲学推理一样重要，那么对于早期浪漫主义者来说，就没有人比艺术家更有资格重建人与自然之间的本体论联系。想象力甚至比哲学的思辨和科学的实验更适合于解开自然作为一个自组织的有序整体的隐蔽特征，超越自然科学的碎片化的、孤立的现象，并将它们综合成一个更高的、充满活力的生命体。浪漫主义科学家里特就曾明确地将自然的和谐结构与艺术作品的美相提并论："任何人在无限的自然中找到的无非是一个整体，一首完整的诗，其中的每一个词，每一个音节都发出整体的和谐，没有任何东西破坏它，他就赢得了最高的奖赏。"[②]最终，由自然激发的哲学意识，尤其是诗的意识，成为自然自我认识的最高形式。

一、反主体主义的自然哲学

诺瓦利斯自然哲学的一个重要来源是他对费希特哲学的批判性反思。费希特《全部知识学的基础》（1794）可以说达到了从

---

① Manfred Frank, *Einführung in die frühromantische Ästhetik Vorlesungen*, Frankfurt am Main: Suhrkamp Verlag, 1989, S.248.

② Johann Wilhelm Ritter, *Johann Wilhelm Ritter: Key Texts on the Science and Art of Nature*, p.455.

笛卡尔开始的主体性形而上学的顶峰。 不同于从"A 是 A"（同一律）出发来确立"我思"的实体地位，费希特证明，不是逻辑命题"A 是 A"充当"我是"的根据，而是相反：A 是 A，因为设定了 A 的自我与 A 在其中被设定的那个自我是相同的；一切存在的东西，只因为它是在自我之中设定起来的，它才存在。[①] 根据费希特的主张，由于我们不可避免地会将自我思考为一个本原行动，逻辑的同一律就被证明为有效的。 在费希特那里，"我是我"具有一种与命题"A 是 A"完全不同的含义，"我是我"的有效性是无条件的，它不像"A 是 A"那样需要在一定的条件下才有内容，相反，任何经验性的条件都不能产生一个"我"的表象，即便是经验性的"我"也不是由我之外的条件决定的。"我"之为"我"是一个无条件的自我设定活动的结果，自我一个设定自身的本原行动（Tathandlung）："它（自我）同时既是行动者，又是行动的产物；既是活动着的东西，又是由活动制造出来的东西；行动（Handlung）与事实（That）两者是一个东西，而且完全是同一个东西。"[②]这样一来，绝对自我作为一种本原行动就成了绝对的"是"，自我的概念本身就包含了它的存在，任何无条件地确定的命题都必须以"自我设定自我"这个第一原理作为终极的根据。

当费希特证明了作为一个设定自身的行动的"自我"的本原地位时，"我是我"成了"A 是 A"的根据，成了逻辑上的同一律的基础，这样一来，这种主体性的形而上学就避免了从同一律出发证明自我意识的基础性地位时所可能出现的种种二元对立（比如，笛卡尔的心灵与物质、康德的显象与物自体之间的二分），从而使一个具有广延的外部物质世界失去了它的本体论位置，彻

---

① 费希特：《全部知识学的基础》，王玖兴译，商务印书馆 1986 年版，第 14—15 页。
② 费希特：《全部知识学的基础》，第 11 页。

244 底将存在的根据收归到理性主体或自我意识。因此，在费希特的知识学中，自我（Ich）与非我（Nicht-Ich）的区分不是一种真正的二元区分。对费希特来说，自我的本质是行动，行动受理性和意志的指导，而非我缺乏任何实质性的规定，非我的存在或"非我是非我"完全是作为"我是我"的反设定才能得到理解。因此，非我不具有任何实在性，而自我通过一种永恒的努力来设定非我和非我与自我的统一，从而证明自我本身的绝对性。无论非我是什么，它都只是自我行动的结果。费希特认为，自我的最终任务是通过实践行动，在更大程度上将非我统一于自我。因此，自我应该支配非我是费希特哲学体系的直接结果。这一观点对人与自然的关系具有深远的理论和实践意义。

按照费希特的想法，在理论认识中，自我设定自己为受非我限制的，非我是自我达到与自身的同一的道路上所碰到的一个"阻碍"（Anstoß），虽然这个阻碍或对立物本身也是由绝对主体无条件地为自己设置的，但是认识活动又不得不保留这一非我与自我相对，因为如若不然，知识就会由于缺少客观性而陷入唯我论，所以在理论领域，自我=自我的绝对同一性是不可能完全实现的。在这个意义上，自然只不过是自我的缺失，它是非我，依赖于自我设定自我的一种反设定。自然只能被视为在根本上依赖于人类自我意识的被动的对象。在自然中，不可能意识到自我，自然本身也不可能具有任何形式的自发性。这种对自然的理解适用于无生命的自然，也适用于动植物，甚至适用于具有身体和物质性要素的人本身。这种自然观与笛卡尔和牛顿等思想家一脉相承。在实践领域中的情况则有所不同，因为在出于理性自主性的自由活动中，自我设定自己是规定非我的，自我对非我具有绝对的因果性，所以，自我能够通过行动来改造自然，使自然服从于自由的因果性，或者使自由的因果性成为自然，从而通过理

性行动者的实践能力，在"奋进"（Streben）中实现理性自身无
条件的立法，即自我=自我。 因此对费希特来说，无条件性就存
在于克服所有被动性和他律的实践需要之中。 换言之，在实践
中，人类必须为了人类理性的普遍规定和目的，不受任何限制地
改造和利用自然。 这种对待自然的态度早在弗朗西斯·培根那
里就已经提出了，而费希特的自我意识理论则使得自然在本体论
上完全成为自我的附庸。

费希特的观点体现了现代科学、技术和经济过程中所表达的
鲜明的人类中心主义立场的哲学根源。 尽管在许多方面，德国浪
漫主义者从费希特的知识学中吸收了很多重要的思想，但他们一
致批评他对自然的理解。 例如，谢林在考虑到费希特的哲学时就
曾经说过，"所有现代哲学都以一种仿佛自然不存在的方式进
行"。① 在谢林看来，费希特的知识学像笛卡尔以来的大多数的理
性主义和主体性哲学一样，不能把自然看作是一个独立的实体，甚
至比笛卡尔更加彻底地取消了自然的本体论地位。 诺瓦利斯也同
样意识到，只要自然被视为非我，自然本身的生命力和它的独立性
就无法得到充分的理解，甚至会遭到基于现代的主体性原则的理论
和实践计划的毁灭性打击。 这尤其表现在诺瓦利斯对现代科学的
批判中："友善的自然在他们（自然科学家）的手下死了，留下的
只是没有生命的、抽搐的残骸。"②

在一个不同的比喻中，诺瓦利斯把作为科学研究对象的自然
比作一个"石化了的被施了魔法的城市"。③ 因此，科学不可能对
自然做出任何充分的断言。 这种断言的对象不是自然本身，而是
处于石化和死亡状态的自然。 诺瓦利斯说："追求真理的一切努力

① Friedrich Wilhelm Joseph Schelling, "Über das Wesen dee menschlichen Freiheit", Friedrich Wilhelm Joseph von Schellings Werke, Band 3, hrsg. Otto Weiß, Leipzig: Fritz Eckardt Verlag, 1907, S.452.
② Novalis, NS, Band I, S.84.
③ Novalis, NS, Band II, S.761, Nr.65.

在关于自然的讲演和谈话中只是越来越远离自然性。"①所有关于自然的演讲和对话的问题在于它是关于自然的，而自然本身并没有语言，也不参与这种对话。一旦我们谈论自然，它就不再作为自然而存在，而只是作为人类意识的一个对象，是一个被人的理性的概念、命题和数学的语言重新阐释和建构起来的对象。但如果这是真的，问题就来了：自然必须如何被理解，才能使它不再仅仅是人类行动和理论思考的对象，即一个非我？谁能超越石化的自然，即聆听自然自己的语言？这需要何种能力与态度呢？

早期浪漫主义接受了斯宾诺莎对以笛卡尔为代表的主体性哲学最具根本性意义的批判：斯宾诺莎指出，我们虽然能够通过理性的反思和普遍怀疑达到思想活动本身的不可怀疑的确定性，但是，确定性本身不等于真理，具有确定性的知识并不是一种具有充分性的认识，因为这种知识不是对事物本身的真理的认识，而只是思维主体将自身的确定性独断地强加给具有广延的物质实体的产物。最根本性的实体和心灵与物质、精神与自然作为实体自身的属性的源初同一是坚持确定性的、反思性的理性所无法理解和把握的。作为实体的自然是一切思想和行动的前提。从本质上说，人作为具有自我意识的精神性的存在者乃是自然本身的一种存在方式，尽管这并不意味着精神和自然之间没有区别。主体性哲学传统用自我和他者、自我和非我这样一些分离的范畴来描述精神和自然之间的区别。诺瓦利斯虽然采用了这些范畴，但是在一个动态的交互关系中改变了它们的意义：具有自我意识的人类必须既被视为自我，又被视为他者；而自然必须既被视为他者，又被视为自我。这尤其意味着精神的概念不仅是为人类保留的，精神也适用于自然。自然和人类一样，都具有能动的、自发的、自我组织的精神层面。这种恢复

---

① Novalis, NS, Band I, S.85.

自然本身的实体性和内在活力的观点使得心灵与物质、精神与自然的统一成为可能。因此,诺瓦利斯拒绝像费希特那样将自然理解为非我,相反,诺瓦利斯的公设是:"取代非我——你"。[1]

在诺瓦利斯和早期浪漫派看来,自然这部大书远非如伽利略所言,是用数学的语言写成的;它的语言要比数学丰富得多,数学只是在形式上构成这部伟大而神圣的小说(Roman)的一种语言,但却不是真正理解这部小说的最重要的语言。如果自然是活生生的、能动的存在,也就是某种意义上的行动者或者"我"(Ich),那么我们就不能像费希特那样将自然转化为一种无限异于或者他在于"自我"的"非我",而是必须将自然转化为一个"你"(Du)——我们能够与之处于对话之中并彼此呼应,因而我们能够在自然中有"在家"之感。[2]"人类并非独自言说——宇宙也在言说——万物皆在言说——无限的语言。"[3]

就像在任何真正的对话中发生的情况一样,人在面对一个同样作为自我的自然时,才能真正意识到主体性自身的限度,并且获得了一种来自事物本身的共鸣和一种具有充分性的认识。因此,诺瓦利斯说:"自然如果没有精神就不成其为自然,也就不是人类的唯一的对立形象,就不是对这个神秘问题的不可或缺的回答,或者就不是这个永无止境的去回答的问题了。"[4]斯宾诺莎在对主体性形而上学的批判中已经有力地证明,观念的次序和联系与事物的次序和联系是相同的,因为它们都在神之中,隶属于唯一的实体。诺瓦利斯也同样意识到,一方面,自然是人理解自身的一面镜子,是使人理解世界的欲求得到满足的那种内在必然性的真正来源;另一方面,精神是自然的最高形式,自然通过人的

---

① Novalis, NS, Band Ⅲ, S.430, Nr.820.
② Novalis, NS, Band Ⅲ, S.314, Nr.398.
③ Novalis, NS, Band Ⅲ, S.267-268, Nr.163.
④ Novalis, NS, Band Ⅰ, S.99.

自我意识来体验其自身的本质。因此，人与自然的相遇是发生在我与你之间的一场对话："整个自然不是像面额和身段、脉搏和色彩那样，表现着我们称之为人的那个更高的奇妙生命中的每一个生命的状态吗？每当我对山岩说话时，它不就变成了一个独特的你吗？当我悲伤地俯视着激流的波浪，我的思想消融于它的流动里时，我岂不也变成了奔涌的流水吗？"①

对诺瓦利斯来说，我们对自然世界的探索同样也是对内在自我的探索。关于自我的知识和关于自然的知识都有着共同的根源，是蕴含于自然本身的内在的生命力和我们感受这种生命力的独特感官使自我与自然从根本上联系在一起："人们走着各自不同的道路。谁若追踪和比较一下这一条条道路，谁就会看到奇异的符号出现在眼前；这些符号似乎都属于人们随处瞥见的那种伟大的隐秘文字：在羽翼、蛋壳上，在云层、雪花里，在水晶和石块上，在冰封的水面，在山里山外，在植物、动物和人的内层与外表，在天空的星辰中，在被触摸和擦过的沥青层和玻璃上，在为磁铁所吸附的锉屑和奇特的偶然事件里——随处看得见这些符号。"②能够体验自然的这种内在生命力并且读懂这些"伟大的隐秘文字"的人不是自然科学家，而是诗人。对诺瓦利斯来说，诗人的存在是人与自然相遇的对话结构和两者的源初同一的表达，也正是诗人对这种源初同一的揭示使人重新在世界中有在家之感。

二、诗：聆听自然的言说

虽然诺瓦利斯关于当时的哲学和科学研究所作的一系列札

---

① Novalis, *NS*, Band I, S.100.
② Novalis, *NS*, Band I, S.79.

记，对于理解他的有机自然观和生机论形而上学是不可或缺的。 249
但是，诺瓦利斯自己却坚持认为唯一适合表现这样一种自然观和
形而上学的形式是诗，他在断片集《花粉》(*Blüthenstaub*，
1798)、诗歌《夜颂》(*Hymnen an die Nacht*，1800)、未完成的
成长小说《塞斯的学徒》(*Die Lehrlinge zu Sais*，1802) 和《海因
里希·冯·奥弗特尔丁根》(*Heinrich von Ofterdingen*，1802)，以
及他为浪漫派百科全书所写的草稿 (*Das Allgemeine Brouillon*，
1798—1799) 中都在尝试追寻这样一个目标。 诺瓦利斯和早期浪
漫派想要恢复已经失去了内在统一性和活力的自然，恢复人与自
然的统一，他们必须提出一种新的方法，一种新的理解自然的进
路。 近代科学的各种特征是由那种单纯计算性的、量化的、机械
论的理性运用所决定的，而早期浪漫派希望通过"浪漫诗"这样
一种综合了理性、感觉、情感、想象以及心灵的审美能力的更加
整体主义的进路来开启一个时代："如果数字和图形不再是/解锁
一切造物的钥匙，如果芸芸众生的歌唱与亲吻/比那些饱学之士知
道的更多，如果有一天世界必定/回归到自由的生命，如果那时光
与影重新/合为纯粹的澄明，如果人们从童话和诗句/认识真实的
世界历史，于是整个颠倒的存在/随着一句密语而飞逝。"[1]那
么，为什么"浪漫诗"会被诺瓦利斯视为表现浪漫主义科学和形
而上学自然观的最合适的进路呢？ 就像他所说的："哲学化就等
于是科学化，是通过思想而来的思想，由认识而来的知识——以
科学的和诗意的方式去对待科学。"[2]正是这种信念促使他在给奥
古斯特·施莱格尔 (August Wilhelm von Schlegel) 的信中写道：
"我在未来的追求无非是诗——科学必须被全部诗化——我希望与
您详尽地谈论这种真实的、科学的诗。"[3]

---

① Novalis，NS，Band I，S.344.
② Novalis，NS，Band II，S.390，Nr.45.
③ Novalis，NS，Band IV，S.252.

　　早期德国浪漫派将自然视为一个有机的、自发地自我组织的整体，它的存在和运动完全是以自身为根据、自我证成的，这个意义上的自然是最真实的绝对和无条件者。然而，在知识上具有权威性的近代科学只能通过它的定量研究和分解—组合法将作为整体的自然解释成均质化的诸部分的堆积，而这些部分彼此之间只具有外在的关系。诺瓦利斯和浪漫派需要新的工具、方法和途径来把握和展现这种有机自然，即绝对无条件者的真实性。[1]"外在的科学需要帮助，这一点在最近变得越是明显，我们对它们也就越是了解。自然开始越是显得贫乏，我们就会越加清楚地看到，渐渐习惯于我们那些发现的炫目光辉，而它不过是借来的光，我们恐怕不能用熟悉的工具和熟悉的方法找到并建构我们所寻求的那个本真之物（das Wesentliche）。"[2]

　　但是，正如雅可比在批判斯宾诺莎主义和先验观念论时已经表明的那样，以知性的形式出现和发挥作用的理性只能将自然一贯地解释成一个无限延伸的因果作用链条，这种推论化的解释取消了无条件者，使活生生的统一的自然变成僵死的、惰性的物质，将一切不具有数学确定性的东西视为主观的和虚假的。"人一旦爱上了确定的说明，他就会盲目地接受所有他能够有效推理出来的结果——即便他必须用自己的脑袋来走路"。[3]雅可比以这种讽刺的方式一语道破了理性主义知识论和方法论的症结。对此，诺瓦利斯深表赞同："野蛮的、不着边际的思想者……从逻辑原子中建造出他的宇宙——他摧毁了一切充满生机的自然，为的是在其位置中放入一个思想的把戏——他的目标是一台无限的自动机。"[4]

---

① 参见［俄］加比托娃《德国浪漫哲学》，第135页。

② Novalis, NS, Band III, S.521.

③ Friedrich Heinrich Jacobi, "Concerning the Doctrine of Spinoza in Letters to Herr Moses Mendelssohn", *The Main Philosophical Writings and the Novel Allwill*, p.194.

④ Novalis, NS, Band II, S.524, Nr.13.

人类理性的本性就有一种通过反思和概念性的思维将自身与感性的、多样性的、变动不居的自然分离开来的倾向，用纯然理性的语言来言说自然，从而使自然变成了一个无声的他者。诺瓦利斯认为，哲学家和科学家没有能力来聆听自然的言说，因为他们不是把自然作为一个同样具有自我意识的主体、一个平等的对话者，而是一个全无意识和生命的惰性的物质世界、一个完全受制于主体的客体；只有诗人具有克服这种分离的能力。在诺瓦利斯看来，诗人的一个特征是他对自然的热爱赋予自然更多的灵性："谁想真正了解自然的心绪，谁就必须和诗人待在一起。在那里，自然敞开她的心扉，倾吐她奇妙的心声。但是，谁若不是发自内心地热爱自然，只是惊异于自然的一部分或者另一部分，并意在从中获取经验，他就只能勤于造访她的病房或者她的尸骨存放所。"①

对诺瓦利斯来说，真正的诗人不仅是，或者说主要并不是指一种特定体裁的文学作品的创作者。诗人的主要特征是，他有能力发现自然，这个看似无意识的他者实际上是与"我"相对应的"你"，即另一个有生命、有意识的主体。这种对自然作为"你"的完全承认意味着对自然的爱，也就是在自然中发现了另一个活生生的、能够与之共情的自我。从某种意义上说，爱的神秘之处在于它不试图决定对方，而是接受对方的不可规定性，接受对方自身的发展。

根据雅可比的说法，我们通过在"我—你"关系中借助于其他身体对身体的启示（Offenbarung）来实现自我对外部世界的意识。② 雅可比认为，这种基础性的对话的理想形式可以在基督教中找到，基督教强调上帝的超越性和人类的有限性之间的对话关

---

① Novalis, NS, Band I, S.84.
② Friedrich Henrich Jacobi, "David Hume on Faith", *The Main Philosophical Writings and the Novel Allwill*, p.231.

252 系。 根据雅可比的说法，这种对话关系是一种"信仰，其目标不是永恒的真理，而是人类有限的、偶然的本性"。[①] 因此，基督教提供了一种使信仰而不是知识成为中心的"我—你"关系。 由于这样的基督教观念反映了我们对真理的认知关系的基本结构，从而导致"更高的意识"和"更高的认知"。[②] 我们是在运用我们的理智进行理解之前，就从信仰中获得了意志得以形成的基础，我们的意志是"来自永恒和纯粹的光的火花，和来自全能的力量"。[③] 也就是说，上帝作为绝对的，不可能通过理性的解释达到的，任何试图对绝对无条件者进行理性解释的尝试最终都会破坏自由、意志、自我和上帝。

雅可比对人与上帝之间的"我—你"对话关系的洞见影响了诺瓦利斯对诗人的创作活动的理解。 在诺瓦利斯看来，不同于科学在追求关于自然的理性认识时将自然固化在理性的确定性之中，诗人能够遵循自然的不可由理性规定的、不确定的、流动的和变易的运动："甚至诗艺也曾是真正的自然之友最爱用的工具，自然之灵（Naturgeist）也以最亮丽的形象出现在诗里。 当人们阅读和聆听真正的诗时，人们便感觉到一种自然内在的理智在运动，就像自然那美妙的躯体的运动一样，我们沉浸在自然之中同时又漂浮于其上。 ……如果说诗人更多地以轻巧细腻的感官追踪流动的和转瞬即逝的东西，自然科学家则通过锋利的切割来研究自然的内部构造及其各部分之间的相互关系。"[④]

不仅如此，诗人还具有独特的创造力。 在这种创造性中，他

---

① Friedrich Henrich Jacobi, "David Hume on Faith", *The Main Philosophical Writings and the Novel Allwill*, p.231.

② Friedrich Henrich Jacobi, "David Hume on Faith", *The Main Philosophical Writings and the Novel Allwill*, p.231.

③ Friedrich Henrich Jacobi, "David Hume on Faith", *The Main Philosophical Writings and the Novel Allwill*, pp.248-249.

④ Novalis, NS, Band I, S.84.

展示了自己与自然之间的内在联系。因为在诗人的体验中,自然
就其自身而言本质上是创造性的:"对诗人来说,自然含有无限多
样的心绪的一切变化,它比最机智和最活泼多变的人更善于运用
思虑周密的变化和闪念、应对和退避、伟大的理念和奇想,使人
猝不及防。它取之不竭的幻想的财富使任何谋求与之交往的人
都不致空手而归。它善于将一切美化,赋之以生命,使之得到证
实,虽然在个别情况下看似一个无意识、无关紧要的必然机制在
起主导作用,但一双观察深微的眼睛会看到,这是以人类心灵通
过个别偶然现象的巧合和后果表达的奇妙同情。"①诗人的心灵比
自然科学家更加敏感、情感更加充沛、更加富有想象力,他在自
然不可分解和不可还原的整体性中来理解自然的现象,他能够表
达自然本身试图以某种非理性的形式向我们显现出来,但却被理
性的思维所消解和掩盖起来的真理。

对诺瓦利斯来说,表现出这些特征的诗人代表了一种理想的
人性,诗人的创作和他对自然的聆听恢复了人与自然的源初统
一。这建立在诺瓦利斯和早期浪漫主义者对诗的独特理解之上。
"诗"(Poesie)的概念是早期德国浪漫主义思想的核心之一,它超
越了其作为文学体裁的一般意义。在诺瓦利斯这里,"诗"是自
然本身的语言,是与自然进行交流和言说自然本身的真理的恰当
形式,但它并不为诗人所独有,而是人类的一种普遍能力:"糟糕
的是……诗有一个特殊的名字,诗人组成了一个特殊的行会。其
实,诗绝不是什么特殊的东西,不过是人的精神的固有的活动方
式。每个人不是每时每刻都在创作和追求吗?"②

诺瓦利斯在相当不寻常的意义上使用"诗"这个术语。一般
来说,"诗"都是与文学创作联系在一起的。然而,对诺瓦利斯

① Novalis, NS, Band I, S.99 - 100.
② Novalis, NS, Band I, S.287.

来说，"诗"并不局限于特定的人，即诗歌或小说等的创作者，而是人类精神活动的一个基本特征。 人类的基本特征通常被认为是理性和进行理性推理与论说的能力。 然而，在诺瓦利斯看来，人类精神活动的基本特征不仅仅是理性，还更是"诗"。 古希腊语中的 poiesis 的意思与我们所说的"生产"或者"制作"的意思几乎相同。 poiesis 关系到从非存在到存在的产生过程。 因此，柏拉图在《会饮篇》中给"诗"下了这样的定义："任何关系到使某物从无当中创造出来的东西就是一种诗。"（Sym. 205b）[①]除此之外，浪漫主义的诗的观念与《圣经》当中所描述的上帝的创造活动之间也存在一定的联系。 就像保罗在《罗马书》中表明的那样，根据基督教传统，创世是上帝创造力的表现，也是他的爱的一种表现。 在这一传统中，作为上帝按照自己的形象创造出来的人类分享了造物主的创造力，人类不仅被召唤去爱他的同类，而且被召唤去爱所有的受造物。

实际上，从 18 世纪下半叶开始，哈曼（John George Hamann）和赫尔德（Johann Gottfried Herder）就已经试图向人们表明，语言的主要功能不是客观地"描述"或者"反映"已经被现成给予的对象，语言的真正意义在于创造和建构事物，或者说，使得事物以各种有意义的方式被创造性地再现出来。[②] 对诺瓦利斯和其他早期浪漫主义者来说，创造力是所有人类行为和思维的源初的内在动力，这一点是不言而喻的。 创造力可以在诸如艺术、科学、技术、手工艺等各种不同的人类活动中得到体现。然而，在诺瓦利斯看来，不仅是人类，就连自然本身也是极具创造力的，它不但创造出无穷无尽的生命形式，而且是一切人类创造性活动的根源。 可是，对作为精神活动的诸形式之一的理性这

---

① Plato, Symposium, *Plato Complete Works*, ed. John M. Cooper, Indianapolis: Hackett Publishing Company, 1997, p.488.
② Cf. Frederick Beiser, *The Fate of Reason*, pp.17‑18, 130‑140.

个单一维度的坚持使现代人倾向于切断自身与自然的创造力之间
的联系。实际上，合乎理性的科学已经不再进行"生产"或者
"制作"，它满足于单调乏味的确定性，只是在单一的合理性模
式中不断地进行重复和量的积累，甚至可能凭借这种源自自然的
创造力对自然本身造成毁灭性的破坏。在自我意识的不可怀疑
的确定性面前，活生生的、流动的因而也是缺乏确定性的自然变
成了完完全全的非我。沿着从笛卡尔到费希特的思路走下去，人
类甚至有必要完全按照以自己的理性为根据的意志来塑造自然。
诺瓦利斯非常清楚费希特哲学中潜在的破坏性。因此，他坚持认
为，只有通过诗所传达的活生生的感性形象，被孤立的理性思维
所掩盖的自然本身的真理及其内在的创造性才能够重新显现出
来："写作就是创造。（Dichten ist zeugen.）被诗意地创造出来的
一切，都应当是活生生的个体。"①

对自然的诗意言说是对自然本身的言语的聆听，而在这种诗
意的言说当中，诗人是将自然作为另一个自我、一个"你"来看
待；诗人承认自然具有无法被我们的理性思维所规定的独立性，
甚至在对自然的聆听中心甘情愿地舍弃自身的独立性，而这种人
与自然之间的关系，即对自然的尊重和同情的完美形式就是
"爱"。从诺瓦利斯的意义上来说，爱并不只是一种存在于人与
人之间的情感；在爱之中，人在自然中看到了人性，同样也意识
到人性与自然的不可分割的统一性。在与自然的对话中，人类将
自己的所有活动视为自然创造力的表现。因此，人类所创作的诗
虽然表面上不同于自然的创造力，但在某种意义上可以被视为自
然本身的表达，是对自然本身的真理的揭示或再创造。

对诺瓦利斯来说，诗是在人与自然之间进行联结的纽带。通
过这个概念，诺瓦利斯表达了他对人类在宇宙中的位置的看法：

---

① Novalis, NS, Band II, S.534, Nr.36.

256 真正成为人，成为具有自我意识的精神性存在并不意味着与自然的对立和对自然的支配，而是在诗意的言说中聆听自然的语言，恢复因主体性的反思哲学和科学解释而被打破的一种普遍的和谐。"诗通过使一物与整体中的其余部分的特定结合提升了每一个单独的事物——如果是哲学首先通过它的立法为观念的积极影响准备了世界，那么，诗可以说是哲学的关键，它是世界的目的和意义；因为诗塑造了美丽的社会——世界大家庭——美丽的宇宙之家。"[1]通过将人类作为"自然存在"与一种无限的积极的创造力的观念重新整合起来，浪漫主义者拒绝了启蒙运动所宣扬的人类相对于自然的主导地位。

三、浪漫诗作为真正的科学

启蒙理性在认识自然、实体和真正的绝对无条件者时所表现出的无能乃至于消极的作用，使诺瓦利斯与启蒙理性的知识论和方法论彻底决裂，他将表现绝对或终极实在的尺度、方法和媒介分配给了诗意的感性的审美经验。在他那里，美感不是创作者和观赏者的主观情感的表达，而是绝对本身的客观表现或者揭示。审美经验之所以能够具有这样一种知识论的意义，首先是因为美本身所具有的一种特殊的本体论规定。正如康德在《判断力批判》（1790）中已经阐明的那样，美是一个无条件的理念，鉴赏判断在质的方面是非感性、非概念的，而且它对事物的经验性实存不具有任何兴趣。就此而言，量化的和机械论的认识模式既不被允许，也没有能力用来认识或者消解美的存在。

其次，自然美和艺术美像有机体一样具有一种系统统一的目的论结构，也就是说，在它们当中，整体与部分之间存在着一种

---

[1] Novalis, NS, Band II, S.533, Nr.31.

交互性的相互影响，而不是外在的机械作用的因果关系。 一方面，美的整体寓于它的各个部分之中，并只有通过其诸部分的特定安排才能够显现出来。 无论哪个部分发生了改变——植物颜色的变化或者一些线条的使用，整体的美都有可能会失去。 另一方面，美的整体的理念又决定了它的各个部分，这些部分只有通过整体才能够显现出美，它们在其中服务于整体所规定的目的：一抹绿色或者一条直线，就其自身而言并不是美的。[1]

对诺瓦利斯来说，当我们越来越倾向于在依靠感觉、情感、想象力和知性的综合作用所构成的审美经验中来理解自然，我们将会进一步意识到自然作为一个美的整体具有（借用康德的术语来说）一种"无目的的合目的性"（Zweckmässigkeit ohne Zweck）。[2] 按照康德的区分，美的存在无法通过那些依赖于先天知性范畴的普遍的自然法则得到规定，相反，只有根据作为内在因果性的"目的"，人们才能够找到美的规定根据，使得那些不能被归摄到普遍概念之下的、被给予的特殊的东西获得一种仿佛来自客体自身的统一性。 早期浪漫派尤其对这一点做了充分的发挥和改造。 在他们看来，审美活动不受制于知性提供的普遍的先验法则，所以它比认识活动更加具有自发性。 而审美经验能够将自然作为活生生的、绝对真实的存在揭示出来，正是因为在审美经验中，自然不再是由受制于外部原因的有条件者所组成的机械因果作用链条，而是一个由内在的构型驱力合目的地安排的有机统一体，是自发地自我组织的、无条件的整体，其中每个部分都与整体不可分割，并且整体的特定理念（作为无条件者、一种不可还原的质的规定）决定了每个部分在其中的位置，构成了它们运动的内在动力。

---

[1] Cf. Frederick Beiser, *The Romantic Imperative*, pp.80, 86.
[2] Immanuel Kant, *KGS*5：*KdU* §65, 67.

258　　　　因为自然的这种合目的的秩序并不是外在地施加于它的，也不是像康德所批评的物活论所主张的那样，是自然有意识地给自己设定目的，所以自然被浪漫派视为无意识的理智。这样一来，由于自然和精神（心灵）都是根据目的来实现自身的，它们的区别就不是在种类上，而只是在程度上。这就是为什么对诺瓦利斯来说，可以"允许我们像预感一个人那样来预感自然或者外部世界——它表明，我们能够并且应当只像我们理解我们自身和我们所爱之人（我们自身和你）那样来理解万物"①。换言之，我们在审美经验中不仅仅是欣赏自然对我们显现出来的美，而是通过它更加敏锐地意识到自然本身就像一个"沉默的人类艺术家"，②它的艺术作品就是整个宇宙。

　　　　对诺瓦利斯而言，审美经验虽然是一种情感的产物，但却绝不是纯然主观的和非理性的。实际上，康德在《判断力批判》中已经对审美判断的普遍可传达性和客观性做出过证明。他指出，审美经验作为反思性判断力的产物，乃是我们对一个客体的形式结构在主观上的反应。然而，美感本身却是普遍的。因为它所激起的情感状态，根源于我们作为理性存在者共有的认识能力，即想象力与知性的自由游戏，所以我们有理由期待其他人以与我们相同的方式经验到一个客体的美。在这个意义上，审美经验本身就被视为判断者主观上对一个客体的合规则的、形式上合目的的反应，而早期浪漫派赋予这种在康德那里只具有调节性作用的主观原则以客观的建构性的意义，对他们而言，美是对事物自身的完善性的洞见，也是多样性的和谐统一的一种体现。用诺瓦利斯的话来说就是："感觉和知觉将自身与存在联系起来，表象和情感将自身与认知联系起来。"③

---

① Novalis, NS, Band III, S.429, Nr.820.
② Novalis, NS, Band I, S.262.
③ Novalis, NS, Band II, S.249, Nr.64.

诺瓦利斯意识到,感觉似乎是沿着与理智相反的方向运作
的。 我们的概念和判断将整体分割为彼此外在的、有限制的部
分,而感觉将部分呈现为内在关联的、无限制的整体。 他写道,
"在意识中,感觉必须显现(scheinen),就好像它是从有限制的
到无限制的"。① 理性规定在接受一个整体时,对它进行分割,
把无限制的对象变成了有限制的、孤立的个体,而感觉却是一种
在整体中将有限制的对象作为无限化了的有限接受下来的能力。
启蒙理性以追求普遍性和确定性为由,根据一种非此即彼的逻辑
原则将丰富的人类经验切割成具有数学一般的自明性的碎片,再
将它们导入某些理性秩序之中。 正是这种分析模式和严整的概
念框架,破坏了对象本身,破坏了我们所面对的生命和世界的统
一性、连续性和内在动力。 现实作为鲜活的整体,只能以非数学
的、非概念的方式来欣赏和呈现,而审美经验的重要意义也正是
在与这种启蒙世界观的针锋相对中得到了凸显。

贝克莱在批评理性主义的物质实体观念时已经为感觉"经
验"的真实性进行了正名,他有力地驳斥了基于理性主义的知识
观念对所谓第一性质和第二性质所做的区分。 贝克莱在《视觉新
论》中表明,实际的感觉经验并非如理性主义哲学所主张的那样
只是孤立的、主观的和不真实的第二性质,相反,如果没有通过
习惯、联想和想象所形成的综合性的感觉经验,物质实体的单纯
的量的规定将变得不可理解,并且毫无意义。 就此而言,贝克莱
认为,我们根本没有必要假设物质实体的存在,而且,不是物质
实体的单纯的量的规定是首要的真实的第一性质,相反,那种具
有多样性的统一性的、直接有效的感觉经验才是首要的,单纯的
量的规定反而是理性反思的派生性的产物。② 早期浪漫派的审美

---

① Novalis, NS, Band II, S.114, Nr.17.
② [英]贝克莱:《视觉新论》,关文运译,商务印书馆 2017 年版,第 50—53 页。

经验所强调的正是感觉经验具有的这样一种本源性和首要性，这种审美经验不再是一种经过理性分解的孤立感官所形成的彼此孤立的、纯然主观的感觉"经验"（Erfahrung），而是一种自身具有整体性的和综合性的活生生的、客观的"体验"（Erlebnis）。①基于对康德的美学的发展和改造，诺瓦利斯和早期浪漫派重新赋予审美经验以特殊的知识论意义。在这种非推论性的、普遍可传达的规范性的情感中，作为审美对象的事物是一个自发的、自我决定的有机统一体。就此而言，审美经验包含了对世界的合乎理性的洞见，就像理性认识一样，甚至比单纯的理性认识更好地揭示了事物的客观结构和绝对无条件者的真实存在。

审美经验在诺瓦利斯那里就是自发地自我组织的自然用以表达自身的"无限的语言"，它通过恢复万物自身不可消解的内在目的和内在根据，超越了启蒙世界观所坚持的狭隘的理性观念和真理观念，开辟了一个可理解的意义空间。就此而言，审美经验不仅仅是为合目的的自然之真理所做的准备，而正是表现和评判这种真理的最合适的媒介与尺度。而浪漫诗作为表现绝对和无条件者的形式，乃是真正的科学。②在德国早期浪漫派那里，浪漫诗指的并不是一种文学或者文艺批评的形式，而是一种超越启蒙理性的一种新的认识形式和新的世界观，它有时指一种依从其自身内部法则而生长的有机体，③也可以指自然本身的生产性原则在人类创造力中的表现，人们在此发展出将各种事物感受为一个美的整体的能力，④从而使自然和事物本身的内在合理性以有机统一的多重形式展现出来。因此，它不但要求我们变革文学和文艺批评，更要求变革所有的科学、艺术、宗教、道德、社会和

---

① Cf. Wilhelm Dilthey, *Das Erlebnis und die Dichtung*, S.1 - 16.
② Cf. Alison Stone, "Being, Knowledge, and Nature in Novalis", *Journal of the History of Philosophy*, vol. 46, no. 1 (2008), pp.141 - 164.
③ Novalis, NS, Band III, S.560, Nr.35.
④ Novalis, NS, Band III, S.558, Nr.21.

政治；并且打破艺术与科学、艺术与世界之间的藩篱，通过世界本身的"浪漫化"，使得在充满异化和分裂的启蒙世界观中被遮蔽的无限丰富的意义世界重新显现出来。① 用诺瓦利斯的话来说就是，"诗的感受与神秘主义的感受有许多共同之处。它是对奇特的、个人的、陌生的、神秘的、有待于启示的、完全偶然的东西所产生的感受。它能表现不可表现的东西，能看见不可见的东西，感受到不可感受的东西，等等。……诗人是真的被剥夺了知觉——为此他拥有了一切。他在真正的意义上把客体——心灵和世界呈现给了主体。这正是一首好诗的无限性，即永恒性"②。

启蒙世界观的形成是一个不断祛魅和世俗化的过程，近代科学要求自然完全被人的理智所穿透，真理必须具有完全不可怀疑的确定性。于是，不管是事物的自然位置和多样性的质的规定，还是自然的内在目的和内在动力，以及我们的感觉、情感和想象，所有不能用自明的数学语言加以描述的东西，不能通过机械的因果作用加以解释的东西，都被科学视为神秘的、非理性的、不具有确定性的东西，并且作为事物在人的主观意识当中产生的第二性质，它们的真实性被理性主义的知识论彻底取消了。然而，恰恰是这些对启蒙的理性和科学来说不可表现、不可看见、不可感受、不可认识的无条件者和绝对本身，构成了我们能够真正理解这个世界，重新获得目的和意义的先决条件，使人能够有"在世界中在家"之感。"一切可见的依附于不可见的——可听的依附于不可听的——可感的依附于不可感的。可思的或许依附于不可思的。"③

证成诗化自然的真理就在于，通过使庸常的世界富有诗意，使抽象的科学成为充满鲜活生命的诗，以一种超越启蒙理性的认

① Cf. Frederick Beiser, The Romantic Imperative, pp.8-9.
② Novalis, NS, Band III, S.685-686, Nr.671.
③ Novalis, NS, Band II, S.650, Nr.481.

262 识方式恢复绝对和无条件者的现实性，这是德国早期浪漫主义的核心。 一切指向无限的爱与信仰、敬畏与渴望比取消了质的规定、由单纯的数字和无尽延伸的机械因果链条所组成的有条件的、虚无化的世界更加接近真实。 因此，"世界必须被浪漫化。这样人们就会重新发现那源初的意义。 浪漫化无非是一种质的乘方［eine qualit（ative） Potenzirung］。 ……当我给予卑贱的东西以一种崇高的意义，为寻常的事物披上一层神秘的外衣，使熟知的东西获得未知之物的庄严，让有限的东西表现出无限存在的外观，我就将它们浪漫化。 ——对于更崇高的事物、未知物、神秘物、无限存在，方法则相反——它们将通过对应的联系对数化（logarythmisirt）——于是它们获得了寻常的表达"①。

在浪漫主义者看来，世界已经失去了许多原有的意义。 因此，为了重新获得它，一个人必须以全新的和不寻常的方式重新思考或"重新呈现"它的内容和形式。 在这方面，诺瓦利斯（还有谢林）特别借用了乘方的数学运算来比拟世界的浪漫化的过程，并坚持认为这种类似于乘方的浪漫化可以使我们对自然的认识超越狭窄的定量研究的领域，恢复自然的质的差异性的、多样性的统一。 换言之，不仅仅是数学对象，世界上的任何事物都可能被提升到更高的幂，即通过自乘使在通常的理性认识看来正常的或者平平无奇的东西具有了一种通常的理性所无法把握的神秘的、无限性的外观；或者下降到更低的幂，即通过对数化的过程使绝对的、无限的存在具有内在于有限之物的现实性。

谢林同样将作为无限的实体的自然自我设定为有限和在对有限的扬弃中把握自身的过程称为 "乘方"或 "乘幂"（Potenzierung）。 "幂"（Potenz）是一个数学术语，它表示一个数自乘若干次的结果。 谢林将这个术语用于哲学，它是理解作为

---

① Novalis， NS， Band II， S.545， Nr.105.

真正的主客体同一的绝对或实体的方法和途径。作为绝对的即完全在自身内并提供自身而被认识的实体，没有外在的对立物，不与任何存在相对立，而是将一切差异和对立物作为自身的客体化与自身相同一；如果真正的无限和绝对是创造性的，即在自身的有限化或客体化以及对自身的有限存在的扬弃中来达到自身同一，那么，乘方的过程最好地表现了这个动态的、自身差异化的同一。也就是说，绝对同一不是费希特式的自我等于自我，不是出于自我等于自我的需要，将自然作为由自我设定的空洞的非我统一于与非我完全异质的自我。相反，在绝对同一中，自然和精神、物质和心灵都应该被理解为唯一实体自身的不同的表现形式，或者说不同程度的表现。这就类似于在乘方运算当中，一个数不论它自乘多少次，它作为底数仍然是一个基础性的、不变的东西；而从另一方面看，自乘的不同次数，即指数的变化，又使得不变的底数具有了不同的表现形式。比如 2 跟 4、8、16 是不同的数字，但是当我们将 4、8、16 表述为 2^2、2^3、2^4 时，就会发现 2 与 2 的 n 次方的结果之间虽然具有明显的量的差异性，但又同时具有某种质的同一性，即这些不同的数字都是 2 这同一个数字的自乘 n 次的结果（幂）。以此类比，真正的实体经过自身的有限化和对有限存在的扬弃，就不再只是 A，而是具有进一步规定性的作为 A 的 A，谢林将其表述为 A^2。

对诺瓦利斯来说，类比于乘方运算的浪漫化过程不仅表明了自然本身自足的、能动的、多样性的统一，而且它重新发现了日常事物和日常生活的魅力，并给予我们对实在最完满丰富的感觉。[1] 与此同时，诺瓦利斯还强调了浪漫化的另一个相反的方向，即对崇高的、神秘的、不可知的对象进行对数化运算，从而

---

[1] Cf. Charles Larmore, *The Romantic Legacy*, New York: Columbia University Press, 1996, pp. 8-10.

逐渐剥去由理性所设定的那些绝对无条件者的不可知的、神秘的外衣，变得寻常而动人；使绝对无条件者成为内在于有限之中的无限存在，不再仅仅作为调节性的理念停留在因理性的反思而与现实世界对立起来的彼岸世界，或者说仅仅作为康德意义上的"理性信仰"（Vernunftglaube）和费希特意义上的"奋进"（Streben）的对象，而不具有任何感性的、可经验的现实性。①早期浪漫主义者以自然之全体为他的整个领域，几乎任何事物都可以被浪漫化。而浪漫化的结果不是枯燥的数学组合，而是艺术和哲学的提升。②对于诺瓦利斯来说，在艺术、哲学和诗之中，精神成为"自乘的原则"（potenzirende Princip），即自我实现的原则，因此，文学或写作的世界是"被提升到更高的幂的自然"（Potenzirte Natur）。③

在谢林看来，不是从先验自我的确定性出发进行演绎，因而把一切感性的、多样性的存在贬低为非我的费希特的"知识学"（Wissenschaftslehre），而是从以自身为根据的绝对无条件者（自然或实体）出发，在极性力的矛盾作用下推动自身在光、磁、电、化学、有机生命乃至精神活动等现象中实现出来，最终包含存在之全体的"自然哲学"（Naturphilosophie）才有资格成为真正的科学。同样，对诺瓦利斯来说，浪漫化所追求的不是一种主观的、任意的、非理性的情感体验，而是为了突破费希特的主体主义框架，使"知识学"构想所包含的崇高意图得以真正实现。为了达到这种更高的统一的真理，需要"创造一个有能力达到这种高度的活的科学工具"，④只有通过诗意的、浪漫化的媒介，才能使"知识学"成为真正独立自足的"百科全书"（Encyklopädie），

---

① Cf. Oskar Walzer, *German Romanticism*, p.28.
② Novalis, *NS*, Band III, S.440, Nr.894.
③ Novalis, *NS*, Band III, S.283, Nr.243.
④ Novalis, *NS*, Band IV, S.263.

成为"诸科学的科学"（Wissenschaft der Wissenschaften）。[1]

根据诺瓦利斯的说法，费希特试图克服以往的二元论，在绝对无条件者的自身关系中来理解事物存在的必然性，这是一个非常了不起的哲学构想。可惜的是，费希特的"知识学"并没有走出空洞的自我意识的确定性，没有走出形式化和抽象化的理性演绎，反而抽空了整个实在的领域，这种狭隘的主体性原则无法造就真正的科学。在诺瓦利斯看来，费希特在哲学中形成的普遍化和整体化的趋势"应该在所有科学中进行"，并且将所有其他科学作为知识学的变形来看待。[2] 也就是说，"存在一种哲学的、批判的、数学的、诗学的、化学的、历史学的知识学"[3]。然而，就像诺瓦利斯指出的那样，哲学的语言有其内在的局限性，只有诗意的语言才能超越费希特和康德的那种抽象的、非诗意的语言风格和思维方式。主体性哲学的根本问题是它错误地将我们所拥有的理性知识作为真理的最终形式。相反，所有的知识，无论其来源于自我还是自然，都参与了比自身更伟大的事情："我们身上存在的某些诗性的创造活动似乎与所有其他品格完全不同，因为它们伴随着对于必然性的感觉，但它们似乎没有任何现成的外在根据。它使人好像在进行一场谈话，其中某种未知的、精神性的存在奇妙地促使他发展出最具有明证性的思想。这个存在一定是一个更高的存在，因为它与自己的内在联系如此紧密，以至于它不可能是受制于显象的存在……这种更高的自我与人的关联，就像人与自然的关联，或者就像智者与孩童的关联。……这个事实可以不呈现。……这是一种更高的事实，只有更高的人才会关心。然而，人应该努力在自己身上推动它的形成。这里出

---

① Novalis, NS, Band Ⅲ, S.249, Nr.56.
② Novalis, NS, Band Ⅲ, S.269, Nr.155.
③ Novalis, NS, Band Ⅲ, S.321, Nr.429.

现的科学是更高的知识学。"①

　　通过诺瓦利斯所说的浪漫化或者乘方和对数化的过程，所有存在物都被提升到无限的、活生生的运动中去："提升（Erhebung）是我所知道的立即避免致命碰撞的最优越的手段。因此，举例来说，普遍提升为贵族——所有人提升为天才——所有现象提升为奇迹——物质提升为精神——人提升为上帝，所有时代提升为黄金时代，等等。"②这种对自然的浪漫化"可能会持续到一个绝对的包罗万象的科学（Universalwissenschaft）"。③这样一来，我们就有可能不断接近一种一度因为单纯的理性反思而分裂和丢失了的总体性的科学，将内在于世界的神圣性和无限性展现出来。④用诺瓦利斯的话来说，诗对自然的浪漫化无异于"天堂的再现"（Regeneration des Paradieses）："天堂仿佛分散在整个地球，因此它变得如此不可辨认——它分散的特征应该被统一起来——它的骨架应该被填满。"⑤

　　在这种"诗化自然"的观念当中，我们到达了诺瓦利斯哲学中最著名和最具争议的方面，即他的所谓"魔幻观念论"（magischen Idealismus）思想。顾名思义，这一学说是浪漫主义和观念论哲学的结合。诺瓦利斯意义上的"魔法"（Magie）是一种"随意使用感官世界的技艺"。⑥通过使用这种感性的技艺，被理性"石化"了的自然可以再次活跃起来。诺瓦利斯将自己的"魔幻观念论"放到了这样一个哲学史的脉络当中："经验论者认为思维方式取决于外部世界或者事实的作用，因此他是一个被动的思想家，他的哲学是现成的。伏尔泰以及众多法国哲学家都是

---

① Novalis, NS, Band II, S.528-529, Nr.21.
② Novalis, NS, Band III, S.440, Nr.894.
③ Novalis, NS, Band III, S.299, Nr.333.
④ Novalis, NS, Band III, S.509-510.
⑤ Novalis, NS, Band III, S.447, Nr.929.
⑥ Novalis, NS, Band II, S.546, Nr.109.

纯粹的经验论者。 里涅（Ligne）不太显眼地接近了超验经验论者。 他后面的人才完成了向独断论的转变。 道路由他们通向执着的幻想家或超验的独断论者，进而通向康德，又由康德通向费希特，最后才走到'魔幻观念论'。"①这种"魔幻观念论"的观念论当然起源于康德和费希特的学说，即我们所感知的对象的真实性取决于我们自身的创造性活动；费希特的那个通过自身活动设定非我的自我，仍然是诺瓦利斯"魔幻观念论"的基本原则。不过，与康德和费希特不同的地方在于，诺瓦利斯将纯粹理性的、逻辑的自我变成了诗意的、感觉的自我，变成了天才的富有诗意的精神生活。② 诺瓦利斯认为，自我的创造性活动不仅体现在它可以根据内在的先天形式来建构一个可认识的外在对象，或者根据纯粹的实践法则来构想一个与我们的道德性相呼应的道德世界，而且它有能力且应当"让我们将自然或者外部世界视为人一般的存在"，将费希特那里作为"非我"的自然重新变成一个能动的、具有自我意识的"你"。③

就像贝瑟尔（Frederick Beiser）已经详细阐明的那样，魔幻观念论既不拒绝理性和理性的要素，也不是一种非理性主义的形式。 这种独特的浪漫主义的观念论试图通过为康德和费希特的学说添加感性的审美的维度来创造实在论和观念论的综合。④ 魔幻观念论者"奇妙地折射了更高的光"，⑤通过将"思想变为事物，将事物变为思想"，⑥它肯定了将自然转化为艺术品的必要性，以便它恢复其固有的生命力和无法被理性的概念性思维所消

---

① Novalis, NS, Band II, S.605, Nr.375.
② 参见［俄］加比托娃《德国浪漫哲学》，第139页。
③ Novalis, NS, Band III, S.429, Nr.820.
④ Cf. Frederick Beiser, German Idealism: The Struggle against Subjectivism, 1781 - 1801, p.424.
⑤ Novalis, NS, Band III, S.385, Nr.638.
⑥ Novalis, NS, Band III, S.301, Nr.338.

解的独特魅力："一切完美的事物并不单独表达自己——它也表达了一个完整的（共同的）同源的世界。因此，永恒少女的面纱飘浮在每一种完美之物的周围——在最轻微的触摸下溶解成一种神奇的香味，成为先知的云中之车。我们看到的不仅仅是古物——它同时是天空、望远镜和恒星——因此是一个更高世界的真正启示。/此外，我们不应该过于严格地认为古物和完美的东西是制造出来的——在我们通常称某物为制造出来的意义上。他们就像心爱的人一样，通过朋友在夜晚指定的标志——就像通过接触指挥家产生的火花——或者通过眼睛的运动产生的星星。就像星星出现并穿透望远镜一样——同样，一个天体的形状也出现在大理石图形中。（望远镜的诗意理论——恒星等是光的自发性存在——望远镜或眼睛，是光的接受性存在。）/随着每一次完美的触摸，作品从大师那里跃入远远超过广阔的空间——因此，在最后的触摸中，大师看到了本应属于他的作品，与他自己被一条思想的鸿沟隔开——其宽度他几乎无法理解——只有想象力，像一个巨大理智的影子，才能跨越。在那个本应完全属于他的时刻，它变得远远超过了他，它的创造者——他不知不觉地成了一种更高力量的工具和财产。艺术家属于作品，而作品不属于艺术家。"①

因此，所谓"魔幻观念论"无非是对自然的真正的浪漫化，是在一种合乎理性的审美经验中对自然本身的源初真理的创造性再现。不过，值得注意的是，对诺瓦利斯来说，对自然的诗意的创造并不仅仅是一种源于理性主体自身的能力，相反，诗人的创作恰恰是要把那些合乎逻辑的理性规则悬置起来，放弃那设置对立的主体性原则，让"自然之灵"通过诗人的情感和想象力来表达自然本身的真理："如果有一种独立的表现力——只是为了表现

---

① Novalis, NS, Band III, S.410-411, Nr.737.

而表现，为了表现而去表现——那这就是一种自由的表现。 这就意味着，并非客体，而是作为活动基底的自我才应该决定活动。因此，艺术作品便获得了一种自由、独立和理想的特质——一种庄严的精神——因这是一个自我的显性产物。 然而，自我以这种方式独特地假设自身，是因为假设自身是无限的自我，也因为它必须假设自身是无限表现的自我，所以它假设自身是自由的，是清晰地去表现的自我。 客体只能是艺术活动的源头、类型和目的——只有构成艺术品的力量才能在客体上，在客体内，并通过客体创造性地产生出美的整体。"①

启蒙世界观的合理化的模式就是通过可以用理性加以描述和计算的因果链条来解释一切事物的存在及其根据，用单一的、简单的外在因果性解释取代杂多的、缺乏确定性的内在因果性解释，这种反思性的、非此即彼的合理化建构不可避免地会取消事物自身的内在意义，将一切存在平庸化和虚无化。 因此，那种以自身为根据的、作为质的多样性的有机统一的自然或者绝对，则需要依靠浪漫诗这样一种特殊的直观（Anschauung）形式才能得到呈现。 因为在对最微小的细节的描绘中，在超乎寻常的想象中，在将鲜活的形象赋予庸常的、不起眼的事物中，浪漫诗具有一种特殊的陌生化和间离化的能力。 就像诺瓦利斯指出的那样："艺术，以一种令人惬意的方式产生疏远和间离，让某个对象变得陌生，但却为人熟知而富有吸引力，这便是浪漫的诗学。"②

凭借对语言的非常规使用、对丰富的经验和细节的关注，以及对不同价值和不同事实之间的张力的生动展现，浪漫诗刻意超出我们的认知能力，凸显了知识自身的限度，而这恰恰体现了诺瓦利斯在生机论形而上学中所表达的存在的最高原则："最高原

---

① Novalis, NS, Band II, S.282-283, Nr.633.
② Novalis, NS, Band III, S.685, Nr.668.

270　则必须在其使命中包含最高的悖论（das höchste Paradoxon）吗？ 最高原则必须是这样一条定律，它绝不让人安宁——它总是既吸引又排斥——每当人们已经理解了它，它总是重新变得不可理解？ 它不断地使我们保持活跃而不致懈怠——它从不变得疲倦，也从不变得庸常？"①计算理性无法理解和容忍认识中的矛盾或者悖论，而浪漫诗对差异、悖论和存在本身的多样性的表现，一方面反映了有机自然通过吸引—排斥的内在驱力进行自我组织的特征，另一方面则通过某些难以置信的、不可理解的意象，使人们对熟悉的、具有确定性的知识对象产生了陌生感，进而意识到，从更为丰富的人类经验和作为整全的自然来说，这种对计算理性的认识而言不合理的存在反而是更加合理和富有吸引力的；而且正是这种既吸引又排斥、既理解又不理解的"悖论"，能够超越主观理性的僵化形式，使得不同的合理性模式能够在自然和事物本身内在的自我否定中逐渐展现出来。② 早期浪漫派对差异和矛盾的知识论意义的重视对启蒙运动和现代科学的知识论原则提出了非常深刻的挑战。 对诺瓦利斯来说，与形式逻辑的表象相反，诗意的想象并不隐藏和化解矛盾，而是通过自我矛盾的总体性的观念，把认识活动引向真理的源头，引向超越主观自我意识的绝对无条件者自身的无意识的生产。

　　诺瓦利斯认识到，在我们追求真理的过程中，矛盾和错误的出现是不可避免的。 在哲学中就跟在数学中一样，一个问题必须从许多不同的角度来解决。 换言之，矛盾和错误是通往真理之路的一部分，而不仅仅是一个必须最终被具有确定性的知识所取代和消除的障碍。 就像诺瓦利斯说的："错误（Irrthum）是真理的必要工具。"③如果我们从来没有遭遇过错误和矛盾而实现了我们

---

① Novalis, NS, Band II, S.523-524, Nr.9.
② 参见 [俄] 加比托娃《德国浪漫哲学》，第136—137页。
③ Novalis, NS, Band III, S.372, Nr.601.

的目标，那么这意味着我们在开始之前就已经知道了结果，一个自明的、确定的公理通过否定一切错误和矛盾抽空了一切存在，进而让一个虚无化的世界与自我意识的确定性保持一致，这样一来，也就没有真正的哲学和真正追求真理的活动。

斯宾诺莎曾经指出，一个人只能通过说出某物不是什么来定义它是什么，因此，"一切规定都是否定"（omnis determinatio est negatio）。① 如果我们想明确地表明某物是什么，我们就必须通过宇宙的其余部分，也就是通过与想要定义的对象相异的事物才能够做到。 这似乎导致给任何事物下结论性的定义是不可能的。但另一方面，我们越是能够把某个事物与跟它不同的事物联系起来，我们对如何描述这个事物所需的感觉也就越丰富，尽管这种描述可能是无止境的。 随着时间的推移，随着新关系变得比之前的关系更相关，任何特征也可能发生变化。 如果哲学在试图认识无条件的事物时，必然要让事物本身从单纯的自身同一自我意识的确定性中解放出来，那么哲学就必须与诗相结合，特别是与诗所具有的反讽能力相结合。 因为反讽既能对事物进行限制又能让事物从限制中释放出来。 反讽是悖论的一种形式，它让悖论得以存在，而不会让矛盾和悖论被逻辑的同一律所消除。 将世界浪漫化的、充满想象力的诗句具有深刻的反讽意味，它们包含了两种矛盾主张的同时出现，以及使它们共存成为可能的空虚，也就是说，它们允许非存在的存在。 通过允许存在的不存在和非存在的存在，将同一把握为同一与非同一的同一，诗意的反讽以一种不试图支配或固定化无法把握的虚空的方式来表现绝对，让哲学、科学和诗融为一体。 反讽向我们指出了理性和人类认识的极限，它为尚未说出或无法说出的事物留出了空间。 因此，通过向我们指出我们理性认识的限度，浪漫诗的反讽使我们更加接近

---

① 参见 [荷] 斯宾诺莎《斯宾诺莎书信集》，洪汉鼎译，商务印书馆 1993 年版，第 228 页。

（而不是更加远离）绝对。

浪漫诗所具有的这样一种通过矛盾和悖论让日常事物陌生化和间离化的效果，将鲜活的色彩带入到从普通的理智看来平淡无奇的东西，重新激发出有限之物的无限意义和事物自身的内在活力，而这些鲜活的意义和色彩作为表现于有限之物中的绝对无条件者，恰恰是与我们最为切近、我们最为熟悉但却视而不见的东西。 相较于自然科学来说，浪漫诗使得一种更加综合性的自然观念成为现实，并且将人们带向一种更为源初的真理。 就此而言，诺瓦利斯有理由断言："诗人比科学的心灵更好地理解自然。"①

毋庸讳言，诺瓦利斯和早期德国浪漫派是启蒙运动最重要的一群批评者，而他们的先驱中包括维柯、休谟、卢梭、康德、席勒、哈曼、赫尔德、雅可比以及柏克等等。 可是，我们不能因为康德对科学世界观和理性自身的批判、对知识的限制，就给康德贴上反启蒙和反理性的标签。 同样，早期浪漫主义者对计算理性的批判、关于一种具有内在动力和内在目的的有机自然的观念的构想，以及对自然的"复魅"，或者说使有限物成为无限和绝对的象征，也不能简单地归结为蒙昧主义和"中世纪诗情的复活"。② 相反，作为后康德时代的哲学家，他们绝不是要倒退回到一种前康德的、非理性的神学世界观和基督教的唯灵论，而是希望通过发展康德来超越康德。

跟康德一样，早期浪漫派从不质疑理性本身的重要性，而是反对理性的单义化和狭隘的合理性观念的滥用，他们关心如何恢复理性的多重维度，并为理性的使用确定合法的界限。 只不过，他们不接受用那种康德式的反思和演绎来为不同意义上的理性的使用确定一个非此即彼的界限，这种做法只会适得其反地进一步

---

① Novalis, NS, Band III, S.468, Nr.1093.

② ［德］海涅：《浪漫派》，薛华译，上海人民出版社 2003 年版，第 11 页。

加深现代世界的异化和分裂。 主体性哲学根深蒂固的局限促使
早期浪漫派另辟蹊径，依靠想象力与知性、情感与认识相协调的
审美经验所具有的知识论和形而上学意义，在浪漫诗中将自然和
世界作为一个自发地自我组织的、有机统一的整体呈现出来，而
理性与合理性的多重维度及其界限正是在自然（绝对或无条件
者）的创造性生产中作为其自我实现的内在环节得到证成。 在反
思和实现启蒙的理性精神这个意义上，早期浪漫主义的自然观及
其感性本体论不仅不是前现代的产物，而且具有其深刻的现
实性。

第五章

早期浪漫主义的
宗教观念及其
伦理意义

德国浪漫主义最为人诟病的一点可能不只是一些浪漫主义者与天主教和保守政治势力之间的瓜葛，更在于浪漫诗学中所包含的似乎与整个启蒙时代的理性主义、科学主义和世俗化趋势背道而驰的神秘主义倾向。① 诺瓦利斯和施莱尔马赫都来自信奉虔敬派的家庭。虔诚主义（Pietismus）作为一种在 17 世纪发展起来的新教宗派，把精神体验和对个人信仰的培养置于宗教正统和教条之上。因此，它强调了个人"内在"的重要性，即情感和想象力的作用。除此之外，更加值得注意的是，宗教在整个德国启蒙运动当中都扮演了十分重要的角色。不同于大部分英、法启蒙思想家将反对宗教作为自己的思想起点，德国启蒙思想家普遍地是从宗教和德国学院哲学的形而上学传统内部来思考和捍卫启蒙的基本原则。在他们看来，对最高存在的信仰不仅仅是出于人的一种实用性的需要，更不是一种与理性认识完全对立的纯然非理性的活动，而是首先取决于上帝存在在理性上的必然性，取决于我们作为理性存在者渴望从整体上理解这个世界，从而辨明我们在世界中的位置，以及在这个有序的世界中应当如何去行动的理性需要。②

不过，在康德之前，形而上学和神学常常是通过纯然思辨的理性应用来证明那些无条件者（诸如上帝、灵魂等等）的真实

---

① 施莱格尔曾经说过："如果人们听信哲学家的话，那么我们称之为宗教的东西，就只不过是一种有意使之通俗化的或出于本能而技法低劣的哲学。诗人们似乎更把宗教当作诗的一个变种，这个变种诅咒着自己独特的美的游戏，对待自身过于严肃和片面。然而，哲学已经承认并且认识到，它只能依靠宗教才能有所作为，并完善自己。诗只追寻无限，蔑视尘世的功利和文化，而这正是宗教中所包含的真正的对立。艺术家之间永恒的和平已经为期不远了。"Friedrich Schlegel, SKA, Band II, S.260, Nr.42.而诺瓦利斯也说过："对诗的感觉与对神秘主义的感觉大致相同。它是一种对独特性、个性、未知性和神秘性的感觉，是对未揭开之事，对必然一偶然的感觉。它反映着不可反映之物。它看到不可看到的，感觉到不可感觉的，等等。……对诗的感觉与对未来事件的感觉以及宗教感关系紧密，总的来说就是和预言的感觉关系紧密。诗人编排、联结、选择和创造——而为什么要这样做而不那样做，即使他自己也理解不了。"Novalis, NS, Band III, S. 685-686, Nr.671.

② Cf. Rolf-Peter Horstmann, "Zur Aktualität des Deutschen Idealismus", Neue Hefte für Philosophie, 35（1995）, S.3-7.

278　性，对理性自身的认识能力及其限度缺乏事先的考察。正是这种独断论使理性在认识无条件者时产生出种种幻象，导致形而上学长时间处在"黑暗与矛盾"之中，①难以抵御经验主义和怀疑论的攻击。而康德的理性批判通过确定知识的根据和范围，将知识限制在依赖理性主体的先天认识形式所构造的现象世界，从而为信仰和形而上学留出了地盘。在康德看来，形而上学要想成为真正的科学，就必须意识到，理性对认识无条件者的渴望并不服务于我们的认识旨趣，因为理性超出经验界限的思辨应用只会给我们带来矛盾和幻象，而绝不可能产生关于无条件者的确定知识。唯有在理性的实践应用中，形而上学才能够作为一门具有确定性的科学得到辩护。② 康德通过证明上帝存在和灵魂不朽乃是实践理性必然的公设拯救了信仰的对象，将宗教的合理性建立在以理性自律为基础的道德之上。因此，康德的理性批判不仅像海涅所描绘的那样，是一把砍掉了自然神论头颅的大刀，③而且它使人们不得不重新思考道德和宗教的本质以及道德与宗教之间的关系。可以说，在康德批判哲学的影响下，围绕着道德与宗教之间的关系的讨论以及对宗教本身存在的合理性与必然性的思考在18、19世纪德国启蒙运动的思想交锋中占据了一个中心的位置，这也构成了早期德国浪漫主义的宗教观念及其伦理意义得以形成的重要背景。

　　不过，值得注意的是，随着"泛神论之争"的持续发酵，人们愈发从康德式的调和理性与信仰的"道德神学"方案中看到了理性与宗教之间的不可调和性。就像德国学者赫尔曼·蒂姆（Hermann Timm）④和美国学者弗里德里克·贝瑟尔（Frederick

---

① Immanuel Kant, *KGS*4: 7; *KrV* AVII.

② Cf. Immanuel Kant, *KGS*3: 517－519; *KrV* B823－827.

③【德】海涅：《论德国宗教和哲学的历史》，海安译，商务印书馆2016年版，第104页。

④ Cf. Hermann Timm, *Gott und die Freiheit: Studien zur Religionsphilosophie der Goethezeit*, Bd. 1: *Die Spinozarenaissance*, Frankfurt am Main: Vittorio Klostermann, 1974, S.22－23.

C. Beiser）①所证明的那样，"泛神论之争"彻底破坏了从理
性——不管是理论理性还是实践理性——出发来论证上帝的可能
性，上帝和理性之间不仅不具有统一性，而且这种理性的证明是
从根本上反宗教的。 在深受这场争论影响的早期德国浪漫主义
者看来，康德的道德神学论证将宗教排除在真理的领域之外，并
进一步将宗教还原为道德，这不仅取消了宗教自身的特性，而且
否定了绝对和无条件者的真实性，将人的有限理性确立为一切存
在的根据，而这也恰恰印证了雅可比关于先验观念论是一种虚无
主义的批评。

　　通过对以康德为代表的理性主义神学的批判和对斯宾诺莎一
元论的复兴，早期浪漫派发展出一种非常独特却又饱受争议的宗
教观念。 对早期浪漫主义宗教观念的研究可以说是不绝如缕，②
然而，早期浪漫派自身又是如何来理解康德"道德神学"当中所
涉及的一个关键问题，即道德与宗教之间的关系，这个问题却长
期受到学者们的忽视。③ 弗里德里希·施莱格尔在 1798 年 12 月
写给诺瓦利斯的一封信中表明，通过他的"圣经计划"，他想"建
立，或者说帮助宣布一个新的宗教"，这个"新宗教"的核心仍然
是在历史上尚未实现的基督教。④ 事实上，浪漫主义的"新宗

① Cf. Frederick C. Beiser, *The Fate of Reason: German Philosophy from Kant to Fichte*, Cambridge, MA: Harvard University Press, 1987, pp. 1 - 15.

② 有代表性的研究包括 Klaus Lindemann, *Geistlicher Stand und religiöses Mittlertum. Ein Beitrag zur Religionsauffassung der Frühromantik in Dichtung und Philosophie*, Frankfurt am Main: Athenäum Verlag, 1971; Hermann Timm, *Die heilige Revolution. Schleiermacher—Novalis—Friedrich Schlegel*, Frankfurt am Main: Syndikat, 1978; Manfred Frank, *Der kommende Gott: Vorlesungen über die Neue Mythologie*, Frankfurt am Main: Suhrkamp, 1982; Alexander Hampton, *Romanticism and the Re-Invention of Modern Religion: The Reconciliation of German Idealism and Platonic Realism*, Cambridge: Cambridge University Press, 2019。

③ 极少数的相关研究可参考 Hans-Georg Kemper, *Gottebenbildlichkeit und Naturnachahmung im Säkularisierungsprozeß. Problemgeschichtliche Studien zur deutschen Lyrik in Barock und Aufklärung*, Tübingen: Niemeyer, 1981, S. 126, 471.

④ Friedrich Schlegel, *SKA*, Band XXIV, S. 205, 208.

教"起源于莱辛对"新的永恒福音"的呼吁，[1]它在本质上是一种新的道德观念。 尤其是在早期浪漫主义活跃的那个时期，"宗教"这个词几乎普遍地与康德的伦理学联系在一起，而由施莱格尔宣告的建立一种"新宗教"的抱负，其直接的出发点和目的就是用它来取代康德和费希特的不充分的道德理论。

在这一章中，我们将在康德的"道德神学"和雅可比在"泛神论之争"中对理性主义和观念论哲学的批判这一大背景之下，对施莱尔马赫所阐发的早期浪漫主义的独特的宗教观念进行考察，并在此基础上围绕着施莱尔马赫和诺瓦利斯的论述，进一步探讨早期浪漫派关于道德与宗教之关系的思考，揭示浪漫主义宗教观念之所以形成的内在的哲学理由及其重要的伦理意义。 我们能够在早期浪漫派的回答中看到一种与理性宗教的现代性方案和实定宗教的前现代方案都不同的第三条道路，它既是对神性和无限的直观，同时又证明了自由和道德的现实性。

第一节　康德的"道德神学"

康德的批判哲学对道德与宗教之间的关系进行了非常深刻，同时也充满争议的讨论，而这也构成了德国早期浪漫派思考这一问题的主要背景。 在《实践理性批判》（1788）中，康德将宗教定义为"一切义务作为神的诫命的知识"。[2] 尽管这一主张试图将道德与宗教统一起来，但这绝不意味着二者是同等重要，或者是彼此独立的，因为在康德那里，道德乃是使一切宗教信仰和形而上学主张具有正当性的根据。 康德和其他许多德国启蒙思想

---

① 在 1798 年 12 月写给诺瓦利斯的那封信中，施莱格尔描述了自己"建立一种新宗教"的抱负，他写道，"如果莱辛还活着，我就不需要开始这项工作了"，而且"没有人比他更清楚地暗示了这种新的、真正的宗教"。参见 Friedrich Schlegel，SKA，Band XXIV，S.206。

② Immanuel Kant，KGS5: 129.

家一样，担心牛顿主义对基督教世界观的胜利会瓦解人独有的自由和尊严，所以在第一批判的最后，即"先验方法论"中他特别强调，"人的全部规定"在于我们的道德本质，而伦理学或者道德哲学比其他一切哲学更加具有优越性。[1] 在康德的哲学体系中，不论是就规定我们的义务而言，还是就规定我们的动机而言，道德都是完全独立于宗教的，并且康德尤其强调在对动机的规定方面，道德对宗教的独立性。因为对康德而言，当一个行动除了以道德法则本身以外，不以任何其他因素作为动机——尤其是不受任何可能的结果的影响，这个行动才具有道德性，他否认相信某种神圣的奖赏和惩罚的宗教信仰在规定行动的道德性或引发道德行动方面具有任何正当性。因此，在康德哲学中，"道德……绝对不需要宗教，相反，因为纯粹的实践理性，道德自身就是充分的。"[2]

在康德那里，宗教被认为是以道德作为其条件，而绝不是宗教构成了道德的条件。导向这一结论的论证，也就是康德著名的关于上帝存在的道德证明，[3]始于道德法则不仅独自使我们负有义务，而且为世界先天地规定了一个终极目的，它使我们有义务通过道德行动去追求这一目的。这个作为实践理性的真正客体的终极目的，即至善（summum bonum），在于道德或者配享幸福（Glückswürdigkeit）与幸福（Glückseligkeit）之间的精确相符。虽然对幸福的欲求绝对不能成为道德行动的动因，但是，道德法则包含着一个合理的对与德行相匹配的幸福的希望。不过，由于在这个世界当中，德行显然不是与之相匹配的幸福的作用因，在道德与幸福之间并不存在现实的因果联系，所以，存在于我们思想之中的至善理想无法从经验世界中获得。因此，假设一个与我

① Immanuel Kant, *KGS3*: 543; *KrV* B868.
② Immanuel Kant, *KGS6*: 3.
③ Cf. Immanuel Kant, *KGS5*: 447 - 461.

282 们的经验性实存相对立的理知世界（intelligible Welt），相信灵魂的不朽和有能力、有意愿按照道德来分配幸福的最高存在者（上帝），这就实践理性自身而言是完全正当的——尽管它们作为实践理性的公设（Postulate）不可能在理论上得到证明，而只能够在理性的实践应用中被希望。

　　关于道德与宗教之间的关系的这一理解，不仅仅是认为前者的重要性大于后者，而且是最终将宗教还原为道德本身的一个要素。康德意义上的宗教是"我们内心中的法则，这是就法则通过超越于我们之上的一位立法者和审判者得以强调而言的"①。纯粹道德的立法"不仅一般而言是所有真正的宗教的不可避免的条件，而且它还是真正构成真正的宗教自身的东西"②。由于上帝原则上被构想为一个实现至善，即完美的道德正义的立法者和审判者，所以上帝这一观念的功能及其现实性完全集中在道德实践的领域。康德自己将这样一种理解宗教的方式，即基于理性的实践旨趣把宗教还原为道德的理解方式称为"道德神学"（Moraltheologie）。③康德的道德神学是德国启蒙思想家试图调和理性与信仰、道德与宗教的典型代表，甚至连当时的新教神学家也经常持有这种观点，许多讲道常常只是以道德教诲作为其主要目的。④

　　然而，虽然康德证明，真正的道德行动是以道德法则本身为目的的行动，如果一个行为的动机是由某种神圣的奖励或者惩罚所规定，这种行为将不具有严格意义上的道德性，但是，康德为他的伦理学所设计的上帝观念却仍然是以其所包含的神圣的奖励和惩罚作为基础的。"即便每个人都把道德法则视为诫命，但如

---

① Immanuel Kant, KGS9: 494.

② Immanuel Kant, KGS6: 104.

③ Cf. Immanuel Kant, KGS3: 5280531; KrV B839-847.

④ Cf. Nicholas Saul, "Prediger aus der neuen romantischen Clique", Zur Interaktion von Romantik und Homiletik um 1800, Würzburg: Königshausen & Neumann, 1999. S.16-18.

果道德法则不先天地把适当的后果与它们的规则联结起来，从而自身带有应许和威胁的话，道德法则也就不能是诫命。 但是，如果道德法则不蕴含在一个作为至善的必然存在者之中的话，它们也不能做到这一点，唯有至善才能使这样一种合目的的统一成为可能。"①由于康德坚持实然与应然、事实与价值的截然二分，他就必须证明，在这个由自然法则所支配的、道德与幸福之间并不存在因果联系的现实世界中，人作为有限的存在者却应当以无条件的道德法则来规定行动的动机，这一要求的合理性到底在哪里。"使我们的整个生活方式都从属于道德准则，这是必要的；但是，如果理性不把一个作用因与一个纯然理念的道德法则联结起来，这也同时是不可能发生的……因此，没有一个上帝和一个我们现在看不见但却希望着的世界，道德性的这些美好的理念虽然是赞许和叹赏的对象，但却不是立意和实施的动机，因为它们并未实现那对每一个理性存在者来说都是自然的、通过同一个纯粹理性先天规定的、必然的全部目的。"②换言之，康德似乎也不得不承认，道德法则虽然是最高的善，是"赞许和叹赏的对象"，但它却不是幸福的作用因，所以实践理性需要一个最高的立法者和审判者通过应许和威胁的方式，在德行与幸福之间建立起一种因果联系，使道德法则成为人们"立意和实施的动机"。 可是，在康德的哲学中，当宗教被设计成促成道德行动的动机时，这种被重新引入的他律因素与他所坚持的道德必须具有的绝对自律的特征显然是难以结合的。③

除了道德所要求的意志自律与实践理性需要宗教在规定道德动机方面所发挥的实质性作用之间存在的不一致之外，康德试图

---

① KGS3: 527; KrV B839-840.

② Immanuel Kant, KGS3: 527; KrV 840-841.

③ Cf. Louis Dupré, "Toward a Revaluation of Schleiermacher's 'Philosophy of Religion'", The Journal of Religion, Vol. 44, No. 2 (Apr., 1964), pp. 98-99.

基于道德理由对宗教进行某种工具化的方案似乎也不可能成功。他坚持认为，我们无法超出那个依赖理性的先天形式所构造的经验世界来获得关于上帝存在的理论知识，宗教的合理性只在于它对道德而言的有用性，因为由上帝存在和灵魂不朽所保证的至善理念"满足了我们的自然需要，即为自己的所行所止在整体上设想某种可以由理性加以证成的终极目的"①。而在早期浪漫派兴起之前，康德道德论证的实用化倾向就已经受到了不少批评，比如启蒙理性主义的重要批评者托马斯·魏岑曼（Thomas Wizenmann）就认为康德的这种所谓"理性信仰"（Vernunftglaube）只不过是一种"需要的信仰"（Bedürfnisglaube）而已。他指出，需要本身并不足以成为存在的根据，从我们的需要出发假设某个客体的存在，这种要求是不合法的，也是不充分的，不管是出于理性的需要还是出于其他什么原因的需要。②

第二节　雅可比对理性主义和观念论哲学的批判

康德的道德神学是德国早期浪漫派重审道德与宗教关系问题的重要背景，而由雅可比（Friedrich Heinrich Jacobi）针对德国启蒙思想和康德的先验观念论而掀起的"泛神论之争"（Pantheismusstreit）和针对费希特而发起的"无神论之争"（Atheismusstreit）直言不讳地批评了所有试图通过理性来证成上帝和道德的哲学努力。在雅可比眼中，与理性主义和观念论哲学自身的目标相反，先验的理性体系既是道德压迫的摇篮，也是对

---

① Immanuel Kant, KGS6: 5.

② Cf. Hermann Timm, Gott und die Freiheit: Studien zur Religionsphilosophie der Goethezeit, Bd. 1: Die Spinozarenaissance, Frankfurt am Main: Vittorio Klostermann, 1974, S. 349, 447. See also Frederick C. Beiser, The Fate of Reason: German Philosophy from Kant to Fichte, Harvard, MA: Harvard University Press, 1987, pp. 118ff.

人格化的上帝的终极攻击。 雅可比对理性主义和观念论哲学的
批判并没有导致对非理性主义的崇拜；相反，它旨在识别出真正
的理性，将直接把握绝对和存在的理性与单纯反思性和中介性的
知性区别开来，为真正理解真、善和美扫清障碍。 这构成了德国
古典哲学发展的一个重要转折点，也构成了早期浪漫派超越启蒙
的理性宗教范式的另一个重要契机。

一、 先验观念论作为"颠倒了的斯宾诺莎主义"

借助与门德尔松（Moses Mendelssohn）围绕着莱辛的斯宾诺
莎主义问题所进行的争论，雅可比深刻揭示了启蒙的理性主义所
隐含的物质主义、宿命论和无神论后果。 他指出，当理性主义遵
循充足理由律来理解世界时，对理由的不断追问将使这个理由的
序列无限延伸，导致事物在理性的反思中丧失存在的确定性，最
终使存在变成虚无。 尽管理性主义证明必然有一个作为自因的
无限的智性，即上帝，一个自足的、以自身为根据的无条件者，
来充当整个条件序列的第一因。 可是，在雅可比看来，把最终的
根据归于一个无限智性的理念并不比虚无本身更好，因为它只不
过是理性主义将世界虚无化之后不得不采取的一个补救措施而
已。① 而且这样一种对上帝的援引和证明是没有合法性的，它只
是独断地设定了上帝作为最高的实体，这一独断的设定与理性主
义的充足理由律本身自相矛盾。 如果要将理性主义的原则贯彻
到底，那么上帝本身的存在也是需要理由的。 所以，一以贯之的
理性主义必然表现为斯宾诺莎主义，表现为将无限存在有限化，
取消对超越的、神圣位格的信仰的无神论，以及排除一切目的和

---

① Cf. Paul Franks, "All or nothing: systematicity and nihilism in Jacobi, Reinhold, and
Maimon", *The Cambridge Companion to German Idealism*, ed. Karl Ameriks, Cambridge:
Cambridge University Press, 2000, pp.96 - 97.

自由行动，只承认命运和机械因果律的盲目操纵的宿命论。

雅可比的批判不仅仅是针对近代理性主义传统，同时也是针对当时新兴的观念论哲学。他认为，先验观念论无非是一种"颠倒了的斯宾诺莎主义"。① 这种让人的理性成为世界的创造者、将真理限制在理性自身的产物之内的哲学会像斯宾诺莎主义一样导向虚无主义。康德的理性批判使任何关于事物本身和上帝存在的理性认识变得不再可能，因为它们无法成为自我意识的先天综合统一的对象，而所有具有可认识的真实性的对象都是受主体限制的、有条件的存在。雅可比在 1787 年出版了他的《大卫·休谟论信念，或观念论与实在论》，在该书的附录部分包含了一个非常有影响的对康德的批判。雅可比试图在这本书中揭示康德的主体主义所忽视的一个重要前提，即概念中的表象预设了关于客体的直接直观，这意味着客体的存在并不是依赖于反思的。"内在的意识和外在的客体必须同时在灵魂中，甚至在知觉的最原始和最简单的形式中被展现出来——二者在同一刹那，在同一个不可分的瞬间，没有在先或者在后，没有任何理智的操作——真正地没有在理智当中产生的因果概念的遥远开端。"②观念论（Idealismus）通过理智的操作把主体的表象与事物本身反思性地割裂开来，而雅可比所主张的恰恰是，存在本身对于反思性自我意识具有优先性，在主体与客体同时被直接展现的瞬间并不存在现象与物自体的二分，相反，"显象的制造只是在其后的反思当中，它们是先前呈现出来的事物的影子"③。

---

① Friedrich Henrich Jacobi, "Jacobi to Fichte", *The Main Philosophical Writings and the Novel Allwill*, trans. and ed. George di Giovanni, Montreal & Kingsdon: McGill-Queen's University Press, 1994, p.509.

② Friedrich Henrich Jacobi, "David Hume on Faith", *The Main Philosophical Writings and the Novel Allwill*, p.277.

③ Friedrich Henrich Jacobi, "David Hume on Faith", *The Main Philosophical Writings and the Novel Allwill*, p.277.

在雅可比看来，康德为了证明知识的确定性，反思性地在现象和物自体之间做出区分而把事物本身排除在知识之外，这种做法在理论上也是不自洽的。就像他断言的那样，"没有（物自体）这个预设我无法进入（康德的）体系，但是有了这个预设后我又无法停留在其中"①。康德关于物自体存在的断言，实际上是一个自相矛盾的预设。因为一方面，康德认为，"存在"的范畴只能用于直观表象，而不能用于物自体；可另一方面，康德的体系又必须建立在物自身存在这个基础之上，如果物自体作为先验客体只是一个调节性的理念，而并不真实存在着，那么一切知识都将缺乏与事物本身的相关性而成为纯粹主观的构造，可如果物自体真的"存在"，这就意味着它可以通过范畴来规定，那么物自体就是可以被认识的。所以，雅可比指出，如果康德的体系想要保持连贯，他就必须彻底抛弃物自体的概念以及现象与物自体的二元论而成为一个彻底的主观唯心论者，将心灵视为一切存在的根源；要么就像其他理性主义者那样在事物自身之外寻找其存在的充足理由，将真实存在的无限还原为一个有限事物组成的因果链条，最终导向物质主义和决定论，而这两者都是理性主义哲学通过反思性的论理使真正的存在虚无化之后所必然产生的结果。

不同于观念论哲学根据主体的理性原则来构造世界，在知识论上对事物本身持有一种怀疑论或不可知论的立场，雅可比所坚持的实在论（Realismus）试图超越因理性反思而导致的主体表象与事物本身的二元对立，在直接性中把握被先验论证排除在真理之外的事物本身。在《关于致摩西·门德尔松先生的书信中的斯宾诺莎学说》中，雅可比宣称"一个探究者所能做的最伟大的服

---

① Friedrich Henrich Jacobi, "David Hume on Faith", *The Main Philosophical Writings and the Novel Allwill*, p.336.

288 务就是去发现和揭示存在（Dasein）。 解释对他来说只是手段，
是达到目的的方式，是下一个但绝不是最后的目的。 他的最终目
的是不能被解释的东西，即不可消解的、直接的和简单的东
西"①。 对存在的揭示必须在非中介化的认识即感觉（Gefühl）
中被给予我们。 如果没有对存在的直接感觉，我们的认识将是毫
无基础的，因为在理性反思对充足理由的追寻中，每个命题的证
成都将依赖于另外一个命题，由此产生论理上的无穷倒退和存在
的虚无化。 要想停止这种倒退和虚无化，使真正的知识得以可
能，就必须存在着一个直接给予意识的事实，而这就是我们自身
的存在及其对无条件者的依赖这一直接的事实。 这是一种无条
件的、无需证成的认识，它只能够在具有直接的确定性的感觉中
或者在雅可比所说的信念（Glaube）中被给予。

这一想法在他写给门德尔松的信中得到了很好的表达："我
们都生在信念之中，并且必然保有着信念，就如同我们都出生在
社会之中，并且必然属于社会一样。 ……我们如何能够争取确定
性，当确定性不是事先让我们认识到；而除了通过某些我们已经
确定地加以认识的东西以外，我们又如何能够获得确定的认识
呢？ 这就引向了一个无中介的确定性的概念，这种无中介的确定
性不需要解释性的根据（Gründe），而且是排除所有这些根据，
它完全就是所表象之物相应的表象自身。 基于论证的信念是二
手的信念……这些信念的产生来自比较，永远不可能完全确定或
者完成。 如果信念是一种不依赖论证而视某物为真的行动，那么
我们置于理性论证中的保证就必须根植于信念，因此理性的论证
必须从信念中获得它们的力量。"②雅可比表明，我们能够信任我

---

① Friedrich Henrich Jacobi, "Concerning the Doctrine of Spinoza in Letters to Herr Moses Mendelssohn", *The Main Philosophical Writings and the Novel Allwill*, p.194.

② Friedrich Henrich Jacobi, "Concerning the Doctrine of Spinoza in Letters to Herr Moses Mendelssohn", *The Main Philosophical Writings and the Novel Allwill*, p.230.

们的理性以及开展有效论证的能力必须依赖于一个无中介的基础、一个无条件者（das Unbedingte），而它的确定性超越了对论证的需要，因为我们根本无法通过论证来确定我们进行有效论证的能力。重要的是，对于每一个有条件者来说，无条件者都是被给定的，我们对无条件的确定性是直接的、非概念的，正是在这种对无条件者的具有确定性的信念中，上帝的存在才会被认识到。"因为处在有条件者或者自然地依赖中介的事物之外的一切，也都处在我们清楚明白的认识之外，并且无法通过概念得到理解，除了通过直接给予我们之外，超自然的存在无法通过任何其他方式被我们把握，也就是说，作为事实，他存在！这个超自然的存在，一切存在者之存在，众口一词称其为上帝。"①由于我们是在直接的经验中获得关于无条件者（外部世界、自我、上帝）的确定性，我们不能对存在进行任何推论式的理解。因为这种确定性存在于反思之前，所以不能通过概念来理解，而概念作为一种派生的认识方式，是通过反思来对我们的认识进行调节的。反思总是以存在为前提，但不可能完全穿透它。

二、无神论之争与费希特知识学的虚无主义

众所周知，施莱格尔曾经在早期浪漫派的核心刊物《雅典娜神殿》中宣布："法国大革命、费希特的《知识学》和歌德的《迈斯特》，是这个时代最伟大的趋势。"②尽管对费希特充满敬意，但是早期的德国浪漫主义者对费希特知识学所提倡的一个由"自我"的本原行动主导的理性体系越来越感到沮丧。因为在费希特所建立的体系中，自我活跃在自身之中，完全不受任何可感世界

---

① Friedrich Henrich Jacobi, "David Hume on Faith", *The Main Philosophical Writings and the Novel Allwill*, p.376.

② Friedrich Schlegel, SKA, Band II, S.198, Nr.216.

290 的影响，这使得任何作为他者的具体存在都被化为虚无（非
我）。 最终，在自我意识的本原行动这个自给自足的基础上，费
希特与浪漫主义者之间的距离迅速拉大，并在所谓的无神论之争
中达到了高潮。

无神论之争肇端于两篇论文：一篇是由弗尔贝格（Friedrich
Karl Forberg）撰写、1798 年发表于费希特和尼特哈默尔
（Friedrich Niethammer）共同主编的《哲学杂志》
（*Philosophisches Journal*）的《宗教概念的发展》，另一篇则是费
希特为了回应弗尔贝格的文章，解释他自己的想法与弗尔贝格的
异同而撰写的《关于我们信仰上帝统治世界的根据》。 弗尔贝格
以一种简单化但却明晰的方式清楚地陈述了一个越来越受欢迎的
批判性的观念："宗教既不是经验的产物，也不是思辨的发现，而
仅仅是道德上的善良之心的果实"，它希望"保持对世间邪恶的
上风"。[1] 因此，唯一可以接受的神性概念是"根据道德法则统
治世界的崇高精神"。[2]

在这篇论文中，人们看到了作者对康德道德学说的一种尽情
发挥，尤其是强调了康德的理性批判和道德哲学对理解宗教的本
质提供了一条不容忽视的、全新的进路。 这篇论文所涉及的问题
是费希特本人非常熟悉的。 就在几年前，费希特在那篇让他名声
大噪的《试评一切天启》（1792）中就已经立足于康德的批判哲
学，以康德的道德法则作为出发点，试图对启示宗教的信仰做出
合乎理性、增进道德目的的解释。 因此，费希特在他的《关于我
们信仰上帝统治世界的根据》中所写的内容与这个道德宗教的普
遍框架是一致的："那种活生生的和发挥作用的道德秩序本身就

---

① F. K. Forberg, "Development of the Concept of Religion", *J. G. Fichte and the Atheism Dispute*（1798 - 1800）, ed. Yolanda Estes and Curtis Bowman, Burlintong: Ashgate, 2010, p.39.

② F. K. Forberg, "Development of the Concept of Religion", *J. G. Fichte and the Atheism Dispute*（1798 - 1800）, p.37.

是上帝。 我们不需要任何其他的上帝，也不可能理解任何其他的
上帝。"①

然而，这两篇文章发表之后所产生的影响却是费希特始料未及的。 萨克森政府根据德累斯顿高等教会监理会的告发，要求查抄这一期的《哲学杂志》，声称在这期杂志上刊登的弗尔贝格和费希特的这两篇文章都包含了最粗劣的无神论观点。 与此同时，市面上开始流传一本题为《一个父亲就费希特和弗尔贝格的无神论写给大学生儿子的信》的匿名小册子，这本小册子不仅将费希特列为指控对象，而且在指责他与弗尔贝格宣扬无神论的同时，更是用心险恶地攻击他妨害道德、误导青年。 接二连三的攻击导致除了少数几个人以外，费希特的大部分同事和朋友都因为这场针对费希特的无神论指控而与他疏远。 尽管围绕费希特的公共活动的动荡并不新鲜：早在 1793 年他发表为法国大革命辩护的文章时，费希特就已经因为所谓的政治雅各宾主义、宗教不虔诚和道德上的不妥协而遭受了多次公开和私下的攻击。 但没有什么能比得上他在无神论之争中所遭受的痛苦。 为驳斥这些针对他的指控，费希特仓促地写出了《费希特就萨克森选帝侯的查抄令强加给自己的无神论观点向公众呼吁》。 费希特在这本小册子中采取了毫不妥协的论战姿态，并且敦请雅可比加入到这场论战中来。 然而，雅可比的介入不仅没能洗清费希特的无神论嫌疑，反而最终导致了费希特因为这场无神论之争而被耶拿大学开除教职。

雅可比在 1799 年为回应费希特而发表的公开信是一篇表达不满的宣言，它表达了对体系性思维的批判和对理性思辨的虚无主义结局的揭示。 对雅可比来说，建构一种作为纯然理性体系的科

---

① [德] 费希特：《关于我们信仰上帝统治世界的根据》，谢地坤译、梁志学校，见梁志学主编《费希特著作选集》（第三卷），商务印书馆 2000 年版，第 406 页。

292

学意味着，科学的基本原理在形式上与同一科学的对象是同质的。因此，科学对象的形式正是科学原理的体现。鉴于费希特成功地将整个现实从自我的本原行动中推导出来，雅可比认为，费希特的知识学所提供的那种体系的统一性是斯宾诺莎的实体一元论的另一种表现形式："这种将物质主义转变为观念论的做法，已经通过斯宾诺莎实现了。他的实体构成了具有广延和思维的存在的基础，将它们平等地、不可分割地结合在一起；它只不过是客体和主体的无形的同一（只有通过推论才是可演证的），新哲学的体系在此基础上得到了奠基，即理智的自律哲学的体系。"①这种新的理智哲学应当被视为对斯宾诺莎物质主义的一以贯之的发展，因为它们都主张，只有根据一个基本原理的自我生成，事物的存在才能够得到理解。斯宾诺莎的实体和费希特的自我都暗示，真正存在的东西是通过一个基本原理得到解释的东西；一切存在的根据都在这个合乎理性的统一体中。就其纯粹性而言，费希特的哲学是一种"思想中的生产"，一种自主地生产其对象的内在活动。②知识学是完整的、自足的，因为它将不同于自我的他者转变成了依赖于自我的非我，从而使他者存在的可能性完全消失了。因此，知识学作为一种科学体系拒绝承认在自我的本原行动之外存在着任何独立的事实或者价值世界；这样一个抽象的、具有理性确定性的自我意识的原则被认为足以为伦理的正当性和知识的真理性奠定基础。

在致费希特的公开信中，雅可比将费希特的观念论比作一条针织袜。长袜"通过丝线的来回运动达到了现实性"。编织进长袜中的花朵、边框和图案"只不过是手指在作为线的自我和作

---

① Friedrich Henrich Jacobi, "Jacobi to Fichte", *The Main Philosophical Writings and the Novel Allwill*, p.502.

② Friedrich Henrich Jacobi, "Jacobi to Fichte", *The Main Philosophical Writings and the Novel Allwill*, p.505.

为缝线的非我之间徘徊的富有想象力的产物"。 但是，雅可比强调，长袜"仍然只是它的线"，而线"只需要通过暴露其反思的针织来恢复其原始的同一，以使无限的多样性和多样性的无限性明显可见。 它编织的只不过是一个空虚的编织，而单一的实在只是它自己，具有它自己发起、自给自足和自我指导的活动。"①知识学的纯粹性取决于抽空与主体自身不具有同一性的一切存在，使真理和价值存在于自我的本原行动所构建的主体性的统一，而雅可比致力于表明所有知识和价值的基础都在这种理性的体系和一般的主体性思维之外。 简而言之，雅可比致力于证明一个事物自身的独立性和无条件性。 因此，对雅可比来说，真正的问题不是像观念论哲学那样把世界、自然，乃至上帝变成纯粹的理性建构的产物，而是重新找到一种就事物自身的存在来认识这个世界的方式。

雅可比对费希特的批评首先表明，对象的被给予性是通向真正的科学的唯一道路。 如果一个"存在"没有"被给予"我们的理智，那么我们所说的"事物"仅仅是自我意识的产物，它只具有形式（Gestalt），而没有内容。 这种没有内容只有形式的"存在"根本算不上"存在"。② 在雅可比看来，使康德哲学既具有启发性又具有内在困难的原因在于，康德的知识观念涉及我们的认识与某种"被给予"的对象，即不是作为我们思想的产物的事物本身的关系。 相反，费希特的知识学完全摒弃了主体之外的知识来源，完全沉浸在一个由自我意识主导的自成一体的理性体系。③ 如果说康德仍然坚持我们的知识具有超出我们意识范围的

---

① Friedrich Henrich Jacobi, "Jacobi to Fichte", *The Main Philosophical Writings and the Novel Allwill*, p.509.

② Friedrich Henrich Jacobi, "Jacobi to Fichte", *The Main Philosophical Writings and the Novel Allwill*, p.508.

③ Cf. Friedrich Henrich Jacobi, "Jacobi to Fichte", *The Main Philosophical Writings and the Novel Allwill*, pp.509-510.

来源，那么费希特则为一种完全拒斥事物本身的纯然形式化的一元论体系提供了论证。 费希特的知识学完成了对理性主体的权力的最终论证，它产生了一种终极的主体性的真理，并抹杀整个"存在者的领域"。① 这代表了从笛卡尔开始的主体主义转向的最终完成，由此产生了一个非常吊诡的结果：追求真理的科学反对一切关于存在和事物本身的知识。 在雅可比看来，这个结果正是那种将对存在的感知转变为"必要的表象"的"赤裸裸的逻辑热情"的产物。② 然而，一旦我们接受只有逻辑解释才能帮助我们把握对象的存在，我们就已经成为蒙蔽我们感官的逻辑热情的牺牲品，从而彻底阻断了我们认识绝对和真理的道路。

基于对知识学的整体性批判，雅可比认为，费希特的哲学并不等同于无神论，但至少是一种不需要上帝的哲学。 因为费希特的哲学遗忘了存在，这种哲学只是玩弄表象；而在那个表象的领域，真正的上帝永远不会消失，因为他从来就没有出现过。③ 费希特在他的文章《关于我们信仰上帝统治世界的根据》中所说的上帝只是一种思想的产物。 在费希特那里，上帝的存在本身是有条件的和有原因的：上帝是"自我"的产物，是保证基于实践理性的道德世界得以存在的形式，因此，上帝实际上是一个非存在，是我们的道德行动和道德秩序的象征。 但是，在雅可比看来，这不叫无神论。 相反，这预示着现代世界中的一种重要现象的出现：虚无主义（Nihilismus）。 与人们通常所理解的相反，真正的虚无主义不是否认一切超越性的神圣之物的存在，而是一种试图创造一个新的上帝的人类计划。 人类单纯依靠自身的理性

---

① Friedrich Henrich Jacobi, "Jacobi to Fichte", *The Main Philosophical Writings and the Novel Allwill*, p.508.

② Friedrich Henrich Jacobi, "Jacobi to Fichte", *The Main Philosophical Writings and the Novel Allwill*, p.510-511.

③ Friedrich Henrich Jacobi, "Jacobi to Fichte", *The Main Philosophical Writings and the Novel Allwill*, p.512.

原则进行创造意味着真实存在的毁灭，同时它通过创造一个根本没有任何存在的上帝来掩盖或者说完成这种虚无化。换言之，在雅可比看来，以费希特知识学为代表的现代虚无主义并不只是一种否认上帝存在的无神论主张，它的本质不仅仅体现在超越性的终极根据的缺失，而更在于将这种神圣的力量赋予人自身，使人类能够凭借自己的理性，人为地将这个被理性祛魅的世界重新建构成一个可以不再与超越性的绝对者发生关系但同时又具有某种合理性和普遍必然性的世界，从而将人的理性放大到极致；任何与这种理性的要求相矛盾的东西都被视为一种阻碍进步和真理的非理性之恶。这才是"虚无主义"的真正内涵。① 按照雅可比的说法，纯粹理性的哲学工作必须是一个化学过程，通过这个过程，理性之外的一切被转化为虚无，而独有理性自身留下，这种纯粹得不能再纯粹的理性自身根本不能是一个什么，但它只能在制造一切的活动中才能被直观到。也就是说，人所能认识的是他的理性所把握的，而他对事物的理性把握只能通过将真实的事物转化为单纯的形式，在他将形式转化为事物时，也将真正的事物变成了虚无。这种对纯粹真理的爱不再需要作为神圣的自足者的真理本身。所以说，现代人并非没有信仰这样一种意识或观念，只不过它必须是一种能够与科学和理性相容的"人造信仰"（artificial faith），而不是充满神话、想象、依赖和情感的"自然信仰"（natural faith）。通过理性的纯化和世界的虚无化，人最终将自己推上了上帝的宝座。②

　　无论是在康德的先验观念论，还是在费希特的知识学中，实践理性或者实践自我都构成了主体性的统一的最重要的根据。

---

① Cf. Michael Gillespie, "Nihilism in the Nineteenth Century: From Absolute Subjectivity to Superhumanity", *The Edinburgh Critical History of Nineteenth-Century Philosophy*, ed. Alison Stone, Edinburgh: Edinburgh University Press, 2011, pp.279-280.

② Cf. Friedrich Heinrich Jacobi, "Jacobi to Fichte", *The Main Philosophical Writings and the Novel Allwill*, pp.499-500, 507-508, 516-519.

对康德和费希特来说，正是这种纯粹的、自律的道德行动使得整个世界对理性主体来说具有了一种合乎道德理性的统一性。 然而，在雅可比看来，康德的道德法则的概念并不是关于一个自由的人的真实存在的表现形式：这种道德法则是"贫瘠、荒凉、空虚"的，它无法表现出一个现实的自由的人的本质。 用雅可比的话来说，道德法则不能成为人心。① 事实上，康德和费希特意义上的道德主体恰恰与存在本身是对立的。 就像雅可比指出的那样，先验的道德法则产生了"彻底的空虚"，一个无限的、合乎道德法则的宇宙，它产生的是"虚无，即绝对的无规定"。② 以主体的实践理性的自我立法为根据的道德上帝实际上是一个创造非存在的非存在，但这就是理性的哲学和科学所崇拜的上帝，一位统治着具有"化学的、有机的和心理的生产方式"的世界的上帝。③

雅可比不仅敏锐地意识到理性主义和观念论哲学不可避免地导致存在的虚无化，而且同时揭示了那种出于理性需要而被设定的上帝概念的空洞性——这个被工具化的上帝尽管具有理性的必然性，但恰恰是由这个上帝所担保的理性化的世界将真实的、不可怀疑的无条件者有限化了。 雅可比对宗教的工具化所做的批判以及他所坚持的实在论主张，深刻地影响了早期浪漫主义的哲学和宗教观念。 他的著作，尤其是他的公开信，引起了人们对费希特关于自我意识理论的内在问题的关注。 在雅可比的影响下，早期浪漫主义者坚持自我意识依赖于存在，也就是说，存在或现实不能用通过反思或者判断的形式来认识，因为存在先于反思，

---

① Friedrich Henrich Jacobi, "Jacobi to Fichte", *The Main Philosophical Writings and the Novel Allwill*, p.517.

② Friedrich Henrich Jacobi, "Jacobi to Fichte", *The Main Philosophical Writings and the Novel Allwill*, p.519.

③ Friedrich Henrich Jacobi, "Jacobi to Fichte", *The Main Philosophical Writings and the Novel Allwill*, p.528.

并且是反思得以可能的条件。 正如德国学者曼弗雷德·弗兰克
（Manfred Frank）恰当地指出的那样："早期德国浪漫主义者共
同的基本信念……在于假设存在作为单纯的同一性
（Einerleiheit），与康德—费希特的我思的同一性相比，不能根据
判断关系来理解和反思，所有这些都致力于将原始的分裂重新统
一起来，并且总是只能以原始的单纯的统一为前提。"①

第三节 施莱尔马赫与早期浪漫主义的宗教观念

作为早期浪漫派中最重要的宗教哲学家，施莱尔马赫对各种
理性神学以及在流俗化的康德主义里变得更加有影响的道德实用
主义给予了尖锐的批评。 他拒斥任何理性宗教和道德神学的效
用主义，认为真正的宗教是自成一体的，它存在的意义绝不在于
它对我们的认识和道德所具有的有用性。② 在《论宗教——对蔑
视宗教的有教养者讲话》（1799）中，施莱尔马赫甚至写道，"一
种没有上帝的宗教可能比另一种有上帝的宗教更好"。③ 在他和
其他早期浪漫主义者看来，启蒙时代的各种替代性的有神论方
案，不管是出于纯粹的形而上学兴趣，将上帝理解为宇宙的本性
及其创造物的最高本质，还是出于道德实践的旨趣，将形而上学
中作为原始存在者（Urwesen）的上帝设定为道德的立法者和道
德秩序的担保者，它们实际上都取消了上帝的绝对性和无限性，
使上帝服务于人的有限理性所构造的体系服务于人的利益和兴
趣。 这些新的方案把宗教与形而上学和道德"混合和搅拌"在一
起，而这场"空洞的游戏"只会使真正的宗教被形而上学和道德

---

① Manfred Frank, 》Unendliche Annäherung《: Die Anfänge der philosophischen Frühromantik,
　Frankfurt am Main: Suhrkamp Verlag, 1998, S.751.
② Cf. Friedrich Schleiermacher, SKG I.2, S.201 - 205.
③ Friedrich Schleiermacher, SKG I.2, S.244.

298　所消解。① 正如施莱尔马赫所言，"想把宗教放在另外一个领域里去培植，好使它在那里服务和效劳，这也被证明是对宗教最大的蔑视"②。

　　对施莱尔马赫来说，宗教既不像形而上学那样，以人的有限本性作为出发点，从其能力的规模和意识的限度出发来规定宇宙之于人是什么；也不像道德那样，以自由意识为出发点，用人的自由力量和神圣意志来塑造和完成宇宙。换言之，真正的宗教并不服务于人的有限理性对世界的系统化解释，也不会激发和回馈人的道德行动。宗教本身是自成一体的，而且只有通过完全走出思辨的领域和实践的领域，甚至在构成其本质的一切方面同形而上学和道德对立起来，宗教才能坚持它自己的领域和它的基本特征。与雅可比对观念论的批判相呼应，施莱尔马赫指出，形而上学和道德所体现的"观念论似乎在形成宇宙时，就毁掉了宇宙，它将宇宙贬低成一种单纯的隐喻，变成我们自身的限制性的一种毫无意义的阴影。"③而宗教却预示着一种"更高的实在论"，这种实在论不是只把人视为一切关系的中心，视为一切存在的条件和一切变化的原因，而是要让真实的存在如其所是地显现出来。用施莱尔马赫的话来说，"宗教的本质既非思维也非行动，而是直观（Anschauung）和情感（Gefühl）。它想要直观宇宙，想要聚精会神地从它自身的表现和行动来观察宇宙，它想要以孩子般的被动性让自身被宇宙的直接影响所抓住和充满"④。仅仅从道德上承诺的个人的希望这个角度来思考宗教，就像康德在他的道德神学中所做的那样，就错过了宗教最基本的特征及其存在的意义。

① Friedrich Schleiermacher, SKG I.2, S.208-209.
② Friedrich Schleiermacher, SKG I.2, S.204.
③ Friedrich Schleiermacher, SKG I.2, S.213.
④ Friedrich Schleiermacher, SKG I.2, S.211.

不同于观念论对思维活动的自发性和意志自律的关注，施莱
尔马赫非常强调，宗教经验的特征在于观察者的"被动性"
（Paßivität）。就像雅可比已经表明的那样，真正的存在和无条件
者是直接给予我们的，而直接给予我们的、未经理性抽象和归类
的东西永远是个别的、特殊的，甚至可能是与我们的理性相矛盾
的。然而，宇宙本身就不是依赖我们的理性并且为了我们的理性
而存在的。所以，抽象的理性规定和意志的努力可以去创造一个
合乎理性的世界，但这已经不是宗教的事情了。真正的宗教必须
保持和坚守在对宇宙的实存及其行动的直接经验上，在一些直接
给予的个别直观和情感上，而不是通过理性的抽象和归类将人带
到一种共同的、确定的知识之下，或者只服从于唯一一个合乎理
性的理想。"对宇宙的直观（Anschauen des Universums）……它
是宗教最普遍的和最高的表达形式……宗教的本质和界限可以据
此得到最准确的规定。一切直观都来自被直观者对直观者的影
响，来自被直观者之本源的和独立的行动，然后由直观者合乎其
本性地对之进行接受、概括和理解。……你们直观到的和察觉到
的，不是事物的本性，而是事物对你们的行动。你们所知、所信
的东西，远远地超越了直观的领域：这就是宗教。宇宙就存在于
一种不断的活动中，每时每刻都在向我们显示它自身。宇宙表现
出来的每种形式，宇宙根据生命的丰富性赋予每个存在物一种单
独的存在（abgesondertes Dasein），宇宙从它那丰富的、永远多
产的母腹中产生出来的每一件事物，都是宇宙对我们的行动；因
此，一切个别的东西都是整体的一个部分，所有有限的东西都是
无限的一种表现，这就是宗教。"①

因此，在宗教经验当中，真正具有主动性的不是理性的思维
者和意志自律的行动者，而是宇宙本身，它通过不断创造性的行

---

① Friedrich Schleiermacher, SKG I.2, S.213-214.

300　　动在直接给予我们的各种不同的特殊事物中显现出它自身的无限性。 与之相应的是，直观者虽然是被动地被宇宙的影响所抓住和充满，但却并非无所作为地接受一切偶然的、经验性的东西。 施莱尔马赫认为，不同于朴素的经验主义，宗教作为一种更高的实在论同样要求直观者能够在宇宙如其所是的显现中如其所是地理解和认识真实的存在本身。 所以，一方面，宗教经验中的人不是理性的思想者和行动者，他在接受和理解宇宙的行动时，尤为关注那些直接给予之物的杂多性（Mannichfatigkeit）和个体性（Individualität），不会将它们视为不真实的和不确定的因素排斥在理性的封闭体系之外，否则，他"就会把一切都丢失在一个千篇一律的普遍概念中"①，而"宗教带着厌恶避免那空洞的单调性，因为这种单调性将会再次毁掉神性的丰满"②。 另一方面，直观者在接受宇宙直接给予我们的事物时，虽然关注它们的杂多性和个体性，但并不是把这些特殊的、个别的事物直接当作真实存在的事物本身。 它们当然是有限的，不过这些有限之物的真实性及其限度只有在将它们作为无限之物的一部分，作为无限之物的一种表现，而不是作为无限之物的对立面时才能得到理解。 正如施莱尔马赫所言，"一切有限的东西都只是通过其限度的规定而持存，它们仿佛必须已然是从无限的东西中切割出来的。 只有这样，在这种限度本身之内才能够是无限的并真正地被形成为无限的"③。 小施莱格尔后来在他的《理念断片集》中将施莱尔马赫的这一洞见表述为："只有通过与无限的联系，内涵和功用才产生出来；凡与无限没有关系的，完全是空虚的和无用的。"④

　　早期浪漫派对康德式道德神学的批评不仅仅是对这种把宗教

---

① Friedrich Schleiermacher, SKG I.2, S.213.
② Friedrich Schleiermacher, SKG I.2, S.217.
③ Friedrich Schleiermacher, SKG I.2, S.213.
④ Friedrich Schlegel, SKA, Band II, S.256, Nr.3.

还原为道德的理解方式表示不满，更重要的是，他们从这种以人的有限理性为中心的批判哲学中，看到了雅可比所揭示的启蒙理性主义的虚无主义本质。 一方面，康德的理论理性批判将理性主体的先天直观形式和知性概念确立为知识的根据，使得真理被完全限制在现象世界，进而从根本上否定了无条件者的真实性。 另一方面，康德又通过实践理性批判使宗教服务于纯粹实践理性的终极目的，在这样一个基于实践理性的目的论构想中，理性主体的自我立法被证明为一切存在的最终根据，而超越一切有限性的绝对和无条件者也在先验观念论的诸演绎中被彻底消解。 所以，通过对宗教的本质的重新界定，施莱尔马赫把本质上无限的、永恒的、同一的事物从有限事物的流动中区分出来，但同时又试图去把握有限事物中的无限性、永恒性和同一性，调和无限与有限之间的矛盾；换言之，从真正的、渴慕无限的宗教来看，个体性的东西同样是无限的，它是无限的表达和反映。①

对施莱尔马赫和其他早期浪漫派的思想家来说，宗教的本质并不能够在为理性的认识旨趣或者实践旨趣的服务中得到理解。宗教既不是形而上学也不是道德，它有其自成一体的本质和特征。 作为一种更高的实在论，宗教首先意味着一种不以人的有限理性为中心的世界观（Weltanschauung），这个世界是活生生的宇宙通过它所产生出来的每一件事物、表现出来的每一种形式直接作用于我们，在不断的活动中向我们显示它自身。 因此，在宗教经验当中，所有有限的、特殊的、杂多的和流变的东西不再是理性主体为了保证自身所建构之体系的确定性而必须否定和怀疑掉的对象，而是作为无限的一种表现有其存在的必然性和真实性，也正是通过对无限之物的行动和表现的直观，使我们能够被

---

① Cf. Oskar Walzer, *German Romanticism*, New York: Frederick Ungar Publishing, 1965, pp. 49-50.

绝对和无条件者的直接影响所把握。① "一切存在着的东西，对宗教而言都是必然的，一切能够存在的东西，对宗教而言都是无限之物的一副真实的、不可或缺的画面。……宗教让虔敬的心灵感到一切都是神圣的和有价值的，甚至连不神圣的和卑鄙的东西，一切他理解到的和没有理解到的东西，一切在其自身思想体系中存在并与其特有的行为方式一致的或者不一致的东西也是如此。宗教是一切自命不凡和一切片面性的唯一死敌。"②

这样一种独特的浪漫主义的宗教观念试图将宗教从对主体性的道德原则的屈从中解放出来。尽管如此，施莱尔马赫并没有完全切断宗教与道德之间的联系，相反，道德与宗教之间的关系事实上构成了施莱尔马赫伦理思想中最重要的问题之一。在他思想发展的早期阶段，施莱尔马赫一度忠实于启蒙思想的传统，坚持认为道德原则的有效性应该独立于宗教。因此，在他的早期作品《致塞西莉》(An Cecilie, 1790)中，施莱尔马赫把宗教看作是道德的一种原始形式，是通向自由和理性的发展之路中的一个阶段。③ 在他的《论至善》(Über das höchste Gut, 1789)中他批评康德的实践理性公设诉诸宗教动机而损害了道德的自律性。然而，随着对宗教的本质的重新认识和对宗教的独立性的辩护，施莱尔马赫对道德和宗教关系的思考也发生了重要的转变。现在，对施莱尔马赫来说，宗教成了道德的基础，而不仅仅是作为一种激励或者证明，使理性行动者履行出于实践理性无条件立法的义务具有合理性和可行性。虽然施莱尔马赫似乎仍然致力于为道德保留一些自主权，但独立于宗教的道德已经缩小到只不过

---

① 小施莱格尔说："宗教不只是教化的一部分，不只是人类的一个肢体，而是所有其他一切事物的中心，无论什么地方它都是首要的和最高的，最最本原的。"参见 Friedrich Schlegel, SKA, Band II, S.257, Nr.14。

② Friedrich Schleiermacher, SKG I.2, S.218.

③ Cf. Friedrich Schleiermacher, SKG I.1, S.194 - 199.

是一种义务的学说。 更高的、承认爱的价值和个体性的伦理立 *303*
场，乃是以宗教所揭示的内在的无限性为基础的。 在这种世界观
中，个体的意志不再是与有限的自然相对立的无限，这种更高意
义上的个体性恰恰源于有限和无限的统一；使人的各种不同能力
得到全面的、和谐的发展乃是一项属于人类的重要的伦理任务，
道德法则由此被视为整个宇宙的内在必然性的体现，它在根本上
并不与自然法则相对立。①

为了强调宗教自身作为一种非主体主义的世界观的重要价
值，施莱尔马赫将宗教和道德尖锐地分开，但又紧密地将它们结
合在一起：他主张二者既相互依赖又相互独立。 有两个动机促使
施莱尔马赫必须将宗教和道德区分开来：一是维护宗教的自主
性，防止它仅仅成为服务于道德实践和形而上学理性认识的工
具。 因此，施莱尔马赫强调宗教的主要目的仅仅是对宇宙的直
观；它的目的既不是引起道德行动，也不是作为一种主观根据帮
助道德行动者确定自己在世界中的位置和方向。 在施莱尔马赫
看来，宗教培养我们被动和感性的一面，而道德培养我们主动和
理性的一面；道德的观点假设我们的行为是自由的，只有意志自
律是道德的来源，而宗教的观点则认为道德行动本身服从于某种
更高的必然性，它是宇宙通过我们来发挥作用的产物。② 如果道
德是一种观念论的，它使人成为宇宙的中心以便世界顺从理性主
体的自我立法，那么宗教就是实在论的，它使宇宙成为一切的中
心以便使有限的理性存在者顺从宇宙自身内在的法则。③ 将宗教
和道德分开的另一个动机是为了维护道德的自主性。 就此而言，
施莱尔马赫仍然是一个十足的康德主义者，他意识到我们应该仅
仅为了义务本身而履行义务。 因此，他坚持认为，宗教应该像

---

① Cf. Oskar Walzer, German Romanticism, pp.50-51.
② Cf. Friedrich Schleiermacher, SKG I.2, S.212.
③ Cf. Friedrich Schleiermacher, SKG I.2, S.212.

"神圣的音乐"一样伴随着我们所有的行为，虽然我们的道德行动应该与宗教、与宇宙自身的内在法则相一致，但我们不应该把宗教作为一种影响道德行动的外在原因来决定道德行动的发生，作为宇宙的法则在我们身上的显现，道德本身也有它的自主性。①

对施莱尔马赫来说，将宗教与道德区分开来以保证它们各自的独立性，为的是将它们在更高的层面真正统一起来。因此施莱尔马赫写道，只有通过宗教，一个人才能成为一个完整的人。②康德对道德法则的普遍性的强调，导致道德退化为一种抽象的"一致性和同质性"，退化成对道德法则的机械服从，从而使道德行动不是对人性的实现，而变成了对人性的分裂；只有宗教才能引入活生生的、现实的"多样性和个体性"，恢复道德作为人的全部自然禀赋和人的本性的真正实现的意义。③宗教是承认个体性的基础，因为它揭示了存在于每个人心中的无限，而活生生的整体正是通过每一个独特的、生动的个体体现出来的。④事实上，只有通过宗教培养的直观宇宙的能力，才有可能抓住每个人鲜活的个性，使人之为人的内在的本质真正实现出来。正如施莱尔马赫坦率地宣称的那样，没有宗教就没有道德，没有宗教的道德只不过是符合法则的正确行为而已。⑤

第四节　诺瓦利斯论道德与宗教的内在统一

早期浪漫派对宗教的理性化和工具化的批判并不意味着他们站到了康德和启蒙运动的对立面，成为实定宗教的辩护者。如果

---

① Cf. Friedrich Schleiermacher, *SKG* I.2, S.219.
② Cf. Friedrich Schleiermacher, *SKG* I.2, S.212-213.
③ Friedrich Schleiermacher, *SKG* I.2, S.213.
④ Cf. Friedrich Schleiermacher, *SKG* I.2, S.192, 229-230.
⑤ Cf. Friedrich Schleiermacher, *SKG* I.2, S.25.

说在康德那里，道德与宗教之间的关系面对的是一种非此即彼的
选择，要么是宗教在本质上可以还原为道德，使宗教的存在依托
于道德的理由并且服务于道德的需要，要么是道德以宗教的启示
和教条作为根据，从而导致人的行动因宗教等他律的因素而失去
道德性。 那么，早期浪漫派则指向了一条超越这一非此即彼的第
三条道路。 在施莱尔马赫看来，宗教不像形而上学和道德那样以
人为中心来解释或塑造宇宙，它的本质是如宇宙在不断的活动中
向我们显示它自身那样来直观宇宙。 换言之，宗教在对宇宙的直
观中不把人从宇宙中抽离出来，或者把人同宇宙对立起来，而是
把人当作宇宙的一部分，当作出自宗教之手的某种神圣的东西来
感知。[①] 就此而言，真正的宗教不仅不是道德的对立面，而且因
为道德本身被视为宇宙的一种自我显现，道德与宗教之间就获得
了一种通过单纯的知性反思无法理解的新的内在的统一性。 用
小施莱格尔的话来说就是：“宗教就像空气一样，必然处处环绕着
道德的人的精神流淌。 这个充满神性的思想和情感的明亮的混
沌，我们称之为热忱（Enthusiasmus）。”[②]这种内在统一在诺瓦
利斯那里得到了更为明确的阐述。

一、 通常的道德与更高的道德

道德对于诺瓦利斯的哲学而言，其重要性其实完全不亚于宗
教，只不过宗教在其著作中的位置过于显著，使得道德在诺瓦利
斯那里的重要意义很容易被人们忽视。[③] 然而值得注意的是，诺
瓦利斯关于道德的论述乍看起来有些模棱两可。 通常说来，诺瓦

---

① Friedrich Schleiermacher, *SKG* I.2, S.212.

② Friedrich Schlegel, *SKA*, Band II, S.258, Nr.18.

③ Cf. Friedrich Strack, "Sittliche Verantwortung und Erfindungsgeist-Friedrich von Hardenbergs Moralspekulationen und ihre Voraussetzung", *Verantwortung und Utopie: Zur Literatur der Goethezeit*, hrsg. Wolfgang Wittkowski, Tübingen: Niemeyer, 1988, S.387-403.

306　利斯就像许多启蒙思想家那样将道德视为最高的价值。 在他看来，道德体系大概会成为唯一可能的哲学体系，①而且应当成为自然的体系。② 道德是"人类真正的生命元素"。③ 在为浪漫派百科全书所写的草稿（*Das Allgemeine Brouillon*，1798—1799）中，诺瓦利斯指出，从道德演绎出整个宇宙，所有真正的改善都是道德意义上的改善，④而且他将道德法则视为"宇宙向更高层次提升的唯一一真正伟大的法则——是和谐发展的基本法则"。⑤ 不仅如此，诺瓦利斯还赞美道德作家是真正的道德学家，并且将其与"文学教化的最高阶段"联系在一起。⑥ 可是与此同时，他又批评拉瓦特尔（Johann Kaspar Lavater）在 1771 年发表的五十首基督教歌曲仍然太过于依赖道德，而且还将"道德的布道"同"真正的布道"对立起来。⑦ 这种模棱两可的用法意味着诺瓦利斯是在两种不同的意义上来理解道德这个概念，其中一种意义上的道德是更高的，而另一种意义上的道德则至少是存在着某种程度的缺陷。 所以他才会在"'通常的'和'更高的'道德"之间做出区分。⑧

　　道德在诺瓦利斯的小说《海因里希·冯·奥弗特尔丁根》（*Heinrich von Ofterdingen*，1802）的第二部分中占据了非常显著的位置。 主人公海因里希在与西尔维斯特（Sylvester）的对话中意识到，德行（Tugend）是纯粹的、严格的意志⑨和"一种没有确定内容的至高法则"的具体化⑩，诺瓦利斯在这里明显是在暗

---

① Cf. Novalis, *NS*, Band III, S.666, Nr.605.
② Cf. Novalis, *NS*, Band III, S.662, Nr.601.
③ Novalis, *NS*, Band III, S.684, Nr.664.
④ Cf. Novalis, *NS*, Band III, S.424, Nr.789.
⑤ Novalis, *NS*, Band III, S.381, Nr.633.
⑥ Novalis, *NS*, Band III, S.290, Nr.282.
⑦ Novalis, *NS*, Band III, S.588, Nr.226.
⑧ Novalis, *NS*, Band III, S.315, Nr.400.
⑨ Novalis, *NS*, Band I, S.332.
⑩ Novalis, *NS*, Band I, S.333.

示康德关于意志自律和定言命令的论述。 不过他还进一步指出，这种德行乃是"在人们中间直接起作用的神性"，是"更高的世界的奇妙反光"。[1] 在诺瓦利斯看来，德行不仅仅是纯粹的善良意志和理性自律的具体化，它不是与实然相对立的应然，而是无限在尘世的表现，它体现了整个宇宙的一种更高的秩序，以及人作为宇宙的一部分与这个整体之间的和谐。

就此而言，诺瓦利斯对道德的理解实际上更加接近于莱辛，他试图在一种比康德所能够理解的更高的宇宙秩序上调和道德与幸福、理想与现实，将人自身的各种能力统一起来，而康德对实然与应然的绝对二分，使他坚持认为德福一致对人类理性来说只具有实践理性的必然性，但不具有可认识的现实性，为义务而义务的定言命令只能通过理性对情感和所有病理学因素的压制这样一种方式才能实现。 莱辛（Gotthold Ephraim Lessing）在《论人类的教育》（*Die Erziehung des Menschengeschlechts*，1771）中关于新的永恒福音时代的论述构成了诺瓦利斯所理解的道德观念的一个重要先驱。 在这部主题极为宏大，而内容却极为精审的著作中，莱辛将整个人类历史设想为上帝通过启示展开的神圣教育，并且宣称神圣的启示真理将在人类历史的发展中最终成为能够被人类的理智所理解的理性真理。 莱辛把人类的教育分为三个阶段，分别是旧约时代、新约时代和新的永恒福音时代。 这三个不同的时代有其不同的道德和理性教育的方式和内容。 在旧约时代，人类在理性方面的首要任务是深化对唯一的上帝的认识，在道德上则诉诸直接的感官性的赏罚来进行教育；当上帝通过这种直接的赏罚使人的理性逐渐成熟起来时，人类就需要并且能够利用比现时赏罚更高贵、更富尊严的道德行为动机，由此就进入了人类教育的第二个阶段。 在作为第二阶段的新约时代，人

---

[1] Novalis, NS, Band I, S.332 - 333.

类教育的首要进展是达到对灵魂不朽的认识，随之人类也获得了一种以彼岸世界为归依、追求内在的心灵纯洁的新的道德动机。在莱辛看来，人类教育的尚未到来的第三阶段，即永恒福音时代，其在道德方面的首要特征是人类将会仅仅因为善本身而行善，而无须求诸除美德本身之外的任何其他动机。①

不过，对莱辛而言，这个永恒福音的时代与前两个阶段是不可分割的，人类的教育必须经历旧约时代和新约时代，人类的理性才能够真正成熟起来，而这样一种成熟的理性和道德恰恰是神圣的启示真理的实现。莱辛将三个时代呈现为人类理智和道德进步的过程，而这样一种关于人类教育的叙事恰恰是为了抗击启蒙的理性主义和道德神学对启示宗教的攻击和掏空，他反对将自律与他律机械地对立起来，维护旧约时代和新约时代的神圣性与合理性：如果没有第一和第二阶段中以一种超越的、神圣的、威严的形象出现的教育者，人类对法和对世界的尊重就会荡然无存；如果没有前两个阶段作为基础，使人的理性和感性的、自然的倾向能够同步地、协调地发展起来，那么第三个阶段，一个为了善本身而行善、为了义务本身而履行义务的时代也不可能到来。

虽然诺瓦利斯对于道德也持有一种类似于康德的意向论的观点，②但是他并不像康德那样试图通过意志自由与完全被剥夺了一切价值的自然的对立来确立理性主体的立法者地位。诺瓦利斯的道德概念包含了一种去主体化的倾向，对他来说，道德的确是理性自律的体现，可是道德行动的可能性以及价值的来源并非是人的自我立法，而是宇宙自身的法则和逻各斯的一种必然体现。"人格的神圣特性和直接创造在良知的本质和本能中显露出

---

① 参见 [德] 莱辛《论人类的教育》，朱雁冰译，华夏出版社 2008 年版，第 99—132 页。
② "只存在一种德行——纯粹的、严格的意志，它在抉择的时刻，自己直接做出决定和选择。"参见 Novalis, NS, Band I, S.332。

来，主的每个行动同时是那个崇高的、单纯而非复杂的世界的开显——上帝之言。"①诺瓦利斯从浪漫派的"更高的实在论"出发，不满足于仅仅在康德的意义上，即以人的纯粹实践理性为根据来理解道德，而是将道德概念扩展成为一个具有本体论意义的范畴，以此来克服启蒙的理性主义所造成的主体与客体、自由与必然、知识与道德的二元对立。

因此，在涉及道德与宗教之间的关系时，诺瓦利斯就跟康德的论述产生了明显的差异。对康德来说，道德存在的基础在于意志自由和纯粹理性的自我立法，而宗教作为一种他律性的因素必然会损害理性的自发性，因而不能成为道德的规定根据。相反，宗教的全部合理性及其本质在于道德，关于上帝存在和灵魂不朽的信仰只能够作为实践理性的公设，成为道德本身的一个组成部分。而且因为康德所坚持的二元论立场，由上帝所担保的德福一致的道德世界作为至善的理想只能作为一个调节性的理念被安放在现实世界的彼岸，成为希望和理性信仰的对象，不具有可认识的真实性。而诺瓦利斯跟施莱尔马赫一样反对为了道德目的将宗教工具化的做法，他批评这种启蒙的道德神学使宗教自身的本质被抽空，仅仅把它用作一种为道德服务的工具。

诺瓦利斯关于道德和宗教之关系的理解与康德的进路最大的不同之处在于，他认为，道德不能仅仅被限制在与存在相对立的人的行动的领域，相反，道德体现了一种无法被消解的无限性，通过人的良知和德行，作为绝对和无限的上帝重新进入到世界之中，成为内在于世界的无限，存在的真理由此才被真正揭示出来。在这个意义上，道德行动本身就具有一种真正的宗教性。"到处感知到上帝——到处找到上帝的人是幸运的，这些人是真正宗教性的。宗教是具有最高尊严的道德，就像施莱尔马赫已经出

---

① Novalis, NS, Band I, S.331-332.

色地指出过的那样。"①弗兰克为了提醒人们避免对浪漫派做黑格尔化的解读而特别强调，对早期浪漫派而言，上帝本身是完全超越性的。② 这一点完全是正确的。 只不过当诺瓦利斯将道德视为"更高的世界的反光"时，他是把无限理解为内在于世界的超越者，它能够被现实地经验到，尽管可能只是以一种否定的方式。 因此，恰恰是通过道德，上帝和事物本身的真理能够被感知，而不是像康德所坚持认为的那样，被排除在我们的经验之外。 在康德和诺瓦利斯那里，道德都是通向上帝的中介，所以诺瓦利斯的上帝也是一个"道德的上帝"（Moralgott），他们所理解的上帝也都扮演着使世界道德化的角色。 但是，在康德看来，道德是人的理性自律的体现，它被限制在与自然相对立的自由的领域，并且通过至善的理念给予上帝的存在以道德的证明，对他来说，上帝只具有与主体性的道德相关的功用。 而在诺瓦利斯看来，上帝通过道德所实现的和谐与秩序，使得世界变得更加真实和丰满。 也正是在这个意义上，诺瓦利斯表明，"康德的道德的上帝和道德都将会以全新的面貌出现"③。

二、 道德作为"更高世界的奇妙反光"

与这种统一实然与应然的道德概念相应，诺瓦利斯指出，人具备一种感知存在于世界中的神性的能力，这种被称为"道德感"（moralische Sinn）或者"良知"（Gewissen）的能力并不是那种被反思抽象出来、只能够接受有限的经验事实的感性能力，它不只是对那个祛魅了的世界的一种反映。 毋宁说，它是对内在于

---

① Novalis, NS, Band III, S.286, Nr.257

② Manfred Frank, "Die Philosophie des sogenannten 'magischen Idealismus'", *Euphorion*, 63（1969）, S.99.

③ Novalis, NS, Band III, S.250, Nr.60.

世界的无限性的感知，正是良知和道德感将道德作为事物自身的真理、作为人与内部自然和外部自然和谐统一的存在方式来感知，使得自身具有规范性的、合目的的自然能够在人类的道德意识中实现出来。①

这种独特的道德观念的形成与诺瓦利斯在 1797 年至 1798 年这段时间的思想经历有着密切的联系：诺瓦利斯从荷兰新柏拉图主义者赫姆斯特惠斯（Frans Hemsterhuis）那里获得了"道德感"和"道德器官"（moralische Organ）的概念，这为他调和现实与理想的道德世界的努力指出了一个新的方向；而从普罗提诺（Plotinus）那里，诺瓦利斯则继承了一个内在于世界的神圣存在者的概念。

在 1798 年 7 月 20 日写给弗里德里希·施莱格尔的信中，诺瓦利斯讲述了他最近在思想上的突破，他直接将其归因于赫姆斯特惠斯的影响。他写道："在我的日常生活哲学中，我得出了一个道德（在赫姆斯特惠斯的意义上）天文学的概念，并对可见宇宙的宗教做出了有趣的发现。"②这个被称为"可见宇宙的宗教"（Religion des sichtbaren Weltalls）的发现，是诺瓦利斯对他的斯宾诺莎主义的一种表述。在赫姆斯特惠斯的意义上，"道德"是指宇宙的不可见的一面，它是将宇宙统一为一个连贯的整体的原型，并且能够通过人的"道德器官"被感知。③ 对诺瓦利斯来说，通过这个概念我们可以将理想的秩序设想为一种能够通过感知被理解的内在于宇宙的无限，而不是像康德那样将理想的道德世界完全置于现实的经验世界的彼岸。

在 1798 年 12 月 10 日，写给施莱格尔的另一封信中，诺瓦利

---

① Cf. Charles M. Barrack, "Conscience in *Heinrich von Ofterdingen*: Novalis' Metaphysic of the Poet", *German Review*, 46 (1971), pp. 257 – 284.

② Novalis, *NS*, Band IV, S. 255.

③ Novalis, *NS*, Band II, S. 314.

斯写道:"我不知道我是否已经给你写了关于我亲爱的普罗提诺的信。我从蒂德曼那里了解了这个人(他是一个为我而生的哲学家)和他与康德和费希特的理想的相似性——并被他与康德和费希特的相似性所震惊。 在我看来,他比二者都伟大。 有人告诉我,我的发现并不新鲜——这个奇妙的一致已经在迈蒙(Maimon)的自传中被记录下来了。 但是为什么大家还是对此保持沉默呢? 普罗提诺还有很多未被利用的地方——最重要的是,他应该得到一份新的宣言。"①诺瓦利斯从狄特里希·蒂德曼(Dietrich Tiedemann)的《思辨哲学的精神》(*Geist der spekulativen Philosophie*, 1791—1797)那里不仅获得了关于普罗提诺的知识,而且还获得了许多关于卡巴拉主义、神智学和神秘主义的信息。 在这封信中,诺瓦利斯将普罗提诺与他自己在观念论上的导师康德和费希特联系在一起,从而对观念论进行了新柏拉图主义式的解释。 康德在《纯粹理性批判》和《实践理性批判》中都清楚地表明了他对于本体世界和现象世界之间的区分,这个本体领域不可还原为现象领域的自然,因此它不受因果的、机械的法则的支配。 普罗提诺也提出了"可感"领域和"可知"领域之间的基础性的二分。 不过对普罗提诺来说,可知领域的终极原则"太一"也是可感领域的现实性和统一性的基础。 这个终极的第一原则和普罗提诺的形而上学中的其他要素之间的关系被理解为一种"流溢"的关系。 这种认为神从自身创造世界的内在的神圣因果关系与那种认为神从无中创造出一个外在于自身的世界的学说形成了鲜明的对照。 在 1799 年 1 月 20 日写给卡罗琳·施莱格尔(Caroline Schlegel)的信中,诺瓦利斯又同时提到了赫姆斯特惠斯和普罗提诺,他说:"赫姆斯特惠斯非常清楚地暗示了这条通往物理学的神圣道路。 这种自然理解的神圣火花也已经

---

① Novalis, NS, Band IV, S.269.

存在于斯宾诺莎身上。 普罗提诺，也许是受到柏拉图的启发，第一次带着一颗真诚的心进入圣殿——然而在他之后没有人能如此深入地进入圣殿。 在许多古代著作中，有一种神秘的脉搏跳动着，它标志着与无形世界的接触点——一种充满生命力的生成（Lebendigwerden）。"[1]

在诺瓦利斯看来，普罗提诺既是一个观念论者，又是一个实在论者，他不仅认识上升到太一的过程中使有限具有了无限性的意义，而且在太一流溢和下降的过程中，使无限通过有限表现出来，这提供了对一种内在于现实的理想秩序的洞察，从而为克服康德和费希特的观念论所坚持的二元对立指明了可能的道路。[2]如果说在费希特那里，主体的自我意识是绝对，那么在诺瓦利斯（和他所理解的普罗提诺）这里，宇宙和上帝才是真正的绝对。诺瓦利斯用"宇宙相互表象"（Wechselrepräsentation des Universums）的原则来解释无限与有限、理想与现实、精神与物质之间的内在统一关系，并将其作为普罗提诺的"流溢说"（Emanationslehre）的另一种表述方式。[3] 根据这个原则，绝对或无限乃是通过自身外化为物质的、经验的、具体的、有限的存在这样一种中介化的方式来表现和实现自身；反过来说，作为局部存在的有限之物又是作为整体的绝对和无限的表象，不同的个别的有限存在也在彼此之间构成一种互为表象，并且在彼此之间看到作为整体的绝对和无限的形象。[4]

诺瓦利斯在 1797 年就开始了他对赫姆斯特惠斯的研究。 至少就诺瓦利斯而言，赫姆斯特惠斯最重要的贡献是提出了"道德器官"的概念。 在他自己对赫姆斯特惠斯作品的部分段落的评论

---

① Novalis, NS, Band IV, S.276.
② 参见 [俄] 加比托娃《德国浪漫哲学》，第 158 页。
③ Novalis, NS, Band III, S.266, Nr.137.
④ 参见 [俄] 加比托娃《德国浪漫哲学》，第 146—148 页。

314 中，诺瓦利斯很快就把这个概念和宗教联系起来，并用"信仰的器官"（Glabensorgan）这个术语作为"道德器官"这个概念的另一种表述。① 诺瓦利斯注意到，赫姆斯特惠斯把这个"器官"比作"双筒望远镜"，并且声称通过它能够"发现宇宙的法则"。他继续考察这个"道德器官"是如何成为人类自身的一种内在的神性，使他们能够将宇宙视为一个由上帝安排的美的整体："上帝创造的方式无非和我们是一样的——他只是将事物汇集在一起。……如果创造是他的工作，那么我们也是他的工作——只有在我们自己是上帝的意义上，我们才可以将创造作为他的工作来认识——由于我们自己就是世界，我们不认识它——知识增加——如果我们变得更上帝。"②

　　康德的"哥白尼式的革命"将知识的范围完全限制在可能经验的范围之内，这一划界虽然在科学解释之外为无条件者留出了地盘，但也同时使得我们对一切超感官对象的认识变得不再可能。对康德来说，知识的确定性和普遍必然性依赖于理性认识者的先天直观形式和先天知性概念的共同作用，而无条件者根本不可能以空间和时间的方式被表象出来。尽管康德将规定超感官对象的权力留给了实践理性，但是，在"哥白尼式的革命"对感官和知识所形成的限制之下，实践理性对超感性基底的规定也只能作为调节性的理念发挥作用，而不可能具有任何可认识的现实性。因此，在为赫姆斯特惠斯的"道德器官"概念进行辩护时，诺瓦利斯清楚地表明了他自己对这一观念的热情拥护，尤其是意图突破康德对感官的限制，强调这样一种感知无条件者的感官对于人类来说具有不可或缺的意义："其中最武断的偏见是，人类被剥夺了超越自我和拥有对超感官领域的意识的能力。在任何时

① Novalis, NS, Band II, S.367, Nr.27.
② Novalis, NS, Band II, S.378, Nr.39.

候，人类都可能成为超感官的生物。没有这种能力，他就不是一个世界主义者，而是一个动物……它不仅仅是看、听或者感觉；它由这三者组成，并且比这三者更重要：一种立即确定的感觉，一种对我最真实和最内在的生命的一瞥。"①

"成为上帝"或者像上帝一样来感知无条件者的想法，是诺瓦利斯哲学中更令人困惑的一个方面，特别是康德对任何形式的理智直观或者说直观的知性进行了坚决的抵制之后，这样一种想法似乎只能被视为独断论形而上学的一种重演。事实上，诺瓦利斯并没有描述人性本身的一种可能的神化，而是表明了人类意识到并参与一种神圣的理想秩序的能力。"道德器官"学说的这种含义在 1798 年至 1799 年的一个断片中被重新审视："人类可以说是我们星球的更高层次的感官，他向天空抬起的眼睛——连接这个族类与上层世界的神经。"②在小说《奥弗特尔丁根》所描绘的主人公西尔维斯特与海因里希之间的对话中，良知被理解为"人最固有的沐浴着神光的本质，是神造的源初之人（himmlische Urmensch）"，它是有限与无限之间的中介，"代替了上帝在世上的位置"。"良知显现在每个严肃的完成（ernsten Vollendung）中，在每个已经实现的真理中（gebildeten Wahrheit）。通过反思而被改塑为世界图像的每种倾向和能力（Neigung und Fertigkeit），都将成为良知的显现和良知的转化。"③在《浪漫百科全书草稿》的一个著名条目中，诺瓦利斯这样来描述道德感，他说："只有通过道德感，上帝才能够被我们所察觉——道德感是对实际存在（Daseyn）的感觉，没有任何外在的影响——是对团结一体（Bund）的感觉——是对最高者的感觉——是对和谐的感觉——是对自由抉择、创造性，还有共同生活以及存在（Seyn）

---

① Novalis, *NS*, Band II, S.421 - 422, Nr.22.
② Novalis, *NS*, Band II, S.562, Nr.186.
③ Novalis, *NS*, Band I, S.331 - 332.

316 的感觉——是对自在之物（Ding an sich）的感觉——它是真正的预知的感觉/神圣的干预（Divinationssinn/diviniren），即没有原因和接触地感知某物。"①

在这里，诺瓦利斯将"道德器官"的概念和他对上帝作为理想原型的概念联系起来。"道德器官"的使用被比作"东方三博士"的秘术，一种占星术。正如占星家试图通过天体运行的模式来感知命运的法令或神圣的意志，诺瓦利斯的道德"东方三博士"试图让自己与神圣同一的理想道德秩序协调一致。这包括对和谐的感觉，也就是对事物的整体性和有序性的感觉，因为它是对一个神圣的理想秩序的反映。可以说，神圣的理想秩序之所以是神圣的和理想的，正是因为它能够在现实中被我们的道德器官所感知。诺瓦利斯将这样一种沟通天人的计划进行了纲领性的表述："通过道德感达到对整个世界的直觉（Ansicht）——从道德对宇宙进行演绎。"②

值得注意的是，诺瓦利斯关于"道德感"和"道德器官"的理论并不是一种康德式的出于实践理性的需要而对上帝的存在提出的公设。相反，他将"道德器官"称为"启示能力"（Offenbarungsfähigkeit），这是一种"直接地具有确定性的感觉"和"对我的最真实、最本己的生命的直觉"。③这两种描述都表明，诺瓦利斯认同上帝的"道德秩序"是人类能够感知、领会和欣赏的客观现实；道德器官所发挥的这种作用使一个人能够"重新发现"宇宙的原始意义。④"我的精神的作用——我的观念的实现——不可能是世界的分解（Decomposition）和再创造（Umschaffung）——由于我是这个有规定的世界的成员——而只

① Novalis, NS, Band III, S.250, Nr.61.
② Novalis, NS, Band III, S.424, Nr.789.
③ Novalis, NS, Band II, S.420-422, Nr.23.
④ Novalis, NS, Band II, S.545, Nr.105.

能是对它进行的一种变奏（Variation）······"①

　　结合从赫姆斯特惠斯和普罗提诺那里获得的启发，诺瓦利斯重新认识了理想和现实、应然和实然之间的关系，并试图借此超越康德和费希特的观念论中道德世界与现实之间不可调和的二元论。他坚持认为，理想的秩序，虽然永远不会与现实完全相同，但作为一种"纽带"（Bund）或者一种更为源初的内在的"和谐"（Harmonie）渗透在现实之中，使宇宙能够作为一个与人对意义和价值的追寻相呼应的有序的整体存在。然而，这并不意味着世界是一个"固定的量"，必然由不变的神圣法则所规定。诺瓦利斯清楚地表明，在他看来，世界"并不是绝对地完全被规定的——仍然可以根据各种各样需要来确定一种不同的本质"。②换言之，世界不是一个完全合乎我们人的理性的存在。但是，人类可以通过自身的良知和道德感来感知世界本身的神圣秩序，并参与到这个有序的和谐的整体中去。在与赫姆斯特惠斯相遇后，诺瓦利斯坚持认为"道德上帝"不仅仅像康德所理解的那样是一个理性的设定，相反，这个绝对无条件者可以在现实中被感知。对于诺瓦利斯来说，宇宙从来都不是一个完整的、机械的整体，一个被外在的机械作用的必然法则在一起的物质集合。相反，尽管宇宙是有序的，但它对人类的理性思维来说保持了一定程度的不确定性，而这种不确定性恰恰是上帝和宇宙自身的内在生命力的体现。我们可以参与到这种神圣的秩序中去，分享它，实现它，但不能基于我们人的有限的理性来分解它，重构它，让它服务于我们人自身的目的和兴趣，尽管这种目的和兴趣具有一种合乎理性的普遍形式。

　　在诺瓦利斯看来，道德感使我们能够经验到"真正的启示

---

① Novalis, NS, Band II, S.554, Nr.125.
② Novalis, NS, Band II, S.554, Nr.125.

（wahre Offenbarungen）"，①我们可以通过它来感知我们的其他感官所无法感知的内在于一切存在之物的神圣性，这种内在于事物的本性不是通过任何外在的作用，而是被直接地给予我们，在我们的道德意识中显现出来。尽管康德也认为道德意识是本源性的，它不同于心灵的任何其他作用，并且把道德意识与上帝联系在一起，但是他决不会同意我们能够通过道德的感知能力来经验绝对的超越者。对康德而言，对道德法则的敬重（Achtung）作为一种受纯粹的实践理性支配的道德情感，只是推动我们去做我们应当做的，而不会告诉我们世界是怎样的。然而从早期浪漫派的观点来看，康德虽然通过对道德意识的论证赋予人性以独有的尊严，但是他对人性的推崇还远不够高。②因为当康德为了证明人性的尊严而将道德和自由置于知识、自然和经验的对立面时，人性反而会在一个完全受外在必然性支配的自然面前显得脆弱而无力，人永远无法与这个他们身处其中但却被剥夺了一切价值的自然取得和解，可是又希望这个自然能够为配享幸福的道德行动者带来他们应有的报偿。对早期浪漫派的思想家来说，人性的尊严和道德意识的崇高只有作为事物本身出于其内在必然性的显现，才能够真正得到辩护。就像诺瓦利斯在《奥弗特尔丁根》中所表达的那样："自然本身想要享受她的伟大的艺术性，因此她使自己转化为人类，以便她现在欢欣于自己的荣光。"③世间的万物皆有其存在的目的、意义和不可还原的个性，而唯有人类的意识，尤其是感知无限性、感知事物朝向自身的本质和目的如其所是地发展的道德意识，能够将这些不能言语的事物中所包含的无限性在意识中呈现出来，使它们被把握到和认识到。就此而言，

---

① Novalis, NS, Band III, S.578, Nr.182.
② "迄今为止的那门科学，即人们称之为德行学说或者伦理学说的那门科学，与这种崇高而广博的人格观念的纯粹形态，二者相差何其遥远。"参见 Novalis, NS, Band I, S.332.
③ Novalis, NS, Band I, S.209.

人类的道德意识不仅仅是属人的，它更是无限的宇宙和上帝用来达到自我认识和自我实现的途径。①

诺瓦利斯关于道德与宗教之关系的思考的确与康德的道德学说有着紧密的联系。正如奥斯卡·沃尔策（Oskar Walzer）所言，如果没有康德，浪漫派将是不可想象的，但是，浪漫派对康德的批评，尤其是他们在伦理学领域的一些对立，使得浪漫派具有其存在的特殊权利。② 当诺瓦利斯试图从上帝的自我实现这个超越性的宗教维度来思考道德，恢复道德的本体论意义时，他并不是反对康德从理性自律来对道德进行规定，也不是否认道德是人之为人的最高本质，而是希望通过重新理解有限与无限、实然与应然的关系，补充或者真正完成康德的道德观念。康德有力地证明，道德本身体现了一种绝对的、无条件的善，可是由于坚固的二元论构想打破了德行与幸福之间的统一，导致道德虽然是无条件的善，却不是完满的和最高的善，以至于康德不得不基于实践理性这一主观根据来悬设"尘世的上帝之国"这样一种调节性的理念，借此来使道德自身就是目的的规定能够在理性上得到辩护。然而，当康德让宗教完全服从于我们内心的道德法庭时，宗教就被剥夺了揭示真理的权利，失去了它自身独特的本质和特性，蜕变成"片面的宗教行动"。与此同时，正因为上帝被排除在真理之外，人的理性成为一切价值和目的的来源，祛魅了的自然就不再具有任何神圣性和规范性。所以，对于生活在分裂的两个世界的人类来说，与人的内在天性和整个外在自然相对立的道德法则不可避免地会表现出一种鲜明的异己性，甚至是压迫性，德行也就随之蜕变成了"片面的道德行动"。③

---

① Cf. Leonard P. Wessell, "Novalis' Revolutionary Religion of Death", *Studies in Romanticism*, 14: 4（1975），pp.434 - 441.

② Oskar Walzer, *German Romanticism*, p.15.

③ Novalis, NS, Band III, S.250, Nr.62.

320

在诺瓦利斯和早期浪漫派看来，坚持一种机械论的自然观和与之相应的知识观念，将使至善永远不可能具有现实性。 道德之所以自身就是目的，人能够在道德行动中感受到一种最高的满足，感受到自己作为人的本质的实现，不是因为道德使我们的理性成功对抗了我们自身的禀赋、欲求、偏好、兴趣和习惯等等所有的经验，使人类在与整个祛魅的自然的对立中证明了自身的独特性，这种对立所产生的不是满足，而是分裂和缺失的意识。 相反，真正在道德行动当中得到满足的人，并不祈求他们的德行会换来一种德行之外的幸福，不管是在此生还是在来世。 因为当真实存在的整个世界具有一种内在的无限性，德行在更为本源的意义上被把握为世界本身的一种存在方式，良知就"代替了上帝在世上的位置"，让事物本身的真理通过道德行动得以显现出来，从而也使人作为这个世界的一部分与整个自然和谐统一。 "经验和尘世的作用（irrdische Wircksamkeit）所把握的一切，构成了良知的领域，而良知将这个世界与更高的世界结合在一起。 由更高的感觉产生了宗教和某种先前似乎是我们最内在的天性的不可理解的必然性的东西（unbegreifliche Nothwendigkeit），一种没有内容的至高法则，现在正变成一个神奇的、本乡的（einheimischen）无限多样的和完全令人满足的世界，变成了一切有福之人在上帝之中的一个紧密得不可思议的共同体，变成那个最具个性的存在者的可以聆听的施予恩惠的在场（Gegenwart），或者其意志、其爱在我们最深的自我之中。"①

宗教在德国浪漫派的思想占据着非常重要的地位，以至于海涅用"中世纪诗情的复活"和"基督教唯灵论"的再现来规定浪漫派的本质，将德国浪漫派视为与启蒙相对立的蒙昧主义和非理

---

① Novalis, NS, Band I, S.333.

性主义的代表，[1]而这也几乎成了人们对德国浪漫派所抱有的一种刻板印象。然而，从早期浪漫派关于道德与宗教之间的关系的思考中我们不难发现，早期浪漫派所理解的宗教并不是任何形式的传统的实定宗教。启蒙的理性主义传统将宗教作为实现道德的工具，甚至在本质上把宗教还原为道德，但是，对宗教所采取的这种实用化和工具化的态度，也就是让宗教为以人的理性和意志来重新解释和完成世界的启蒙计划背书，这背后隐藏着深刻的虚无主义的危险。早期浪漫派对宗教的关注和思考恰恰是对这场危机的一种回应。在他们看来，宗教有其自成一体的本质和特征，它不能被还原为形而上学或者道德。作为对宇宙的直观，宗教在本质上是一种"更高的实在论"，它表达了一种宇宙出于其内在的必然性和无限性直接作用于我们并向我们显现出来的"世界观"。就像施莱格尔指出的那样："宗教与道德的区别很简单，只要把一切事物分为神性的和人性的就行了。这个区分古已有之，问题是人们要正确地理解它们。"[2]

对早期浪漫派来说，对神圣宇宙的直观并不是对近代以来由理性所构造的那个祛魅的、机械论的自然的认识，早期浪漫派的宗教概念所指涉的宇宙包含着存在之全体，包含着自由、道德、美和精神，它将人和人的理性与意志作为宇宙的一部分同样包含在这个存在之全体当中。在这一宗教概念所体现的更高的实在论中，道德和自由并不会因为对必然性的认识而被牺牲，相反，自由和至善的实现恰恰必须首先克服启蒙理性以人为中心所造成的种种分裂和异化，重新将人的道德行动与事物本身的存在方式统一起来。就像诺瓦利斯所说的那样，"道德的行动和宗教的行动因此最内在地统一起来。人应当致力于同时达到内在的和外

---

① 参见［德］海涅《浪漫派》，薛华译，上海人民出版社 2003 年版，第 11、15、21 页。
② Friedrich Schlegel, SKA, Band II, S.267, Nr.110.

322

在的和谐——同时践行法则和一切都出于其自我意志的上帝的意志。"①从早期浪漫派的宗教概念和道德概念出发，困扰伦理学的一个两难选择将会被化解：到底是某件事情因为它是上帝的命令才成为一种道德义务（对理性而言，这意味着某种任意性），还是上帝命令某件事情乃是因为它在道德上是善的（最高的道德法则与上帝作为最高存在者的观念是冲突的）。诺瓦利斯证明道德法则和上帝的意志这两者具有同等的权威，因为道德并不单纯地像康德所理解的那样是与自然相对立的自由的具体化，而是在人们中间直接起作用的神性，是内在于世界的无限，所以道德与宗教之间的关系也将产生根本性的转变，从一种彼此制约的关系转向一种内在统一的关系。也只有在人践行道德法则同时就是践行上帝的意志，就是在揭示存在自身的真理和内在的必然性时，人才能真正达到内在的和外在的和谐，在德行自身中得到满足，实现人之为人的本质。

诺瓦利斯不再将道德仅仅作为人类活动的一种方式来理解，他在对"道德"一词的实际用法中将其扩充成一个本体论的范畴，从而拒绝伦理学和认识论之间的传统区分，并试图以此为突破点将启蒙的理性主义所造成的客体与主体、理智与情感、有限与无限、信仰与知识的分裂和对立重新统一起来。对于熟悉并且习惯于现代性叙事的人们来说，早期浪漫派的宗教观念和道德观念无疑隐含着某种理智上和实践上的危险性。施莱尔马赫将宗教理解为对宇宙的直观和对无限的渴望，而诺瓦利斯将道德良知视为上帝自身的现实性和内在于有限世界的无限性，这仿佛是要倒退回到一种前康德的、独断论形而上学和实定宗教的立场。重要的是，康德似乎已经决定性地表明，任何想要认识无条件者或者证明某种终极实在的现实性的形而上学都将在无休止的矛盾认

---

① Novalis, NS, Band III, S.250, Nr.62.

识中让自身名誉扫地。 相较而言，康德的理性批判告诫人们满足于现象界的真理，或者说一种"小写的真理"，让无条件者服务于我们的道德，这套基于实践理性为形而上学重新奠基的方案明显更加符合现代人对确定性和世界的可理解性的期待。

不过，康德对形而上学的不满并非像休谟那样是出于一种经验主义和怀疑主义的反形而上学情绪，理性批判的旨趣恰恰在于为一种能够抵御怀疑主义并且自身不陷入矛盾的新的形而上学奠定基础。 是康德证明形而上学的产生乃是理性自身的本性使然，而且也是他教会早期浪漫派不要将理性与人类灵魂中的一切伟大和崇高之物对立起来。[1] 早期浪漫派不仅不反对，而且坚定地支持康德道德神学背后的形而上学动机以及他的启蒙意图，但是，因为康德的二元论框架与他试图证明的道德的完满性与现实性以及理性的统一性的目标之间是相背离的，这就促使他们不得不冒险超出康德的理性批判为认识所划定的界限，通过设想一种新的一元论的实在观和真理观来将业已被理性反思所分裂的有限与无限、自由与必然、道德与宗教重新统一起来，证明道德行动本身的自足性和现实性。 早期浪漫主义者拒绝像康德那样将理性和科学与神秘主义对立起来。 他们认为，神秘主义绝不会扼杀理性和科学，相反，直观宇宙的宗教应该成为真正的科学和道德的基石："宗教学说是科学的诗。 诗之于感觉，就像哲学与思想之间的联系。"[2]"宗教是情感与思想或知识的综合。 因而宗教学说是诗与哲学的综合。 于是才产生真正的宗教信条、真正的经验原则，也就是真正综合了理性原则（直接地）——哲理诗和信仰原则（间接地）——史诗的原则，不彼此限制反而恰恰彼此加强和扩充的原则。"[3]这种被艾布拉姆斯（Meyer Howard Abrams）称

---

① Oskar Walzer, German Romanticism, p.12.

② Novalis, NS, Band III, S.420, Nr.782.

③ Novalis, NS, Band III, S.421, Nr.782.

344　为"自然的超自然主义"（natural supernaturalism）①的新的一元论实在观尽管有着传统形而上学的外貌，可是在经过批判哲学对旧形而上学独断论的决定性胜利之后，早期浪漫派和其他那些重要的后康德哲学家们一样，不再诉诸于旧的、独断的理性方法或者盲目的信仰，而是纷纷寻求通过新的方法，在多样性中来展现这种源初统一的实在与真理，不管这些方法被称为直观、情感、想象、反讽、思辨还是辩证法。就像早期浪漫派和许多后康德哲学家们所做的那样，我们有必要在理解康德的同时跳出康德的哲学框架来反思康德哲学所留下或者产生的问题，也有必要在根据康德的思路批判传统形而上学的同时重新思考实体一元论形而上学自身的合理性及其不同于独断论的其他可能的表现形式，这对于理解康德之后的整个德国古典哲学的立意、方法和意义来说都是不可或缺的。

---

① Cf. M. H. Abrams, *Natural Supernaturalism: Tradition and Revolution in Romantic Literature*, New York: W. W. Norton & Company, Inc., 1971.

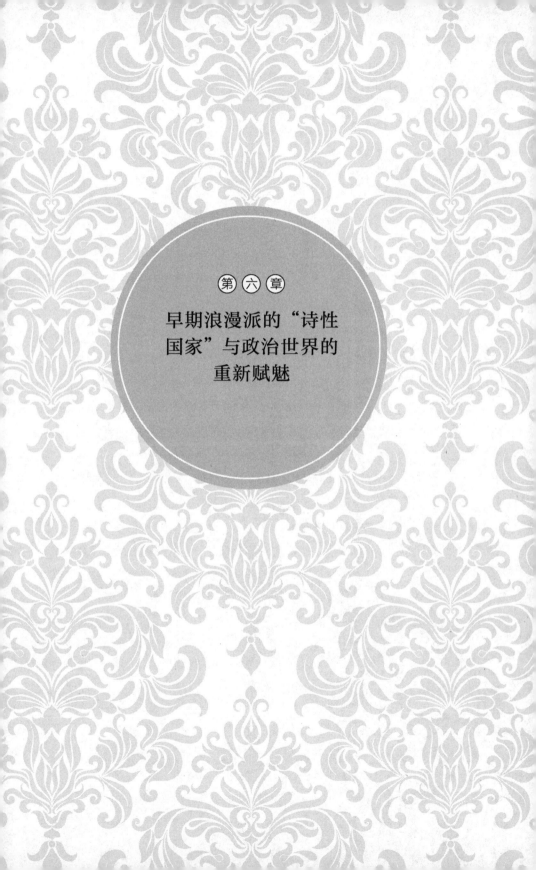

第六章

早期浪漫派的"诗性
国家"与政治世界的
重新赋魅

从 19 世纪至今的近两个世纪的大部分时间里，德国浪漫主义受到了很多不同程度和不同形式的批评、诽谤和误解：它被认为是一种压制个体自由的集体主义和与世界主义背道而驰的民族主义，是一种对抗启蒙与自由主义、维护旧制度的文化和政治保守主义，是一种反对革命、反对民主、反对现代性的复辟主义、寂静主义和蒙昧主义——德国浪漫主义所谓的罪恶实在太多了。这种对德国浪漫主义存在的普遍的消极看法似乎不仅是由于德国民族主义者和纳粹主义者对它的利用而导致的，也不仅是因为浪漫主义者对艺术和审美经验的极力推崇，而是由于他们对启蒙运动及其理性主义原则的直言不讳的批判，并且试图将他们唯美主义的态度带到政治生活和政治实践中来，把现实甚至是政治现实，仅仅看作是一个获得审美效果的偶然的机缘，从而使政治活动从属于主观的情感，无视政治的独立性和政治决断的重要性——就像卡尔·施密特已经指出的那样。[1] 不仅如此，德国浪漫主义者的宗教热情和神秘主义倾向，尤其是其中的几位代表性人物对天主教和中世纪的制度与生活方式所表现出的肯定，甚至是迷恋，更是让许多进步主义者大为光火。

然而，有趣的是，今天人们对浪漫主义的兴趣并没有随着理性主义和现代性的胜利、"历史的终结"和西方的自由民主制度被宣告为人类政府的终极形式而彻底消亡。相反，不仅对浪漫主义的兴趣被重新点燃，而且浪漫主义似乎正日益成为指引现代人走出现代性的困境的一盏指路明灯。斯坦利·卡维尔（Stanley Cavell）和查尔斯·泰勒（Charles Taylor）等人就曾指出，重新继承浪漫主义可能会为我们提供比现在更丰富的词汇和思想资源，使我们有可能以更为复杂和微妙的方式对现代性及其问题做

---

① 参见 [德] 卡尔·施密特《政治的浪漫派》，冯克利、刘锋译，上海人民出版社 2004 年版，第 16—17 页。

328　出评判。① 浪漫主义让我们看到了现代生活的吊诡：在一切都被安排得井井有条的确定的秩序中却充满着巨大的不确定性，令人疑惑和不安。 因此，浪漫主义在当代意识中的复苏也许表明了一种兴趣，即找回长期被忽视和未实现的现代生活方式的可能性——那是一种不那么刻板、不那么具有破坏性的生活。 与之相比，我们现代人所过的这种理性化的、不浪漫的现代生活，尤其是政治生活可能是不明智、不合理，甚至是充满着各种内在矛盾的。

特别是在今天这个时代，我们可能会发现，我们与浪漫主义的距离并不像我们所认为的那么遥远，甚至比浪漫主义者活跃的那个时代离浪漫主义更近。 事实上，我们根本没有远离浪漫主义。 正如法国思想家菲利普·拉库-拉巴尔特（Philippe Lacoue-Labarthe）和让-吕克·南希（Jean-Luc Nancy）在《文学的绝对》中所说的那样："我们对浪漫主义感兴趣的是，我们仍然属于它所开辟的时代。 当前的时代继续否认的正是界定我们的这种归属。"②

学者们通常将浪漫主义作为一种文学和文化运动置于一个历史序列中：从 18 世纪后期辉煌的"早期"浪漫主义开始，然后是 19 世纪颓废的、政治上令人厌恶的"晚期"浪漫主义，在支持法国革命的"好的"浪漫主义和复辟的"坏的"浪漫主义之间建立了一个极性。③ 早期和晚期的浪漫主义，最终在 20 世纪早期被

① Cf. Stanley Cavell, "The Future of Possibility", *Philosophical Romanticism*, ed. Nikolas Kompridis, London: Routledge, 2006, pp.21-31; Charles Taylor, "Romantic Poetics", *Revue De Métaphysique Et De Morale*, 108（2020）, pp.461-495.

② Philippe Lacoue-Labarthe and Jean-Luc Nancy ed., *The Literary Absolute: The Theory of Literature in German Romanticism*, trans. Philip Barnard and Cheryl Lester, Albany: State University of New York Press, 1988, p.15.

③ Cf. Dieter Sturma, "Politics and the New Mythology: The Turn to Late Romanticism", *The Cambridge Companion to German Idealism*, ed. Karl Ameriks, Cambridge: Cambridge University Press, 2000, pp.219-238.

毫不妥协的现代主义所取代，而现代主义一旦迷失了方向，就变异成了一种怪诞的后现代主义，或者变成了一种用康德式的理性"公设"聊以自慰的永远未完成的现代性的计划。 也正是在失去了方向和确定性的现代世界中，浪漫主义得以重新开始了，并且迎来了一个真正有可能理解它的时代。 在这个意义上，浪漫主义是现代主义之后的，超越现代性的，而不是现代主义之前的，反现代性的。 如果浪漫主义不是我们已经超越的东西，而是一种活生生的，目前尚未实现的可能性，那么至少把浪漫主义和它过去的字面形式，或者和它在过去采取的任何形式联系得太紧密是不恰当的。 相反，我们应该把浪漫主义看作是一种复杂的反应，或者是一系列对我们称之为"现代性"的世界的复杂反应。 这些反应的形式无论是认知的、审美的、道德的、宗教的，抑或是政治的，它们都包含着对某种改变的期许，这种改变指向个人与自我、与他人和与非人类世界或自然之间的某种非异化的关系，指向一种真正的自由的可能性，而这种变革除了我们对这种变革的浪漫主义理解和我们对这种变革的浪漫主义需要之外，根本是不可想象的。 正如斯坦利·卡维尔曾经说过的那样，只要你渴望一种变化，一种认为"你是不同的，你所认识到的问题是不同的，你的世界是不同的"的变化，你就注定与浪漫主义联系在一起。①

浪漫主义所要求的是找到并发现与构成现代科学与政治之基础的理性主义不同的看待和言说事物的新方式、对话和行动的新方式，以及新的实践和新的制度。 尽管存在着各种各样的障碍和限制，尽管找到一种比理性主义更合理、更有效地解释世界和安排我们的生活的方式似乎是不可能的。 可是，任何认为这种改变对现代人和现代世界来说是有必要的人，任何意识到需要引入一

---

① Stanley Cavell, *Must We Mean What We Say?* Cambridge: Cambridge University Press, 1976, p.87.

330　个非主体主义和非人类中心主义的维度来对现代性进行更新和完善的人，不管他们对"浪漫主义"的看法如何，其实根本上都是浪漫主义者。

　　早期德国浪漫主义者批评启蒙运动对理性、对抽象原则和权利的强调忽略了爱的情感纽带，忽略了历史和经验，忽略了共同的信仰和相互信任等这些构成真正的人类生活的最基本组成部分。在他们看来，启蒙运动和法国大革命所缔造的现代国家观念和法权观念，跟现代科学构造的自然观念一样，依赖于主体主义和理性主义的本体论与方法原则。为了把握具有普遍必然性的、统一的自然法则，哲学家和科学家们首先将自身作为一个思维的主体与只具有广延的自然对立起来，运用理性的分析—综合方法把生机勃勃的、多样的自然还原成用数学的语言和定量研究的方式可以描述和计算的均质化的、惰性的物质原子，再按照理性的规则将这个碎片化的自然重新组合起来，使其成为一台合乎理性法则的机器。对自然的科学认识与对自然的否定和自然本身的内在生命的扼杀必须同步进行，因为只有这样，自然才能与人的理性认识保持一致，获得逻辑和数学思维所具有的明证性。这种在自然科学领域行之有效的本体论和方法论原则被进一步用于普遍的政治秩序的寻求与建构，政治世界的理性化和祛魅由此成为自然的理性化和祛魅过程的延续。

　　对霍布斯、洛克乃至于康德和费希特等现代个人主义和自由主义政治观念的缔造者们来说，由利己的情感所推动的原子化个人的行动就像在外力作用下遵循自然的机械因果必然性运动的物体一样，具有可计算的、合乎理性的普遍必然性。因此，相较于诉诸血缘、情感、历史、权威、信仰和习俗，诉诸个人的理性自利和理性计算能够更加有效地促进和维护普遍的政治秩序，使原子化的个人为了自身利益的满足而通过基于理性计算的相互妥协进入到一个普遍按照法权来管理的国家，有助于个人的基本权利

和外部自由的实现。 这种以自利为目的而使普遍的政治秩序得 *331*
以建立、使个体的意志与普遍的意志统一起来的理性主义的原则
和方法，不仅推动了基于公民普遍同意的现代共和主义
（republicanism）国家观念的形成，而且还被认为能够有效地协
调国家间的关系，促进以国家间的永久和平为目标的世界主义
（cosmopolitism）理想的实现。

　　然而，18世纪末法国大革命日益沦为恐怖统治和无政府状
态，同时新旧势力之间无休止的对抗使得欧洲内部日益分裂，还
有新兴的市民社会的市侩主义和自私自利，这一切无不展示了理
性主义政治观念所包含的非理性的和软弱无力的一面。 这种抽
象的理性原则本身无法规定行动的目的，不具有将原子化的个体
凝聚在一起的力量，而且它在本质上就是与一切鲜活的个体生命
相对立的；一旦理性被没有经过教化的、盲目的甚至是暴虐的情
感和不成熟的人性所左右，理性法则的普遍化只能带来非人道
的、灾难性的后果。 因此，在早期德国浪漫主义者看来，理性的
分析和计算绝不是理解政治秩序的恰当的方法，作为理性化的产
物的原子化个体和基于原子化个体之间的契约所建立起来的国家
绝不是真实的政治状态。 他们认为，政治秩序得以可能的前提不
是让人彻底否定自己的情感，切断自己与他人、与历史的一切关
联，变得足够理性、足够独立——这种理性是空洞的、盲目的，
这种独立是虚假的；理性只有在一个基于共同的情感纽带和历史
渊源联系在一起，彼此尊重、彼此承认、亲如一家的人群中才能
发挥积极的作用。 因此，真正合乎理性的政治秩序需要理性和情
感的协调一致，而不是使两者对立起来，使一方屈从于另一方；
它依赖于人的教化和成熟的人性的形成，依赖于休戚与共的情感
纽带所维系的人与人之间的内在关联。 这种源初的统一不可能
通过分裂的原子化个体之间的理性协商来达到，而只能够通过人
性的"教化"（Bildung），使理性自身成熟起来，并且在人的天性

中形成一种在自身内包含他者的天然的共属一体的情感。① 用早期浪漫主义的话来说，就是让国家变得充满诗意和魅力，像家庭一样根据爱的原则，而不是按照单纯的理性的利己的计算原则来运作。

　　早期浪漫派认同启蒙运动的许多理想，追求自由、平等、博爱，反对专制主义，但他们指责启蒙运动将这些理想贬低为原子式的个人主义、利己主义和抽象的法律主义，他们认为康德关于利己主义和社会对抗将有助于实现永久和平的设想是荒谬和有害的。 利己主义永远威胁着一切和平与团结，因此不可能在这样的基础上来实现共和主义和世界主义的理想。 早期浪漫派的目的是通过寻求和展示一种替代性的方案来纠正启蒙理性主义政治观念的偏差，以此来推动启蒙理想的真正实现。 在 1796 年针对康德的《永久和平论》所写的评论中，弗里德里希·施莱格尔提出了一种无须法律强制、以博爱精神团结起来的人类愿景。 1799年 11 月，诺瓦利斯在耶拿浪漫派圈子所做的一次内部演讲中，唤起了一种以情感、精神和人类之间的具体联系为中心的世界主义理想，以取代启蒙运动对理性知识、物质财富、道德和法律原则的关注；用具有象征意义的中世纪的形象来唤起关于人类重新统一的黄金时代的理想，并引出了对一个世界性的精神共同体的渴望。 在这一章中，我们将聚焦于施莱格尔和诺瓦利斯的政治哲学文本，基于早期浪漫派对现代主体性形而上学和理性主义的知识观念、自然观念、人性观念、国家观念和法权观念的整体性批判，来理解早期浪漫派带有宗教色彩的唯美主义政治构想的合理性与现实性，澄清对浪漫主义政治思想的各种误解和歪曲。

---

① "最高的善和唯一的功利就是教化。"参见 Friedrich Schlegel, SKA, Band II, S.259, Nr.37。

第一节　施莱格尔论审美经验的政治意义

法国大革命爆发后不久，埃德蒙·柏克（Edmund Burke）发表了著名的《反思法国大革命》（*Reflections on the revolution in France*，1790）。他在这部著作中，严厉谴责了革命对法国君主制的毁灭，他为旧制度所进行的申辩不仅强调了历史和政治中的连续性的必要性，还强调审美文化对于政治的不可或缺性。柏克回忆道，在过去的"封建时代"，尊严、高尚的思想和"心灵的顺从"等美德可以弥补那个时代的依赖性和等级制度。他将这种温暖人心的"外衣"与只承认赤裸裸的形式义务和法律严格性的理性社会的冷漠进行了对比。在柏克看来，那种按照几何学的典范制定出来的政治构想完全无视一切经验，他们对形而上学的抽象的人权所抱有的巨大兴趣，使他们已经全然忘记了人性。柏克的结论是，那种与人性背道而驰的抽象的理性本身没有任何约束力。它的原则不能产生任何情感纽带——无论是与邻居还是与国家。一个缺乏美学魅力和令人愉快的幻想的国家无法赢得其公民的支持；它必须通过对其公民施加义务，通过监控、审查、惩罚甚至毁灭，来换取服从。① 柏克承认"社会确实是一项契约"，但这是一项极为深刻的契约，"国家……并不是以单只服从属于暂时性的、过眼云烟的赤裸裸的动物生存那类事物为目的的一种合伙关系。它乃是一切科学的一种合伙关系，一切艺术的一种合伙关系，一切道德的和一切完美性的一种合伙关系。由于这样一种合伙关系的目的无法在许多代人中间达到，所以国家就变成了不仅仅是活着的人之间的合伙关系，而且也是在活着的人、

---

① 参见 [英] 柏克《法国革命论》，何兆武等译，商务印书馆 1998 年版，第 41—44、76—85、129、315 页。

已经死了的人和将会出世的人们之间的一种合伙关系。 每一个特定国家的每一项契约，都只是永恒社会的伟大初始契约中的一款，它联系着低等的自然界和高等的自然界，连接着可见的世界与不可见的世界"①。

当柏克的《反思法国大革命》在英国出版时，他走在了时代的前面，因为那时还没有什么迹象表明大革命会以恐怖的杀戮热情席卷法国。 因此，将理性转化为政治成果并将国家建立在合乎理性的宪法基础上的决心引起了许多德国作家和哲学家的极大同情，费希特和小施莱格尔都对这一阶段的革命进行了热情的辩护。 但是，随着 1793 年柏克的这部著作被翻译成德语，德国人的热情变得矛盾起来。 与此同时，法国的事态发展迅速。 随着雅各宾的恐怖统治转向共和国内部的敌人，这个新的共和国表现出理性的专制的一面，这一转变使浪漫主义者更进一步理解和接受了柏克的想法。② 他们对法治的极权主义进行了批判，对法律和社会契约的凝聚力提出了根本性的质疑，并且呼吁采取不那么僵硬的社会融合的形式。 这一切都迫使早期德国浪漫主义者不得不对启蒙运动的理性主义形而上学、知识观念和政治观念进行彻底的反思。

早期浪漫派的唯美主义认识论是对 18 世纪理性主义的反动。与启蒙运动的理性主义思想家不同，早期浪漫主义者并不认为理性的分析、逻辑推理和数学演算是发现知识不可或缺的，甚至是唯一的工具。 这并不意味着他们就是肆无忌惮的非理性主义者，喜欢不着边际地胡思乱想，而是说他们更喜欢深入而直接地去体验，去感受，去从整体上把握特定情境的意义和重要性。 在他们看来，某种肯定的或绝对无条件的东西是认识的出发点；他们质

---

① ［英］柏克：《法国革命论》，第 129 页。
② Cf. Charles Larmore, *The Romantic Legacy*, New York: Columbia University Press, 1996, pp.41—49.

疑概念是人为抽象的产物，单纯的概念思维无法把握生动的、实际存在的事物本身。 因此，早期浪漫主义者鄙视那种用简单明晰的法则来描述和解释所有自然现象的机械论世界观，他们更加乐于发现和接受对逻辑的、概念的头脑来说必然表现为矛盾和两极对立的事物，因为正是这种不确定性有可能打破知性的抽象同一性的桎梏，让事物本身的真实存在有机会显现出来。

同样的道理，良好的政治秩序也不是仅仅通过理性的分析和计算，通过遵照政治科学的教科书或统计数字就能够实现的，它的真实的基础是现实的人的不可化约的感性生活、历史经验和具体的人与人之间复杂而多样的相互关系。 因此，浪漫主义者明确拒绝将理性的分析和推理作为获得知识的最佳手段。 就像施莱格尔指出的那样："不理解一般绝不是缺少理智（Verstand），而是缺少感觉（Sinn）。""原理之于生活，犹如内阁里制定的战斗指令之于战场上的最高司令官。"[1]早期浪漫派是现实主义者，他们希望抓住的是第一手的、流动的、活生生的经验，而不是经过概念之网过滤之后剩下的整齐划一却了无生趣的残渣。[2] 任何形式的政治理论都是这种观点所厌恶的。 浪漫主义者既蔑视自由主义，也蔑视专制主义，因为两者都代表着国家意志希望通过某种理想化的设计对现实的、有机的人类生活进行外在的干预和整饬。 早期浪漫派的这种政治思考与 19 世纪政治发展的主流是对立的——中央集权和理性主义官僚机构日益膨胀，基于自然法一般原则的宪法和权利法案，民主的发展及其通过选举部门达成决定的机械原则，等等。 从更广的意义上说，浪漫主义甚至与现代文化的理性化、系统化、机械化的整体趋势都是对立的。

早期浪漫派的唯美主义认识论是对启蒙的理性主义传统的超

---

① Friedrich Schlegel, SKA, Band II, S.176, Nr.78; S.178, Nr.85.

② 参见 [德] 卡尔·曼海姆：《保守主义：知识社会学论稿》，李朝晖、牟建君译，译林出版社 2022 年版，第 73—74 页。

336 越，它坚持真理必须在关于事物的整体的感性经验中被把握，而不是通过理性的还原和抽象来认识，这种内在于事物的感性显现的中的合法则性，作为一种美的体验，是更为整体性的源初真理。 同理，浪漫主义者认为，我们不应该相信，单单依靠理性的立法来规范或者制约人的欲求和行为就能够实现政治上的善好。没有人天生就是理性的动物，运用理性的能力和理性本身都是共同的生活中、在时间和经验当中不断教化的结果；成熟的理性与成熟的情感、成熟的感知能力、成熟的判断力是同步发展的，而那种只会计算利害得失、只承认逻辑和数学思维的确定性与普遍必然性的理性恰恰是不成熟的。 就像美国学者弗雷德·拉什（Fred Rush）指出的那样："人们从施莱格尔那里得到的总体印象是，他致力于搁置任何对虚假的稳定性的追求，并坚持人们对生活和心灵采取一种明确的经验主义态度。 他满足于让歌德、费希特和法国大革命之后的德国思想生活，在没有先前的哲学不公正划分的情况下，从其历史的偶然的天赋的内在概念资源中杂乱地发展出来。 更一般地说，耶拿浪漫派主要感兴趣的是思想和价值如何从他们的历史脉络中产生出来这样一个现象。"①换言之，施莱格尔和早期浪漫主义者试图摆脱基于现代理性原则的人为的、有时是不公正的规定和划分，在他们看来，这些由理性所划定的界限阻碍了他们对培养成熟的人性的教化之路的寻求。

施莱格尔在其前浪漫主义时期的一篇文章《论希腊人和罗马人的研究价值》（Vom Wert des Studiums der Griechen und Römer, 1795）中曾经指出，古典研究的主要目的是为我们提供一种纯粹人性的理想。② 在古希腊文化中，我们可以发现人类完

---

① Fred Rush, *Irony and Idealism: Rereading Schlegel, Hegel, and Kierkegaard*, Oxford: Oxford University Press, 2016, p.99.

② Cf. Friedrich Schlegel, *SKA*, Band I, S.627, 637, 638.

美的高度。① 只有这种知识才能使我们摆脱现代文化的腐败、无
知和野蛮。 施莱格尔的人性理想本质上是席勒、洪堡和赫尔德的
理想：实现个性，将所有理智、情感和意志力发展成一个和谐的
整体。 正如他所言，人类的终极目标是"知真、行善、享美，进
而达到认识、行动和享受的和谐"。② 施莱格尔的这篇论文明显
受到了席勒《审美教育书简》（1795）的影响。 跟席勒一样，施
莱格尔也将艺术视为人类教育的基本工具。 在他看来，理性本身
不能成为行动的充分动机。 如果我们必须最终按照理性的原则
来生活，我们就不能完全依靠理性来达到这个目标。 这些原则必
须辅以"强大而良好的倾向""正确而完整的直觉"，而这些最能
通过艺术来激发和维持。③ 我们之所以应该模仿古典的文学和艺
术作品，是因为它们提供了培养这些倾向和直觉的最好的艺术
形式。 不仅如此，施莱格尔还像席勒一样将审美教育视为一
个理想国家，即共和国的必要准备。 我们不可能立即获得自
由，因为对一切规则和束缚的突破只会释放我们自私和动物性
的激情。 我们首先必须为我们的自由变得成熟起来，而我们
只有通过教化和人性的塑造才能做到这一点。 施莱格尔说：
"经验告诉我们，一个教育（Erziehung）不像自由那么广泛的国
家必然会衰退。"④

除了席勒的影响之外，施莱格尔对审美经验和政治哲学的结
合建立在与康德《判断力批判》的卓有成效的对话之上，这种对
康德的解读将康德的审美共通感的理念与康德的共和主义政治思

---

① "就是那个神圣的温克尔曼，是我们当中第一个理智地考察道德的人。 正是他在艺术和古典文化
的人物形象中认识到，并且满腔热情地宣告美的人性的原形。"参见 Friedrich Schlegel, SKA,
Band II, S.266, Nr.102。

② Friedrich Schlegel, SKA, Band I, S.627.

③ Cf. Frederick C. Beiser, *Enlightenment, Revolution, and Romanticism: The Genesis of
Modern German Political Thought, 1790 - 1800*, Cambridge: Harvard University Press,
1992, p.247.

④ Friedrich Schlegel, SKA, Band I, S.88.

想创造性地结合起来。 康德美学最有影响力的一个方面是他对包含在审美判断中的"普遍性"的证明方式。 当我们具有一种审美体验时，我们期望别人对这样一种鉴赏判断的同意，即使我们没有理由或论据来证明我们的感觉是正确的。 康德意识到，审美经验的产生并不是植根于主观的、个人的感觉，而且植根于一种从认知能力的自由发挥中衍生出来的"共通感"（Gemeinsinn/sensus communis）。 对施莱格尔来说，康德对审美经验所进行的分析的一个重要意义在于表明了，情感（Gefühl）本身并不是一种纯然主观的、个别的、相对的体验，它并不像理性主义的知识理论所认为的那样只是意见和谬误的来源，相反，审美中情感虽然具有感性的（ästhetisch）属性，但却同时具有判断的普遍有效性，甚至可以将审美情感视为一种内在于感觉经验中，而不是与感觉经验相对立的理性的表现。 汉娜·阿伦特（Hannah Arendt）曾富有洞见地指出，这表明了康德对审美经验的解释中包含着一种潜在的政治意义，而这种意义康德本人从未阐明过。[1] 按照阿伦特的解释，艺术唤起一种共通感的方式可以帮助我们理解我们作为历史和政治事件的判断者的主体间关系。 但她没有注意到，康德自己对认识能力的划分，对反思性判断力和规范性判断力的划分，使他不可能将这样一种关于审美经验的普遍性的想法扩展到对政治领域的应用。 实际上，恰恰是施莱格尔，通过对康德关于审美的一致性的概念的批判性发展，揭示了康德美学思想的这种潜在的政治意义。 当康德试图在主体自身之内，在作为各种认识能力的交汇处的心灵的本性中，找到共通感的根据时，施莱格尔却展示了这种共通感是如何在文化和历史的背景下发展的，它是从我们所接受的与艺术形式相关的教育中

---

[1] Cf. Hannah Arendt, *Lectures on Kant's Political Philosophy*, Chicago: University of Chicago Press, 1989, p.7.

产生的。 通过这种方式，施莱格尔为思考特定的审美形式如何与

主体的能力（尤其是政治判断和政治实践的能力）的发展关联起
来开辟了一个空间。 就此而言，施莱格尔关于审美经验的哲学与
其说是一种关于心灵如何对客体形成判断的理论，毋宁说是一种
关于艺术作品如何扩展和提升主体意识，从而形成真正的共通感
的理论。

施莱格尔从康德那里继承了为审美经验的潜在公共性奠基的
问题。 不过，施莱格尔不是把审美经验建立在心灵的认识能力的
基础之上，而是建立在"感官"（Sinn）的发展上。 康德主要关心
的是审美愉悦的问题，这种愉悦虽然始于感官，但却根源于心灵
的结构，而施莱格尔则认为审美经验的目的是感官的"塑造"或
者"教化"（Bildung）。[①] 当审美经验达到了一定的程度时，我们
就能够以越来越具有自我意识的方式来使用我们的感官。 更为
重要的是，这种自我意识作为共通感的特殊形式包含着一种与他
者的内在的交互关系。 在施莱格尔那里，审美经验的共同性不是
由认识能力的普遍性和必然性保证的，而是存在于对艺术作品的
鉴赏和批评的反思性活动中。

康德的"审美判断力批判"巧妙地避开了美学理论中两个常
见的陷阱：要么认为审美反应仅仅是一个个人品味的问题，这种
感觉无论如何不能被解释为建立在所有主体共有的基础之上；要
么认为哲学家应该制定一套客观的规则和标准，证明符合这些客
观标准的艺术作品就是美的。[②] 康德指出，我们从审美经验中获
得的愉悦与我们从感官刺激中获得的快乐（Angenehme）截然不
同。 对艺术作品的鉴赏不同于对美味的食物或美丽的色彩的爱
好，因为我对食物或色彩的爱好取决于事物的实存（Existenz），

[①] "艺术家就是把感官的塑造作为他存在的目的和中心的人。"参见 Friedrich Schlegel, SKA, Band II, S.258, Nr.20。
[②] Immanuel Kant, KGS5: KdU §5-8.

取决于我的感官与事物的实际接触，而艺术作品仅仅通过事物的表象带来审美的愉悦。 这种审美的愉悦是一种康德所谓的"无兴趣的"（uninteressirt）快乐，这种快乐不取决于对象实际存在与我的感官发生的关系，而是取决于对象刺激我的认知能力的方式。 既然这种审美的愉悦取决于我的认知能力，而不是我个人感官的主观感受，我就可以预期所有其他人也会对这个事物产生同样的愉悦的感觉。 因为作为感性的存在，我们每个人都是独特的，通过各自不同的感官来感受这个世界，但作为理性的存在，康德认为我们的认知条件依赖于理性的先天的认识能力，而不是受个人主观的和生物学意义上的感官的制约。 但这并不意味着审美经验可以被简化为某一事物与某些客观的规则或标准的符合。 这是不可能的，因为审美经验不是认知经验，在非认知性的审美活动中，不可能有任何先天原理。 我们没有像我们在知识主张中必须做的那样，将特殊的经验对象归摄到普遍的先天规则之下，而是允许特定对象的形式特征刺激我们的想象力，通过想象力与知性的"自由游戏"来赋予这些特殊的对象以某种并不依赖已经被给予的普遍规则但却仍然普遍可传达的、客观有效的形式。

在康德那里，正是想象力与知性的这种相互作用，可以作为审美判断的普遍性和必然性的基础。 因此，在康德看来，共通感的概念并不能真的从字面上理解为一种经验性的感觉，而是植根于理性的各种认识能力的相互作用，这些认识能力通过其先验结构使所有普遍和必然的知识主张（包括鉴赏判断）成为可能。 尽管康德认为审美经验是一种共通的东西，但他并不认为所有的人都具有同等程度的鉴赏能力，他甚至认为鉴赏判断是一种不可教授的技能。 就比如一个科学家知道与给定的经验事实相关的所有定律，但却缺乏反思性判断力来以某种方式联结各种经验，从而判断它们的意义。 鉴赏判断不能被教授的原因源于这样一个事实，即反思性判断并不基于任何可以被教授并使之通用的先天规则。

与康德不同，施莱格尔认为审美经验所体现的共通感的基础并不在于认识能力的普遍性，而在于感觉能力在与艺术作品的互动中所经历的改变，他用"感官"的塑造或教化取代了认识能力的自由游戏。他同意康德的观点，即审美经验并不是我们无法达成任何主体间一致的个人偏好。事实上，正是康德建立在审美判断基础上的共通感的概念，使得施莱格尔能够宣称，在政治活动和政治实践中，我们对一般事物的经验将涉及一种具有普遍有效性的审美行为。但是，施莱格尔关于共通感的理解与康德存在着几个关键性的差异：对施莱格尔来说，共通感并不是一种理所当然的、现成的或者偶然出现的现象，而是应该被视为一种可以并且必须通过教化来塑造的情感。康德对鉴赏判断力的批判，只讨论审美判断得以可能的先天的形式条件，但并不关心审美判断如何现实地是可能的，这也是其批判哲学存在的普遍问题。所以，施莱格尔才会说，"康德在根本上是最高度的非批判的。"［K.（ant）im Grunde höchst unkritsch.］①其次，施莱格尔认为审美经验的共有性实际上是感官的一种共同的、主体间的使用，而康德认为它只是一种由认识能力派生的、可以类比于"感觉"或"情感"的认识状态，因为审美经验的共通性实际上是在先验的认知主体的层面上得到保证的。施莱格尔在《关于诗的谈话》中表达了个体性、主体间性和审美经验与感官的塑造之间的复杂的辩证关系："理性只有一个，在一切中都是一样的：正如每个人都有自己的天性和自己的爱好，每个人心中也都有他自己的诗。只要他就是他自己，只要他的心中有某种本真的、为自己所独有的东西，他的诗必定只为他所拥有，也应该只为他所拥有。这是

---

① Friedrich Schlegel, SKA, Band XVIII, S.21, Nr.35.

确定无疑的。 任何批判都不能，也不可能夺走一个人最独特的本质和最内在的力量，来把他过滤、净化成一个没有精神、没有感受的一般形象，就像那些不知道自己想要什么的傻瓜所做的那样。 但是，真正的批判这门优越的科学应该教一个人必须怎样在自身中塑造自己（sich selbst bilden），而首先要教给他的则是从诗所具有的古典的力量和充盈来把握诗中各不相同的形态，以便使他人思想的花朵和果实变成自己的想象力的养料和种子。"①

我们在这里发现，施莱格尔并没有把使用认知能力的普遍性作为审美经验的基础，而是从每个个体努力展现"精神"和"感受"的潜力出发。 尽管"感受"（Sinn）固然是个体的和私人的，但它可以被教育和塑造，从而不仅获得一种与他人相一致的普遍有效性，而且使个人的自我意识得到扩展和提升。 他在《雅典娜神殿断片集》的一个断片中写道："看得到自身的感受（Sinn），就是精神（Geist）；精神是内在的社会性的（Geselligkeit），灵魂是隐藏着的亲切可爱。 但是，内在的美和完满的真正的生命力是心情（Gemüt）。 人们可以没有灵魂而有一些精神，或是有少许心情而有许多灵魂。 具有伦理上的伟大的直觉，即我们称为心情的，只要学习说话，就有了精神。 只要它一激动，一开始爱，它就是完整的灵魂。 什么时候它成熟了，就有了对万物的感受。精神好似思想的音乐；哪里有了灵魂，情感（Gefühl）也就有了轮廓和形体、高贵的关系和诱人的色彩。 心情是崇高理性的诗，依靠与哲学和伦理经验的结合，从心情中产生出一种无名的艺术，它抓住了一闪而过的混乱的生活，并把生活造就成永恒的统一体。"②在这个意义上，感受寻求理解和实现自身的潜在意义，它

① Friedrich Schlegel, SKA, Band II, S.285.
② Friedrich Schlegel, SKA, Band II, S.225-226, Nr.339.

努力成为自我意识。 但是，感受变得具有自我意识，并不仅仅是通过自我沉思，或通过思维这样一种异质的能力的作用，而是通过参与到代表精神的各种形态的现实的艺术作品中去。 在施莱格尔看来，审美经验是一种存在于感觉中的反思行为，它是一种看到它所看到的东西的视觉，一种听到它所听到的东西的听觉，它不仅仅是对衰减的感觉的保存，而是对感觉经验更加的强化的反思性的想象。 因此，感觉经验的个体性和审美经验的普遍性之间的区别并不像康德所说的那么大，二者之间的区别其实是缺乏自我意识的有限个体性与通过艺术作品的教化和塑造学会了自由使用想象力或者作为精神的具有自我意识的感觉的完满个体性之间的区别。 在谈到从感觉到"精神"的教化过程时，施莱格尔想到的不是从一种较低级的能力到另一种异质性的较高级的能力的过渡，而是一种自我组织的理性的渐进式的合目的的发展。 在刚刚引用的那个断片中，施莱格尔将"精神"比作"思想的音乐"，并称之为"内在的社会性"。 这种源于感官教育的"内在社会性"的概念指向一种共通感，一种存在于感觉中的反思性的自我意识，这种感受恰恰是开放的和包容的，而不是私人性的和封闭的，它能够被分享并与他人的感受达成一致。

施莱格尔认为，对艺术作品的鉴赏和批评能够释放出一种主体间性的力量，使一个人不仅意识到自己是一个有思想、有意志的人，而且能够在审美经验所形成的那种超越了主观的、个别的感受的共通感中，将他人作为跟自己一样的另一个活生生的自我融入到他的自我意识当中，这在通向具有包容性的自我意识的感官教育过程中将发挥关键性的作用。 施莱格尔在《理念断片集》的一个断片中写道："在这里，我们是一致的，因为我们的感受（Sinn）相同；而在那里却又不一致了，因为或是我或是你缺乏感受。 谁是正确的，并且我们如何能取得一致呢？ 只有通过教

344 化（Bildung），因为它把一个特殊的感受扩展成普遍的无限的感受。"①这一断片隐含了对康德的批判，因为康德认为审美判断是一种基于认知能力的一致性的共通感，而且这种非知识性的、没有现成章法可循的审美判断是不可教授、无法学习的。但在施莱格尔看来，共通感的塑造和教化对于理解审美判断的现实性来说是不可或缺的，我们需要做的不仅是在理性的认识能力的先天形式中找到审美判断的根据，而且还需要澄清我们的感官如何能够现实地具有这种判断的普遍性。施莱格尔不是将共通感与关于美的一般的抽象的认识规则联系起来，而是与感官在艺术鉴赏和批评中的逐步使用联系起来，通过这种使用，感觉变得有自我意识，并且能够与他人的感受联系起来。

施莱格尔把"教化"这个术语变成了他的唯美主义认识论的一个中心方面。在施莱格尔看来，艺术作品的一部分作用是教别人以更加主动和更加具有自我意识的方式使用他们的感官，就像康德已经表明的那样，审美活动并不是感官对外部刺激的一种无意识的、单纯的被动性接受，相反，感官自身包含着一种自我意识自发赋予的普遍形式。拙劣的艺术作品强化了一些程式化的陈词滥调，让观众无法将他们的想象力发展成活跃的、赋予形式的、引发交流的力量，而完美的艺术作品则让他们有机会在与它的积极关系中发展他们的感觉和想象力。因此，批判的任务不仅是阐明那些塑造感官的先天形式，而且还需要积极地批评那些强化无意识地使用感官的艺术作品，揭露那些陈词滥调的非艺术性和非创造性。正如哲学试图消除我们未经思考的偏见一样，施莱格尔认为艺术应该通过培养想象力作为一种赋予形式的能力，既培养其创造性又培养其破坏性，从而将头脑从未经思考的偏见和认知习惯中解放出来，推动人性的实现和人类全部自然禀赋的和

---

① Friedrich Schlegel, SKA, Band II, S.263, Nr.80.

谐统一，这项工作就不是科学和哲学的专利，而更应该成为艺术　*345*
创作和艺术鉴赏的基本使命。①

　　施莱格尔表明，审美经验的共通性的基础是艺术作品对感官
的塑造和教化能力，即感官在作品中或通过作品反思和提升自身
的能力。 这意味着批评家的任务并不在于区分好的作品和坏的
作品，也不在于为大众充当艺术作品的鉴定者和仲裁者；相反，
作为一名批评家，施莱格尔试图参与到对艺术作品的直接体验
中，从而允许其他人也这样做。 正如瓦尔特・本雅明（Walter
Benjamin）在谈及施莱格尔的批评观念时指出的那样，施莱格尔
允许作品进行自我批判，参与到自身的反思行动中去，而不是根
据作品之外的批判标准来对作品进行评价。② 对艺术作品的鉴赏
本身包含着反思性的自我意识，审美经验只是将这种反思引出
来，并促进自我意识的发展和提升。

　　施莱格尔将艺术和审美经验视为一个感官教育的领域，视为
一种促进反思的媒介，在其中我们的感官得到了发展和塑造，从
一种单纯的动物性感觉逐渐发展成对事物的实存无兴趣的愉悦这
样一种非利己的情感，使我们的情感获得一种不以理性形式表现
出来的但却合乎理性的普遍有效性。 不仅如此，这种审美愉悦的
出现无法通过关于事物的外在的因果关系的科学认知来解释，因
此它所体现的合法则性似乎指向了事物自身的一种内在的因果性
（用康德的话来说就是一种"无目的的合目的性"），这样一来，
事物自身的整体性的质的规定就有可能通过审美经验，而不是通
过理性的科学的量化分析得以展现。 就像施莱格尔指出的那样：

---

① "当艺术家把过去与将来结合在当代里时，人类便靠着艺术家变成了一个个体。 艺术家是较高级
的灵魂器官，整个外在人性的生命精神汇集在这里，而内在人性正是由此产生作用的。"参见
Friedrich Schlegel, SKA, Band II, S.262, Nr.64。

② Cf. Walter Benjamin, *Walter Benjamin: Selected Writings*, Volume 1: 1913 - 1926, ed.
Marcus Bullock and Michael W. Jennings, Cambridge, MA: Belknap Press, 1996, pp.
177 - 178.

346　　"感官把某事物的萌芽吸收到自身当中，哺育它，让它成长起来直
到开花、结果。 只有这样，感官才能理解它。 这就是说，你们
要把神圣的种子播撒在精神的土地上，而不要去做人工的修剪，
也不要去做多余的修补。"①

　　因此，对施莱格尔来说，艺术鉴赏和艺术创作为我们从现实
的、感性的、具体的政治生活来理解政治实践和政治秩序的基础
提供了一个重要的参照。 在早期浪漫主义者看来，通过理性的分
析将人性还原为理性利己的动物性，将国家还原为利己的原子化
个人之间理性协商的产物，这种理性主义的政治观念并不能就现
实的政治生活的复杂性和多样性来思考良好的政治秩序的基础和
可实现的条件。 施莱格尔认为，跟审美经验类似，良好的政治秩
序得以可能的基础和政治实践的目的不是将理性的法则外在地强
加于情感之上或者对情感进行外在的约束，而应当是对人的天然
的情感进行塑造和教化，使人性潜在的社会性和政治性倾向得以
在教化的过程中逐渐实现出来。 所以施莱格尔说："艺术家不应
该有统治欲或被统治欲。 他所能做的，只是教化（bilden）而不
是别的。 为了国家应该做的，也只是对统治者和被统治者进行教
化，将政治家和经济家提升为艺术家。"②犹如审美愉悦作为一种
共通感是以感性的形式体现出来的普遍的有效性与合法则性，那
种将自身与他人在普遍的意志中统一起来的休戚与共的政治情感
也不是以生硬的、抽象的理性形式体现出来的；使一个政治共同
体真正凝聚起来的不可能是抽象的法律和外在的强制，而只能是
经过教化的、在自身中包含他者的真正成熟的人性。 也就是施莱
格尔所说的，"只有通过教化，人才能获得整全的人性，处处体现
人性并且为人性所渗透"③。 "只有通过爱（Liebe），通过爱的意

① Friedrich Schlegel, SKA, Band II, S.257, Nr.5.
② Friedrich Schlegel, SKA, Band II, S.261, Nr.54.
③ Friedrich Schlegel, SKA, Band II, S.262, Nr.65.

识，人才成其为人。"①

就此而言，施莱格尔的唯美主义的政治观念与启蒙运动的政治哲学的理想和目标并不矛盾，他仍然强调政治和教化的目的是要达到每个人的人性的实现，而个人的自由和理性的自主思考与批判当然是成熟的人性的体现，而不应该成为人性的对立面。但是，他不认为这样一个目标能够通过启蒙思想家的理性利己主义和社会契约理论所建构的国家观念来实现。施莱格尔的唯美主义强调理性的发展超出了单纯的理性形式，理性的成熟过程必然是与感官或情感的塑造和提升同步进行的，艺术作品和政治生活的多样性和复杂性，以及无穷无尽的经验完全超出了纯粹理性的旁观者的规定性判断的能力范围，因此，他的政治哲学不太关注关于政府的合法形式的理性论证，而更多地关注公民的政治情感的塑造与教化和共同体意识的发展。

第二节　施莱格尔的共和主义观念

施莱格尔最明确的政治哲学著作是他的《论共和主义的概念》(*Versuch über den Begriff des Republikanismus*，1796)，这篇文章是针对康德的《论永久和平》(*Zum Ewigen Frieden*，1795) 所发表的长篇评论。康德试图在他的论文中提供一种符合他的法权原则的具体的和平政治的构想，对于这一构想所包含的内在精神，施莱格尔在其评论的开篇给予了高度的赞扬，他写道："在康德《论永久和平》这部作品中所展现出来的精神必然有助于每一个热爱正义的朋友，甚至于我们的后代亦会在这一丰碑中去欣赏和瞻仰这位庄严圣人心灵中的伟大构想。他大胆且庄严的论说没有一丝矫揉造作，而且还带有讥讽和机警的智慧，这

---

① Friedrich Schlegel, SKA, Band II, S.264, Nr.83.

为作品平添了不少趣味。 这部作品包含有大量丰富的有关政治、道德和人类的历史的成熟观念和新颖的洞见。 在我看来，康德有关共和主义之性质及其与其他国家类型和国家状态之关系的观点是非常有意思的。 对于这部作品的考察促使我彻底重新思考这一主题。"①尽管施莱格尔对康德《论永久和平》的"精神"做出了热情洋溢的赞美，但在他看来，康德文章的"字面"却完全是另一回事。 施莱格尔正是从康德的"字面"或具体论点展开了他的批判。 他在文章中主要关注的是共和主义的概念，这是后法国大革命时代最重要和最具争议性的政治术语之一。 在与康德的直接对话中，施莱格尔用他的哲学美学重新定义了康德和卢梭等哲学家的政治理想，并发明了一种独特的浪漫主义的政治批评方法。

在《关于一种世界公民的观点的普遍历史的理念》(1784)中，康德曾经表明："建立一种完善的公民宪政问题，取决于一种合法的外部国际关系的问题，而且没有这种关系就不能得到解决。"②因此，共和主义的国家理论必须与一种致力于永久和平的合法的国际关系理论同步发展。 德国学者凯尔斯汀（Wolfgang Kersting）指出，康德政治哲学的重要贡献之一就在于，他证明了实现对自然状态的克服，不仅是个人或国家内部的问题，而且是一个涉及每个国家和国家间关系的问题。③自然状态是一种独立于外部法律的状态——一种无法无天或者没有任何法律约束的自由任性的状态。 这与法律和理性自由所规定的法权状态是相对立的。 只有在共和国里，一个国家才能克服它的自然状态；只有当世界上所有国家都克服了这一自然状态，基于理性法则的国

---

① Friedrich Schlegel, *SKA*, Band VII, S.11.

② Immanuel Kant, *KGS*8: 24.

③ Cf. Wolfgang Kersting, "Politics, freedom, and order: Kant's political philosophy", *The Cambridge Companion to Kant*, ed. Paul Guyer, Cambridge: Cambridge University Press, 1992, pp.342-366.

际秩序得以建立，国际和国内的和平与法权状态才能够实现。^①
在所有国家都成为法权国家之前，战争的威胁将一直存在，而这
一威胁可能导致持久的军备竞赛。在《论永久和平》中康德设想
并概述了一个基于权利平衡的和平计划。只有所有国家都按照
法权原则组织起来时，这才有可能。根据康德的想法，纯粹的实
践理性要求我们为永久和平而努力，永久的和平取决于共和国的
理想能否实现，而共和国的建立又有赖于一个合法的国际秩序的
建立。

　　按照康德的划分，一个国家（civitas）的形式是根据其统治
的形式（forma imperii），即执掌国家最高权力的人格的区别，或
者根据政府的形式（forma regiminis），即根据国家对人民开展治
理的方式来进行划分的。统治有三种形式：专制政体、贵族政体
和民主政体，即要么是君主一个人，要么是贵族这一群人，要么
是公民社会的所有人即全体人民拥有统治的权力。而政府只有
两种形式：共和制和独裁制。这些都是基于一个国家使用其权力
的方式；这反过来又以宪法为基础，宪法是普遍意志的行动，正
是通过普遍意志的行动，即立宪，使杂多的群众（Menge）变成
了统一的人民（Volk）。^②康德特别强调了民主政体是一种糟糕
的独裁制，因为在康德看来，只有行政权与立法权的分离，才有
资格将一种政府形式纳入共和制的范畴。人民不能既是立法者
又同时是执行者，普遍意志必须由普遍意志以外的意志来管理或
执行，即由代表人民的普遍意志的统治者来管理或执行。康德指
出，从逻辑上讲，同一个人不可能既是立法者，又是其意志的执
行者。他写道："凡不是代议制的一切政府形式，严格说来都是
无形式的，因为在同一个人的身上立法者不可能同时又是自己的

---

① Cf. Immanuel Kant, KGS5: 432-433.
② Cf. Immanuel Kant, KGS8: 352.

意志的执行者，就像在一个推论中，大前提的普遍者不能同时是小前提中把特殊者置于普遍者之下的归摄一样）。"①

康德的分类所依据的政府结构是建立在一种权力观念之上的，在这种观念中，权力来自自上而下的等级制度：在这种制度中，人民的意志被统治者的法律所包含。康德的政府结构思想导向的是一个权力结构垂直的国家。他认为，事实上，最好的共和政体是一个人统治多数人的政体。当一个统治者代表人民的意志时，我们就维持秩序，正如我们在逻辑推论中所做的那样。只有当我们从体现在统治者身上的普遍形式向下移动到"一些"或者"每一个"时，也就是下移到人民，我们才能维护共和国的基本特征，即由宪法保障的法治以及基于被统治者同意的立法和行政权力的分离。人民的意志不仅必须得到"代表"，而且必须得到合理和公正的执行。与之相反，民主是一种无政府状态，"每一个人"反对"每一个人"，其中不存在权力划分的可能。民主政体是独裁制的，在一个民主国家，每个人都希望成为主人，"因为它奠定了一种行政权力，其中所有的人可以支持一个人并且甚至是反对一个人（所以这个人是并不同意的）而做出决定，因而也就是由已不成为所有人的所有人做出决定。这是普遍意志与其自身以及与自由的矛盾。"②换言之，民主政体代表一种横向的权力结构，即人民对人民的权力，而不是君主或一群贵族对人民的权力。因此，对康德来说，政府的合法性的关键在于划分立法权和行政权，将强制执行人民意志的权力与人民的实际意志分开。一旦这样一个与立法权相分离的政府建立起了，政府就将代表人民的意志来对国家进行治理。

康德证明共和制政府是唯一一种能够将三个必要的政治价值

---

① Immanuel Kant, *KGS8*: 352.
② Immanuel Kant, *KGS8*: 352.

最大化的政府：社会成员的自由，所有人对共同制定的法律的依赖，以及公民在法律面前的平等。康德认为，共和制政府通过代表人民普遍意志的立法程序和立法权与行政权之间的权力划分保证了公民的自由、独立和平等。在这方面，他对共和主义的定义与他之前的卢梭相似，特别是在他强调立法权和行政权之间的权力划分的必要性方面。对康德和卢梭来说，政府分权的必要性是基于他们所看到的人性中固有的缺陷。卢梭在《社会契约论》第三卷中提出了一个著名的论点，即"公意"只有在整个国家与每个公民自身相关时才能激励和凝聚政治主体，就像在公共审议和选举的行为中体现出来的那样。但是，只有在制定法律的过程中，而不是在将法律应用于具体案件的过程中，才会有公意，因此执法权必须让给一组专门负责这项任务的机构。"法律既然只不过是公意的宣告，所以十分显然，在立法权力上人民是不能被代表的；但是在行政权力上，则人民是可以并且应该被代表的，因为行政权力不外是把力量运用在法律上而已。"[1]康德似乎借用了卢梭的这一论点，因为他认为，将法律的执行与法律的制定分开，将有助于在某种程度上代表公意，即公民在法律面前的平等，以及他们对法律的普遍依赖。然而，很明显，这种共和主义的定义不仅基于政治平等的崇高伦理，而且基于对人性的一些根本缺陷的解释，根据这种解释，人类只能在抽象的解放行动中努力实现普遍的善，但在自己的行动中仍然是片面和充满偏见的，用康德的话来说，"从造就出人的如此弯曲的木头中，不可能加工出任何完全笔直的东西"[2]。换言之，在我们思考公共利益的能力和我们自己的"特殊意志"之间存在着固有的分歧，这将我们扯向了两个相反的方向，而化解这一矛盾的方式就是对立法的权

---

① 参见 [法] 卢梭《社会契约论》，何兆武译，商务印书馆 2009 年版，第 119—122 页。

② Immanuel Kant, KGS8: 23.

力和行政的权力进行划分，从而保证基于普遍意志的立法能够得到公正地执行。

　　施莱格尔在他的《论共和主义的概念》中，对康德关于共和主义概念的定义和演绎进行了深刻的批判，尤其是对构成共和主义的价值基础的平等和自由观念进行了更严格的界定，并且削弱了那种使得分权成为必要的人性主张。施莱格尔认为，康德的自由和平等观念仅仅具有消极的或者否定的规定，而每一个否定的规定都来自一个肯定的立场。① 他写道："这两个属性都不是积极属性，而是消极属性。因为每一个否定都会预设一个肯定的立场，每一个条件都会预设一个受该条件制约的事物，因此在这个定义中必然是缺少了某个属性（并且事实上是缺少了为其他两个属性提供基础的那个最重要的属性）。"②在施莱格尔看来，不受约束的自由并不是一种真正的价值，除非这种自由能够去做某些有价值的事情；同样，抽象的平等本身也不是一种价值，除非我们确定在涉及何种价值时公民是平等的。施莱格尔并不否认自由和平等这两种消极的价值观念在共和国中的重要性，但他认为这两种价值必须植根于某种肯定的价值，而这种肯定的实质性的价值康德并没有给出。康德所做的工作只是否定或者说抹去了独裁制政府的特征，而不是为共和制的价值观提供一个实际的基础。

　　除此之外，施莱格尔对康德共和主义观念的批判还体现在另一个方面。康德试图将共和主义描述为一种宪政形式，一种制定和实施法律的一般程序，而施莱格尔认为，这种理想必须更多地以国家的形式，以其法律相对于公民的需要和能力的实际健全性来寻求。也就是说，在施莱格尔看来，共和制不仅是政府的一种

---

① "康德把否定的概念引进了哲学。现在把肯定的概念引进哲学，未必不是一个有益的尝试。"参见 Friedrich Schlegel，SKA，Band II，S.166，Nr.3。

② Friedrich Schlegel，SKA，Band VII，S.11.

形式,也是政治生活的一种形式。 他指出,古希腊的共和国往往缺乏完整的宪法,但其实际的公众参与程度却比现代国家要高得多。

自由和平等的价值在康德的论证中仍然没有得到充分的定义,而施莱格尔认为,这些必须根据一个实践的"理念",即一个只能通过一个无限的进程来实现的理性公设加以定义。 因为这些价值只能通过一个无穷的渐进过程来认识,所以它们可以用最小值(渐进开始的条件)、中间值(渐进的实际过程)和最大值(作为渐进之终点的一个无法达到的理想目标)来表示。[①] 施莱格尔认为,我们可以根据一个共和社会的进步趋势来对自由和平等的价值进行分析,通过这一分析他想要表明,构成康德的共和主义概念的基础的自由和平等价值只是这两种价值的最小值,即"做自己想做的事,只要不损害他人的权利"意义上的自由和"法律面前人人平等"意义上的平等。 除此之外,我们必须意识到并且更多地强调这两种价值的中间值和最大值。 因为评估一种社会政治形式时,我们不仅要看什么是固定的(制定宪法的权利和程序),还要看其政治生活中体现的向更加肯定性的价值进步的潜力。 最低限度的自由是隐含在《权利法案》等基础性文件中的自由,这将保证我可以自由地做我想做的事情,只要我不限制其他主体的自由。 这是一种与道德自律不同的政治自由的概念,康德将其作为其法权学说的基础。 但对施莱格尔来说,这种最小值的自由只能给我们带来一种真正的、肯定的、积极的自由的表象,但只有这种肯定的自由才会使共和政体在道德上成为必要。 自由的最小值必须被超越,因为公民们努力创造法律,不仅允许他们尽可能地做他们想做的事情,而且代表着一种共同的善的观念。 同样,平等的最小值只涉及法律上的平等,而其他形式

---

① Cf. Friedrich Schlegel, SKA, Band VII, S.12‐13.

354 的不平等，如教育、财富、政治参与和社会权力的不平等，将在法律之外大量存在，就像在奉行自由市场的现代民主国家中出现的情况那样。这样的最低标准只会带来一个平等的公共生活的轮廓，它必须通过寻求使用法律、教化和其他各种手段来消除这些事实上的不平等，使得单纯的法律上的平等得以被超越，并向着更高的实质性的平等不断完善。在一个完美的共和国里，不一定在人类生活的每个方面都有完美的平等，但至少在涉及公民参与公共生活的权利和义务的所有方面，这种实质性的平等应该是存在的。这清楚地表明，自由和平等虽然是对共和主义的概念至关重要的理想，但是，除非将它们与作为共和社会的最高理想的共同的善联系起来，否则它们将是无法充分定义的纯然消极的概念。政治自由仅仅是道德自由的手段，政治平等仅仅是对共和国价值观的认同。这使施莱格尔产生了一种看似矛盾却非常深刻的想法，即一个仅仅满足于"最小值"的自由和平等的自由民主社会实际上比一个为了努力实现更高程度的实际自主和社会平等而暂时放弃最低限度的法律保护的独裁制社会更不共和，这种对最低限度的自由和平等的暂时放弃被施莱格尔称为"临时独裁"（transitorische Diktatur）。①

　　施莱格尔同意共和政府的基本定义，即根据普遍意志治理的国家。但是他认为，这种状态是一个理念，一个完美的标准，但不能在任何的地方被经验到。如果我们观察周围的社会，分析人们行动的动机，我们总是会发现真正起作用的是每个人自身私人的利益或偏好。② 因此，我们不能把关于政治的批判理解为对政治秩序得以可能的一套先天规则的确认，以为直接根据这些理性规则就可以创造出普遍意志。在施莱格尔看来——像康德那样

---

① Friedrich Schlegel, SKA, Band VII, S.14.
② Friedrich Schlegel, SKA, Band VII, S.11 - 12.

（但不是在康德的意义上）——根据普遍意志来治理的共和国是一个起着调节性作用，而不是建构性作用的理性理念。不过，施莱格尔将共和主义的概念理解为调节性的理念，并不是因为像康德那样由于理性批判导致了实然与应然、现象界与本体界之间无法逾越的鸿沟，只能将其作为一个不可能具有现实性的理性公设、一个纯然的"应当"来看待，而是因为——恰恰与康德相反——施莱格尔的用法恰恰是想要表明，一个真正自由和平等的、按照普遍意志治理的共和国不是按照理性的演绎和论证所得到的原则就能够建立起来的，因为这个理念的实现完成超出了理性主体的推理和计算能力，超出了人的一切能力，所以我们只够无限地接近或者说通过不同的方式来展现这个理想，但在我们接近和表现这个理想的过程中，它始终以某种虽然可能是不完美的形式现实地存在着。因此，施莱格尔反对任何一种关于什么样的政治形式是共和政体的先验论证。更确切地说，一个社会的政治生活必须根据其整个政治文化所体现出的与共和主义理念的关系的程度来看待。[1]

卢梭和康德提出的权力划分的方案依据的是一个在施莱格尔看来完全错误的哲学前提：他们假定在积极参与立法的公意和个人行动中固有的私意之间存在着不可逾越的鸿沟。施莱格尔认为，我们必须重新思考他们理论中的这一基本前提。个人意志和普遍意志之间缺乏一致性，这不是一个既定的、绝对的事实，而是一种相对的历史状态，相反的情况至少是可以设想的。[2] 施莱格尔批评康德将强制包括在他的理想的国家概念中，他认为，强制与服从、统治和被统治的外在关系不是政治生活中不可避免的条件，不是因为人性的弱点而必须承认的基本事实，而是只有在

---

[1] Friedrich Schlegel, SKA, Band VII, S.18.
[2] Friedrich Schlegel, SKA, Band VII, S.13.

特定条件下作为达到目的的手段才是合理的。 在施莱格尔看来，强制是否必要取决于人类是否违反法律这一经验性问题，而这一并非必然存在的经验性问题不应该对理想的国家概念本身产生影响。 一个真正纯粹的国家概念不应该依赖于人们会违反法律的断言，因为人们会违反法律并不具有一种概念上的必然性。 强制和服从被引入国家概念只是基于人们可能会违反法律的这样一种经验性假设。 因此，施莱格尔认为，就以普遍意志的现实性为基础的国家的概念本身来说，国家应该是一个不分等级、完全平等、友爱的共和国。 当然，施莱格尔并没有天真到想象会有一个没有任何行政权力的政治国家；但他认为，作为一种调节性的理念，设想一个不需要政府、不需要外在强制的国家可能是必要的，因为设想个人的私人意志和国家的普遍意志之间存在着完美的协调，将为我们理解共和主义的概念及其基础提供一条全新的思路。

康德认为政府具有一种合乎理性的、结构上的必要性，而施莱格尔认为政府更多的是一种临时的构造，因为尽管在人民的普遍意志和具体个人的实际意志之间总会有差距，但这差异并不像康德所认为的那样是根本性的；如果说个人意志与普遍意志之间存在着完全一致的可能，两者并不是完全异质性的，那么，的确就像施莱格尔设想的那样，代议制政府的出现就没有理性的必然性，它只有在寻求使普遍意志和人民的实际意志相一致的过程中才是合法的。 如果说在卢梭和康德那里，政府的职能是将公意强加于那些产生公意的人，那么在施莱格尔那里，这种强制执行的职能是从属于更大的教育目标的。 好的政治治理不是将普遍意志外在地强加于个人意志，而是通过教化、通过情感和理智的不断成熟使普遍意志从个人意志中生长出来，这就引出了一个关于人性的教化在政治中的特殊作用的问题。 一个国家在促进平等和自由等政治价值上的成功与否，必须从它如何教育人们这些价值，如何在没有法律或制度的帮助下培养人们意识到并且实践这些价值来辨别。

很明显，施莱格尔比康德更想把他的政治哲学和共和主义的论点建立在一个基本的道德要求上。他认为所有的实践科学都基于定言命令的概念，这是道德知识的绝对基础。但是，施莱格尔的实践命令采取了以下形式，他写道："依据关于人类权力之限度和类型的理论性论据，人类除了拥有作为一个纯粹与世隔绝的个人所拥有的能力之外，还拥有与其他同类相交往的能力。单个的人事实上或至少可能处于与他人的相互的自然影响的关系之中。由此，纯粹实践命令获得了一种新的具体的修正形式，这种修正形式是一门新的科学的基础和对象。'我应当是'（das Ich soll sein）这个命题在这个具体情形中意味着'人类共同体应当是'（Gemeinschaft der Menschheit soll sein），或者'我应当是可交流的'（das Ich soll mitgeteilt werden）。这个被推演出来的实践性命题正是政治学的基础和研究对象。"①

施莱格尔在这里尽管借用了费希特的表述，"自我等于自我"这一原则必须是所有科学的基础，但它需要根据人类的不同能力和处境进行修改——每一种不同的能力和处境都涉及对这一命令的重新阐释和重新表述。因此，施莱格尔的"实践命令"与他关于审美经验的讨论有着紧密的联系，在他看来，人类最高的义务，也是所有其他义务的基础，是通过与他人交流的行为来培养自己的感性存在，换句话说，就是通过审美经验来塑造自己的感官，在自己的感官教育中逐渐获得自我意识。施莱格尔在他早期的一本笔记中把这一最高义务表述为："人活着不是为了过得幸福，也不是为了履行自己的义务，而是为了自身的教化

---

① Friedrich Schlegel, SKA, Band VII, S.15.

358　（um sich zu bilden）。"①这种必要性是作为实践科学而不仅仅是作为工具科学的所有政治学的基础；所以，施莱格尔说："我所理解的政治学并不是运用自然机械律以规范人类的技艺，而是（像古希腊的哲学家那样）把政治学理解为一门康德意义上的实践科学；这门科学的对象是实践的个人或族类相互之间的关系。"②

施莱格尔的政治哲学关注的是如何通过教化使普遍意志在每一个作为个体的公民身上现实地发挥作用，而不是对作为共和政府得以可能的先天条件的普遍意志进行理性演绎。他承认，这样一个教化过程必须从"私人意志"这个基本事实出发。③ 我们只有通过教化才能朝着共和的理想前进，在这种教化过程中，个人越来越有能力将个人利益与公共利益、个人意志与普遍意志合而为一。 在施莱格尔的美学理论中，涉及一个与政治意识的形成类似的教化过程：审美经验始于并始终保持为感觉或情感这样一种直接的、非概念的直观能力，但这种能力的内部却潜在地包含着更大的、更加普遍的意识能力，因此，通过审美经验的感官教育能够使一个人对他人的感受有更大的认同和共情。 同样，政治始于社会成员的个人意志，或者说与个人的感官紧密相关的情感和欲求，但这种情感和欲求并不像霍布斯所理解的那样完全是主观的、动物性的，相反，现实的情感和欲求本身就具有一种社会性的倾向，这种私人的意志和情感是必须被表达和交流的不可还原的感性的现实，但它具有与"普遍意志"统一起来的内在的潜能。

普遍意志和个人意志并不像两个外在地相互作用的事物那样只具有外在的因果联系，也不像一种无机的整体和部分之间的关

---

① Friedrich Schlegel, SKA, Band XVIII, S.87, Nr.697.
② Friedrich Schlegel, SKA, Band VII, S.15.
③ Friedrich Schlegel, SKA, Band VII, S.15.

系，就好像把个人意志简单相加或者简单累积就可以达到普遍意志一样。更确切地说，普遍意志代表了每个作为潜能的个人意志所指向的那种完满的现实性，是作为人的人性的真正实现，这种完满的现实性不能通过单纯的理性反思与它的感性的、现实的存在割裂开来，并且作为一个理性的先天的理想置于感性的现实存在的彼岸，而只能在它的现实的感性形态中被不断地暗示、塑造和无限地接近。当然，这势必会使施莱格尔在调和形而上学的理想与政治现实的时候遇到一个尖锐的形而上学的问题，他写道："但是，共和主义如何是可能的？普遍意志是它的必要条件；但是这种绝对的普遍意志（并且因此是绝对的持存的意志）并不会发生在经验领域中，而只存在于纯粹思想世界中。因此，在个别与普遍之间就产生了一条不可逾越的鸿沟，对此，人们只能通过一个致命的空翻（ein Salto mortale）才能跨越这个鸿沟。"[1]

在这段话中，施莱格尔援引了雅可比在批评理性主义哲学时提出的"致命的空翻"的观念，它要求人类意识进行一个根本性的转折，即重新转向事物本身的真实存在的绝对性和无条件性。这个观念也体现了施莱格尔在共和主义问题上的真正独特之处：他认为，共和主义只能通过坚持在感性领域的审美实践，将合乎理性的理想转化为实际的、肯定的、动人的直观。"在此，不存在任何其他解决方法，除非通过虚构（Fiktion）的方式将一种经验性意志设想为是先天的绝对普遍意志的代理人。因为对这个问题的绝对解决是不可能的，我们必须满足于接近这个实践性的 X。"[2]

在这一关键段落中，施莱格尔提出了"虚构"作为一种积极的、美学建构的概念，以解决政治合法性根源中的关键形而上学

---

[1] Friedrich Schlegel, SKA, Band Ⅶ, S.16.
[2] Friedrich Schlegel, SKA, Band Ⅶ, S.16.

360　难题。 严格地说，所有自认为是体现了普遍意志的政府形式都是建立在一个虚构的基础上的：一个虚构的选举中的多数确实是一个普遍的命令，或者一个人可以代表众多选民的想法和意愿。 但是，虚构并不等同于缺乏事实真相。 施莱格尔认为，虚构的功能不在于它与现成的经验性事实的关系，而在于它能够促进参与者的反思过程，使参与者能够将经验的给定条件与赋予这些条件以意义的普遍理想联系起来。① 正如一个艺术作品的功能在于一种塑造感官体验的能力，它可以作为一种反思的媒介，在审美这样一种以感性形式出现的反思活动中，一个人得以有机会从其自身的日常经验和习惯性的感知事物的方式中超脱出来，以更加具有普遍性的方式来感受事物存在的意义和状态，从而变得更加具有自我意识，并且更能与他人的感受联系起来。

在施莱格尔看来，如果批判的意义与实质不仅仅是寻找事物得以可能的先天的形式条件，而更应该是揭示事物存在的真实状态及其得以形成的现实条件和现实过程，那么，我们就有必要将一些美学批评的方法应用到政治批评的领域。 在施莱格尔的理论中，真正的艺术批评家不会根据某种一般的公式来评价不同的作品，而是根据作品与人类在不同程度的教化中的反应的无限可能性来看待作品。 因此，他坚持认为，我们不能仅仅因为一个社会是否进行选举或者国家机构是否存在权力的划分，就确定这个社会是否是一个共和社会。 相反，我们必须审视对人民具有政治意义的那些核心机构和事件，并询问在这个社会的特定的教化发展阶段，这个政治共同体的虚构是否承认和促进了一种为建立在自由基础上的共同生活的理念而进行的普遍努力。② 如果在公共领域占主导地位的虚构形式是一种促进个人行动的形式，仿佛他

---

① Friedrich Schlegel, SKA, Band VII, S.16.
② Friedrich Schlegel, SKA, Band VII, S.22.

们受一种无形的普遍意志的支配，那么这个社会就是共和的，而如果在公共领域占主导地位的虚构形式是一种不能使个人发展自己与这种无形的理想的关系的形式，那么这个社会就是专制的。因此，尽管施莱格尔没有规定任何特定种类的政治制度是固有的共和制度，但他认为一个国家的政治"虚构"必须符合的判断标准是双重的，即就活动程度和平等程度而言，①一个国家的政治机构的配置方式应当使国家中的每个个人都能够与促进公共认同和调节共同利益的机构建立积极的关系。正如一个好的艺术作品能够激发鉴赏者的想象力，使其专注于自身的创造性活动，而不是让其陷入自满的陈词滥调。从同样的意义上说，一个共和政体有助于创造一种公共生活，在这种公共生活中，我们的注意力从我们自己的私人利益上转移了足够长的时间，以至于形成了这样一种预感，即我们自己的自我发展过程可能与一种共同的教化的发展过程是一致的。

因此，施莱格尔的方法并没有提供一种建立正确的政府形式的普遍规则，而是提供了一种方法来对任何政府在教育其公民朝向共和目标方面的进展进行批判性的考察。尽管如此，施莱格尔确实还是对这种方法在几种政府模式中的应用进行了一些有益的讨论。他明确指出，这种政治虚构并不认可所有形式的专制独裁，没有任何一个人的意志能始终完全地与普遍意志保持一致。因此，没有一个人可以宣称他自己的意志是普遍的意志。这种虚构只有建立在平等原则的基础上才是可行的："唯一有效的政治虚构必须建立在平等法则的基础之上：多数人的意志应当成为普遍意志的代理人。因此，共和主义必然是民主式的；而民主必然是专制的这个未被证实的似是而非的论点不可能是正确的。"②就

---

① Friedrich Schlegel, *SKA*, Band Ⅶ, S.24.
② Friedrich Schlegel, *SKA*, Band Ⅶ, S.17.

此而言，施莱格尔认为民主不是普遍意志的真实的直接的表达，而是一种虚构的形式，但至少与努力创造一个基于现实的普遍意志的社会是不矛盾的。

施莱格尔认为，并不存在一个先验的原则来规定基于哪种形式的宪法能够产生一个共和国。在施莱格尔的政治批判方法中，有两个平行的因素必须联系起来进行评估，即宪法的形式和公共道德的水平。他认为宪法（Verfassung）是政治权力之间建立的永久关系，而公共道德是指人们在公共生活中体验到的实际自由和平等程度。如果没有宪法形式的相对程度的技术性的完善，这种公共道德就不可能发展。但另一方面，很明显，施莱格尔认为第二个因素是衡量第一个因素的价值依据。[①] 根据这两个要素，施莱格尔认为君主政体和民主政体的合法性都可以得到辩护，但专制政体是绝对必须谴责的，这种政体为了维护某一特定阶级的特权，扼杀公共交往，阻碍人性的教化或政治文化的培养。同时他也极力反对他所谓的暴民政治（Ochlokratie），他认为暴民政治即某一阶级对社会的统治，是最有内在缺陷的政府形式，是最不容易让位于代表普遍意志的"虚构"的。在这样的社会中，某一特定阶层的利益是孤立的，不能与其他阶层的利益相融合。这导致社会中人的能力的发展进程和人性的实现过程被扼杀。

施莱格尔认为，君主政体是最适合那些公众政治教育不成熟或已经消亡的时代和文化的政府形式，在他看来，君主的意志至少有可能接近整体的意志。正如国家可以被视为人类个体的一种宏观表现，个人也可以努力代表整体。但是，一个阶级总是由社会财富和劳动分工中的一个片面的位置来定义的，因此它不太可能作为国家这个宏观世界的一个具体的、微观的表现。因此，施莱格尔认为，暴民政治本质上是令人败坏的，而君主制至少潜

---

① Friedrich Schlegel, SKA, Band VII, S.18- 19.

在地是进步的。 除此之外，施莱格尔还坚决反对康德对民主的解释，即认为民主本质上是专制的。 对施莱格尔来说，一个由给予大多数人发言权的政治进程所统治的社会是唯一绝对合适的虚构。 因此，政治世界中适当的虚构有两种类型，一种是君主制，另一种则是民主制。 然而，每一个的价值似乎取决于任何社会中政治文化的发展状况，民主是最适合"成熟"政治文化的虚构，君主制是相对于不成熟政治文化的发展而言具有暂时价值的虚构。

施莱格尔强调公共道德是对政府形式赋予意义的重要因素，这一强调是基于他对古代共和国和现代国家所做的比较：古代共和国虽然缺乏像现代国家这样正式的民主机制，但他们拥有在施莱格尔看来更加具有决定性的东西，即 "伦理共同体"（Gemeinschaft der Sitten）。[1] 这个概念意味着一个不仅由抽象的法律而且由共同的公共精神维系在一起的社会：单纯地遵纪守法对于一个真正的国家来说是不够的，同胞之间存在的真挚的情感和爱才是将一个有机的共同体与一个机械的遵守法律的组织区别开来的关键；通过这样的伦理共同体，希腊人实际上比现代人更有能力相信一个共同的事业并为之而倾力奋斗。[2] 这强化了施莱格尔的基本想法，即一个社会的伦理教化远比现有的实际政府机制更能决定它是否接近共和的理想。 对希腊人来说，政治是一种表象（Schein），城邦或国家在政治生活中是一种诗意的、生动的理想，它不是像现代国家那样作为一种理性的结构，寻求通过确定的结构规则来达到既定的结果。 在这个理性结构中，立法活动和公民对法律的遵守就像是一台机器中的各个部件的机械运动一般。 相反，真正的共和国与其说是一种固定的政府形式，不如说

---

[1] Friedrich Schlegel, *SKA*, Band VII, S.18.

[2] Cf. Frederick C. Beiser, *Enlightenment, Revolution, and Romanticism: The Genesis of Modern German Political Thought, 1790 - 1800*, p.252.

364

是一种批判性的建构，一个由共同体的理念所引导的每个公民朝向普遍的成熟的人性的教化过程，普遍意志和每个公民与他人共在的社会性得以在这个教化过程中逐渐成为现实。 就像施莱格尔在《批评断片集》的一条断片中所表达的那样："诗是一种共和主义的话语：一种它自身就是自身的法则和自身的目的的话语，其中的所有部分都是自由公民，并且可以共同参与决定。"①

早期浪漫派的唯美主义在理解政治秩序的本质及其基础等问题上提供了一条与近代的启蒙理性主义政治哲学传统非常不同的思路。 这种唯美主义并不像卡尔·施密特所认为的那样，只是将政治作为引发主观的审美情感的一种偶然的机缘，相反，这种创造性地发展了康德美学理论的唯美主义观念恰恰强调的是审美经验中的客观性和普遍有效性，以及这种普遍的、共通的情感的塑造对于政治共同体的形成所具有的积极意义。 在早期浪漫主义者看来，契约论的国家观念将普遍意志完全建立在原子化个人纯然自利的私人意志这个基础之上，寄希望于个人利己的理性计算能够使人走出无序的自然状态，让自利的个人服从普遍意志的立法，但这一设想本身在概念上就是自相矛盾的：如果人的本性仅仅像理性的分解所呈现的那样，是没有任何历史、血缘、文化纽带联系起来的、孤立的原子化个人，那么，从私人意志中永远不可能产生出普遍意志，即便个人出于理性的自利可以同意某种普遍的立法而联合成一个政治共同体，但在这样一个共同体概念中始终包含着自我瓦解的可能性。 早期浪漫派试图在一个新的感性本体论的基础上来思考政治秩序的根源，而审美经验在这里就具有了一种典范性的意义。 审美经验不是一种经过理性的分解和重构而形成的科学经验，相反，它是就事物本身不可还原的现实的感性显现来理解事物自身内在的合法则性。 审美经验的存

---

① Friedrich Schlegel, SKA, Band II, S.155, Nr.65.

在表明并非所有的情感都是私人化的、主观的和相对的,审美的愉悦虽然是一种情感,但是这种情感却具有普遍的可传达性和客观的有效性。 在早期浪漫主义者看来,人的自然天性当中所具有的这种以非社会化的、非理性化的情感形式表现出来的社会性是一切政治共同体的真正的基础,是共和主义与世界主义的真正基石:通过对这种天然的社会性情感的教化和塑造,将使得个体意志与普遍意志的现实的统一成为可能。

施莱格尔说过:"哲学在哪里终结,诗就必然在哪里开始。"[1]英国学者尼古拉斯·索尔(Nicholas Saul)说得不错:"每当浪漫主义作家使用'诗'(Poesie)这个词的时候,它都暗示着对哲学的这种含蓄的批判。 最后,对浪漫主义者来说诗成了一个神话般的存在。 他们的文本不仅是为了实现哲学的计划,更是为了使绝对的诗变得具体化。 从这个意义上说,诗变成了一种崇拜,而对诗的崇拜则体现了德国对法国的理性崇拜的宗教的一种后革命时代的回应。 其中一些程序的抽象性质不应掩盖它们作为对法国大革命的回应所具有的政治意义。"[2]施莱格尔和早期浪漫派反对启蒙理性主义的那种人为的、破坏性的认识方式,以及基于这种认识方式所建构起来的生硬的政治原则。 对他们来说,审美经验的哲学意义和政治意义恰恰在于通过一种利用"虚构"的批判性的感官教育,使一个人的理性和意志能力能够在与全部其他能力的和谐统一中整体性地发展起来,从而形成一种具有主体间性和共通感的自我意识,这是共和主义政治构想的实质和最终目的。 诚如贝瑟尔(Frederick Beiser)所言,浪漫主义的艺术观念旨在克服理论与实践、理性与生活之

---

① Friedrich Schlegel, SKA, Band II, S.261, Nr.48.

② Nicholas Saul, "The pursuit of the subject: literature as critic and perfecter of philosophy 1790-1830", *Philosophy and German Literature*, 1700-1990, ed. Nicholas Saul, Cambridge: Cambridge University Press, 2002, p.72.

366 间的断裂，它通过感官的塑造和人性的教化来使人意识到并激励他们在现实中实现无限的理想、共和的理念，以此来克服这一断裂。因此，当我们将施莱格尔的浪漫主义美学置于他的时代和哲学发展的背景中时，我们就很难抗拒一个结论：浪漫主义是共和主义的美学。[①]

第三节　诺瓦利斯的共和主义与世界主义

在众多早期德国浪漫主义者当中，诺瓦利斯对浪漫主义政治理论的发展产生了最为深远的影响。浪漫主义政治思想的所有基本学说都在他的著作中有所预见：将作为有机体的国家与理性主义的机械论国家观进行对照，基于信仰和爱的君主制思想，将中世纪视为理想的黄金时代，批判市民社会的市侩主义和利己主义，以及将君主视为一个国家所有信仰、价值观和传统的象征。[②] 单纯从字面上来理解这些想法，当然很容易将诺瓦利斯视为现代自由民主法制国家的对立面，视为彻头彻尾的复辟主义者和反动政治的拥护者。但是，这种理解的不恰当之处在于，一方面忽视了诺瓦利斯有针对性地提出这些观念的具体的历史语境，另一方面对现代合理性模式的根深蒂固的坚持使得普遍按照法律来管理的契约型国家似乎成了唯一合理的政治模式，这就反过来使得任何可能带来差异和不确定性的神圣的、历史的、神秘的、不可计算的力量被不假思索地打上了蒙昧和反动的标签。要想理解诺瓦利斯和早期浪漫主义的政治观念，首先必须突破的恰恰是这样一种知性的思维方式，将真正的思想从虚假的稳定性中解

[①] Cf. Frederick C. Beiser, *Enlightenment, Revolution, and Romanticism: The Genesis of Modern German Political Thought, 1790 - 1800*, p.260.

[②] Cf. Richard Samuel, "Die poetische staats-und geschichtsauffassung Friedrich von Hardenbergs (Novalis)", *Studien zur romantischen geschichtsphilosophie*, Frankfurt am Mein: Diesterweg, 1925, S.63, 78 - 82.

放出来。 正如诺瓦利斯在他的第一部断片集《花粉》
（*Blüthenstaub*, 1798）中表明的那样："哪里能够形成真正对反思
（Nachdenken）的爱好，而不是单纯的对思考这种或那种思想的
爱好，哪里就会出现进步。 许多学者没有这种爱好。 他们学会
了推导和推断，就像鞋匠学会了制鞋，却从未想到或致力于探寻
思想的根基。 然而，这条道路乃是唯一的福乐之路。 在很多人
那里，这种喜好只能维持一段时间，它先是增强，但常常随着时
间的推移和某个体系的建立而逐渐减弱，他们寻求体系，只为免
于反思的辛劳。"[①]

　　实际上，诺瓦利斯和其他早期浪漫主义者一样忠实于启蒙运
动和法国大革命的理想，他认为旧制度必须得到改变，自由和平
等的理想应该得到实现，只不过他反对将作为单纯的思想产物的
理性宪法强加于现实之上。 在诺瓦利斯看来，由未经教化的盲目
的激情所支配的理性原则，将在政治上产生灾难性的后果；基本
的政治问题是通过教化使人的理性和情感真正成熟起来，从而配
得上共和主义的理想。 就像他在一条未刊发的断片中所说的那
样："首先要成为人，然后人的权利将自然而然地到来。"[②]按照
诺瓦利斯的说法，自由和平等作为人的本质并不是一个天然的、
现成的事实，而是一个必须通过人性的教化和塑造才能够逐渐实
现的调节性的理想；不是只要消除了对人的限制，自由和平等就
会马上成为现实，相反，这只会为缺乏教化的、破坏性的激情打
开大门。 因此，在一则著名的断片中，诺瓦利斯对柏克和他的
《反思法国大革命》表示了崇高的敬意："有许多反革命的书籍是
为革命而写的。 但柏克却写了一部反对革命的革命之书。"[③]诺
瓦利斯赞美的不是柏克字面上的反革命，而是反对革命的字面

---

① Novalis, *NS*, Band II, S.431, Nr.47.
② Novalis, *NS*, Band III, S.416, Nr.762.
③ Novalis, *NS*, Band II, S.459, Nr.104.

368 背后包含着的真正的革命精神：柏克深刻地意识到，那些基于理性形而上学的抽象的平等、人权和自由观念毁灭了一切使人天然地团结在一起的历史纽带和情感纽带；试图诉诸激进的政治革命来实现这些理想只会将人性带入深深的黑暗，打着理性旗帜的、毫无节制的非理性的革命激情，使人彻底丧失了人之为人的本性，因而在实质上恰恰是反革命的。柏克反对这种形式的革命，为的是让一国公民的人性有机会普遍地成熟起来，从而使革命的理想，使真正的自由和平等有实现的可能。

诺瓦利斯的政治思想的确不同于启蒙运动政治哲学中的主导趋势，而且他的历史意义恰恰在于他与"法律主义"的决裂。他不认为国家的政治权威来源于合乎理性原则的普遍立法，他不相信抽象的理性原则和法律条件本身有能力将纯然利己的个人凝聚为一个真正的共同体。在诺瓦利斯看来，共和国和持久的世界性的政治联合体的唯一稳定基础是爱和精神的统一。他明确地捍卫了一种世界主义的观点，但不是首先在理性的基础上发展出一种世界主义的理想，然后在人类情感中寻找其可实现性的条件，而是根据情感和一种由共通的情感来维系的宗教形式来发展这一理想本身，这种宗教不是基于理性原则，而是基于情感、想象和"精神"（Geist）。换句话说，尽管诺瓦利斯对他那个时代的共和主义和世界主义理论颇有微词，但他并未彻底放弃这些理想，而是从信仰和爱的宇宙人类共同体的角度重塑了这些理想。这一点在他 1798 年出版的断片集《信仰与爱》（*Glauben und Liebe*）中得到了很好的阐释："如果永久和平的时代降临到我们的世界主义者身上，他们看到最高度的教化的人类以君主制的形式出现，他们会何等惊讶呢？到那时，现在把人类粘在一起的纸张将会变得粉碎，精神（Geist）将驱散曾经取代精神出现在书面的文字中，从鹅毛笔和印刷机里零零碎碎地钻出来的幽灵，将使众人

像一对恋人一样融合在一起。"①   *369*

一、"诗性国家"中的信仰与爱

诺瓦利斯最重要的政治哲学著作之一是 1798 年 7 月发表在《普鲁士年鉴》(Jahrbücher der preussischen Monarchie) 上的《信仰与爱，或国王与王后》(Glauben und Liebe oder Der König und die Königin)。 在这部断片集中，诺瓦利斯明确提出了作为有机体的国家概念，对社会契约论提出了尖锐的批判，果断地与启蒙运动的法律主义分道扬镳，并且指出信仰和爱才是共同体的真正基石。 萨穆尔（Richard Samuel）在为《信仰与爱》写的导论中甚至认为正是这部著作为浪漫主义的国家观念奠定了基础。②

诺瓦利斯的这部著作是为庆祝腓特烈·威廉三世（Frederick William III）1797 年 11 月 16 日即位而作，它表达了这位年轻的诗人对普鲁士的新君主所寄予的深切期望。 在其父腓特烈·威廉二世的领导下，普鲁士陷入了经济、政治和道德的衰退，而且他个人的私生活也极为不堪。 相比之下，腓特烈·威廉三世和他的王后路易丝被视为美德的典范。 他们的婚姻生活幸福美满，孩子众多，在宫廷里他们坚持道德节俭的生活。 这位具有自由主义和共和主义思想的新国王亲自宣布君主应该成为人民的榜样，并且承诺继承他祖父腓特烈大帝的开明政策。 所以，诺瓦利斯在给这对新的国王和王后写颂词时，他不是一个反动的旧制度和专制政体的维护者，而是像普鲁士的公众一样期待这位新君能够通过对旧制度的一系列改革，为普鲁士带来新生。 如果无视《信仰与

---

① Novalis, NS, Band II, S.488, Nr.16.
② Novalis, NS, Band II, S.482.

爱》创作的具体历史语境，而单就字面上把对国王和王后的赞美看成是一部反动作品，那就完全违背了这部作品的精神。①

在《信仰与爱》中，诺瓦利斯重新思考了政治哲学的经典问题，即国家的正当性的来源问题，或者说个人为什么要服从国家的统治？② 对诺瓦利斯来说，启蒙运动的主流的政治理论是不能令人满意的。 18世纪后期德国最常见的关于国家的正当性和政治义务的起源的学说是启蒙运动的契约理论，尤其是沃尔夫学派提出的幸福主义的版本，这实际上是霍布斯和洛克基于占有性个体主义的社会契约论的一个变形。 根据沃尔夫的说法，是个人出于自身利益的理性计算使人们同意通过契约的方式将个人与国家联系在一起。③ 然而，在诺瓦利斯看来，这种基于利益的协调和理性计算的政治就像一台机器的运转一样，每个人都被自利的倾向所支配，像服从自然规律一样服从政治法则，个人在其中没有真正的自由可言。"自从威廉一世死后，普鲁士完全被当成工厂治理，在这方面没有任何国家堪与相比。 欲使国家机体健康、强壮和灵敏，这样一种机械化的行政管理也许固然是必要的，但若仅仅以这种方式治国，国家实质上将趋于毁灭。"④除此之外，诺瓦利斯还指出，公义绝不等于私利的一致和最大化，不仅因为私利是善变的、无穷无尽的，而且因为私利就其本性而言不承认任何无条件的善，这种政治理论片面强调了人性当中动物性的一面，而没有意识到人性的发展和塑造本身的重要性。 腓特烈·威廉二世统治下的普鲁士的衰落，以及大革命时法国国内出现的无

---

① Cf. Richard Samuel, "Die poetische staats-und geschichtsauffassung Friedrich von Hardenbergs（Novalis）", *Studien zur romantischen geschichtsphilosophie*, S.119-123.

② Cf. Frederick C. Beiser, *Enlightenment, Revolution, and Romanticism: The Genesis of Modern German Political Thought*, 1790-1800, p.269.

③ Cf. Frederick C. Beiser, *Enlightenment, Revolution, and Romanticism: The Genesis of Modern German Political Thought*, 1790-1800, p.269.

④ Novalis, *NS*, Band II, S.494, Nr.36.

政府状态和恐怖统治，都可以归咎于利己主义理论的弱点。 它们
已经确凿地证明，个人利益不足以将个人与国家联系起来。"有
名的旧制度奉行这一原则：通过私利将每个人与国家连在一起。
聪明的政治家提出过这样的国家理想：国家的利益自然地与臣民
的利益结合起来，而臣民的利益则人为地与国家的利益结合起
来，以使二者相互促进。 为了解决这个本身无法解决的难题已经
付出许多努力；但原始的私心似乎根深蒂固，是反制度化的。 它
一直不肯受任何限制，每个国家机构却必须对心加以限制。 在此
期间，卑劣的利己主义已作为原则被正式接受，由此带来了巨大
的损害，当代革命的肇因恰恰在这里。"[1]

除了幸福主义的社会契约论以外，诺瓦利斯对由康德和费希
特提出的契约理论的理性主义版本也表达了不满。[2] 根据这样一
个版本的契约理论，社会契约形成的根据不在个人的自利，而在
于个人的理性自律。 作为理性的人，我们有能力根据理性的无条
件的善来制定公正和普遍的法律，而不仅仅是根据自身的利益来
寻求某种一致性。 虽然这个版本避免了利己主义的契约理论的
一些本质困难，但诺瓦利斯认为它也有自己的问题。 这一理论背
后存在一个错误的假设：每个人都有权凭借自身所具有的理性的
普遍原则来决定哪些法律最适合国家。 像柏克一样，诺瓦利斯坚
持法律的制定不仅仅是理性的事务，它还需要有对历史的尊重和
洞见，需要几代人的经验和智慧。 我们知道应该求助于有经验的
医生、律师或者手艺人，可是凭什么相信即使毫无政治经验，我
们也可以单凭自己的理性来决定国家的治理呢？ 实际上，重要的
不是谁制定了法律，而是制定了什么样的法律。 真正好的法律和
真正体现普遍意志的国家治理并不在于它是否在形式上是由全体

[1] Novalis, NS, Band II, S.495, Nr.36.
[2] Cf. Novalis, NS, Band II, S.501-502, Nr.65.

372 公民一致同意的，或者仅仅是机械地遵循理性的法则，而在于它实质上体现了一种具体而普遍的共同的善。

诺瓦利斯表明，无论是工具理性的自利，还是实践理性的立法都没有能力使个人与国家联系起来，将个人意志与普遍意志统一起来。他反对霍布斯式的哲学人类学假设，反对出于建构一种合乎理性计算的现代政治科学的需要而将人性化约为受单纯的自利的情感支配的动物性，因为这种理性主义的分析方法破坏了人和自然本身的统一性，在将理性和情感分裂开来时，也使理性和情感都变得片面化。诺瓦利斯的政治思想建立在一种现实主义的哲学人类学基础上，它强调人性固有的社会性倾向，单纯追求自利的人性只是人为的理性重构的结果，除了对生存的渴望和对死亡的恐惧以外，爱和对他人的尊重与承认同样是人之为人与生俱来的情感和能力，也是人之为人的基本的需要。只有从这样一种人性天然的社会性的倾向出发，通过对这种社会化而非私人化情感的培养，重塑每个人的自我意识，才有可能将个人的自我认同与国家认同统一起来，使普遍意志真正成为每个人自己的意志。就像诺瓦利斯指出的那样，"心中有无私的爱，头脑中有爱的准则，这才是一切真正的、不可拆分的结合的唯一永恒的基础，国家的结合与婚姻难道有所不同？"[1]

在诺瓦利斯看来，启蒙运动的政治哲学是将"知识和占有"（Wissen und Haben）作为国家的纽带。[2] "知识"鼓励个人充分地运用自己的理性，它要求人们在行动之前清楚地认识事物得以可能的原因和根据，它只相信可计算的、具有无矛盾的确定性的东西是真实的，这种"知识"态度让一切存在都变得有条件化，它也使得从可计算的"占有"的角度来理解行动规范和政治秩序

---

① Novalis, NS, Band II, S.495, Nr.36.
② Novalis, NS, Band III, S.510.

的基础成为不可避免的趋势，因为占有性的、自私自利的个人，只有在国家保护他的财产的情况下才会承认和接受国家的约束的正当性与有效性。 与启蒙运动的政治哲学不同，诺瓦利斯主张，将个人与国家联系起来的是"信仰和爱"（Glauben und Liebe），而不是"知识和占有"，理性的认识永远不可能使自利的个人与共同体合而为一。 真正使得国家得以可能的，不是一种将自身从这个现实的、感性的世界中抽离出来、倾向于分解的反思性的"知识"态度，而是在历史的、现实的、相互依赖的共同生活中已然形成的休戚与共的情感；对他人的爱、同情和尊重跟对生存和安全的渴望一样，甚至是比求生存的渴望更根本，也更加具有人性的基本情感。 这种不计条件、不可计算的"爱"不是知识的对象，也不是知识所能够解释和认识的，它只能在直接的"信仰"中被体验和证成。

鉴于国家必须建立在信仰和爱的基础上，那么最好的政府形式是什么呢？ 诺瓦利斯在《信仰与爱》中提出好的政府形式应该是世袭君主制。[1] 诺瓦利斯认为，好的政体不是将权力委托给一个官僚机构，由这个权力的代理者按照法律来进行治理，这样的国家如同一台机器一样没有内在的凝聚力，只要驱动这台机器的力（利益）消失了，整个国家机器也就必然陷入停滞和解体；相反，只有世袭的统治者才具有激发人民奉献精神并激励他们追求美德的魅力，从而形成具有内在凝聚力的真正的共同体。 君主不是官僚机构的一员，而是整个活的政治有机体的象征，只有他才能满足人性的更高渴望，即爱的情感、牺牲和奉献的精神。 人民不可能对任何民选官员或暴君产生任何对君主那样的忠诚和感情，也不可能对一个为了利益的协调一致、按照理性协商和契约建立起来的国家产生任何的敬意。 正如诺瓦利斯所言："人们称

---

[1] Novalis, NS, Band II, S.488 - 489, Nr.17.

374　　国王为国家第一官员，这是毫无道理的。国王不是国民，因此也不是国家官员。君主制的不同之处恰恰在于，它是建立在对一个出身更高贵的人的信仰之上，建立在对一个理想的人的自愿承纳上。我不能从我这类人中间挑选一位首脑，也不能把任何事情托付给一个囿于跟我同等位置的人。君主制乃是真正的制度，正因为它维系在一个绝对的中心上，维系在一个人身上，这个人属于人类而不是属于国家。"①

　　自从亚里士多德在他的《政治学》中将政治体（polity）与身体（soma）相提并论以来，这个类比就成了西方政治思想中的一个重要主题。在基督教里，会众作为一个灵体的形象可以追溯到圣保罗。他将教会想象成基督的一个神秘体，将众多的信仰者团结在一起，这个模式成为天主教会制度的原则和中世纪世俗法律的神学基础。遵循从基督身体的概念发展而来的学说，英国法学家赋予国王两个身体：一个是"自然的"和凡人的，另一个是"神秘的"和不朽的，第二个身体保证了王权的永恒。② 同样，早期的现代政治哲学发展了一个类似于"人造人"国家的形象，通过将一众臣民纳入利维坦的政治身体而将他们转化为一个服从普遍意志的整体。然而，诺瓦利斯的政治思想改变了这一基本范式。他没有像霍布斯所设想的那样，将国家视为法律建构的产物，而是将其视为所有社会互动的前提，视为先于所有个体并将所有个体包含于自身之内的一个有机的生命体。诺瓦利斯常常引用人体医学科学知识的最新发现来为这一理论进行辩护。在18世纪的后三十年，自然科学和自然哲学发展了对身体的一些新的理解，它不再被认为是一种由体液的潮起潮落而运动的液压机器，而是一种由自己的神经感觉系统内在控制的活的有机体。它

---

① Novalis, NS, Band II, S.489, Nr.18.
② 参见 [德] 恩斯特·康托洛维茨：《国王的两个身体》，徐震宇译，华东师范大学出版社 2018 年版。

的生命过程不应再用作用与反作用、物质与运动的机械论原理来描述。相反，它们表现为由刺激和（敏感或应激的）反应的复杂节奏从内部控制的生理过程的结果。在某种程度上，神经系统获得了作为大脑和其他器官之间的中介的中心地位，并确保了身体和心灵之间的体内交流，身体和心灵的公认的二分被抛弃了。[1]旧模式中建立的精神和物质领域之间的界限变得漏洞百出，重点从它们的差异转移到它们的相互影响。因此，把主体间交流的形式看作是这种有机相互作用的延伸也变得合理了。刺激性的对话、启发性的想法、可传递的热情等可以被视为神经刺激反应的类比。古老的基督教关于信众一体的观念获得了新的意义。

　　诺瓦利斯希望通过感官让人们体验社会或政治共同体的这种身体同一性。在这个共同体中没有公共和私人、个人和国家的显著区别。在这种以精神融合了自然的专断与人为的强制所谓的"诗性国家"（poëtische Staat）中，所有的关系都将建立在最深的爱的情感纽带上（婚姻中的夫妻之爱，父母对子女和子女对父母的爱，统治者对其臣民的爱，臣民对统治者的爱）。这将保证个人和共同体在各个方面的密切和持久的相互联系，以便理想的共同体体现在国家的每一种实际关系中。"一个富有精神的国家大概原本是诗性的——精神越丰富，内部的精神交往越密切，这个国家就越接近诗性的国家——每个国民就会因为爱这个美丽而伟大的个体，所以更乐意限制自己的要求，付出必要的牺牲，国家对此的需要也就会越来越少——国家的精神就会越来越趋近一个模范的个人的精神——他只宣布一条唯一而永久的法律：你要尽可能善良并富有诗意。"[2]

---

① Cf. Ethel Matala de Mazza, "Romantic politics and society", *The Cambridge Companion to German Romanticism*, ed. Nicholas Saul, Cambridge: Cambridge University Press, 2009, p.194.

② Novalis, *NS*, Band II, S.468, Nr.122.

因此，诺瓦利斯通过医学类比，通过在他认为脱节和功能失调的身体的中心与部分之间最多样的交流"刺激"，以感动心灵并利用共享情感的凝聚力来重新产生普鲁士身体政治。诺瓦利斯高度原创的美学修辞是基于现代生理科学的扎实知识的创造性应用——特别是当时著名的苏格兰神经病理学家约翰·布朗（John Brown）的理论，他构建了基于刺激和通过（主动的）应激或（被动的）反应之间的平衡观念来对身体的健康状况进行诊断的模型。诺瓦利斯的"诗性国家"，是为一个被他诊断为缺乏"兴奋性"的政治共同体开出的处方，旨在通过提高他们积极的应激能力，促进有爱的情感的公民之间的和谐统一，提升国家的内在凝聚力和自由的真正实现。他将腓特烈·威廉三世国王和路易丝王后视为神圣爱情的绝对化身，而不是神权或书面契约下的绝对君主，这种理想的召唤作为一种"刺激"，重新激发了被理性和"知识"限制起来的创造性的想象力，并最终以这种间接的方式，唤起人类本性中的绝对的爱的情感和对国家的忠诚。在爱之中，每个公民都将他人和整个共同体包含在自己的自我意识当中，也同时得到了他人的承认和爱。

尽管诺瓦利斯在《信仰与爱》中将大部分篇幅都花在了为君主制的意义及其合理性进行辩护，但他最终关心的实际上是共和主义的理想。他坚持认为，理想的政府是君主制与共和制的统一，或者严格地说是与共和制相统一的君主制、与君主制相统一的共和制。对诺瓦利斯来说，君主制的存在是作为共和国教育的工具。尽管他的共和主义思想隐含在《信仰与爱》中，但诺瓦利斯从未放弃它。"一旦人们普遍坚信，国王离不开共和制，共和制也离不开国王，二者像肉体和灵魂一样不可分离，没有共和制的国王或没有国王的共和制，不过是无稽之谈，那时一个时代就快要来临了。因此，国王总是与真正的共和制，共和制也总是与真正的国王同时存在。 真正的国王应当是共和制的,反之亦然。"①因为只有在一个由爱的情感纽带联结起来的人与人的内在关系中,公民才能真正积极地参与到国家的公共生活中去,每个人的自由才能得到发展;而只有作为整个政治有机体的象征的国王才能激发共和主义的美德,让人民为自由、平等和博爱的原则做好准备。"所有人都应该配得上王位"②,应该是每一个真正共和国的理想。

二、 作为世界主义的象征的中世纪

1789 至 1799 年是欧洲现代史上极为动荡不安的岁月。 1798 年初,法国大革命期间掌握最高权力的督政府开始了对意大利的重大干预。 2 月 28 日,罗马被洗劫一空,庇护六世被俘,梵蒂冈宣布成立共和国。 此后不久,庇护六世在法国的监狱中去世,法国人禁止选举教皇的继任者。 因此,欧洲最古老和最宏伟的机构之一,罗马天主教会,似乎以暴力和耻辱告终。 而在法国内部,革命没有结束的迹象,似乎只有独裁才能确保秩序和稳定。 拿破仑于 1799 年 10 月从埃及归来推翻了督政府,共和国的梦想就此破灭。 而反法同盟于 1799 年夏天重新组建,并第二次向法国宣战。 新旧秩序的势力再次陷入生死较量,欧洲似乎没有和平的希望。 正是在这种阴郁的气氛中,1799 年秋天,诺瓦利斯创作了他的第二部重要的政治哲学著作《基督教世界或欧洲》。 这篇文章的写作带有一种明显的紧迫感,让人感觉到永久和平与世界大同的理想正变得岌岌可危。 诺瓦利斯希望这部作品能够让人们明白,真正的永久和平必须通过一个基于信仰和爱的新的普世教会

---

① Novalis, NS, Band II, S.490, Nr.22.
② Novalis, NS, Band II, S.489, Nr.18.

378 的建立才有可能实现。①

　　施莱格尔在《论共和主义的概念》中对一个世界性的共和国的构想仍然是比较粗略的，而诺瓦利斯则提供了一个更为详尽的世界主义愿景。诺瓦利斯的世界主义思想集中表达于 1799 年他在耶拿给浪漫派的圈子所做的一次演讲，这篇演讲稿在他死后以《基督教世界或欧洲：一部断片》(*Die Christenheit oder Europa. Ein Fragment*) 为标题出版，但这个标题不是诺瓦利斯本人拟定的。在这篇演讲稿中，诺瓦利斯将自己基于"信仰和爱"的浪漫主义政治观念与启蒙运动的基于"知识和占有"的政治哲学进行对比，并且用欧洲中世纪的形象来唤起黄金时代的观念，由此引出对一个世界性的精神共同体的渴望。

　　诺瓦利斯于 1799 年 11 月 13 日或 14 日向耶拿浪漫派发表了他的"演讲"。诺瓦利斯将这个文本称为"演讲"(Rede)，很可能是对施莱尔马赫那篇论宗教的著名演讲的回应。② 诺瓦利斯的朋友们知道，他从 1799 年春天开始就一直在研究中世纪历史，而且他刚刚怀着极大的钦佩和热情阅读了在同一年早些时候问世的施莱尔马赫"对蔑视宗教的有教养者演讲"。然而，诺瓦利斯的演讲还是引起了恐慌和争议。谢林立即提出要写一篇回应文章，对诺瓦利斯的演讲进行一个享乐主义的唯物主义者伊壁鸠鲁式的模仿。弗里德里希·施莱格尔向不在耶拿的施莱尔马赫报告说，奇怪的是，诺瓦利斯将对施莱尔马赫的演讲的钦佩与对罗马天主教的热情结合在一起。诺瓦利斯的朋友们在如何处理这个演讲文本的问题上意见也不一致，这个文本最初被考虑在《雅典娜神殿》杂志上发表。多萝西娅·维特 (Dorothea Veit) 从一开始就反对出版。施莱格尔认为，将诺瓦利斯的文本和谢林的模仿之作

---

① Cf. Frederick C. Beiser, *Enlightenment, Revolution, and Romanticism: The Genesis of Modern German Political Thought, 1790 - 1800*, pp.273 - 274.

② Novalis, *NS*, Band IV, S.317 - 318.

一起发表，将是一个很好的哲学讽刺的例子，诺瓦利斯喜欢这个 *379*
想法。 他们讨论了其他几个备选方案，但未能达成一致。 在征
求意见时，歌德建议不要出版这两个文本。 随后，诺瓦利斯要求
将手稿还给他。 施莱格尔和蒂克（Ludwig Tieck）在诺瓦利斯去
世后编辑他的作品时，只收录了这个演讲的一些片段。 完整文本
的第一次问世是由于出版商在未经授权的情况下单方面地在 1826
年的第四版诺瓦利斯著作集中收录这个演讲的完整文本，而蒂克
在编辑第五版时再次将其删除。①

　　由此可见，诺瓦利斯的这个演讲的确存在很大的争议性。 这
篇文本字面上确实是在颂扬中世纪欧洲的基督教世界，肯定了大
革命想要推翻的旧制度。 诺瓦利斯赞扬传统、忠诚和信仰，为封
建社会、天主教等级制度和耶稣会士辩护，攻击哲学和科学，坚
持宗教对政治稳定的重要性。 这一切都使它很容易被解读为对
反动的封建主义或保守的民族主义的政治主张的辩护，②被解读
为神权之梦，或者对逝去的中世纪的绝望而愤怒的祈祷。③ 然
而，如果从早期浪漫主义的大背景下来看，《基督教世界或欧洲》
中所描绘的中世纪形象显然起着象征性的作用，不应被视为对过
去的历史的客观描述或者基于一个历史上出现过的欧洲的统一的
模式来构想未来的蓝图。 相反，中世纪欧洲的浪漫图景是为了唤
起人类重新统一的理想，一种跟启蒙运动的理性主义政治图景相
对照的基于"信仰和爱"的世界主义愿景。

---

① Novalis, NS, Band III, S.497-506.

② Cf. Hermann Kurzke, *Romantik und Konservatismus：Das politische Werk Friedrich von Hardenbergs（Novalis）im Horizont seiner Wirkungsgeschichte*, München：Wilhelm Fink, 1983.

③ 鲁道夫·海姆谴责《基督教世界或欧洲》是"宗教机构专制的梦想"，是在施莱尔马赫演讲的影响下发展起来的"不加批判的热情"。 但海姆没有看到诺瓦利斯的这篇文章和他的其他作品之间的相互关系，而只看到这一个文本中的"武断"和"矛盾"。 参见 Rudolf Haym, *Die romantische Schule, Ein Beitrag zur geschichte des deutschen Geiste*, Berlin：Verlag von Rudolph Gaertner, 1870, S.460-467.

事实上，几乎不会有专业的历史学家认可诺瓦利斯在演讲中对中世纪的描绘。他把中世纪基督教欧洲描绘成人类历史上的一个理想时代，在这个理想化或者浪漫化的过程中，这个时代对于专业历史学家来说变得几乎无法辨认。诺瓦利斯似乎无视历史上中世纪欧洲实际存在过的种种黑暗和矛盾，使它显得非常美丽而和谐，这与启蒙时代，尤其是法国大革命之后的欧洲形成了鲜明的对照。然而，诺瓦利斯正是想用这样一幅中世纪的图景来对抗当时占统治地位的启蒙历史编撰学。启蒙主义的历史学家认为中世纪是野蛮的时代，教皇制是一个无法忍受的桎梏。而诺瓦利斯推崇的则是另外一些历史学家的著作，尤其是约翰内斯·冯·缪勒（Johannes von Müller）的《瑞士联邦史》和爱德华·吉本（Edward Gibbon）的《罗马帝国衰亡史》。在缪勒的著作中，中世纪早期的欧洲被描绘成一个大的共同体，这个共同体是由信仰和教皇等级制凝聚在一起的，它有利于创建一个统一的欧洲共同体；而吉本则强调了基督教的世界历史维度。他们都把教皇等级制在道德和精神上的堕落视为基督教文化在中世纪开始衰亡的原因。

更为重要的是，就像贝瑟尔指出的那样，中世纪之于诺瓦利斯，犹如古希腊之于席勒、赫尔德和年轻的施莱格尔。[1] 实际上，《基督教世界或欧洲》的灵感和问题意识来自弗里德里希·施莱格尔的早期论文《论希腊诗研究》（1797）。在这篇文章中，古代世界是作为一个"客观的""美的"世界出现的，在这个世界中，人的生活和行动与"自然"有机地结合在一起。按照施莱格尔的说法，是人为的理智和现代主体性原则的发展，即追求"有趣"的个人的发展，破坏了这种源初的统一性。施莱格尔希望通

---

[1] Frederick C. Beiser, *Enlightenment, Revolution, and Romanticism: The Genesis of Modern German Political Thought, 1790-1800*, p.274.

过将古代的原则与现代的原则结合起来，创造一种新的"客观　*381*
性"，以此克服由理智的反思性活动造成的分裂和意义的危机。
曾经无意识地、"自然地"赋予的和谐统一，现在必须在现代世
界，通过有意识的、反思性的认识重新创造出来。施莱格尔在当
代的德国观念论哲学和歌德的著作中看到了创造这种新的"客观
性"的希望。诺瓦利斯吸收了施莱格尔的这一观点，但他做出了
一个重要的改变：他用中世纪取代了古希腊。在诺瓦利斯看来，
中世纪世界的"客观性"，它的统一性，成了马丁·路德的宗教
改革以及现代工业和科学进步的牺牲品，但他也在当代哲学和文
学中看到了从当前危机中重新恢复一种世界性的共同体的可能。

在施莱尔马赫的影响下，早期德国浪漫主义者在1799年左右
发展出一种独特的宗教观念，它强调不能出于理性的形而上学认
识或者道德实践的目的将宗教工具化，宗教就其本质而言是对宇
宙和无限的直观，它体现了一种超越主观观念论和朴素的实在论
的更高的实在论主张，它要让现代人超越启蒙的、主体主义的理
性世界观，在一种被动的、对绝对无条件者的依赖感中，重新获
得我们与整个宇宙的和谐统一。所以，在这个时期，宗教经验进
一步发展了早期浪漫主义者希望在审美经验中恢复的那种非异化
的、统一的存在，它是早期浪漫派的唯美主义和感性本体论的延
续，而在这个时期，中世纪也就逐渐取代了古希腊，在与启蒙运
动的理性化、科学化的世界观的对照中，成为浪漫主义的一个重
要象征。

当诺瓦利斯用中世纪的基督教世界取代了施莱格尔早年的古
希腊世界，迈出了从启蒙运动到浪漫主义的关键一步。自文艺复
兴以来，欧洲的思想和文化界都试图从古代经典和艺术作品那里
来寻找和谐与秩序的典范，而诺瓦利斯却将这个典范放到了中世
纪。18世纪所理解的古典作品反映了自然的理性秩序，必须通
过对这些作品的研究和模仿来确立人类生存的价值和规范。诺

382　瓦利斯打破了这一悠久的传统。他所寻找的规范不应该再建立在关于艺术的传统观念和理性的基础上，而应该建立在别的东西上。根据诺瓦利斯的说法，中世纪的欧洲由基督教主宰，由一个统治者，即教皇进行统治。然而，教皇统治这个世界不是靠理性的计算和武力的政府，而是靠精神，靠基督教的信仰和爱。每个人，无论贫富，都尊敬教会，信任它的领袖，就像孩子信任父亲一样。它造就了一个和谐的世界，一个统一的欧洲，每个人都致力于的共同利益。

　　显然，诺瓦利斯对中世纪欧洲的构想并不是对历史事实的客观描述。对他来说，只有中世纪这个概念才是重要的，它适合于对一个世界主义的理想进行哲学的描述。诺瓦利斯的核心概念是信仰、和平与爱。对他来说，最重要的是消除一切外在的压力和强制，通过爱，通过情感和精神的纽带，把每个人联系在一起。在他的《费希特研究》(1795—1796)中，诺瓦利斯就已经对爱的哲学意义进行过相关的思考，尤其是它对于突破费希特的自我哲学所具有的重要意义。他在那里写道："爱——作为综合的力 (synthetische Kraft)"①。诺瓦利斯批评费希特的哲学是以"自我"为中心的，并把爱作为对抗自我中心的力量。理性的利己主义只能使人变得彼此孤立，并通过外在的约束将彼此孤立的个人统一在普遍的法则之下，只有爱才能成为共同体的真正基石，使人出于内在的社会化的倾向团结起来，使一个社会摆脱外在的约束。

　　诺瓦利斯之所以被中世纪的基督教世界所吸引，是因为他将其视为新兴资产阶级社会的解毒剂。② 现代资产阶级社会的所有弊病，它的利己主义、物质主义和虚无主义都没有出现在中世纪

---

① Novalis, NS, Band II, S.292, Nr.651.

② Cf. Frederick C. Beiser, *Enlightenment, Revolution, and Romanticism: The Genesis of Modern German Political Thought*, 1790 - 1800, p.275.

的生活中。 无论是在十字军东征还是在修道院中，人们都不是为 *383*
了任何物质利益，而是为了他们的精神目标，为了他们所信仰的
某种绝对的价值而生或死；人的生活和关系没有异化，而是感受
到了对共同体的归属感。 中世纪的国家就像一个家庭，统治者在
其中扮演兄弟或母亲的角色，个人获得了与整个共同体的所有成
员亲如一家的体验。 诺瓦利斯和施莱格尔在他的文章《论希腊诗
研究》中一样，并不主张对过去进行一味地模仿，他明确指出，
基督教在其特定的中世纪形式中已经过时，不能也不应该保留下
来。 诺瓦利斯的目标是通过重塑中世纪的形象来纠正单纯建立
在理性、科学和法律之上的启蒙运动，为真正实现自由、平等、
博爱的启蒙理想指出一条新的道路。 从诺瓦利斯认为中世纪时
期存在的政治和宗教的统一出发，他唤起了一个黄金时代的理
想，同时在这个过程中浪漫化了中世纪。 因此，中世纪象征着人
类的世界性统一，它向人们指出了一个关于爱、信仰和统一的世
界主义理想的方向。

在《基督教世界或欧洲》的开篇处，诺瓦利斯写道："曾经存
在过美丽而光辉的时代，那时欧洲是一个基督教的国度，那时有
一个基督教世界安居于这块按人性塑造的大陆上；一种伟大的共
同兴趣将这个辽阔的宗教王国的那些最边远的省份连接在一
起。"他将中世纪称为"美丽而光辉的时代"（schöne glänzende
Zeiten）①，从而刻意将光明的隐喻从启蒙运动（Aufklärung）中
移除，并将其重新引向被现代人称为"黑暗时代"的中世纪，在
这个时代，欧洲是一个和谐的宗教和政治统一体，团结在一个共
同的宗教和一个共同的政治统治者（神圣罗马帝国皇帝）之下。
每个人都按照教会的法令行事，普通人在需要的时候在教会找到
了"安慰或帮助、保护或忠告"。 教堂充满了美、音乐、神秘和

---

① Novalis, NS, Band III, S.507.

384 归属感。 和平、信仰、美和爱将所有人团结在一起。 然而，诺瓦利斯对中世纪的态度并不是怀旧。 他对黄金时代的憧憬为的是形成一种强烈的对比，在这种对比下，现代世界的所有弊病都突显出来。 在展示中世纪形象时，他与其说是回顾过去，不如说是展望未来。 不过，诺瓦利斯也意识到田园诗般的黄金时代不可能一成不变地持续下去，因此渴望回到过去是没有意义的。 这个美好的黄金时代是人类的童年，源初的统一不得不被人类不可避免的发展和个体自我意识的觉醒所打破："对于这个奇妙的王国，人类还没有成熟，还没有受到足够的教化。 正是一种最初的爱在劳碌生活的压力下沉入了睡梦，对它的思念被利己的思虑所抑制；它的纽带后来被宣布为欺骗和虚妄，被人们按更晚的经验加以评判，并且永远被大部分欧洲人撕裂了。 这种内心的巨大分裂，伴随着毁灭性的战争，是文化对于感觉不可见之物的有害性，至少是某个阶段的文化的暂时有害性的一个明显标志。 那种不朽的感觉不会被灭绝，但是会受到损害，变得麻痹，受到其他感觉的抑制"①。

现代早期个人主义和资本主义市场经济的兴起，瓦解了共同体的目的统一性，导致了社会的分裂。 个人利益变得与公共利益对立起来，或者说普遍的、共同的善被要求通过个人利益的一致性来衡量。 商业化和物质主义导致人们无法培养他们的超然感。他们利用自己的智力达到享乐的目的，并从技术上满足日益复杂的需求。 然而，"长期陷于庸俗，会削弱人们对其族类的关怀和信念，使他们习惯于把自己的全部心力花在追求舒适上。 需要和满足需要的技能变得愈加复杂，贪得无厌的人必须耗费大量时间去熟悉这些技能，掌握其中的窍门，于是他没有多余的时间安静

---

① Novalis, NS, Band III, S.509.

地收束思绪，专注于观照自己的内心世界。"①

启蒙理性把对宗教的蔑视进一步扩大到想象、情感、道德以及对艺术和诗的热爱。"信仰和爱"被"知识和占有"所取代。②即使是所剩无几的宗教也不是完好无损的：在教会内部，个人主义引发了新教，新教徒（Protestanten）的抗争活动（protestiren）的必然结果是"分割了那不可分割的，分裂了不可分裂的教会，使自己造孽地脱出了共同的基督教联合，而只有依靠这个联合并处于其中，真正永久的重生才是可能的"。③此外，将国家从教会中解放出来带来了宗教和政治领域之间的对立，在这个过程中，宗教被以一种非宗教的方式封闭在了国家的边界之内。这是"宗教的世界主义旨趣"（religiösen cosmopolitischen Interesse）及其确保和平安宁的政治影响逐渐削弱的开始。④旧罗马天主教堂几乎被摧毁，教皇职位"躺在坟墓里"。⑤世界进入了"实际的无信仰阶段"，"宗教改革运动本来似乎为了维护基督教世界，但基督教世界却从此不复存在了"。⑥

现代对待自然的方法是一种基于理性的分析和综合的实证主义方法，这种方法"煞费苦心地把人排在自然序列的首位，并且把无限的、创造性的宇宙音乐变成了一座庞大石磨单调乏味的咯咯作响，这座石磨靠偶然性的激流推动着，漂浮在这激流之上，一座石磨本身，没有建筑师和磨坊工人，是一台真正的永动机，一座自己碾压着的石磨"⑦。但是这种傲慢的实证主义从未完全成功地使存在的每一个事物被认识主体的理性所完全洞悉。"外

---

① Novalis, NS, Band III, S.509.
② Novalis, NS, Band III, S.510.
③ Novalis, NS, Band III, S.511.
④ Novalis, NS, Band III, S.511 - 512.
⑤ Novalis, NS, Band III, S.524.
⑥ Novalis, NS, Band III, S.512.
⑦ Novalis, NS, Band III, S.515.

在的科学需要帮助，这一点在最近变得越是明显，我们对它们也就越是了解。自然开始越是显得贫乏，我们就会越加清楚地看到，渐渐习惯于我们那些发现的炫目光辉，而它不过是借来的光，我们恐怕不能用熟悉的工具和熟悉的方法找到并建构我们所寻求的那个本真之物（das Wesentliche）。"①对此，诺瓦利斯还不无讽刺地说道："尽管进行了各种现代化的尝试，大自然仍然如此奇妙和不可理解，如此富有诗意和无限，这是多么遗憾啊。"②

诺瓦利斯不是单纯出于对天主教教会和基督教信仰的维护才批评现代科学，他看到的是这种运用分析和还原方法的实证主义的"知识"态度会切断和毁灭那些真正能够将人类团结在一起的无形的纽带。所以他肯定了宗教裁判所对日心说的抵制："睿智的教会首脑正当地抵制以丧失神圣感为代价来肆意提高人的素质，抵制知识领域里不成熟的危险的发现，于是他拒斥那些大胆的思想家所公开宣称的：地球是一颗无足轻重的行星，因为他清楚地知道，如果人们失去了对自己的居住地和自己尘世的祖国的敬重，他们也会失去对天国的故乡及其族类的敬重，会看重有局限的知识，而不是无限的信仰，并且会习惯于蔑视所有伟大的和值得惊奇的东西，将其视为僵死的规律的作用。"③也是基于同样的理由，他批评了牛顿光学对光的本质的解释，而支持歌德的颜色理论。因为歌德的颜色学试图证明颜色就其本质而言是感觉的问题，是一种不可还原的质，他拒绝像牛顿那样通过棱镜把白色光线分解成一个七色光谱，把颜色仅仅看成可以用分光计测量出来的静态的量，并且像把蝴蝶钉在纸板上一样地分门别类地固定下来。借着歌德对牛顿光学理论的批评，诺瓦利斯将这一批评延伸到对以"光"（lumière/light/Licht）来命名自己的启蒙运动

---

① Novalis, NS, Band III, S.521.
② Novalis, NS, Band III, S.516.
③ Novalis, NS, Band III, S.508 - 509.

387

（Si è cle des Lumi è res/The Enlightenment/die Aufklärung）。
他将兴起于法国的启蒙运动称为一个"新的教会"："这个教会的
成员孜孜不倦地忙于将诗从自然、大地、人的灵魂和科学中清扫
出去，消除神圣之物的每一道痕迹，用冷嘲热讽打消对一切崇高
的事件和人物的怀念，并且剥掉世界的一切五彩装饰。光，因其
数学般的驯服，也因其放肆，便成为他们的宠儿。光宁肯让自己
粉碎也不与颜色厮混，他们为此感到欣喜，于是他们借鉴光来命
名他们的伟大事业：启蒙运动。"[1]

　　诺瓦利斯认为，基督教的一体化力量的丧失使欧洲陷入了严
重的政治危机和持续的战争状态。法国的旧制度已经瓦解，后革
命时代的法国军队开始征服欧洲。事实上，诺瓦利斯非但不赞同
旧制度及其政治机构，反而称其为"不足和贫困"。[2] 但这并不
是意味着诺瓦利斯认为新秩序就是一种进步："旧世界与新世界
正在进行激烈的较量，迄今为止的国家机构的缺陷和困境已经在
可怕的现象中暴露出来。即使在这里，也像科学领域里一样，欧
洲各国之间更密切和更多样化的联系与接触首先是这次战争的历
史目的，即使借此可以重新激活至今昏睡的欧洲，即使欧洲想再
次醒来，即使我们即将建立一个由各国组成的国家（ein Staat der
Staaten） 和 一 种 政 治 的 知 识 学 （ eine politische
Wissenschaftslehre），那又怎样！难道这种等级制度——各个国
家 的 这 种 对 称 的 基 本 形 态， 而 非 政 治 自 我 的 理 智 直 观
（intellektuale Anschauung des politischen Ichs）——应该是各国
联合的原则吗？"[3]人们在新秩序与旧秩序的战争中支持一方、反
对另一方，要么是顺从反对自由，忠诚反对个人权利，要么是完
全相反的立场，却没有看到政治动荡的唯一真正解决方案在于超

---

① Novalis, *NS*, Band III, S.516.
② Novalis, *NS*, Band III, S.522.
③ Novalis, *NS*, Band III, S.522.

越一切非此即彼的二元对立的全面的世界观的变革。

对诺瓦利斯来说，所有这些政治上的恶的产生都是一个启蒙的理性主义原则片面发展的结果，是爱和信仰的原始纽带断裂的结果。自然世界和政治世界的理性化导致了人类经验的广阔领域被切断和不断消解，由此进一步导致了社会的分裂，导致了人与人彼此对立的利己主义，还有非宗教的一维性、分裂的民族主义和不断的战争。诺瓦利斯预计一种新的状态很快就会出现。但是这种更新不可能来自更多的战争或者开明的利己主义：世俗的权力不可能找到一种平衡；只有既是世俗的又是超自然的第三种力量能够解决这些冲突和对立。在诺瓦利斯看来，按照现代的政治原则，冲突的大国之间不可能达成真正的和平；所有的和平只是一个幻想，只是一种暂时的停战状态而已。在利己主义和个人主义的主导性的立场上，任何国家间的实质性的联合都是不可想象的。[1] 只有精神力量才能带来真正的改变，带来真正的和平，并为建立个人之间的内在关系带来新的方式。只有通过宗教对整体世界观和人性观的重塑，而不是外在的制度变革，才能使处于彼此分裂和对立中的个人以及处于彼此分裂和对立中的各个国家重新团结起来。"如果人们不捡起只有某种精神力量才能递出的棕榈枝，战争将永远不会结束。"[2]

在诺瓦利斯看来，正是目前的破坏性的无政府状态和战争状态形成了一个新宗教的完美温床，它将创造一个精神和政治统一的新世界。[3] "只有宗教能够重新唤醒欧洲，给各民族带来安宁，并且使享有新的荣耀的基督教世界在人世间无可争议地恢复自己赐予平安的古老职权。"[4]它将产生出"真正的自由"、和平

---

① Novalis, *NS*, Band III, S.522.
② Novalis, *NS*, Band III, S.523.
③ Novalis, *NS*, Band III, S.517, 524.
④ Novalis, *NS*, Band III, S.523.

的国家改革以及不分国界的人类统一。① 到那时，各个国家将感受到友谊和对彼此的忠诚；他们会乐意做出必要的牺牲；他们将"含着热泪在硝烟未尽的战场上举行一场爱的盛宴，欢庆这和平的节日"。② 诺瓦利斯将这种新的精神力量称为"基督教"。 然而，他的"基督教"概念在很大程度上与以此为名的历史上存在的特定宗教是脱节的。 诺瓦利斯认为，基督教具有三种形态。首先，它可以被理解为"宗教的创造性元素"，在这里，"基督教"似乎是宗教和精神的总称。 在第二种意义上，基督教是"一般的中介"，也就是说，"坚信一切尘世之物绝对有能力充当永恒生命的葡萄酒和面饼"，相信所有内在于尘世的有限之物都有能力成为超越的无限存在的中介。 第三种形态则是"对基督、圣母和圣徒的信仰"。 尽管如此，在诺瓦利斯看来，不论选择信奉这三种形态中的哪一种，其实都是无关紧要的。③ 因为对诺瓦利斯和其他早期浪漫主义者来说，他们只是借"基督教"或者"宗教"这个概念来表示一种超越启蒙的理性主义和主观观念论的更高的、统一的世界观。 所以，"基督教世界必须重新恢复活力和效能，重新为自己建立一个没有国界限制的有形教会，这个教会将把所有渴望神灵的灵魂纳入自己的怀抱，并愿意成为旧世界与新世界的调和者"④。

诺瓦利斯坚信在德意志可以看到"新世界的痕迹"。⑤ 德国人（尤其是像诺瓦利斯这样的浪漫主义者）已经与启蒙运动对理智的片面强调保持了关键的距离，并且通过这种新的宗教观念向人们暗示了"一种广博的个体性，一种新的历史，一种新的人

---

① Novalis, NS, Band III, S.524.
② Novalis, NS, Band III, S.523.
③ Novalis, NS, Band III, S.523.
④ Novalis, NS, Band III, S.524.
⑤ Novalis, NS, Band III, S.519.

390 类，对一个令人感到惊喜的年轻教会和一个挚爱的上帝的最甜蜜的拥抱，以及对一个新弥赛亚的真诚接纳……这个新生儿将是他父亲的显象，一个睁着神秘而无限的眼睛的新的黄金时代，一个预言的、创造奇迹和治疗创伤的、给人带来安慰和点燃永恒生命的时代——一个伟大的和解时代，一位救世主，他将像人类中间的一位真正的守护神那样变为本乡的，只能被相信，不能被看见；他将在无数形象中对信徒变得可见，他将作为面饼和葡萄酒给人吃喝，作为爱人被人拥抱，作为空气被人呼吸，作为言语和歌曲被人倾听，并且伴随着天国的快感作为死亡在爱的最高痛苦之中被纳入喧嚣平息的肉身内部"。① 尽管诺瓦利斯将欧洲视为新时代的起点，但他明确地将这一理想的范围扩大到了整个世界："世界的其他地方等待着欧洲的和解和复活，以加入它并成为天国的同胞。"② 这是所有人类将再次通过信仰和爱的纽带在情感和精神上紧密相连的时候，真正的永久和平将随之而来。

诺瓦利斯的世界主义理想是他的教化理想和他对国家作用的相关观点的自然延伸和最高的实现。诺瓦利斯的教化理想，或者说人性的塑造和全面发展，不能被简单地理解为原子化个人的权利和自由的满足。只有当一个人通过情感、理性和意志等全部自然禀赋的发展，把自己真正看作是全人类这个更大的有机共同体中的一员时，他才是一个具有完美的人性的人。③ 因此，诺瓦利斯将"完美的人"（vollendeter Mensch）等同于"真正意义上的世界公民"（eigentlicher Weltbürger）。④ 存在于社会契约传统中的一个中心思想，即只有国家法律符合公民的利益时公民才应当共同服从国家，他们的共同利益可以作为使国家团结在一起的黏合

---

① Novalis, *NS*, Band III, S.521.

② Novalis, *NS*, Band III, S.524.

③ Cf. Pauline Kleingeld, *Kant and Cosmopolitanism: The Philosophical Ideal of World Citizenship*, Cambridge: Cambridge University Press, 2011, pp.155-156.

④ Novalis, *NS*, Band III, S.560, Nr.34.

剂，这种观念在诺瓦利斯看来是极具误导性的和危险的。 利己主义为国家的团结提供了一种机会主义的、肤浅的和有条件的纽带。 它不能构成和谐而持久的国家的真正基础。 相反，诺瓦利斯在《信仰与爱》中使用的意象唤起了一个和谐的社会整体，它通过价值观、情感和精神纽带来协调；在这个完美而持久的政治共同体中，人们在情感上与国家和他们的同胞联系在一起。 诺瓦利斯进一步否认国家的本质及其存在的根据在于促进公民个人的福利或保障他们的基本权利和自由。 他拒绝按照社会契约论的方式来理解国家的权威和正当性的来源，因为这种理论错误地假定组成国家的基本单位是独立的原子化的个人。 针对这一假设，诺瓦利斯断言，"国家不是由个人组成的，而是由夫妇和社会组成的"[1]。 从本质上来说，人们并不是通过理性的反思和分析而设定的独立的个体，而是以各种各样的形式现实地、或多或少地相互联系在一起的。[2]

在诺瓦利斯那里，用来唤起理想政治共同体的主要象征是家庭。 因为家庭不仅仅是利己主义者的集合体，只要他们认为这是有利的，它就能持续下去，而是一种基于现实的人性本身的社会性倾向、基于持久而亲密的爱和奉献而自然形成的共同体，恰恰是在这样一个共同体中，作为人的普遍的自我意识才真正得以形成。 诺瓦利斯把理想化的家庭作为政治组织的象征，这并不意味着他把家庭看作是社会组织的唯一的，甚至是最重要的原则。 他认为国家在人的教化过程中发挥着至关重要的作用："对国家的需要是人类最迫切的需要。 要成为并保持一个人，一个人需要一个国家……所有文化都源于人与国家的关系。"[3] "真实、完美的国家"犹如家庭成员之间的关系一样，是一种个人在"信仰和

---

[1] Novalis, NS, Band III, S.470, Nr.1106.
[2] Novalis, NS, Band III, S.416, Nr.762.
[3] Novalis, NS, Band III, S.313, Nr.394.

爱"中团结一致的状态；在这种状态中，个人处于完美的精神和谐之中；作为公民，他们不仅仅是需要和权利的主体，更是将他人和国家的命运与自身的存在统一起来，如果有必要，他们愿意为国家或同胞做出牺牲。随着公民自身的人性的发展和成熟，政治生活将更多地通过共同的价值观和其他精神与情感纽带而不是法律来规范。最终，这一发展将使法律变得多余："一部完美的宪法——国家的身体的规定——国家的灵魂——国家的精神——使所有明确的法律变得多余。……只要成员还不是完美的成员——还没有得到准确的规定——法律就是必要的。有了真正的文化，法律的数量就会减少。法律是不完美的自然和生命的补充。"[1]

最大的共同体是人类的共同体（"世界大家庭"），国家是将人们提升到世界主义视角的必要手段。[2]家庭和国家都是人性教化的必要条件，但是只有当一个人把自己看作是全人类社会的一员，从而超越了家庭和国家的层次时，才算达到了完全的发展。诺瓦利斯的世界主义理想包括一个"国家的国家"或"世界国家"，其成员在爱、忠诚和精神的基础上协调一致。[3]就像弗里德里希·施莱格尔理想中的共和国一样，诺瓦利斯设想的国家不包含强制法。这是一个不依赖强制和对抗的世界，因此也是一个不需要具有强制权威的国际法体系的世界。如果世界上充满了完美的国家，但每个国家的公民的爱和奉献精神都完全集中在他们自己特定的国家和他们的同胞身上，那么拥有许多这样的国家并不能构成一个世界性的整体。因此，在《基督教世界或欧洲》一文中，诺瓦利斯将宗教指定为超越国界、统一人类并导致整个人类教化过程达到顶点的精神力量。宗教不必是一般意义上的基督教，诺瓦利斯的理想也不限于欧洲。虽然理想国家的公民通

---

① Novalis, NS, Band III, S.284, Nr.250.
② Novalis, NS, Band II, S.372, Nr.32.
③ Novalis, NS, Band III, S.522.

过情感和精神纽带与他们自己的国家联系在一起，但他们的纽带
不会产生对其他国家的敌意。 更确切地说，他们的爱国主义是在
整个人类的水平上建立类似纽带的第一步。[1] 所以，诺瓦利斯运
用了与理想状态下公民之间的关系相似的术语来描述世界上不同
民族和不同国家之间的关系。[2] 由此，诺瓦利斯的国家理想自然
地扩展到"基督教世界或欧洲"所象征的世界主义理想。 在他看
来，完美的人类是世界公民，是人类有机整体的成员。"整个人
类最终将变得富有诗意。 新的黄金时代。"[3]尽管诺瓦利斯没有
为世界主义的实现提供一个具体的计划和行动纲领，但他的确为
突破现代政治哲学的框架，重新思考政治的本质和政治秩序的根
基，统一和整合被启蒙理性所分裂的东西提供了一个更具整体性
的视角。

---

[1] Novalis, NS, Band II, S.296, Nr.667.

[2] Novalis, NS, Band III, S.523.

[3] Novalis, NS, Band III, S.677, Nr.631.

参考文献

一、外文文献

（一）外文原著

1. Bayle P., *Historical and Critical Dictionary: Selections*, trans. Richard H.,Popkin. Indianapolis: Bobbs-Merril,1965

2. Galileo G., *The Essential Galileo*, ed. and trans. Finocchiaro Maurice,Indianapolis: Hackett Publishing, 2008

3. Herder J. G., *God, Some Conversations*, trans. Frederick H. Burkhardt, Indianapolis: Bobbs-Merrill, 1940

4. Hölderlin F., *Friedrich Hölderlin: Werke im einem Band*, Munchen: Carl Hanser Verlag, 1990

5. Jacobi F. H., *The Main Philosophical Writings and the Novel Allwill*, trans. and ed. George di Giovanni, Montreal & Kingsdon: McGill-Queen's University Press, 1994

6. Kant I., *Akademieausgabe von Immanuel Kants gesammelte Schriften*, hrsg. von der Königlich Preussische Akademie der Wissenschaften Abteilung 1: Werke, Berlin: Drusck und Verlag von Georg Reimer, 1910-1928

7. Leibniz G. W., *Gottfried Wilhelm Leibniz: Philosophical Papers and Letters*, trans. and ed. Leroy E. Loemker, Dordrecht: Kluwer Academic Publishers,1989

8. Novalis, Schriften, *Die Werke Friedrich von Hardenbergs* (*Historische-kritische Ausgabe*), hrsg. Paul Kluckhohn, Richard Samuel, Gerhard Schulz, und Hans-Joachim Mähl, Stuttgart: Kohlhammer Verlag, 1960ff

9. Plato, *Plato Complete Works*, ed. John M. Cooper, Indianapolis: Hackett Publishing Company, 1997

398

10. Reinhold K., *Über das Fundament des Philosophischen Wissens*, Hamburg: Felix Meiner, 1978

11. Ritter J. W., *Johann Wilhelm Ritter: Key Texts on the Science and Art of Nature*, trans. and ed. Jocelyn Holland, Amsterdam: Brill, 2010

12. Rousseau J-J., *Emile: or On Education*, trans. Allan Bloom, New York: Basic Books, 1979

13. Schelling F., *Friedrich Wilhelm Joseph von Schellings Werke*, hrsg. Otto Weiß, Leipzig: Fritz Eckardt Verlag, 1907

14. Schiller F., *Friedrich Schiller Sämtliche Werke, Band 5, Erzählungen, Theoretische Schriften*, München: Hanser, 1962

15. Schlegel F., *Friedrich Schlegel-Kritische Ausgabe seiner Werke*, hrsg. Ernst Behler, Jean-Jacques Anstett und Hans Eichner, Paderborn: Ferdinand Schöningh, 1959ff

16. Schleiermacher F., *Friedrich Schleiermacher Kritische Gesamtausgabe, I, Abt. Schriften und Entwürfe*, hrsg. Günter Meckenstock et al. ,Berlin: Walter de Gruyter, 1984ff

17. Spinoza B., *Spinoza: Complete Works*, trans. Samuel Shirley, ed. Michael Morgan., Indianapolis: Hackett Publishing, 2002

（二）外文研究性著作

1. Abrams M. H., *Natural Supernaturalism: Tradition and Revolution in Romantic Literature*, New York: W. W. Norton & Company, Inc. ,1971

2. Adorno T., *Noten zur Literatur*, Frankfurt am Main: Suhrkamp Verlag, 1981

3. Ameriks K. ed., *The Cambridge Companion to German Idealism*, Cambridge: Cambridge University Press, 2000

4. Ameriks K. and Dieter Sturma ed., *The Modern Subject:*

Conceptions of the Self in classical German Philosophy, Albany: State University of New York Press, 1995

5. Arendt H., Lectures on Kant's Political Philosophy, Chicago: University of Chicago Press, 1989

6. Arndt A., Friedrich Schleiermacher als Philosoph, Berlin: de Gruyter, 2014

7. Arndt A. hrsg., Wissenschaft und Geselligkeit: Friedrich Schleiermacher in Berlin 1796-1802, Berlin: De Gruyter, 2010

8. Asmuth C., Interpretation-Transformation: das Platonbild bei Fichte, Schelling, Hegel, Schleiermacher und Schopenhauer und das Legitimationsproblem der Philosophiegeschichte, Göttingen: Vandenhoeck & Ruprecht, 2006

9. Bänsch D. hrsg., Zur Modernität der Romantik, Stuttgart: J. B. Metzler, 1977

10. Barrack C. M., "Conscience in Heinrich von Ofterdingen: Novalis' Metaphysic of the Poet", German Review, 46 (1971)

11. Baur M. and Daniel O. Dahlstrom ed., The Emergence of German Idealism, Washington D. C.: The Catholic University of American Press, 1999

12. Beck L. W., Early German Philosophy, Cambridge, Mass.: Harvard University Press, 1969

13. Behler E., "The Origins of Romantic Literary Theory", Colloquia Germanica, Vol. 2 (1968)

14. Behler E., Die Zeitschriften der Bruder Schlegel: Ein Beitrag zur Geschichte der deutschen Romantik, Darmstadt: Wissenschaftliche Buchgesellschaft, 1983

15. Behler E., Studien zur Romantik und zur idealistischen Philosophie, Paderborn: Schöningh, 1988

400

16. Behler E., *Irony and the Discourse of Modernity*, Seattle: University of Washington Press, 1990

17. Behler E., *German Romantic Literary Theory*, Cambridge: Cambridge University Press, 1993

18. Beiser F. C., *The Fate of Reason. German Philosophy from Kant to Fichte*, Cambridge: Harvard University Press, 1987

19. Beiser F. C., *Enlightenment, Revolution, and Romanticism: The Genesis of Modern German Political Thought, 1790-1800*, Cambridge: Harvard University Press, 1992

20. Beiser F. C. ed., *The Cambridge Companion to Hegel*, Cambridge: Cambridge University Press, 1993

21. Beiser F. C. ed., *The Early Political Writings of the German Romantics*, Cambridge: Cambridge University Press, 1996

22. Beiser F. C., *German Idealism: The Struggle against Subjectivism, 1781-1801*, Cambridge, Mass.: Harvard University Press, 2002

23. Beiser F. C., *The Romantic Imperative: The Concept of Early German Romanticism*, Cambridge: Harvard University Press, 2003

24. Berlin I., *The Roots of Romanticism*, Princeton: Princeton University Press, 2001

25. Benjamin W., *Walter Benjamin: Selected Writings, Volume 1: 1913-1926*, ed. Marcus Bullock and Michael W. Jennings, Cambridge, MA: Belknap Press, 1996

26. Bowie A., *From Romanticism to Critical Theory: The Philosophy of German Literary Theory*, London: Routledge, 1997

27. Breazeale D. and Tom Rockmore ed., *Fichte, German Idealism, and Early Romanticism*, Amsterdam: Rodopi, 2010

28. Brinkmann R., "Romantische Dichtungstheorie in 401 Friedrich Schlegels Frühschriften und Schillers Begriffe des Naiven und Sentimentalischen: Vorzeichen einer Emanzipation des Historischen", Deutsche Vierteljahrsschrift für Literaturwissenschaft und Geistesgeschichte, 32(3), 1958

29. Brown S. ed., British Philosophy and the Age of Enlightenment, London and New York: Routledge, 1996

30. Bruford W. H., Germany in the Eighteenth-Century: The Social Backgound of the Literary Revival, Cambridge: Cambridge University Press, 1935

31. Bubner R., The Innovation of Idealism, trans. Nicholas Walker, New York: Cambridge University Press, 2003

32. Bunia R., Romantischer Rationalismus. Zu Wissenschaft, Politik und Religion bei Novalis, Paderborn: Schöningh, 2013

33. Butler E. M., The Tyranny of Greece over Germany: A Study of the Influence Exercised by Greek Art and Poetry Over the Great German Writers of the Eighteenth, Nineteenth and Twentieth Centuries, Cambridge: Cambridge University Press, 1935

34. Cassirer E., The Philosophy of the Enlightenment, trans. Fritz C. A. Koelln and James P. Pettegrove, Princeton: Princeton University Press, 1951

35. Cavell S., Must We Mean What We Say?, Cambridge: Cambridge University Press, 1976

36. Chaouli M., The Laboratory of Poetry: Chemistry and Poetics in the Work of Friedrich Schlegel, Baltimore: Johns Hopkins University Press, 2002

37. Clarke J A. and Gabriel Gottlieb ed., Practical Philosophy

402 from Kant to Hegel: Freedom, Right, and Revolution, Cambridge: Cambridge University Press, 2021

38. Craig E. ed., *Routledge Encyclopedia of Philosophy*, London and New York: Routledge, 1998

39. Critchley S., *Very Little* ⋯ *Almost Nothing: Death, Literature, Philosophy*, London: Routledge, 1997

40. Crowe B. D., "On 'The Religion of the visible Universe'": Novalis and the Pantheism Controversy, *British Journal for the History of Philosophy*, 16:1 (2008)

41. Crouter R., *Friedrich Schleiermacher: Between Enlightenment and Romanticism*, Cambridge: Cambridge University Press, 2005

42. Dahlstrom D, *Philosophical Legacies: Essays on the Thought of Kant, Hegel, and Their Contemporaries*, Washington D. C.: The Catholic University of America Press, 2008

43. Dischner G. und Richard Faber hrsg., *Romantische Utopie- Utopische Romantik*, Hildesheim: Gerstenberg Verlag, 1979

44. Dreyfus H. and Sean Dorrance Kelly, *All Things Shining: Reading the Western Classics to Find Meaning in a Secular Age*, New York: Free Press, 2011

45. Dilthey W., *Das Erlebnis und die Dichtung: Lessing, Goethe, Novalis, Hölderlin*, Leipzig und Berlin: Teubner Verlag, 1922

46. Dilthey W., *Leben Schleiermachers*, 2 Bände, Redeker, 1966

47. Dupré L., "Toward a Revaluation of Schleiermacher's 'Philosophy of Religion'", *The Journal of Religion*, Vol. 44, No. 2 (Apr., 1964)

48. Dupré L., *Passage to Modernity*, New Haven: Yale *403* University Press, 1993

49. Dupré L., *The Quest of the Absolute: Birth and Decline of European Romanticism*, Notre Dame: University of Notre Dame Press, 2013

50. Estes Y. and Curtis Bowman ed., *J. G. Fichte and the Atheism Dispute (1798-1800)*, Burlintong: Ashgate, 2010

51. Michael Forster M. und Klaus Vieweg hrsg., *Die Aktualita ̈t der Romantik*, München: LIT Verlag, 2012

52. Frank M., *Der kommende Gott: Vorlesungen über die Neue Mythologie*, Frankfurt am Main: Suhrkamp Verlag, 1982

53. Frank M., *Einführung in die frühromantische Ästhetik Vorlesungen*, Frankfurt am Main: Suhrkamp Verlag, 1989

54. Frank M., *"Unendliche Annaherung" : Die Anfange der philosophischen Fruhromantik*, Frankfurt am Main: Suhrkamp, 1997

55. Frank M., *Auswege aus dem Deutschen Idealismus*, Frankfurt am Main: Suhrkamp Verlag, 2007

56. Gay P. , *The Enlightenment: An Interpretation*, Vol. 2, *The Science of Freedom.*, New York: Alfred. A. Knopf, 1969

57. Gilson E., *The Spirit of Mediaeval Philosophy*, trans. A. H. C. Downes, Notre Dame: University of Notre Dame Press, 1991

58. Guyer P. ed. *The Cambridge Companion to Kant*, Cambridge: Cambridge University Press, 1992

59. Guzzoni U. et al. hrsg., *Der Idealismus und seine Gegenwart*, Hamburg: Felix Meiner, 1976

60. Habermas J., *Nachmetaphysisches Denken*, Frankfurt am Main: Suhrkamp Verlag, 1988

404

61. Habermas J., *The Philosophical Discourse of Modernity*, trans. Frederick Lawrence, Cambridge: Polity Press, 1987

62. Hädecke W., *Novalis: Biographie*, München: Hanser, 2011

63. Hampton A., *Romanticism and the Re-Invention of Modern Religion: The Reconciliation of German Idealism and Platonic Realism*, Cambridge: Cambridge University Press, 2019

64. Hartmann N., *Die Philosophie des deutschen Idealismus*, I , *Fichte, Schelling und die Romantik*, Berlin-Leipzig: De Gruyter, 1923

65. Haym R., *Die romantische Schule. Ein Beitrag zur geschichte des deutschen Geiste*, Berlin: Verlag von Rudolph Gaertner, 1870

66. Heller J., *Solgers Philosophie der ironischen Dialektik; ein Beitrag zur Geschichte der romantischen und Spekulativ-idealistischen Philosophie*, Berlin: Reuther Reichard, 1928

67. Henrich D., *Konstellationen: Probleme und Debatten am Ursprung der idealistischen Philosophie* (1789-1795), Stuttgart: Klett-Cotta, 1991

68. Henrich D., *Aesthetic Judgment and the Moral Image of the World: Studies in Kant*, Stanford: Stanford University Press, 1992

69. Henrich D., *The Unity of Reason: Essays on Kant's Philosophy*, ed. Richard L. Velkley, trans. Jeffrey Edwards, Cambridge, Mass.: Harvard University Press, 1994

70. Henrich D., *The Course of Remembrance and other Essays on Hölderlin*, ed. Eckart Förster, Standford: Standford University, 1997

71. Henrich D., *Between Kant and Hegel: lectures on German*

Idealism, ed. David S. Pacini, Cambridge: Harvard University Press, *405* 2003

72. Hörisch J., *Die fröhliche Wissenschaft der Poesie: Der Universalitätsanspruch von Dichtung in der frühromantischen Poetologie*, Frankfurt am Main: Suhrkamp Verlag, 1976

73. Hösle V., *Objective Idealism, Ethics and Politics*, Notre Dame: University of Notre Dame Press, 1998

74. HollandJ., *German Romanticism and Science: The Procreative Poetics of Goethe, Novalis, and Ritter*, London: Routledge, 2009

75. Horkheimer M., *Eclipse of Reason*, London and New York: Continuum, 1974

76. Horkheimer M. and Theodor W. Adorno, *Dialectic of Enlightenment: Philosophical Fragments*, edited by Gunzelin Schmid Noerr, trans. Edmund Jephcott, Stanford: Stanford University Press, 2002

77. Horstmann R.-P., "Zur Aktualität des Deutschen Idealismus", *Neue Hefte für Philosophie*, 35 (1995)

78. Horstmann R.-P., *Die Grenzen der Vernunft: Eine Untersuchung zu Zielen und Motiven des Deutschen Idealismus*, Frankfurt am Main: Vittorio Klostermann GmbH, 2004

79. Huch R., *Die Romantik. Ausbreitung, Blütezeit und Verfall*, Tübingen: Rainer Wunderlich Verlag, 1951

80. Huge E., *Poesie und Reflexion in der Ästhetik des frühen Friedrich Schlegel*, Stuttgart: J. B. Metzler 1971.

81. Jaeschke W., "Early German Idealist Reinterpretation of the Quarrel of the Ancients and Moderns", *Clio*, 12: 4 (1983: Summer)

406

82. Kemper H.-G., *Gottebenbildlichkeit und Naturnachahmung im Säkularisierungsprozeß. Problemgeschichtliche Studien zur deutschen Lyrik in Barock und Aufklärung*, Tübingen: Niemeyer, 1981

83. Kleingeld P., *Kant and Cosmopolitanism: The Philosophical Ideal of World Citizenship*, Cambridge: Cambridge University Press, 2011

84. Klemm D. E. and Günter Zöller ed., *Figuring the Self: Subject, Absolute and Others in Classical German Philosophy*, Albany: State University of New York Press 1997.

85. Kluckhohn P., *Das Ideengut der deutschen Romantik*, Tübingen: Max Niemeyer, 1966

86. Kondylis P., *Die Entstehung der Dialektik: Eine Analyse der geistigen Entwicklung von Hölderlin, Schelling und Hegel bis 1802*, Stuttgart: Klett-Cotta, 1979

87. Koch H., *Der philosophische Stil des Novalis*, Westfälische Wilhelms-Universität zu Münster, 1972

88. Kompridis N. ed., *Philosophical Romanticism*, London: Routledge, 2006

89. Korsgaard C. M., *The Sources of Normativity*, Cambridge: Cambridge University Press, 1996

90. Kroner R., *Von Kant bis Hegel*, Tübingen: J. C. B. Mohr, 1921-1924

91. Kroner R., *Kant's Weltanschauung*, Chicago: University of Chicago Press, 1956

92. Kurzke H., *Romantik und Konservatismus: Das politische Werk Friedrich von Hardenbergs (Novalis) im Horizont seiner Wirkungsgeschichte*, München: Wilhelm Fink, 1983

93. Lacoue-Labarthe P. and Jean-Luc Nancy ed., *The Literary* *407* *Absolute: The Theory of Literature in German Romanticism*, trans. Philip Barnard and Cheryl Lester, Albany: State University of New York Press, 1988

94. Larmore C., *Patterns of moral Complexity*, New York: Cambridge University Press, 1987

95. Larmore C., *The Morals of Modernity*, New York: Cambridge University Press, 1996

96. Larmore C., *The Romantic Legacy*, New York: Columbia University Press, 1996

97. Lindemann K., *Geistlicher Stand und religiöses Mittlertum. Ein Beitrag zur Religionsauffassung der Frühromantik in Dichtung und Philosophie*, Frankfurt am Main: Athenäum Verlag, 1971

98. Linden W., "Umwertung der deutschen Romantik", *Zeitschrift für Deutschkunde*, 47 Jahrgang, hrsg. W. Hofstaetter und H.A. Korff, Leipzig und Berlin: Teubner Verlag, 1933

99. Loheide B., *Fichte und Novalis. Transzendentalphilosophisches Denken im romantisierenden Diskurs*, Amsterdam: Rodopi, 2000

100. Löwith K., *Max Weber and Karl Marx*, edited and with an Introduction by Tom Bottomore and William Outhwaite, London and New York: Routledge, 1993

101. Löwy M. and Robert Sayre, *Romanticism Against the Tide of Modernity*, Durham: Duke University Press, 2001

102. Lovejoy A. O., *Essays in the History of Ideas*, New York: Capricorn Books, 1960

103. Lukács G., *Fortschritt und Reaktion in der deutschen Literatur*, Berlin: Aufbau Verlag, 1947

408　104. MacPherson C. B., *The Political Theory of Possessive Individualism*, Oxford: Oxford University Press, 1962

105. Mahoney D. ed., *The Literature of German Romanticism*, Martlesham: Boydell & Brewer, 2003

106. Mederer W., *Romantik als Aufklärung der Aufklärung?*, Frankfurt am Main: Peter Lang Verlag, 1987

107. Millan-Zaibert E., *Friedrich Schlegel and the Emergence of Romantic Philosophy*, Albany: State University of New York Press, 2007

108. Brusslan E. M. and Judith Norman,*Brill' s Companion to German Romantic Philosophy*, Amsterdam: Brill, 2019

109. Brusslan E. M, *The Palgrave Handbook of German Romantic Philosophy*, New York: Palgrave Macmillan, 2020

110. Nagel T., *The View from Nowhere*, New York: Oxford University Press, 1986

111. Nassar D., *The Romantic Absolute: Being and Knowing in Early German Romantic Philosophy*, 1795-1804, Chicago: University of Chicago Press, 2014

112. Nassar D. ed., *The Relevance of Romanticism: Essays on German Romantic Philosophy*, Oxford: Oxford University Press, 2014

113. Pinkard T., *German Philosophy 1760-1860: The Legacy of Idealism*, New York: Cambridge University Press, 2002

114. Pöggeler O., *Hegels Kritik der Romantik*, München: Wilhelm Fink Verlag, 1999

115. Riasanovsky N. V., *The Emergence of Romanticism*, Oxford: Oxford University Press, 1992

116. Ritter J. hrsg., *Historisches Wörterbuch der Philosophie*,

Basel: Schwabe & Co. Verlag, 1971-2007

117. Richards R. J., *The Meaning of Evolution: The Morphological Construction and Ideological Reconstruction of Darwin's Theory*, Chicago: University of Chicago Press, 1992

118. Richards R. J., *The Romantic Conception of Life: Science and Philosophy in the Age of Goethe*, Chicago: University of Chicago Press, 2004

119. Ruge A., "Plan der Deutsch-französische Jahrb ü cher", *Deutsch-französische Jahrb ü cher*, hrsg. Arnold Ruge und Karl Marx, Paris, 1844

120. Rush F., *Irony and Idealism: Rereading Schlegel, Hegel, and Kierkegaard*, Oxford: Oxford University Press, 2016

121. Samuel R., *Die poetische staats- und geschichtsauffassung Friedrich von Hardenbergs (Novalis), Studien zur romantischen geschichtsphilosophie*, Frankfurt am Main: Diesterweg, 1925

122. Sandk ü hler H. J. hrsg., *Handbuch Deutscher Idealismus*, Stuttgart/Weimar: Verlag J. B. Metzler, 2005

123. Saul N., "*Prediger aus der neuen romantischen Clique*": *Zur Interaktion von Romantik und Homiletik um 1800*, W ü rzburg: Königshausen & Neumann, 1999

124. Saul N. ed., *Philosophy and German Literature, 1700-1990*, Cambridge: Cambridge University Press, 2002

125. Saul N. ed., *The Cambridge Companion to German Romanticism*, Cambridge: Cambridge University Press 2009

126. Sedgwick S. ed., *The Reception of Kant's Critical Philosophy*, New York: Cambridge University Press, 2000

127. Schanze H. hrsg., *Friedrich Schlegel und die Kunsttheorie seiner Zeit*, Darmstadt: Wissenschaftliche Buchgesellschaft, 1985

410

128. Schanze H., *Erfindung der Romantik*, Stuttgart: Metzler, 2018

129. Scheuner U., *Der Beitrag der deutschen Romantik zur politischen Theorie*, Wiesbaden: VS Verlag für Sozialwissenschaften, 1980

130. Schmidt J. ed., *What Is Enlightenment?: Eighteenth-Century Answers and Twentieth-Century Questions*, Oakland: University of California Press, 1996

131. Schulz G., *Novalis, Leben und Werk Friedrich von Hardenbergs*, München: C. H. Beck, 2011

132. Stone A., "Being, Knowledge, and Nature in Novalis", *Journal of the History of Philosophy*, vol. 46, no. 1 (2008)

133. Stone A. ed., *The Edinburgh Critical History of Nineteenth-Century Philosophy*, Edinburgh: Edinburgh University Press, 2011

134. Strack F, *Sittliche Verantwortung und Erfindungsgeist-Friedrich von Hardenbergs Moralspekulationen und ihre Voraussetzung. Verantwortung und Utopie: Zur Literatur der Goethezeit*, hrsg. Wolfgang Wittkowski, Tübingen: Niemeyer, 1988

135. Strauss L., *Natural Right and History*, Chicago: The University of Chicago Press, 1953

136. Strohschneider-Kohrs I., *Die romantische Ironie in Theorie und Gestaltung*, Tübingen: Max Niemeyer Verlag, 1960

137. Solomon R. and Kathleen M. Higgins ed., *The Age of German Idealism*, London and New York: Routledge, 1993

138. Stuart B. ed., *British Philosophy and the Age of Enlightenment*, London and New York: Routledge, 1996

139. Taylor C., "Romantic Poetics", *Revue De*

M é taphysique Et De Morale,108 (2020)

140. Tillich P., *History of Christian Thought: From Its Judaic and Hellenistic Origins to Existentialism*, New York: Simon & Schuster, 1967

141. Timm H., *Gott und die Freiheit: Studien zur Religionsphilosophie der Goethezeit*, Bd. 1, *Die Spinozarenaissance*, Frankfurt am Main: Vittorio Klostermann, 1974

142. Timm H., *Die heilige Revolution. Schleiermacher-Novalis-Friedrich Schlegel*, Frankfurt am Main: Syndikat, 1978

143. Vietta S. hrsg., *Die literarische Fr ü hromantik*, Göttingen: Vandenhoeck & Ruprecht, 1983

144. Walzer O., *German Romanticism*, New York: Frederick Ungar Publishing, 1965

145. Wessell L. P., "The Antinomic Structure of Friedrich Schlegel's Romanticism", *Studies in Romanticism*, vol. 12, issue 3 (1973)

二、中文文献

1. ［美］艾布拉姆斯.《镜与灯：浪漫主义文论及批评传统》［M］.郦稚牛等译.北京：北京大学出版社，2015

2. ［法］阿尔都塞.《保卫马克思》［M］.顾良译.北京：商务印书馆，2006

3. ［德］爱克曼.《歌德谈话录》［M］.朱光潜译.北京：人民文学出版社，1997

4. ［英］巴特菲尔德.《现代科学的起源》［M］.张卜天译.上海：上海交通大学出版社，2017

5. ［美］白璧德.《卢梭与浪漫主义》［M］.孙宜学译.北京：

412 商务印书馆，2016

6.［联邦德国］贝勒.《弗·施勒格尔》［M］.李伯杰译.北京：三联书店，1991

7.［德］贝勒尔.《德国浪漫主义文学理论》［M］.李棠佳译.南京：南京大学出版社，2017

8.［英］贝克莱.《视觉新论》［M］.关文运译.北京：商务印书馆，2017

9.［英］柏克.《法国革命论》［M］.何兆武等译.北京：商务印书馆，1998

10.［英］伯林.《浪漫主义的根源》［M］.吕梁等译.南京：译林出版社，2008

11.［英］伯林.《浪漫主义时代的政治观念》［M］.王崇兴等译.北京：新星出版社，2011

12.［英］伯瑞.《进步的观念》［M］.范祥涛译.上海：上海三联书店，2005

13.［美］伯特.《近代物理学科的形而上学基础》［M］.张卜天译.长沙：湖南科学技术出版社，2012

14.［英］布宁，余纪元编著.《西方哲学英汉对照辞典》［M］.北京：人民出版社，2001

15.［古希腊］柏拉图.《柏拉图全集》（第1—4卷）［M］.王晓朝译.北京：人民出版社，2003

16.［法］布尔乔亚.《德国古典哲学》［M］.邓刚译.北京：人民出版社，2013

17.陈恕林.《论德国浪漫派》［M］.上海：上海社会科学院出版社，2016

18.［英］道金斯.《自私的基因》［M］.卢允中等译.北京：中信出版集团，2018

19.［德］狄尔泰.《体验与诗》［M］.胡其鼎译.北京：三联书

店，2003

20. 恩格斯. 路德维希·费尔巴哈和德国古典哲学的终结. 马克思，恩格斯.《马克思恩格斯选集》（第四卷）［M］.北京：人民出版社，1972

21. ［德］费希特.《全部知识学的基础》［M］.王玖兴译.北京：商务印书馆，1986

22. ［德］费希特.《费希特著作选集》（第1—5卷）［M］.梁志学主编.北京：商务印书馆，1990—2006

23. ［德］弗兰克.《浪漫派的将来之神》［M］.李双志译.上海：华东师范大学出版社，2011

24. ［德］弗兰克.《德国早期浪漫主义美学导论》［M］.聂军等译.长春：吉林人民出版社，2011

25. ［德］海涅.《浪漫派》［M］.薛华译.上海：上海人民出版社，2003

26. ［德］海涅.《论德国宗教和哲学的历史》［M］.海安译.北京：商务印书馆，2016

27. ［德］荷尔德林.《荷尔德林文集》［M］.戴晖译.北京：商务印书馆，1999

28. ［德］赫费.《康德：生平、著作与影响》［M］.郑伊倩译.北京.人民出版社，2007

29. ［德］黑格尔.《美学》（第1—3卷）［M］.朱光潜译.北京：商务印书馆，1979

30. ［德］黑格尔.《黑格尔通信百封》［M］.苗力田编译.上海：上海人民出版社，1981

31. ［德］黑格尔.《自然哲学》［M］.梁志学等译.北京：商务印书馆，1986

32. ［德］黑格尔.《黑格尔早期神学著作》［M］.贺麟译.北京：商务印书馆，1988

434

33. ［德］黑格尔.《费希特与谢林哲学体系的差别》［M］.宋祖良，程志民译.北京：商务印书馆，1994

34. ［德］黑格尔.《精神现象学》（上、下卷）［M］.贺麟，王玖兴译.北京：商务印书馆，1997

35. ［德］黑格尔.《哲学史讲演录》（第1—4卷）［M］.贺麟，王太庆译.北京：商务印书馆，1983

36. ［德］黑格尔.《逻辑学》（上、下卷）［M］.杨一之译.北京：商务印书馆，1997

37. ［德］黑格尔.《法哲学原理》［M］.范扬，张企泰译.北京：商务印书馆，2009

38. ［德］黑格尔.《伦理体系》［M］.王志宏译.北京：人民出版社，2020

39. ［德］黑格尔.《论自然法》［M］.朱学平译.北京：商务印书馆，2021

40. 黄金城.《有机的现代性——青年黑格尔与审美现代性话语》［M］.上海：上海人民出版社，2019

41. ［英］霍布斯.《利维坦》［M］.黎思复，黎廷弼译.北京：商务印书馆，1985

42. ［英］霍布斯.《论公民》［M］.应星，冯克利译.贵阳：贵州人民出版社，2002

43. ［英］基尔克等.《前苏格拉底哲学家——原文精选的批判史》［M］.聂敏里译.上海：华东师范大学出版社，2014

44. ［俄］加比托娃.《德国浪漫哲学》［M］.王念宁译.北京：中央编译出版社，2007

45. ［德］卡岑巴赫.《施莱尔马赫》［M］.任立译.北京：中国社会科学出版社，1990

46. ［德］康德.《康德著作全集》（1—9卷）［M］.李秋零主编.北京：中国人民大学出版社，2003—2010

47. ［德］康德.《康德书信百封》［M］.李秋零译.上海：上海 *415* 人民出版社，2006

48. ［德］康托洛维茨.《国王的两个身体》［M］.徐震宇译. 上海：华东师范大学出版社，2018

49. ［法］柯瓦雷.《从封闭世界到无限宇宙》［M］.张卜天 译.北京：北京大学出版社，2008

50. ［丹］克尔凯郭尔.《论反讽概念》［M］.汤晨溪译.北京： 中国社会科学出版社，2005

51. ［法］拉库—拉巴尔特、［法］让—吕克·南希.《文学的 绝对》［M］.张小鲁译.南京：译林出版社，2012

52. ［德］莱布尼茨.《人类理智新论》［M］.陈修斋译.北京： 商务印书馆，1982

53. ［德］莱布尼茨.《神义论》［M］.朱雁冰译.北京：生活· 读书·新知三联书店，2007

54. ［德］莱辛.《论人类的教育》［M］.朱雁冰译.北京：华夏 出版社，2008

55. ［法］朗松.《朗松文论选》［M］.徐继曾译.天津：百花文 艺出版社，2009

56. ［法］卢梭.《爱弥儿》［M］.李平沤译.北京：商务印书 馆，1978

57. ［法］卢梭.《社会契约论》［M］.何兆武译.北京：商务印 书馆，2009

58. ［法］卢梭.《论人与人之间不平等的起因和基础》［M］. 李平沤译.北京：商务印书馆，2009

59. ［法］卢梭.《论科学与艺术的复兴是否有助于使风俗日 趋纯朴》［M］.李平沤译.北京：商务印书馆，2012

60. 罗久.《理性、自然与伦理形而上学：黑格尔法哲学思想 探源》［M］.北京：商务印书馆，2022

416

61. 罗念生译著.《埃斯库罗斯悲剧三种、索福克勒斯悲剧四种》(《罗念生全集》第二卷) [M].上海：上海人民出版社，2007

62. 罗念生译著.《埃斯库罗斯悲剧三种、索福克勒斯悲剧一种、古希腊碑铭体诗歌选》(《罗念生全集》补卷) [M].上海：上海人民出版社，2007

63. [英]洛克.《政府论》[M].北京：商务印书馆，1996

64. [意]洛苏尔多.《黑格尔与现代人的自由》[M].丁三东译.长春：吉林出版集团，2008

65. [德]洛维特.《从黑格尔到尼采》[M].李秋零译.北京：生活·读书·新知三联书店，2006

66. 马克思.《黑格尔法哲学批判》导言，马克思，恩格斯.《马克思恩格斯全集》(第三卷) [M].北京：人民出版社，2002

67. [德]曼海姆.《保守主义：知识社会学论稿》[M].李朝晖、牟建君译.南京：译林出版社，2022

68. [德]诺瓦利斯.《夜颂中的革命和宗教》[M].林克等译.北京：华夏出版社，2007

69. [德]诺瓦利斯.《大革命与诗化小说》[M].林克等译.北京：华夏出版社，2008

70. 任卫东，刘慧儒，范大灿.《德国文学史（第3卷）》[M].南京：译林出版社，2007

71. [德]萨弗兰斯基.《荣耀与丑闻——反思德国浪漫主义》[M].卫茂平译.上海：上海人民出版社，2014

72. [荷]斯宾诺莎.《伦理学》[M].贺麟译.北京：商务印书馆，1983

73. [荷]斯宾诺莎.《斯宾诺莎书信集》，洪汉鼎译.北京：商务印书馆，1993

74. [荷]斯宾诺莎.《笛卡尔哲学原理》[M].王荫庭、洪汉

鼎译.北京：商务印书馆，2013

75. ［法］舍费尔.《现代艺术——18 世纪至今艺术的美学和哲学》［M］.生安锋，宋丽丽译.北京：商务印书馆，2012

76. ［德］施莱尔马赫.《论宗教：对蔑视宗教的有教养者的讲话》［M］.邓安庆译.北京：人民出版社，2011

77. ［德］施莱尔马赫.《论柏拉图对话》［M］.黄瑞成译.北京：华夏出版社，2011

78. ［德］施勒格尔.《浪漫派风格——施勒格尔批评文集》［M］.李伯杰译.北京：华夏出版社，2005

79. ［美］施特劳斯.《霍布斯的政治哲学》［M］.申彤译.南京：译林出版社，2001

80. ［德］施米特.《政治的浪漫派》［M］.冯克利等译.上海：上海人民出版社，2004

81. ［英］莎士比亚.《莎士比亚全集》［M］.朱生豪等译.南京：译林出版社，1998

82. 孙斌.《审美与救赎：从德国浪漫派到 T·W·阿多诺》［M］.上海：复旦大学出版社，2014

83. 田艳.《理性的新神话——德国早期浪漫派的一项"计划"》［M］.上海：上海人民出版社，2021

84. 王淑娇.《弗·施勒格尔与德国古今之争》［M］.成都：西南财经大学出版社，2019

85. ［德］韦伯.《学术与政治》［M］.钱永祥等译.桂林：广西师范大学出版社，2004

86. ［美］维塞尔.《启蒙运动的内在问题》［M］.贺志刚译.北京：华夏出版社，2007

87. ［美］维塞尔.《马克思与浪漫派的反讽》［M］.陈开华译.上海：华东师范大学出版社，2008

88. ［德］席勒.《审美教育书简》［M］.冯至，范大灿译.上

418 海：上海人民出版社，2003

89.［德］席勒.《席勒经典美学文论》［M］.范大灿等译.北京：生活·读书·新知三联书店，2015

90.［德］谢林.《先验唯心论体系》［M］.梁志学、石泉译.北京：商务印书馆，1997

91.［英］休谟.《人性论》（上、下册）［M］.关文运译.北京：商务印书馆，1980

92.［古希腊］亚里士多德.《形而上学》［M］.李真译.上海：上海人民出版社，2005

93.［古希腊］亚里士多德.《物理学》［M］.张竹明译.北京：商务印书馆，1982

94.［古希腊］亚里士多德.《政治学》［M］.吴寿彭译.北京：商务印书馆，1996

95.［古希腊］亚里士多德.《尼各马可伦理学》［M］.廖申白译.北京：商务印书馆，2003